U0450419

粤港澳大湾区研究报告

港澳青年内地创业

企业案例·创业者故事·政府政策

**HONG KONG AND
MACAO YOUTH ENTREPRENEURSHIP
IN MAINLAND CHINA**

BUSINESS CASES, FOUNDER STORIES
AND GOVERNMENT POLICIES

主　编
张光南

副主编
罗顺均　尤成德　谭颖　梅琳　阎妍
编　委　孔德淇　易可欣　彭敏静　蔡彬怡　林婷　房西子

中国社会科学出版社

图书在版编目(CIP)数据

港澳青年内地创业：企业案例·创业者故事·政府政策/张光南主编. —北京：中国社会科学出版社，2018.5
ISBN 978-7-5203-2482-3

Ⅰ.①港… Ⅱ.①张… Ⅲ.①青年—创业—研究报告—香港②青年—创业—研究报告—澳门 Ⅳ.①D669.2

中国版本图书馆CIP数据核字（2018）第096507号

出 版 人	赵剑英
责任编辑	喻 苗
责任校对	胡新芳
责任印制	王 超

出　　版	中国社会科学出版社
社　　址	北京鼓楼西大街甲158号
邮　　编	100720
网　　址	http://www.csspw.cn
发 行 部	010-84083685
门 市 部	010-84029450
经　　销	新华书店及其他书店
印刷装订	北京君升印刷有限公司
版　　次	2018年5月第1版
印　　次	2018年5月第1次印刷
开　　本	787×1092　1/16
印　　张	27
字　　数	415千字
定　　价	100.00元

凡购买中国社会科学出版社图书，如有质量问题请与本社营销中心联系调换
电话：010-84083683
版权所有　侵权必究

作者简介

张 光 南　GUANGNAN ZHANG
教授、博导、所长

中山大学粤港澳发展研究院
穗港澳区域发展研究所
港澳珠江三角洲研究中心

美国哥伦比亚大学：访问学者（2012—2013）
香港科技大学：兼任教授（2017—　）
日本早稻田大学：访问研究员（2007—2008）
日本贸易振兴机构 JETRO：顾问（2011—　）
台湾政治大学：合作研究（2010）
中国（广东）自由贸易试验区横琴新区：专家委员（2015—　）
中央电视台 CCTV、新华社、《南方日报》、香港《文汇报》、《澳门日报》：特约评论专家

主持科研项目：
国家自然科学基金、教育部人文社会科学研究、广东省人民政府重大决策咨询项目、香港特别行政区政府决策咨询、澳门特别行政区政府决策咨询等。

承担干部培训：
为广东省政府、港澳机构、中联办、共青团、广东省海事局、广州市政府、珠海市政府、东莞市政府等承担干部培训和讲座任务。

荣获表彰奖项：
荣获中央办公厅、广东省政府、港澳机构、中联办、共青团、广州市、珠海市、东莞市、梅州市等政府书面表彰。荣获国家自然科学基金结题绩效评估优秀、中共中央宣传部"讲好中国故事"特约专家、广东省委组织部"青年文化英才"计划、广东省哲学社会科学优秀成果奖、广东省高等学校"千百十工程"培养对象、中山大学优秀青年教师培养计划、中山大学青年教师授课大赛决赛二等奖、霍英东教育基金会高等院校青年教师奖、笹川良一优秀青年教育基金优秀论文一等奖、著作荣获"中国社会科学出版社十大好书"。

发表学术论文：
Accident Analysis & Prevention（SSCI）、Transportation Research Part F：Traffic Psychology and Behaviour（SSCI）、European Journal of Law and Economics（SSCI）、Journal of Safety Research（SSCI）、《经济研究》、《管理世界》、《经济学季刊》、《统计研究》、《世界经济》、《新华文摘》摘编、人大复印报刊资料转载、《澳门理工学报》、《文汇报》、《南方日报》等。

联系方式：
电子邮箱：sysuzgn@gmail.com　　　邮编：510275
通讯地址：广州新港西路 135 号中山大学港澳珠江三角洲研究中心

基金资助

教育部人文社会科学重点研究基地重大项目
《内地与港澳服务贸易自由化"负面清单"升级版研究》（16JJDGAT006）
广东省人民政府港澳事务办公室粤港澳大湾区研究基地项目
《深化粤港澳重大合作平台研究》
国家自然科学基金面上项目（71573286）

支持单位

广东省人民政府港澳事务办公室
粤港澳大湾区研究基地
香港特别行政区政府驻粤经济贸易办事处
广东省人民政府发展研究中心
国务院发展研究中心中国国际发展知识中心
广州市人民政府港澳事务办公室
珠海市委政策研究室
中国（广东）自由贸易试验区深圳前海蛇口片区
中国（广东）自由贸易试验区珠海横琴新区片区
中国人民政治协商会议佛山市委员会
佛山市南海区政府
广州天河区中央商务区管委会
前海深港青年事务专业咨询委员会
霍英东基金会
香港中文大学商学院本科生校友会
澳门中华新青年协会

鸣　　谢

香港依威能源集团	WE＋酷窝联合办公
广州志桂设备租赁有限公司	无极科技有限公司
广东晶科电子股份有限公司	明汇经贸有限公司
深圳冰室餐饮管理有限公司	中富建博有限公司
广州慧玥文化传播有限公司	深圳市前海云端容灾信息技术有限公司
臻昇传媒集团有限公司	
"一带一路"发展联会	深圳市珑大科技有限公司
广州汇诺信息咨询有限公司	丰善绿色科技（深圳）有限公司
立刻出行广州分公司	珠海横琴跨境说网络科技有限公司
北京钱方银通科技有限公司	中华月子集团（澳门）
深圳市很有蜂格网络科技有限公司	澳门宝奇科技发展有限公司
	安信通科技（澳门）有限公司

序　　言

  青年是国家发展的希望，创业则是推动经济社会发展的重要途径。在全球经济格局深度调整、国际竞争日趋激烈的背景下，香港和澳门的传统发展模式也面临严峻挑战，亟待注入新的活力和动力。在中国"大众创业，万众创新"的机遇下，研究港澳青年内地创业显得尤为迫切和重要。

  十九大报告明确指出，"香港、澳门发展同内地发展紧密相连。要支持香港、澳门融入国家发展大局，以粤港澳大湾区建设、粤港澳合作、泛珠三角区域合作等为重点，全面推进内地同香港、澳门互利合作，制定完善便利香港、澳门居民在内地发展的政策措施"。通过便利的政策措施，解决港澳青年在内地创业过程中面临的配套问题，将促进政策、人才、资本等红利进一步融合，港澳青年在中国内地创业将迎来新的机遇以及越来越便利开放的创业环境。

  在"改革开放"初期，港澳企业家掀起了第一次到内地的"创业潮"。他们依靠自身在制造业、金融和服务等方面的先进经验，充分利用内地廉价的土地和丰富的人力资源等优势，有效承接国际产业转移的重要机遇，为港澳和内地的经济增长与社会发展做出了重要贡献。时移世易，今日之中国已成为世界第二大经济体、世界第一大制造大国和货物贸易大国。中国产品正逐步由"中国制造"向"中国创造"转型，交通基础设施日趋完善，互联网经济迅猛发展并逐步颠覆和重塑原有的传统经济模式，战略性新兴产业逐步兴起，中国经济发展模式进入"新常态"。与改革开放初期相比，当前内地的创业环境已发生了翻天覆地的变化，港澳地区创业者面临许多前所未有的新机遇与新挑战。而相较于老一辈港澳企业家，当代港澳青年的创业模式和路径呈现出许多新的特性。因此，针对港澳青年内地创业，本书从企业案例、创业者故事和政府政策三个维度进行分析。

第一部分：企业发展案例·创业者故事

本书主要调研对象是由香港或澳门青年创办的创业企业，这些创业公司遍及祖国各地，分布在不同行业，处于不同创业发展阶段。研究人员通过对目标企业实地调研和深入访谈，记录其青年创始人在内地创业的故事；同时对这些企业的创业历程进行梳理，从创业机会识别、创业资源获取、创业商业模式、创业团队组建以及企业文化建设等方面进行分析，研究港澳青年内地创业的成功经验和风险，以提升企业的持续竞争优势，提高创业的成功概率，在创业的道路上走得更远，并探索对其他创业者的启示，以供其他港澳青年创业者借鉴参考。此外，在调研中，访谈了相关创业者对于港澳地区与内地创业环境、港澳青年与内地青年在创业上的差异，以及他们对港澳与内地政府在青年创业上的政策建议。

第二部分：创业政策支持·政府管理创新

这部分从中央政府广东省政府、港澳政府及相关社会组织、广州、深圳、珠海等城市和南沙、前海蛇口、横琴三大自贸区对港澳青年在内地创业的政策进行比较分析。立体式、多方位地研究政府在促进港澳青年在内地创业方面的政策支持。

因此，本书分享和推广港澳青年创业经验与发展经验，帮助港澳青年创业者更加了解内地市场，同时为政府制定和落实创业政策提供参考。

本书各部分负责人如下：

全书统筹者为张光南，编辑优化团队包括罗顺均、尤成德、谭颖、梅琳、阎妍、孔德淇、易可欣、彭敏静、蔡彬怡、林婷、房西子。

在本书写作过程中，为更好呈现港澳青年内地创业的企业案例和创业者故事，归纳内地和港澳政府的创业支持措施，多方收集资料，多次修改完善。但由于能力和精力所限，难免存在疏漏和错误，望读者指正。创新创业永无止境，本书从企业案例、创业者故事、政府政策三个维度，与读者共同助力港澳青年内地创业。

目　　录

第一部分　企业发展案例·创业者故事

引　言 ……………………………………………………………… (3)

香港篇 …………………………………………………………… (7)

第一章　依威能源：创投资源加速充电桩拓展 ……………… (9)
　一　创业者故事：创业路上的"互补"共鸣者 ……………… (9)
　二　企业案例分析：社会资本治理最大化 ………………… (14)
　三　启示：寻求本地人加盟 ………………………………… (15)
　四　案例大事记梳理 ………………………………………… (16)

第二章　志桂设备："传统"设备租赁行业里的"创新"先锋 … (18)
　一　创业者故事：子承父业，创新发展 …………………… (18)
　二　企业案例分析：抓住内地建设发展机遇 ……………… (28)
　三　启示：务实地创新 ……………………………………… (29)
　四　案例大事记梳理 ………………………………………… (31)

第三章　晶科电子：工匠精神"智"造中国"芯" ……………… (33)
　一　创业者故事："千人"工匠 ……………………………… (33)
　二　企业案例分析：海峡两岸暨香港、澳门资源整合 …… (40)
　三　启示：利用香港技术优势 ……………………………… (42)
　四　案例大事记梳理 ………………………………………… (44)

第四章　咕噜咕噜：走街串巷的世界美食 …………………… (46)
　一　创业者故事：缘起于"爱港餐"，迎合需求建立事业 … (46)

二　企业案例分析：深耕内地市场，积累广泛资源 …………（51）
　　三　启示：洞察市场，创新融合，文化自信 …………………（52）
　　四　案例大事记梳理 ……………………………………………（54）

第五章　慧玥文化：虚拟现实风口下的务实创业 ……………（55）
　　一　创业者故事：整合资源，抢占风口 ………………………（55）
　　二　企业案例分析：新兴科技与传统产业共舞 ………………（65）
　　三　启示：积累人脉，找准方向 ………………………………（66）
　　四　案例大事记梳理 ……………………………………………（68）

第六章　臻昇传媒：香港中小企业跨境宣传的先行者 ………（70）
　　一　创业者故事："败"也微信，"成"也微信 ………………（70）
　　二　企业案例分析：聚焦微信，连接内地 ……………………（82）
　　三　启示：内地互联网先进模式的输出 ………………………（84）
　　四　案例大事记梳理 ……………………………………………（86）

第七章　骏高国际货运（中国）有限公司广州分公司、"一带一路"
　　　　　发展联会：捕捉政策风口，开启"一带一路"深耕之旅 …（87）
　　一　创业者故事："国际自来熟" ………………………………（87）
　　二　企业案例分析：深挖政策背后的机会 ……………………（94）
　　三　启示：把握"一带一路"新机遇 …………………………（96）
　　四　案例大事记梳理 ……………………………………………（96）

第八章　汇诺：电商"赛马场"上的"草根"黑马 ……………（98）
　　一　创业者故事："草根"赛马者 ………………………………（98）
　　二　企业案例分析：买家角度挖掘用户痛点 …………………（104）
　　三　启示：背靠国内，面向全球 ………………………………（106）
　　四　案例大事记梳理 ……………………………………………（107）

第九章　立刻出行：经验学习助力内地互联网创业 …………（109）
　　一　创业者故事：荆棘创业路上的"吃苦"精神 ……………（109）
　　二　企业案例分析：内地平台过渡学习 ………………………（112）
　　三　启示："互联网+"加速剂 …………………………………（113）
　　四　案例大事记梳理 ……………………………………………（114）

第十章　钱方：敢想敢做，连接一切的"闭环梦" …………（115）
　　一　创业者故事：互联网的勇士 …………………………（115）
　　二　企业案例分析：差异化高级"复制" …………………（121）
　　三　启示：通过内地经历过渡 ……………………………（123）
　　四　案例大事记梳理 ………………………………………（124）

第十一章　很有蜂格：理性创业，"共享经济"触及家具行业 …（126）
　　一　创业者故事：从沉稳的咨询者转型创新的开拓者 …（126）
　　二　企业案例分析："本土化"破解创业壁垒 ……………（132）
　　三　启示：把握"单一大市场"机遇 ………………………（133）
　　四　案例大事记梳理 ………………………………………（134）

第十二章　WE＋酷窝联合办公：为创业者提供一个家 …（135）
　　一　创业者故事：生于租赁世家，成于联合办公 ………（135）
　　二　企业案例分析：顺势而为，规模经营，定位全球 …（143）
　　三　启示：相信自己，海纳百川 …………………………（146）
　　四　案例大事记梳理 ………………………………………（148）

第十三章　无极科技：新电商和新媒体创业模式的激情
　　　　　　探索者 ……………………………………………（150）
　　一　创业者故事：几经辗转，创业梦圆 …………………（150）
　　二　企业案例分析：跳离舒适区寻找新机遇 ……………（160）
　　三　启示："无中生有"，敢想敢做 ………………………（161）
　　四　案例大事记梳理 ………………………………………（163）

第十四章　思蓓飞跃：借力政府政策，踏上南沙"创业热土" …（165）
　　一　创业者故事：不被改变的"自闭"创业者 ……………（165）
　　二　企业案例分析：两地政策助力内地扎根 ……………（169）
　　三　启示：把握海外视野优势 ……………………………（170）
　　四　案例大事记梳理 ………………………………………（171）

第十五章　中富建博：测量师的专业创业之旅 ……………（172）
　　一　创业者故事：因为专业，所以创业 …………………（172）
　　二　企业案例分析：专业人士的不断创新 ………………（183）

三　启示：服务创造价值 …………………………………………（184）
　　四　案例大事记梳理 ……………………………………………（186）
第十六章　云端容灾：象牙塔技术达人的坎坷创业路 …………（187）
　　一　创业者故事：辗转创业，前海腾飞 ………………………（187）
　　二　企业案例分析：成为容灾领域的国际标准 ………………（196）
　　三　启示：好种子要找好土壤 …………………………………（198）
　　四　案例大事记梳理 ……………………………………………（199）
第十七章　珑大科技：非典型香港理工女的梦想与征途 ………（201）
　　一　创业者故事：一波三折，缘聚前海 ………………………（201）
　　二　企业案例分析：诚信做人，坚毅创业 ……………………（212）
　　三　启示：做好沟通，控好风险 ………………………………（213）
　　四　案例大事记梳理 ……………………………………………（214）
第十八章　丰善科技：科技创造美好生活 ………………………（216）
　　一　创业者故事：让再生能源无处不在 ………………………（216）
　　二　企业案例分析：多方尝试而后专注 ………………………（226）
　　三　启示：永葆创业初心 ………………………………………（227）
　　四　案例大事记梳理 ……………………………………………（229）

澳门篇 …………………………………………………………………（231）

第十九章　跨境说：为创造而生的数字中枢梦 …………………（233）
　　一　创业者故事："看到的世界都是你的" ……………………（233）
　　二　企业案例分析：反向电商的本土复制 ……………………（239）
　　三　启示：政策红利压缩初创成本 ……………………………（240）
　　四　案例大事记梳理 ……………………………………………（241）
第二十章　中华月子：打造专业的月子品牌 ……………………（242）
　　一　创业者故事：医学毕业生的非典型创业 …………………（242）
　　二　企业案例分析：传统月子模式的现代转型与创新 ………（252）
　　三　启示：挫折后的累积再出发 ………………………………（253）
　　四　案例大事记梳理 ……………………………………………（255）

第二十一章　宝奇科技：让儿童在游乐中学习成长 …………… (256)
 一　创业者故事：澳门"90后"的内地创业梦 …………… (256)
 二　企业案例分析：创业定位明确而务实 ………………… (262)
 三　启示：寻找合适的内地合作方 ………………………… (263)
 四　案例大事记梳理 ………………………………………… (265)

第二十二章　安信通科技：做"善解人意"的机器人 …………… (266)
 一　创业者故事：以政策优势，促技术变革 ……………… (266)
 二　企业案例分析：科技推动创新创业 …………………… (275)
 三　启示：抓住粤港澳大湾区发展的重要机遇 …………… (277)
 四　案例大事记梳理 ………………………………………… (278)

第二部分　创业政策支持·政府管理创新

引　言 …………………………………………………………………… (281)

第一章　中央政府：顶层设计、制度优化、关注港澳青年 ……… (283)
 一　物质资本支持：税收优惠、场地服务 ………………… (284)
 二　人力资本支持：人才流动、创新创业人才 …………… (289)
 三　技术资讯支持：发挥优势、资源共享、创新服务平台 … (291)
 四　社会资本支持：社会资金、创业导师 ………………… (292)
 五　公共服务支持：专业服务、优质生活圈 ……………… (295)
 六　特色创业活动：创业大赛、港澳分赛、多元服务 …… (298)
 七　中央政府创业支持政策概览 …………………………… (299)

第二章　广东省政府：区域政策、港澳创业平台、特色活动 …… (301)
 一　物质资本支持：人才资金、引导基金、场地支持 …… (302)
 二　人力资本支持：粤港澳人才、创新人才、集聚发展 … (308)
 三　技术资讯支持：资源共享、粤港澳合作、成果转化 … (310)
 四　社会资本支持：民间资本、创业资源整合 …………… (311)
 五　公共服务支持：专业服务、从业资格互认、一站式服务
   平台 ………………………………………………………… (312)

六　特色创业平台：综合金融服务、孵化基地 ……………………（315）
　　七　特色创业活动：创业交流、创业省赛 ………………………（321）
　　八　广东省政府创业支持政策概览 ………………………………（323）

第三章　港澳政府：联合内地政府、协同社会组织 …………………（327）
　　一　人力资本支持：创业基地、青年交流 ………………………（327）
　　二　技术资讯支持：深港合作、科研机构搭桥 …………………（328）
　　三　社会资本支持：深港合作、科研机构搭桥 …………………（328）
　　四　特色创业活动：青年交流、社会组织、扶持创业 …………（329）
　　五　港澳特区政府创业支持政策概览 ……………………………（331）

第四章　广州市政府：依托创新平台、注重政策落地 ………………（333）
　　一　物质资本支持：项目资金、基地补贴、租金补贴 …………（334）
　　二　人力资本支持：人才招聘、人才交流、人才联盟 …………（338）
　　三　技术资讯支持：项目孵化、资源需求对接 …………………（339）
　　四　社会资本支持：宣传推介、搭线企业 ………………………（339）
　　五　公共服务支持：工商服务、绿色通道 ………………………（339）
　　六　特色创业平台：创业基地示范点、资源集聚 ………………（340）
　　七　特色创业活动：青年交流、项目扶持、大学生创业大赛 …（341）
　　八　广州市政府创业支持政策概览 ………………………………（344）

第五章　深圳市政府：重视人才扶持、鼓励创客服务、对接香港青年 ……………………………………………………………（346）
　　一　物质资本支持：项目资金、融资扶持、创客空间 …………（347）
　　二　人力资本支持：人才集聚、人才合作 ………………………（352）
　　三　技术资讯支持：技术平台、深港合作、产业配套 …………（352）
　　四　社会资本支持：创业基金、创客交流、专家团队 …………（353）
　　五　公共服务支持：人才优先、本市户籍待遇 …………………（354）
　　六　特色创业平台：孵化基地、科技成果转化平台、创业服务 ……………………………………………………………（356）
　　七　创业交流活动：创业交流营、交流论坛、资讯互通 ………（358）
　　八　深圳市政府创业支持政策概览 ………………………………（359）

第六章　珠海市政府：财务支持为主、对接澳门青年 …………… (363)
　　一　物质资本支持：创业资助、创业基地 ……………………… (363)
　　二　特色创业平台：设立创新创业基地 ………………………… (367)
　　三　特色创业活动：交流盛会、举办创业大赛 ………………… (368)
　　四　珠海市政府创业支持政策概览 ……………………………… (369)

第七章　广东三大自贸区：港澳青年创业基地、完备服务体系 ………………………………………………………… (370)
　　一　物质资本支持：专项资金、税收补贴、房屋配租 ………… (372)
　　二　人力资本支持：人才引进、人才交流 ……………………… (375)
　　三　技术资讯支持：技术配套、科技服务 ……………………… (377)
　　四　社会资本支持：市场推广、宣传推介 ……………………… (378)
　　五　公共服务支持：专业服务、资格互认 ……………………… (378)
　　六　特色创业平台：青年梦工场、创新工场、创业谷 ………… (383)
　　七　特色创业活动：创业交流、创业大赛、项目帮扶 ………… (388)
　　八　广东三大自贸区创业支持政策概览 ………………………… (391)

附　录

附录一　港澳青年内地创业政府部门一览表 ……………………… (397)
附录二　特色创业平台一览表 ……………………………………… (400)
附录三　港澳青年内地创业服务机构一览表 ……………………… (402)
附录四　中央政府支持港澳青年内地创业政策文件一览表 ……… (403)
附录五　广东省政府支持港澳青年内地创业政策文件一览表 …… (405)
附录六　港澳特区政府支持港澳青年内地创业政策文件一览表 … (407)
附录七　广州市政府支持港澳青年内地创业政策文件一览表 …… (409)
附录八　深圳市政府支持港澳青年内地创业政策文件一览表 …… (411)
附录九　珠海市政府支持港澳青年内地创业政策文件一览表 …… (414)

第一部分

企业发展案例·创业者故事

引　言

近年来，许多港澳青年赴内地创业，这些创业者积累了丰富的创业经验，也遇到了许多新问题。为总结其成功的规律，查找存在的不足，探讨对其他创业者的启示，本部分选取22家典型的香港和澳门企业，通过实地调研和深入访谈，刻画出各具特色的创业企业案例。

这些企业在地域和行业上分布广泛，遍及广州、深圳、珠海和上海等地，分布在制造、物流、金融、互联网、新能源和电子商务等行业。这些企业处于不同的创业阶段，创始人的背景和经历也迥异。多维度、多层次的港澳青年内地创业案例信息参见表1。

表1　　　　　　　22个案例：港澳青年内地创业企业信息

案例	所属行业	企业/组织名称	企业注册地	创业时间*	创始人	关键词
1	新能源	香港依威能源集团	上海	2010	陈振雄 曾伟华	创投资源；港澳本地人加盟；社会资本
2	设备租赁行业	广州志桂设备租赁有限公司	广州	2015	郝桂良	子承父业；吃苦耐劳；连锁模式
3	LED制造	广东晶科电子股份有限公司	广州	2006	肖国伟	技术跨产业应用；精英创业；海峡两岸暨香港、澳门资源整合
4	现代餐饮	深圳冰室餐饮管理有限公司	深圳	2015	黄鸿科	资源积累；独特的商业模式；传统与现代融合
5	虚拟现实（VR）	广州慧玥文化传播有限公司	广州	2016	杨腾	虚拟现实（VR）；VR+传统行业；定位
6	电子商务/新媒体运营	臻昇传媒集团有限公司	广州	2014	蔡承浩 蔡洁霞	中小企业；跨境；微信营销；新媒体
7	国际物流；平台建设	骏高国际货运（中国）有限公司广州分公司；"一带一路"发展联会	广州	2006 2015	戴景峰	国家大势趋向性创业；国际自来熟；"一带一路"发展联会

续表

案例	所属行业	企业/组织名称	企业注册地	创业时间	创始人	关键词
8	电子商务	广州汇诺信息咨询有限公司	广州	2008	陈耀文	赛马精神；草根创业；B2B2C商业模式
9	新能源汽车租赁	立刻出行	北京	2017	蔡振佳	新能源汽车；两地差异；经验学习
10	互联网金融	北京钱方银通科技有限公司	北京	2012	李英豪	二次创业；本土化复制；差异化；杠杆借力；创新治理
11	互联网	深圳市很有蜂格网络科技有限公司	深圳	2015	吴宏恩	互联网+；家具租赁；单一大市场；用户痛点
12	办公服务	上海帷迦科技有限公司	上海	2015	何善恒	分享经济；"一带一路"；放眼世界；开放创新
13	电子商务	无极科技有限公司	广州	2017	孔繁扬	创业激情；跨境电商；共享团队
14	互联网+教育	明汇经贸有限公司	广州	2014	列家诚	"互联网+"；南沙创业；社会企业
15	建筑咨询服务	中富建博有限公司	深圳	2002	李国华	测量师；综合咨询；专业服务；建筑科技
16	网络安全	深圳市前海云端容灾信息技术有限公司	深圳	2016	李德豪	云端容灾；大数据；自动演练
17	互联网	深圳市珑大科技有限公司	深圳	2016	蔡汶羲	计算机；电子商务；动画
18	风电	丰善绿色科技（深圳）有限公司	深圳	2017	黎高旺	风力发电；垂直轴；绿色能源
19	电子商务	珠海横琴跨境说网络科技有限公司	珠海	2015	周运贤方华	地缘优势；青年创业谷；创新商业模式
20	服务业	中华月子集团（澳门）	澳门	2017	孙永高 郑嘉虹 甘达政	月子；二孩政策；创新
21	儿童游乐	澳门宝奇科技发展有限公司	上海	2017	施力祺	商场；儿童游乐；二孩政策
22	机器人	安信通科技（澳门）有限公司	澳门	2015	韩子天	身份识别；机器人；天机1号

注：*部分企业出现公司名称变更、或公司总部位置变更、或创业者当前所在企业并非最初创业企业等情况，此处以创业公司注册时间为准。

香港、澳门地理位置优越，同时作为国际化的城市，无论是创业机会识别和创业资源整合，还是创业团队管理，港澳青年都可借助其国际化特质作为跳板，连接海峡两岸暨香港、澳门，连接全球，整合全球资源。本部分分析港澳青年内地创业历程，讲述创业者的精彩故事，研究其创业机会、创业资源、创业团队、创业模式、创业绩效和创业文化等。第一，通过系统梳理港澳创业者的创业历程，总结其在内地创业的典型特征和创业中的重要影响因素。第二，通过对受访港澳青年的创业经验进行分析总结，为其他创业者提供启示和借鉴。第三，通过对在内地创业的港澳青年的创业故事进行研究，为相关政府部门的决策提供政策参考。

通过对这些港澳青年的创业故事进行分析和总结，研究发现了当代港澳青年与老一辈港澳企业家到内地创业的"变"与"不变"。"变"分为外部和内部两个方面：外部主要是面临的创业环境，内部主要包括创业者的特征、创业模式、创业心态等。

在创业环境方面，中国内地已经成为世界第二大经济体，一些发达城市的经济发展、消费水平和交通基础实施等方面已经接近乃至超过港澳，互联网经济和高新技术产业迅速发展，领先于港澳。中国经济发展已经进入新常态，社会主要矛盾已经转化为人民日益增长的美好生活需要和不平衡不充分的发展之间的矛盾。

在巨变的新环境下，相比于老一辈港澳创业者，当代港澳青年在内部方面体现了创业特征由"低"到"高"、创业模式由"输入"到"输出"、创业心态由"俯视"到"平视"乃至"仰视"的典型变化。

第一，创业特征由"低"到"高"的转变，即许多传统的港澳企业家在改革开放初期到内地创业时，具有学历偏低，主要从事"三来一补"或传统贸易等价值链低端及低科技含量的产业，提供的产品或服务价值偏低等"四低"特征；而当代港澳青年则具有"四高"特征：普遍具有大学及以上的高学历、从事的产业多数具有高科技含量、位于价值链高端、提供的产品或服务具有高附加值。

第二，创业模式由"输入"到逐步"输出"的转变，即由原来的港澳向内地在技术、资金、商业模式和管理经验等方面的经验"输入"，到如今中国内地在取得了巨大的发展和进步之后，逐步转向港澳地区"输出"经验或模式。这在互联网领域的创业中表现得尤其突出，特别以移动支付、网红经济为典型代表。

第三，创业心态由"俯视"到"平视"乃至"仰视"的典型变化。改革开放初期，部分港澳商人到内地创业时，不可避免地带有发达地区到落后地区投资的优越者"俯视"心态，许多港澳青年在接受访谈时也承认了这点，而且认为目前有一些对内地缺乏了解的港澳人士依然如此看待内地；随着对内地有更加清楚和客观的了解认识后，当代港澳青年开始逐步客观地看待中国内地的一切，甚至对内地在高科技、互联网经济、高铁建设等方面逐步产生钦佩心态。

对此，许多港澳青年对后来创业者提出"多了解、多交流、多学习、多合作"的"四多"建议，即要全方位地深入了解祖国内地的各方面情况。祖国内地幅员辽阔，各地区的经济社会发展不平衡，在市场特性、产业特征和风俗习惯等方面都存在很大差异，只有深入各地去充分了解才能有客观的认识，避免以偏概全；要多熟悉内地在供给侧改革、创新驱动发展战略、"一带一路"倡议、京津冀协同发展、雄安新区建设、粤港澳大湾区建设等方面的新动态，从中识别出创业的机会；要积极参与各种考察和交流活动，与内地各界多进行相互交流、相互学习，特别是经常参加各种创新创业和商业运营的培训学习，掌握内地在法律、税务、人力资源管理、市场营销和商业模式等方面的具体知识；在创业过程中，要多与内地的相关企业和团队合作，减少因为不熟悉内地市场的尝试成本和创业风险。

当代港澳青年内地创业的"不变"，主要体现在两个方面：一是继续发挥港澳的国际化优势，使港澳成为内地与海外的连接桥梁，有效整合各种国际和内地资源，实现"立足港澳，依托内地，连接中外，面向世界，整合全球"；二是港澳青年要传承和重塑老一辈港澳人顽强拼搏、自强不息和吃苦耐劳的创业和敬业精神，这是港澳当年经济发展的动力，需要当代港澳青年继续保持并发扬光大。

让我们一起领略创业者的精彩故事，体验创业者的非凡历程，感悟创业管理的真谛！

香　港　篇

香港依威能源集团
广州志桂设备租赁有限公司
广东晶科电子股份有限公司

深圳冰室餐饮管理有限公司

广州慧玥文化传播有限公司
臻昇传媒集团有限公司
骏高国际货运（中国）有限公司广州分公司
"一带一路"发展联会
广州汇诺信息咨询有限公司
立刻出行广州分公司

北京钱方银通科技有限公司
深圳市很有蜂格网络科技有限公司
上海帷迦科技有限公司
无极科技有限公司
明汇经贸有限公司
中富建博有限公司

深圳市前海云端容灾信息技术有限公司
深圳市珑大科技有限公司
丰善绿色科技（深圳）有限公司

第一章 依威能源：创投资源加速充电桩拓展

公司名称：香港依威能源集团
创始人：陈振雄、曾伟华
创业时间：2010 年
所处行业：新能源行业
关键词：创投资源，港澳本地人加盟，社会资本
访谈时间：2017 年

一 创业者故事：创业路上的"互补"共鸣者

（一）两个创客的惺惺相惜

一个谦和温煦的君子，一个热情干练的江湖客，两个性情迥异的创客相遇，似乎擦出了别样的火花。

陈振雄就读于香港中文大学的电子工程系，曾伟华是他的同学兼逸夫书院的舍友。回忆起彼此的交集，他们对母校心存感念。作为一所国际化的学校，香港中文大学除了读书氛围浓厚，还给学生提供大量的比赛机会和交流项目，这些都极大开阔了他们的眼界。学校的创业鼓励计划更成为他们研发创新的土壤。在校期间，曾伟华曾自行研发"虚拟鼠标"，并且获得香港多项科技比赛冠军。在那之后，陈振雄成了他的强势战友。他们

在 1000 多名竞争者之中脱颖而出，荣获第七届和第八届国家挑战杯一等奖。这种知己情谊一直持续到下一个项目，他们共同参与了一个为期一年半的短期性生化柴油精炼系统的创业项目，并取得极大的成功。这也为他们带来了第一桶金。

在别人眼中，陈振雄是一个不折不扣的谦谦君子，温和而有礼，乐于听取别人的意见，几乎看不到他发脾气，和曾伟华直爽的性格刚好形成互补。

在获得电子工程本科学位之后，陈振雄继续攻读哲学硕士学位。与此同时，他和曾伟华在电动汽车充电领域开启了一段新的探索之旅。

一个温和谦卑的君子，一个热情干练的江湖客，熟知对方的他们，开启了一段又一段旅程。

（二）捕捉机遇，充电桩事业香港起步

香港是一个社会多元化的国际化城市，对新鲜事物包容程度较高，人们可以第一时间接触到国际最前沿的商业和技术资讯。与此同时，寸土寸金的香港也面临着交通拥挤的痼疾。电控技术的新能源汽车早年兴起于北美和欧洲，这项发明给香港带来了新的出口。

2009 年，香港政府开始引入电动车。香港的油费极高，是内地的 3.5 倍，使得新能源汽车成为燃油车的替代品，电动车应用比较广泛。曾伟华和陈振雄看准机遇，在 2010 年创立了香港依威能源集团，开始为香港地区的新能源汽车用户提供充电服务。热情干练的曾伟华负责业务拓展，温文尔雅的陈振雄则负责监督公司营运，二人合作无间。充电设施的发展，带动了香港新能源汽车的发展。因此，香港电动车由 2010 年的不足 100 辆，猛增至 2016 年 4 月约 5300 辆。依威能源在香港的充电站已遍布政府机构、大型商场、私人企业等。

曾伟华和陈振雄二次创业，在 2010 年创立了香港依威能源集团。

但是在香港，给新能源充电的业务主要是由八达通公司承接，通过直接刷卡的形式进行付费，必须用它的读卡器，而 EV Power 的桩没有自带读卡器。依威能源只能做"销售式"的发展模式，只需要建设充电桩，然后接入八达通系统即可，无须自行运营。所以曾伟华和陈振雄也在寻求一个新的发展方向。

（三）依托创投资源，内地市场迅速布局

伴随着经济发展，内地污染日益恶化，尤其是北方地区，政府开始提倡绿色出行理念。2014年，内地政府大力推动新能源汽车发展，逐步形成围绕"汽车制造—充电站建设—充电车位规划"全产业链的支持政策。那时候，内地新能源市场才刚刚起步。面对内地没有高度垄断的市场，两个香港青年怀着兴奋的心情，有志于打开充电桩运营的市场，在内地进行独立运营。

虽然依威能源在香港已经是行业的龙头，但内地市场巨大、复杂，就像一只没有方向感和动力支撑的扁舟，在内地这片浩瀚的大海摇曳。只凭自身在香港积累的经验和技术，自然是无法快速在内地发展，正当他们愁于如何拓展业务，开辟新的发展路线时，一个已是商界巨子的香港中文大学校友，正好也对内地新能源的发展抱着美好的愿景，于是向他们抛出橄榄枝。在他的帮助下，依威能源在2014年9月进入内地市场，并且拥有了一个提供资金、资源的强大后盾。

分众传媒是国内最大的社区媒体运营商，它在中国的渗透率达到70%，这为依威能源进入小区提供了非常重要的物业资源，基本上全部对依威能源开放。作为分众传媒江南春的合伙人，这位校友将其在内地的分众传媒的物业关系资源导入到依威能源。他不仅

> 他们在香港确实把它做到第一了，所以这个是客观的条件。自己要先装备好自己，才能迎接外来的机会。刚好，他们一个往下游发展，一个往上游发展。
>
> ——陈乐基

给予天使轮投资的资金支持，还帮助他们将依威能源业务范围拓展到内地市场。对于依威能源来说，就像沙漠中注入一股清泉，就像扁舟找到了航线和动力。随后，依威能源通过分众传媒的物业关系，开启业务拓展并且快速发展，仅仅用了一年半的时间，就签下3000个小区项目，并在一线城市进行商业模式复制。

进入内地以后，曾伟华的一个直观感受是，比起香港，内地市场有更多的融资平台，从天使基金到首次公开募股，对拓展市场占有率都十分重要。只要你有好的商业卖点，就能吸引到投资者。

（四）港籍本地人加盟

一个从港澳到内地的创业故事似乎看起来那么顺利。其实，背后所遇到的困难并不少。作为港澳青年，两个创始人第一次进入内地市场，同时面临着政府政策不熟悉、商业资源不熟悉以及文化差异等问题。

进入内地之后，团队成员主要还是香港人，陈振雄和曾伟华并没有意识到可能出现的文化差异问题，也没有意识到内地与香港的行情差异。在分众传媒入股以后，分众传媒首先派遣了一个副总过来当负责人，过程中与香港团队产生了冲突。这时候，他们才开始意识到内地与香港在人文沟通方面的差异。在工作中，陈振雄贯彻香港人的工作方式。对于初创公司而言，陈振雄希望给予同事更大的自由度，并没有过于注重绩效管理，管理相对宽松。也因此，在人力资源管理方面，依威能源并不适应本地人的工作习惯和风格。那时候，他们刚好认识了一个在内地多年的香港人——陈乐基。他们盛情邀请了这样一位港籍本地人加盟依威能源，以应对内地人才招聘和管理过程中的问题。

> 对于香港青年创业来说，的确存在太多挑战。就是个人来讲，我适不适应这个环境，我懂不懂在内地营商，懂不懂解读政府政策，以在推出政策之前获取一些信息。我不是依威的创始人，是辅助的角色。
> ——陈乐基

> 依威能源把目标转向了前端市场，将会联合不同品牌的电动汽车生产商去大力推广新能源汽车行业，并且提升民众体验和认知。

陈乐基作为依威能源的辅助者,在内地拥有很多社会资本,同时熟知内地市场规则。他熟知内地资源该如何运用,很快便开拓了广州和深圳的子公司。他到深圳寻求当地发改委的支持,1月份在广州登记依威能源广州市的子公司,3月份便邀请了广州市委书记进行考察指导。陈乐基积极争取政府官员拜访,充分利用政府支持,提高企业在本地的知名度,迅速将战略版图拓展到其他城市。为了更好地融入内地市场,陈振雄和曾伟华也在不断学习内地的执行规则。

(五) 提升用户体验,推动行业发展

作为香港最大充电服务供应商的依威能源,经过近三年的创业,已经成为国内知名的充电设备运营商,服务于本地80%以上的客户。截至2016年6月,依威能源集团已在北京、上海(总部)、广州、深圳、杭州、成都、香港和澳门建成充电站1500多个,充电桩6000多个。依威能源集团提供最全面、最专业的充电解决方案,客户已经覆盖到恒基、地铁、恒隆、新鸿基、万科等众多合作伙伴。同时,依威能源获得了各项荣誉。其中,2012年荣获信息通信技术最佳环保奖,这是由香港特别行政区政府资讯科技总监办公室颁发的最具代表意义的奖项。2016年,依威能源荣获由Mediazone颁发的"香港最具价值服务大奖2016:最具信誉电动车充电服务"。

未来,依威能源在充电解决方案上,将更着重考虑提高用户体验,广泛应用物联网的智慧体系。用户可以随时随地检测充电桩状态,通过电力分配技术确保车辆足够电量,自动寻找负载量最适合的充电点,从而能有效地利用公共的资源,发挥依威能源的技术优势,真正服务于电动汽车用户。2017年开始,依威能源把目标转向了前端市场[1],将会联合不同品牌的电动汽车生产商去大力推广新能源汽车行业,并且提升民众体验和认知。

---

[1] 《依威能源陈总:站的高,方知市场有多大》,2016年12月1日(http://www.sohu.com/a/120406119_157592)。

二　企业案例分析：社会资本治理最大化

（一）差异化使团队更具力量

依威能源两个创始人都是技术党，在香港中文大学就已经合作过多个项目，而他们之间互补的技能和个性就是最佳的黏合剂，也是一个优秀团队 1+1>2 的非简单叠加。热情干练的曾伟华作为"大局思考者"，负责业务拓展；而性格温和的陈振雄则监督公司营运，注重细节，保证一切根据安排正常运行。他们深知这种互补的好处，就是能以多角度看待问题。差异不仅仅让团队更加紧密，而且更能了解团队缺乏怎样的人才。所以在后期，当依威能源出现了人力资源矛盾——团队缺乏精通两地文化的人时，便引入了港籍本地人的加盟，从而更好地在内地进行运营。通过多次比赛和交流计划，使得他们具有国际化的视野、善于捕捉商业机会，同时又善于引进项目落实进程中所需要相关的专业人才。所以无论是做哪个新领域，总能吸引到相应的人才加入团队，游刃有余。

（二）自有与外在资源的整合

对于自有资源来说，依威能源已经在香港囊括技术、品牌资源，这都有助于依威能源打开内地市场。作为香港最早进入新能源充电桩领域的企业，在技术方面，通过技术合作和自主研发，依威能源具备一定的充电设备生产能力。依威能源在香港科技园有一定的名气，大小的商场是它的固定合作伙伴，同时它还是政府指定唯一的企业，明显占据香港龙头老大的地位。依威能源成为香港新能源的一张品牌，公司更是香港中文大学产业园的明星企业。

但是内地市场环境的复杂性给他们带来了新挑战，包括对政府政策不熟悉、商业资源不熟悉以及文化差异等问题。依威能源除了运用优势资源，还需要取长补短。在行业资源方面，依威能源借助香港中文大学校友会的社会资源，成功对接分众传媒的资金支持和物业资源。在人力资源方面，依威能源完全不适应本地人的工作习惯和风格，通过邀请港籍本地人加盟依威能源，应对内地人才招聘和管理过程中的问题。同时，依威能源利用政府资源，积极争取政府官员拜访，比如邀请天河区区长到企业指导工作，从而提高企业在本地的知名度。

（三）社会资本治理的最大化利用

对于一个企业来说，单单靠技术的工匠精神，对于业务的开展并不是全然有利。基于信任关系网络在内地市场发展过程中获取稀缺资源，从而使得公司以更低的交易成本更快地获取资源。香港中文大学校友会作为分众传媒江南春的合伙人，不仅给予依威能源天使轮投资的资金支持，还将分众传媒的物业关系资源导入到依威能源，帮助他们在内地市场拓展业务。分众传媒是国内最大的社区媒体运营商，它在中国的渗透率达到70%，这为依威能源进入小区提供了非常重要的物业资源。依威能源通过分众传媒的物业关系仅用一年半的时间就签了3000个小区项目，并且进行一线城市的商业模式复制。由此可见，个人资本能够转化成为社会资本，而充分利用资本市场能够降低市场开拓成本，促进企业快速发展。作为一个政策主导型行业的企业，依威能源必须熟悉政府政策和利用制度资本。所以依威能源应积极争取政府官员拜访指导。

仅仅依靠社会资本并不科学，这类资源总有枯竭的一天。做好自己的产品和服务，提高针对消费者的服务水平，仍然是最核心的部分。没有物质基础，上层建筑多好，都是徒劳，也终将会被竞争对手击败。但社会资本仍然具有不可忽视的作用。

三 启示：寻求本地人加盟

（一）寻求本地人的加盟，对结构性冲突起一定的缓冲作用

要进入内地市场，需要加强对内地商业环境的了解，否则很难创业，尤其是政府政策依赖性行业。所以，港澳青年在创业前需要充分了解内地商业环境，可以通过同时熟知内地和港澳的人才，如港籍本地人或者本地香港人，对接内地资源。比如，依威能源的创始人常年在香港，企业产生对内地政府政策不熟悉、商业资源不熟悉以及文化差异等问题，使得在后期依威能源跟分众传媒产生了结构性矛盾，团队明显缺乏精通两岸文化的人，所以寻求港籍本地人陈乐基的加盟。而他的加盟恰恰缓解了这些问题和矛盾，使得依威能更好地在内地进行运营。

（二）充分利用社会资本，注重商业模式创新

基于信任关系网络在内地市场发展过程中获取稀缺资源，从而使得公司以更低的交易成本更快地获取资源。依威能源充分利用的是社会层面的资本：分众传媒的资金和物业资源，除此以外，多次官员考察、政府层面的社会资本也给依威能源带来了知名度。纵使丰富的资源在短期能够带来直接效益，但依威能源缺乏一个创新性的商业模式，这样的发展是不可持续的。因此，港澳青年理应注重根基——商业模式的创新，同时利用社会资本的累积加速企业的发展。

四　案例大事记梳理

2010年，香港依威能源集团成立；

2014年，上海依威能源科技有限公司成立；

2015年，深圳依威保华能源科技有限公司成立；

2015年11月，EV POWER 的"E 充站"APP 植入 IES 快充设备，连接 E 充站充电网络；

2015年12月，上海首次正式亮相，成功建立了800个充电站；

2016年1月，与 BMW（宝马）共同推出针对 BMW 私人电动车用户充电项目；

2016年3月，与首汽租车、e 享天开达成合作，由 EV POWER 为租赁车辆提供安全可靠且便捷的充电服务；

2016年3月，EV POWER深圳入围深圳新能源汽车充电设施运营商备案名单；

2016年3月，北京的首次正式亮相；

2016年4月，E充站APP即将支持扫描二维码充电，推出扫描二维码充电服务功能，并支持多种途径在线支付；最新产品"多枪充电棒"亮相侨商展区；

2016年5，与BMW（宝马）在"2016 CES Asia亚洲电子消费展"上宣布达成"即时充电TM"（Charge Now）项目战略合作，扩展至全国，包括北京、上海、广州、深圳、杭州和成都；

2016年7月，EV POWER依威能源荣获2016中国电动汽车充电桩"十佳龙头企业"和"解决方案创新奖"。

第二章 志桂设备:"传统"设备租赁行业里的"创新"先锋

> 公司名称:广州志桂设备租赁有限公司
> 创始人:郝桂良
> 创业时间:2015 年
> 所处行业:设备租赁行业
> 关键词:子承父业,吃苦耐劳,连锁模式
> 访谈时间:2017 年

一 创业者故事:子承父业,创新发展

(一)子承父业,深入基层多方历练

2010 年,郝桂良从美国加州州立大学国际商务专业毕业。他没有像多数商科出身的香港年轻人一样,选择到银行等金融机构或大型跨国公司成为一名"高端上档次"的办公室白领,而是毅然进入父亲一手创办的家族企业,在香港和澳门地区从事"低端不起眼"的建筑工程设备的租售工作。

由父亲创办的志成(香港)集团,于 1984 年成立,经过 30 多年的发展,已成为香港工程机械租赁行业的优质服务企业,主要业务包括发电机、空压机和高空作业车等工程机械设备的租赁及销售。集团总部位于香港元朗屏山,拥有占地超过 10 万平方尺的现代化工商中心——志成中心。志成集团在香港和澳门主要参与大型市政设施的建设和改造工作,服

务过的项目包括香港迪士尼乐园、西九龙快线、香港国际机场、广深港高速铁路香港段等，为港澳的工程建设及繁荣发展做出了积极贡献。

在自家的企业里，郝桂良并不是高高在上的"太子爷"，而是主动到一线部门，从最基础的技术员和销售员做起。面对工程机械设备的技术问题，商科出身、缺乏相关专业基础的郝桂良一方面虚心向公司里富有经验的老师傅请教，另一方面自己勤奋钻研机械设备的专业书籍以及设备厂家的操作说明书。"功夫不负有心人"，经过一段时间的努力，郝桂良很快成为精通工程机械设备的技术能手，能够及时有效地处理作业现场出现的各种技术问题。

在积累技术经验的同时，郝桂良深入市场一线，拜访客户，倾听客户诉求，了解行业的市场特性及运营规律。此时，香港志成集团在广州、北京、上海和成都陆续与内地当地企业成立了合资公司。郝桂良开始接触内地的业务，辗转祖国各地开拓和维护市场，及时跟进各个工程项目的现场管理，并在公司的技术、销售和行政管理等多个岗位进行锻炼，协助父亲处理和协调各种公司事务，积累了较为丰富的企业运营管理的经验。

（二）立足广州，胸怀祖国，独立拓展内地市场

志成集团自 2004 年就通过合资的方式进入内地市场，但随着公司业务的日益壮大和发展，与内地的合作股东在经营理念和思路上产生了越来越多的分歧。为此，郝桂良的父亲决定解散合资公司，终止在内地的业务，集中精力做好港澳市场。然而，郝桂良这时候却看到了内地市场蓬勃发展的趋势，决定留在内地，

郝桂良国外留学毕业后，选择到父亲创办的企业，从事工程机械设备租赁工作。他没有成为养尊处优的"太子"，而是主动到最基础的一线部门进行锻炼。

经过技术、市场和管理等多个部门的锻炼，郝桂良既掌握了工程机械设备的维修技术，又积累了市场和运营管理经验，为独立创业积累了经验。

自主创业。汲取了父亲在内地采取合资方式导致纠纷不断的前车之鉴，郝桂良采用独资经营的方式，于2015年成立了广州志桂设备租赁有限公司，继续从事发电机、空压机、高空作业车等工程机械设备的租赁及销售。公司还代理了日本 AIRMAN 公司［主要产品：空压机（风机）和发电机］以及美国 JLG 公司［主要产品：高空作业车（升降台）］的产品。

多方考察之后，他决定把公司总部设置在广州南沙。为此，他在南沙东涌镇出资购置了10000平方米的土地，建立了志成中心，作为办公场所和工程机械设备的仓储基地。目前，郝桂良已在南沙买房，正式"扎根"南沙，家人也随之往返于香港和南沙两地。

"我们家的籍贯就在广州天河区东圃镇，我父亲17岁中学毕业后才去的香港。他从打工做起，一步步创办了属于自己的企业。小时候，父亲逢年过节会带我们回广州，从小便结下了乡情，因此选择在广州创业有天然的亲切感。"郝桂良说。

而郝桂良最终把公司落址南沙，一是因为工程租赁设备行业对交通位置要求较高，南沙离广州南站不远，交通便利；二是因为南沙恰好位于粤港澳大湾区的地理几何中心，往返于香港和内地都很方便，未来随着大湾区的发展还将具有更大的潜力；三是因为南沙是自由贸易试验区，未来将成为高水平对外开放的门户枢纽，能在政策和商务运营方面给企业带来诸多好处。

在南沙的志成中心的会议室和郝桂良办公室分别挂着一幅巨大的中国地图。郝桂良希望通过这一方式不断提醒自己和同事们要放眼整个中国，而不是仅仅

郝桂良在2015年创办了广州志桂设备租赁公司，采用独资经营的方式，致力于拓展内地市场。

由于广州南沙位于粤港澳大湾区的几何中心，交通便利，又是自由贸易试验区，具有政策优势，郝桂良多方考察之后，决定把公司总部和运营基地落户南沙。

盯住眼前的市场。相比于香港，中国内地幅员辽阔，市场潜力巨大。尽管公司的业务属于传统的设备租赁业，但随着内地各个地区基础设施和市政建设的持续推进，将会产生大量的市场需求。郝桂良对此深有体会：小时候从香港回广州，坐的是面包车，后来是火车，再后来是动车，现在是高铁，祖国内地的发展日新月异。他希望充分依托内地的广袤市场，抓住机遇，开拓业务。"如果我选择留在香港，日子也能过得不错，甚至比来内地更舒服，但基本就是固定在香港那么大的圈子。来到内地之后，每天都感受到蓬勃发展的氛围，以及广阔的市场空间。特别是对于工程机械设备租赁行业，企业客户主要是机场、地铁、高架桥和大型展馆等基建和市政项目，这些在香港目前已经基本趋于饱和，但内地却到处都在建设，需求巨大，催生了庞大的市场。对于二十几岁的我而言，未来还很长，因此希望能够跳出香港，在内地的发展中做出一番更大的事业，也让自己的人生更精彩。"

（三）保障质量，用心服务，业务稳健发展

相对于竞争对手，郝桂良认为公司目前的主要优势是设备质量高、故障率低，能够提供专业和优质的服务。许多同行为了节约成本，喜欢去采购国产的设备或二手设备。而志桂设备基本都是采购的进口一手设备，为的就是严把设备质量的源头关，追求产品的高性能和高品质化。

近年来，陆续有国外的工程设备厂家在国内建立工厂，志桂也开始选择在国内采购部分设备，但仍然非常关注设备的质量水平。设备的后续维护运营和保养也是控制设备故障率的重要环节，郝桂良充分发挥

> 郝桂良在公司的办公室和会议室都悬挂着巨幅的中国地图，以此提醒公司的同人们要立足南沙，放眼整个中国市场。

> 香港的基建发展已经趋于稳定和饱和，但在内地，幅员辽阔，基础设施建设蓬勃发展，为工程机械设备租赁提供了良好的机遇。

> 志桂设备主要的竞争优势在于采购的进口设备质量过硬、故障率低，而且建立了一套规范的运营管理体系，能够提供及时的、专业的高效服务。

志成集团拥有的管理经验优势，并沿袭了香港志成经过多年摸索确立的规范化管理体系，在广州志桂设备建立了标准化的设备维护管理制度，对设备的使用和维护、零配件的维修和保养都进行严格规范的管理，使公司的设备故障控制水平明显优于竞争对手，为提供高品质的服务提供坚实的保障。

在服务方面，郝桂良强调"专业"和"用心"。工程机械设备租赁是公司业务的重点，也需要较为专业的方案设计和维修服务。因此，志桂设备依托香港志成积累的专业经验，结合内地各个项目的实际情况，努力提供尽可能专业的解决方案。同时，积极在内地培养专业的技术团队，不断加强对他们进行机械及维修技术的培训，确保能够做好现场设备的维护，及时处理各种设备故障。志桂一方面可以为客户提供设备外包服务，协助客户达到工程招标的设备要求，解决工程设备供应的全面要求；另一方面，可提供设备供应方案优化服务，依据工程需要，为客户做出从工程应用、技术服务、财务核算等方面最优化及最合理的设备使用方案；可以通过采取租赁、融资租赁和销售等多种合作形式来最大限度地满足客户的工程及财务成本的控制需求。除了专业，作为服务行业，是否用心也非常关键。要真诚对待客户的各种需求，想客户之所想，急客户之所急，提高客户的生产效率，降低客户的生产成本，不断提高客户的满意度，与客户建立可以信赖的长远业务关系。志桂公司以"用户利益第一"为服务宗旨，为客户提供及时、快捷和方便的供应服务，保证每一台设备24小时专业工程师随工服务，所有设备都达到国际一流的质量标准。例如，在2017年8月，珠海遭遇史上最强的台风"天鸽"，各种市政设施破坏严重，灾后的恢复和救援需要租赁志桂的设备。此时很多交通仍处于中断状态，运载设备很不方便，但志桂公司仍然在第一时间赶到现场，满足客户需要，提供及时的服务。

> 志桂设备秉承"用户利益第一"的宗旨，以专业的能力，用心的服务，想客户之所想，急客户之所急，不断提高客户的生产效率，降低客户的生产成本。

凭借高品质的产品和服务，志桂已经在珠三角的工程设备租赁行业占有一定的市场份额，品牌影响力不断扩大。公司的设备数量已经从刚成立时的2台设备，增加到200多台。郝桂良希望公司成为珠三角地区工程机械租赁行业的设备储备最多、机械质量最好、服务最优的企业。目前，公司还紧随国家推进京津冀协同发展战略的步伐，成立了天津分公司，将业务拓展至华北市场。

> 为抓住京津冀协同发展战略机遇，志桂设备成立了天津分公司，将业务拓展到华北市场。

（四）借鉴欧美巨头经验，打造租赁设备的连锁模式

尽管志桂设备租赁成立以来，已经取得了快速发展，但郝桂良的目标远不止于此，他希望借鉴国际上的设备租赁巨头"联合租赁"（United Rentals）和"Ashtead Group"的经营模式，成为大中华区的设备租赁行业领头羊。

联合租赁是北美最大的设备租赁公司，成立于1997年，总部位于美国康涅狄格州，出租的设备种类有3300多种，设备总价值92亿美元，涵盖从重型机械到普通家用工具等，主要客户包括制造业企业（叉车、装载机等）、建筑企业（挖掘机、机械手等）、政府事业单位（高空作业平台、升降机、水泵等）和个人（电钻等各种家用工具）等，经营范围遍及美国、加拿大和墨西哥，拥有近900家分店，全职雇员12500人，年营业额约60亿美元。另外一家英国设备

> 联合租赁和Ashtead Group是美国和英国的大型租赁设备连锁企业，郝桂良希望学习借鉴它们的模式，将志桂设备打造成为遍布全中国的租赁设备连锁经营企业。

租赁公司 Ashtead Group 总部位于伦敦,成立于 1947 年,同样提供各式各样的设备租赁服务,经营网络遍布英国和美国,以及加拿大的小部分地区,2016 年公司收入为 22 亿英镑。

曾在美国学习生活的郝桂良,租赁使用过 United Rentals 的设备,他切身感受到美国社会对各种大小设备租赁的庞大需求,以及成熟的设备租赁连锁模式带来的便利性。但目前在中国,设备租赁行业才刚起步,规模小,品类和服务也不完善。他相信,随着国内城市市政建设的持续推进和个人生活品质的不断提升,出租各类大小型设备将非常有市场。郝桂良的目标是打造中国设备租赁行业的"麦当劳"和"肯德基",营业网点和门店遍布全国各地,为有需求的企业和个人提供高效便捷的服务。

打造设备租赁行业的连锁模式,无论是对企业的库存管理还是运营系统,都提出了较高的要求。郝桂良希望通过自己的努力,引入先进的 ERP 信息管理系统和移动支付等,提升志桂的信息化水平,提高内部的管理效率的同时,给客户带来更好的用户体验。目前国内的工程设备租赁行业,从业的老板和人员整体文化素质都不高,像郝桂良这样科班出身、美国留学回来的大学生更是凤毛麟角。因此,郝桂良希望发挥自己的优势,将新的科技和互联网手段运用到工程机械设备租赁业,用新思维来经营老行业。他表示,目前行业里很多同行在企业运营方面仍然延续传统做法,采用手工记录的方式;许多企业在跟客户结算时即使金额较大仍采取收现金的方式,这些都显然与这个时代脱节。因此,志桂设备计划在下一阶段,充分利用各种高科技和移动互联工具,在企业运营、设备管理

郝桂良希望根据时代发展的新趋势,将新的科技和互联网手段运用到工程机械设备租赁业,用新思维来经营老行业。

和结算支付等环节进行调整与变革，不断创新经营模式，为工程机械设备租赁这个古老的服务行业注入新的活力。

（五）吃苦耐劳，做合法合规的人性化企业

在一般人眼里，郝桂良可以算是"富二代"了，完全具有养尊处优的本钱，但他本人却一直"吃苦耐劳"。由于工程机械设备作业的现场多数都是在户外的工地上，工作环境经常是日晒雨淋，因此更需要吃苦精神。郝桂良当年大学毕业后到父亲的公司实习时，都是到一线的作业现场，跟技术师傅一起干活，从而逐步了解和熟悉各种设备的性能，也掌握了第一手的现场管理经验，以及市场需求情况。他说，父亲从小就教育他要学会吃苦，不能养尊处优，只有多吃苦耐劳，才能锻炼意志力，做出一番事业。现在自己既然在父亲原来的行业和平台的基础上进行自主创业，更要努力拼搏做出成绩，不能成为败家子。他认为，现在很多香港年轻人都缺乏以前父辈们的吃苦精神，只希望找一份稳定的工作。因此，如果要让香港经济变得更有活力，就需要重塑拼搏和吃苦耐劳的创业精神。对于那些选择到内地创业的香港青年，郝桂良也强调这种刻苦拼搏的品质。此外，郝桂良希望他们能够入乡随俗，主动融入内地的环境；而且要放低姿态，虚心和诚恳地向当地群众学习，不要有部分香港人那种面对内地人的优越感。

郝桂良希望自己的员工在工作上也能够吃苦耐劳，但目前这样的员工却越来越稀缺，这也是公司在内地创业中遇到的一个主要瓶颈。目前公司的主要人员

> 父亲从小教育我们要吃苦耐劳，才能锻炼意志力，才能做出一番事业。我是子承父业，更要刻苦拼搏，不能成为败家子。
> ——郝桂良

需求是技术工人，但却很难招到合适的人，人员流动率较大。公司的业务涉及的机器设备维修经常需要在户外工作，在作业现场时经常需要加班，对员工的意志力和职业素养都有较高要求。但是，有些员工缺乏职业道德和吃苦精神，在加班工资不算低的情况下，仍然不愿意加班。郝桂良认为，随着整个社会生活质量的提高，许多家庭从小就宠溺自己的小孩，在这样环境下长大的小孩工作以后往往不愿意吃苦。由于父辈已经积累了一定的经济基础和自小娇生惯养，许多年轻人往往不愿意从事较为艰苦的工种。再加上互联网时代产生了许多新生事物，很多年轻人更趋向从事新兴行业。对于传统的工程设备租赁行业，工作环境相对艰苦，又需要学习一定的专业技术，对年轻人就更缺乏吸引力了。因此，如何建立一支稳定、专业的技术团队是郝桂良创业后面临的一个重要问题。

尽管希望员工具备吃苦耐劳的品质，但郝桂良在具体的管理上却表现得非常人性化。国内很多同行的老板是文化程度不高的"包工头"出身，香港出生长大、具有美国留学背景的年轻的郝桂良认为，自己一定要尽可能尊重员工、尊重人性。志桂设备租赁在南沙的员工都是包吃包住，公司提供宿舍，有单人间也有双人间；公司有员工食堂，办公室和仓库都给员工提供各种免费饮料。公司严格遵守《劳动合同法》，员工实行轮休制，超过正常上班时间的都支付加班工资，年底有双薪。在工程机械设备租赁行业，许多老板和主管经常斥责员工，但郝桂良从不这样做。碰到问题时候，他总是努力去积极沟通，跟员工摆事实、讲道理。习惯了香港和美国

> 随着整个社会生活质量的提高，许多家庭从小就宠溺自己的小孩，在这样环境下长大的小孩工作以后往往缺乏吃苦耐劳的精神。这使得传统企业的员工招聘变得越发困难。

> 企业在管理上必须充分尊重员工、尊重人性。
> ——郝桂良

快节奏生活的他，刚到南沙东涌创业的时候，非常不适应许多员工的悠闲和慢节奏状态，以及一些员工在业务操作上的低效率。郝桂良尽管心里着急，但仍然耐心地去培养和带动员工们的进步和变化。他说："尽管我是老板，别人是打工的，但其实大家都是人，在人格上是平等的，需要相互尊重。我对员工的要求很简单，就是每个人努力把自己的工作做好，不要做对组织不利的事情。工程设备租赁行业尽管是个传统行业，但在中国市场还有很大的发展空间。我们希望通过努力，给这个行业带来新的变化。希望越来越多有梦想的人加入我们。"

此外，在工程设备的进口方面，由于各个地方的海关、商检等部门对政策的执行还存在一定偏差，有时候会导致志桂公司在产品交付方面存在延迟，影响业务开展。郝桂良持有的是香港身份证，在内地开设公司网站和微信公众号时，经常遇到因没有内地的身份证号码而被拒绝实名认证等问题。对此，郝桂良感到极不方便，但仍然积极配合相关部门的要求，按照正常的法律法规办事，并通过适当的渠道进行反映，希望为香港青年在内地创业带来更多便利。

目前，郝桂良还担任广州市青年联合会会员和广东自由贸易区南沙片区法院陪审员。他表示，在企业运营上，将以一家"合法合规的人性化企业"为标准，致力于成为一家享誉大中华地区的工程设备租赁及销售供应商，积极参与城市和基建发展，致力于保护和改善环境，与客户一起创建优质的生活环境。

> 尽管我是老板，员工是为我打工的，但我们在人格上是平等的，需要相互尊重。
> ——郝桂良

> 志桂设备将以"合法合规的人性化企业"为准则，致力于成为一家享誉大中华地区的工程设备租赁及销售供应商，积极参与城市和基建发展，致力于保护和改善环境，与客户一起创建优质的生活环境。

二　企业案例分析：抓住内地建设发展机遇

（一）把握内地建设发展机遇，实现成功创业

近年来，为进一步完善基础设施网络和城市人居环境，我国交通运输和城市市政基础设施投入力度持续加大，各项建设与改造稳步推进。未来，随着"一带一路"建设、京津冀协同发展、长江经济带发展和新型城镇化建设的推进，以及智慧城市、海绵城市等建设的陆续开展，对工程机械设备将产生越来越多的需求，为设备租赁行业在祖国内地的创业提供了良好的机遇。创业因机会而存在，优秀的创业者总是善于识别机会、把握机会，并整合资源乘势而上，尽快抓住机会。郝桂良感知到了内地基建行业所蕴含的巨大需求和商业机会，利用在香港志成集团各个岗位锻炼出来的技术、市场和管理经验，扎根内地，积极开拓，努力为客户提供高品质的设备租赁及销售服务。郝桂良通过自己的拼搏，逐渐在珠三角站稳脚跟，并陆续将业务拓展到天津和中西部等地，实现了创业的良好开局。

（二）典型传统行业，充分人性化管理

工程机械设备租赁是一个古老的传统行业，从业人员整体素质不高，许多老板是建筑业的"包工头"出身，对员工颇为苛刻，总是尽量去"节约"成本、"减少"开支。但是，年轻的郝桂良却不赞同业内一些同行对待员工的惯常做法，而是充分尊重员工、尊重人性。公司严格遵守《劳动合同法》规定，尽量给员工提供舒适的工作和生活环境，用心倾听员工的意见，特别注重新生代员工的诉求，积极做好沟通，营造人性化的管理氛围。

早期的科学管理原理侧重将员工视为"经济人"，注重劳动生产率的提高，忽视人的情感需求；制定严格的工作制度，强调物质激励，对怠工者采取严厉的惩罚措施。然而，后来行为科学的发展逐渐使管理者认识到，员工是"社会人"，领导者不仅要关心生产任务，还要关注员工的心

理需求，创造宽松和谐的工作氛围，培养员工的归属感，调动员工的主动性和创造性，逐步满足其社交、自尊乃至自我实现的需要。郝桂良在工程现场的生产管理上吸收科学管理理论的精髓，努力提高生产效率，为客户降低成本；在员工管理上则采纳行为科学的观点，关心和尊重员工，实现人本管理，致力于使公司成为一家"合法合规的人性化企业"。

（三）传承家族管理经验，做好品质管控和优质服务

子承父业的郝桂良不是简单地继承父亲的"财富"，满足于只是成为一名"富二代"，而是到父亲企业里的各个基层岗位进行学习和磨炼，积累了技术、市场和管理运营等方面的丰富经验，为成为一名"青出于蓝而胜于蓝"的"创二代"奠定了坚实的基础。家族企业事业的代际传承是现代企业治理中的一个难题，家族的财富、权力和地位等比较容易继承，但上一辈辛苦打拼建立的管理经验、领导能力和企业家精神等，却经常难以有效传承，影响了许多企业永续经营梦想的实现。郝桂良不仅继承了父亲的事业和吃苦耐劳的创业精神，而且在自己新创的企业里传承了香港志成的规范化管理体系、设备品质管控制度和优质服务的理念，努力为客户提供高品质的产品和服务，在市场中取得竞争优势。一般而言，企业的核心能力无法一蹴而就，通常需要经过长期的探索和累积。可是，郝桂良通过对父亲多年经验的直接传承，在一定程度上节省了前期的试错和学习成本，促进了创业的顺利起步和核心能力的构建。

三 启示：务实地创新

（一）勿以善"小"而不为，勿以业"低"而不创

当前，许多年轻人大学毕业后在择业时，通常喜欢选择稳定、体面、舒服的工作，如那些"高端大气上档次"的政府公务员、金融行业、跨国公司白领等；那些选择自主创业的也都习惯于追逐时代的风口，选择高科技、互联网、人工智能等热门行业。但是，香港"太子爷"出身、留

学美国的郝桂良却与多数同龄人"背道而驰",自愿选择到工作条件较差、整体文化素质不高的工程机械租赁行业,从最基础的设备维修、客户服务等工作做起,并在积累经验之后选择到内地自主创业。郝桂良没有因为自己是留学回来的"少东家"而高高在上,而是深入一线"接地气",虚心向有经验的师傅请教和学习,从细节做起,不断钻研,终于成为设备维护和管理的专业人士。工程机械租赁行业是一个传统而古老的行业,没有多少高新科技含量或热门的噱头,没有房地产或互联网行业的疯狂,也没有资本的追逐,但郝桂良看到了祖国内地在基础设施和市政建设方面蓬勃发展的机遇,沉下心来,一步一步、扎扎实实地进行创业,认真做好设备的采购,努力提高运营效率,为客户提供周到的服务,闯出了自己的一片天地。

因此,港澳青年在创业的时候,不要盲目去追赶潮流,或者眼高手低,而应当立足自身实际情况,合理分析所处的外部环境特征,识别出合适的创业机会,从小处着眼,从点滴做起,勿以善"小"而不为,勿以业"低"而不创,努力闯出一条契合自身实际、有特色的创业之路。

(二)主动作为,促进传统行业的变革与创新

郝桂良投身于工程机械设备租赁这个传统行业,在学习和传承已有的经验和做法之后,并没有墨守成规,满足于已有的运作模式,而是在理解和吸收行业已有优秀经验的基础上,考虑如何更好地进行变革和创新,为传统产业注入新的活力。互联网技术和商业模式的迅速发展,给许多传统行业带来了巨大的冲击,也在颠覆和重塑既有的产业生态。郝桂良密切关注互联网在供应链管理、移动支付和客户服务等方面的最新进展,积极思考如何利用这些新兴业态,让互联网与工程机械设备租赁行业深度融合,创造新的发展模式,用新思维来经营老行业。

在发达国家和地区,由于基础设施建设减少带来需求的逐渐放缓,工程机械租赁往往被认为是传统的"夕阳"行业。但是,在中国内地,许多交通基建和市政建设方兴未艾,需求巨大,是一个充满前景的"朝阳"行业。此外,很多时候并没有所谓的夕阳行业,有的只是夕阳企业和夕阳

的人。企业的竞争优势不单单受到其所处行业的影响，更多地取决于其拥有的独特资源和能力。因此，创业者无论处于什么行业，都必须着眼于企业资源的累积，并且因应环境变化，不断推陈出新，构筑动态能力，打造动态竞争优势。在传统行业的创业者，更应当主动拥抱变化，尽快调整和变革，使传统产业焕发出新的生命力。

（三）借鉴发达国家经验，打造中国本土商业模式

由于经济发展和各项基础设施建设阶段的差异，发达国家的工程机械租赁行业比我们具有更加悠久的历史，发展得更为成熟。而且，除了工程机械大型设备的租赁，在美国和欧洲等发达国家，还有许多个人或家用设备的大型租赁连锁企业，给人们的居家生活带来诸多便利。在美国学习和生活过的郝桂良早早就接触了发达国家设备租赁行业的各种业态，并形成了自己的分析与判断。回到国内创业后，郝桂良除了传承父亲的工程机械设备事业，也希望逐步拓展到家居设备领域，并利用祖国内地广袤的地域和庞大的需求优势，打造连锁经营模式。这种由于国家或地区的"时间差"而产生的产品或服务的跨区流动，给许多发展中国家创业者带来了创业机会。当然，由于中美两国在生活习惯、消费观念和人工成本等方面的差异，在美国流行和成功的商业模式能否适合中国本土市场，仍有待实践的检验。但郝桂良的用心观察和独到分析无疑非常值得肯定与借鉴。许多港澳青年比国内年轻人更加熟悉欧美国家的情况，更具全球视野，因而更应当注意关注国外的各种领先业态，"处处留心皆机会"，思考如何移植国外的先进模式，结合中国具体实际进行本土化创新，成就自己的一番事业。

四 案例大事记梳理

1984年，志成（香港）集团成立（郝桂良的父亲创办）；
2004年，志成集团进入内地，先后在广州、北京、上海和成都合作

成立分公司；

2010年，郝桂良毕业于加州州立大学国际商务专业；

2010年，郝桂良进入志成集团工作；

2014年，志成（香港）集团决定解散内地的各个分公司；

2015年，郝桂良创办广州志桂设备租赁有限公司［志成（香港）集团的全资子公司］；

2016年，广州志桂联合JIG进行高空作业平台路演；

2017年，广州志桂设备租赁有限公司天津分公司成立。

第三章　晶科电子：工匠精神"智"造中国"芯"

公司名称：广东晶科电子股份有限公司
创始人：肖国伟
创业时间：2006年
所处行业：LED制造业
关键词：技术跨产业应用，精英创业，海峡两岸暨香港、澳门资源整合
访谈时间：2017年

一　创业者故事："千人"工匠

近十几年来，LED行业发展迅速，行业竞争较为激烈，难掩行业发展的瓶颈。国内LED企业主要集中在低端应用制造上，而附加值高、技术含量高的上游核心技术仍然被国外垄断。面对这样的窘境，增强自主创新能力，打造中国"芯"，成为LED行业的新出口。坐落在占据独特地理优势的南沙，晶科电子LED产业基地环绕着"一个小时车程经济圈"的下游客户，在这片35000平方米的土地上孕育着一个致力于突破LED上游核心技术的"行业标杆企业"，其背后是一个颇具学者风范的"千人计划"工匠——肖国伟博士。

> 晶科电子依托南沙"一个小时车程经济圈"的下游客户，打造致力于突破LED上游核心技术的"行业标杆企业"。

（一）"千人"工匠，彰显精英风采

相比其他访谈者，他并不是土生土长的香港人。他毕业于西安交通大学，因品学兼优而荣获过陕西省优秀毕业研究生称号，2002年获得了香港科技大学电机及电子工程博士学位。他主攻半导体先进封装、微电子制造工艺、光电半导体、半导体材料及可靠性分析等科研课题，踏踏实实地通过学习和研究掌握了LED技术的最新动态。

安迪格鲁夫曾说过：只有偏执狂才能生存。而肖国伟就是这么一个对技术抱有热忱和执着的工匠。他的导师陈教授在英特尔公司带领一个电脑CPU研发工作小组，在英特尔CPU里面实现了倒装的技术，解决了散热和功率问题，后来陈教授回香港任教，肖国伟是他的第一届学生。肖国伟第一时间考虑将倒装技术用到LED的可能性，便开展了大功率LED倒装焊接技术的研究，成功解决了传统正装难以实现高功率、散热能力差的问题。

由于肖国伟的科技研究成果丰硕，他曾入选香港首期"优秀人才输入计划"，成为香港科技大学的高级研究员，还担任过多项香港创新科技署科研项目的主要负责人。作为行业的领军人物，肖国伟相继成为广东省重大科研项目负责人、国家863半导体照明项目专家组成员、广东省科技厅半导体照明行业专家、广州市经贸委战略性新兴产业专家，并担任了国家半导体照明工程研发及产业联盟理事、广东省平板显示与LED行业协会理事、SEMI中国LED委员会首任副主席、深圳市LED产业联合会副会长等多项职务。2012年，肖国伟博士入选了中央"海外高层次人才引

> 肖国伟将CPU倒装技术跨产业应用到LED上，成功解决了传统正装难以实现高功率、散热能力差的问题。

进计划"中的"千人计划",并成为首批广州市创新创业领军人才"百人计划"的入选者。在学术和研究中的勤勤恳恳和精英风采,同样在他的创业过程中有所体现。①

(二) 高校起步,实现技术产业化

科研成果只有转化成生产力,才能实现其价值最大化。2003年,肖国伟和香港科技大学几位教授共同创办了微晶先进光电子科技有限公司,他在心中画了一个蓝图——"打造全球LED产业中最具核心竞争力的高科技民族品牌"。香港的国际化平台带来了融资的便利,晶科电子是香港及国际投资基金"鼎晖投资集团有限公司"、广东省粤科财政基金、国际LED龙头企业"台湾晶元光电股份有限公司"、中华南沙科技投资有限公司(霍英东基金会成员)、香港科技大学、香港晶门科技股份有限公司(香港上市企业)共同投资建立的粤港台合资企业。这是当时内地所不可比拟的风投优势。但是肖国伟清楚地知道,内地比香港在市场上有更大的优势。

2006年,晶科电子希望进一步扩大生产线,但是考虑到香港并没有太多LED的下游客户,同时只有内地有更加便利的原材料采购渠道,从上游原材料到下游客户,香港的工业基础都不足以支撑晶科进一步的发展。晶科电子决定进攻内地市场,当时其中的股东霍英东基金的南沙科技园有一整套设备实验室,同时,南沙具有"一个小时车程经济圈"优势地理位置,并

> 肖国伟创办了微晶先进光电子科技有限公司,他在心中画了一个蓝图——"打造全球LED产业中最具核心竞争力的高科技民族品牌"。

---

① 《用心打造中国"芯"(科学发展 谱写华章·企业篇)——访晶科电子(广州)有限公司总裁肖国伟博士》,《人民日报海外版》2012年11月3日第05版(http://paper.people.com.cn/rmrbhwb/html/2012-11/03/content_1135487.htm)。

且分布着众多的下游客户：中山有全球最大的照明市场，深圳和东莞集聚全国有七大电视机厂商的四大品牌以及手机厂商。综合各类因素，董事会决定将晶科电子落地南沙，2006年，晶科电子（广州）有限公司成立。当时南沙还是一片荒芜，由繁华都市搬到荒地的南沙，特别是2008年金融海啸之后，工厂和研发机构由香港迁至广州南沙，每个人都有一份忐忑和担忧。让肖国伟惊喜的是，许多当年的香港员工现在都适应了南沙的工作环境①，并且认为"两地的结合才是香港高端制造业的发展出路"。

由于香港与内地在工作习惯和风格上有一定的差别，香港人融于当地团队是一个难题，然而晶科电子却没有被这个问题所困扰。除了员工适应能力以外，肖国伟认为晶科电子构建了一个良好的企业文化和团队文化。列点叙述、逻辑清晰的他，让我们感受到他的学者风范。"构建了一个企业文化，需要认可双方的文化背景差异。本质上来讲，即哪一些是文化背景不同，哪一些仅仅是生活习惯不同。低层问题我们可以通过企业的人文解决。更高层次的可能要通过真正企业的发展战略安排。"

> 从上游原材料到下游客户，香港的工业基础都不足以支撑晶科进一步的发展，晶科电子决定进军内地市场。

> 构建了一个企业文化，需要认可双方的文化背景差异。本质上来讲，即哪一些是文化背景不同，哪一些仅仅是生活习惯不同。低层问题我们可以通过企业的人文解决。更高层次的可能要通过真正企业的发展战略安排。
> ——肖国伟

（三）定位高端，天生国际化

进入内地之前，肖国伟一直怀抱着同样的初衷："高价值，轻资产"，所以晶科电子致力于"芯片"的研发制造，整个产业链主要是上游。但是芯片投入产出比低，必须通过介入当时国内外发展形势极好的封装，从而对上游产生一个支撑作用，因此公司的企业

---

① 《晶科电子冲刺新三板》，《南方日报》2015年10月21日第SD03版。

战略发展过渡到中游。2011年晶科电子开始逐步从芯片进入封装，随后从面对终端灯具企业、LED闪光灯市场，到布局车灯市场、开发第三代半导体与光电领域，晶科电子逐渐形成规模化的LED中上游产业链制造企业。对于公司的定位，肖国伟始终有一个清晰的判断和认识，就是"中高端"市场和"中上游"产业链。

定位清晰和技术积累，让晶科电子在瞄准全球市场机会的时候，有能力在全球高端市场进行布局。肖国伟博士称："如果晶科2009年没有搬到南沙来，就不会有今天的晶科。如果我们完全只是面对中国内地的市场，也不会有今天的晶科。"随着LED国际化应用和认可，工业市场慢慢地复苏，海外市场，尤其是欧美地区，对科技产品标准和规格超过国内市场的需求。全球高端LED市场发展得非常快，晶科的中高端的定位恰恰迎合了国际市场的需求，晶科的一些光源产品已被国际市场所认证和认可。晶科电子的销售额国内市场占比不到50%，近60%是直接出口。尤其是照明的90%面向海外市场。所以，面对LED整个行业出现萎缩的现状，晶科电子反而出现了逆势增长。

面对如今LED市场的激烈情况，肖国伟始终铭记自己的定位并保持着积极态度。"整个市场就是一个战场，基本上杀得头破血流，你得看哪个是你能吃的，有些人吃草，有些人吃肉，有些人吃杂食。要看你是一匹狼，还是熊，还是一只老虎。"即使知道通过发展下游形成全产业链，能够让晶科电子销售额达到质的飞跃。为了更好地展开攻"芯"之战，晶科电子仍然坚持自己的定位：绝不会进入到下游的运营端。晶科电子在每年的技术投入高达3000万元，通过技术

> 对于公司的定位，肖国伟始终有一个清晰的判断和认识，就是"中高端"市场和"中上游"产业链。

> 如果晶科2009年没有搬到南沙来，就不会有今天的晶科。如果我们完全只是面对中国内地的市场，也不会有今天的晶科。
> ——肖国伟

积累,"芯"打造中高端产品,攻破中上游市场。清晰的定位以及技术积累也给晶科电子带来一个爆发性的增长,近三年发展十分迅速,达到接近80%以上的增长,2016年销售额达到6个亿,产值8—10个亿,而公司在2014年之前,只是2个亿的销售规模。

(四)借势海峡两岸暨香港、澳门,汇聚中华智慧

晶科电子充分依托中国内地以及我国台湾、香港海峡两岸暨香港、澳门搭建起的强大的资金、技术平台和高效运行机制,整合了粤港台风投基金、高科技产业与大学科研合作,从而形成自己独特的"产学研"竞争优势。肖国伟认为,海峡两岸暨香港、澳门的资源整合使得晶科电子能够站在国际化、产业化的高度上对战略和技术贡献进行判断和评估。在资金方面,通过香港这个国际化平台,整合粤港澳风投资金。在产业方面,通过双方合作互补,联合推动国际市场。通过与台湾晶元光电合作,解决整体全产业链的出口专利,从而提高晶科电子的整体竞争力。

解决资金和产业问题,肖国伟和他的团队深知实现心中这一蓝图,必须首先攻克技术的难关,必须在技术上不断地创新。肖国伟清楚地知道,仅仅依靠自有的研发能力产生的能量是不足够的。于是,晶科电子借助外部资源,长期与香港科技大学、北京大学、台湾大学、华南师范大学、西安交大等国内外科研机构保持紧密的合作,并且拥有了多项核心专利技术。晶科电子通过与高校研究合作,既可以将高校最新的技术"产业化",也可以降低企业发展研究的试错成本,使得晶科电子比竞争对手更快地进入市场。

借助自有技术运营团队、产业和高校研究所的技

> 从创业者来讲,你的管理层最高层要有一个清晰的判断和认识。晶科电子是非常清晰的,我们在中上游,做的是高端产品。
> ——肖国伟

> 晶科电子发展到今天,确实是有意无意发挥到粤港台、海峡两岸暨香港、澳门的高科技合作和各自的市场优势。
> ——肖国伟

术，晶科电子在这场攻"芯"之战里的持续创新过程中，有了更强的后盾。晶科电子加大了对大功率、高亮度 LED 芯片的攻关力度，一举填补了国内大功率、高亮度、倒装焊 LED 芯片的空白。其中，大功率、高亮度倒装焊 LED 芯片制造技术、基于 8 英寸硅集成电路技术的大功率 LED 芯片级光源技术、无金线封装的晶片级白光大功率 LED 光源技术以及超大功率 LED 模组光源及白光封装技术都达到了国际领先水平。2011 年，实现了无金线封装的易系列一上市，便引起了市场的轰动，备受各方瞩目。仅在当年，这一产品实现的销售额就超过了 1 亿元。肖国伟心怀国家，在他身上总能看到满满的社会责任感，他时刻追求革新，致力于打造智慧城市，2013 年采取 EMC 合同能源管理模式和物联网智能控制系统进行 LED 路灯的改造工程，全资投入改造南沙区 10000 盏路灯，一年节省 660 万元的电费，并且实现远程开关灯、调光、远程抄表、远程故障报警、地图实时显示等智能控制。发展的不竭动力，来自于不断的创新。创新不难，难的是能够持续创新，不断获得可持续发展的动力，而这正是整合海峡两岸暨香港、澳门资源的结果。

> 创新不难，难的是能够持续创新，不断获得可持续发展的动力。

（五）稳扎稳打，必有回响

"不忘初心，方得始终。"晶科电子始终以"积极，高效，诚信，创新"的企业精神踏踏实实地走好每一步，这些都让晶科电子成为南沙区创新行业的标杆。从行业技术认定来说，通过标准光组件认定的企业有 10 家，晶科电子是最早一批标准规范制定者之一。目前，晶科电子具有国际领先的自主知识产权，在中国、美国、欧洲、日本等地获得或申请 120 多项专利。同时，公司的发展得到行业界和社会公众的充分肯定和好评。作为国家高新技术研究发展计划（"863"计划）、国家科技部"十二五"LED 支撑计划项目、广东省战略新兴产业重大项目的承担单位、广州市半导体照明重大项目单位以及广东省首个 LED 照明光组件检测联合实验室，晶科电子获得作为 LED 产业链中上游的核心芯片和光源产品制造商一系列的奖项，如 2014 年广东省科学技术奖二等奖、中国 LED 首创奖金奖、2014 阿拉丁神灯奖、第三届 LED 行业风云榜技术领军企业奖、2014 最佳 LED 光源封装技术创新奖、中国 LED 行业最具创新性品牌、2011 香港工商业奖、科技成就奖、国际知名半导体机构 SEMICON 评选"中国 LED 产业奖"，等等。[①]

2016 年，晶科电子在新三板挂牌，即将在 2017 年进入创新层。晶科电子称，接下来将进一步凝聚内地、台湾、香港产学研界的各自优势，实现粤港台的风险基金、上市企业、高等院校，在新兴高科技领域成功合作，并吸引产业链中更多的科技创新企业在珠三角聚集，发展具有自主知识产权的核心技术，把公司打造成粤港台高科技合作的企业典范、LED 产业领域中的最具核心竞争力的高科技民族企业。

> 晶科电子接下来将进一步凝聚内地、台湾、香港产学研界的各自优势，把公司打造成粤港台高科技合作的企业典范、LED 产业领域中的最具核心竞争力的高科技民族企业。

二 企业案例分析：海峡两岸暨香港、澳门资源整合

（一）从 CPU 到 LED 的跨产业运用

同质性竞争、简单商业模式升级或是抄袭类项目容易被复制，进入门

---

① 《用心打造中国"芯"（科学发展 谱写华章·企业篇）——访晶科电子（广州）有限公司总裁肖国伟博士》，《人民日报海外版》2012 年 11 月 3 日第 05 版（http://paper.people.com.cn/rmrbhwb/html/2012－11/03/content_ 1135487. htm）。

槛相对较低,其前景将越发渺茫。创造比简单的复制还难,技术类的创造更难被复制。在 LED 行业中,大都集中在低端生产和应用领域,我国的 LED 产业在核心技术和上游高端领域严重受制于国外专利壁垒的限制,特别是发达国家。掌握核心技术,是由中国制造升级为中国创造的关键所在。肖国伟将英特尔 CPU 实现的倒装技术转移到 LED 上,这种跨产业运用,使得肖国伟团队掌握了领先全球的 LED 倒装技术专利。这个技术跨越所形成的技术壁垒是 LED 行业中独树一帜的竞争力,由此他们创造了一个新的创业机会。

(二) 天生国际化的高端定位,海峡两岸暨香港、澳门格局观

对于一个技术主导型的公司,必须首先攻克技术的难关,必须在技术上不断地创新。而仅仅依靠自有的研发能力产生的能量是不足够的。晶科电子以高端化作为发展战略,这意味着需要高端化人才的加盟。于是晶科电子通过借助外部资源,长期与国内外科研机构保持紧密的合作。通过这种杠杆借力,将专家及高校研究院个体知识转移到公司内部。晶科电子通过与高校研究合作,既可以将高校最新的技术"产业化",也可以降低企业发展研究的试错成本,使得晶科电子比其他竞争对手更快地进入市场。而这个高端的定位,更是塑造了自己产品的核心竞争力,避免了同质竞争。

一个技术型的创业者,如果只是产品和技术实现,无法使公司走向更高的层面。技术型创业者的普遍特点是专注和极致,具有逻辑和理性思维,但较为缺乏格局观和管理能力。而肖国伟有着清晰的格局观,充分利用和整合海峡两岸暨香港、澳门的资源。

如果说,技术是产品的核心竞争力,那资源整合能力是企业进一步发展的核心竞争力。晶科电子充分依托海峡两岸暨香港、澳门搭建起来的强大的资金、技术平台和高效运行机制,整合了粤港台风投基金、高科技产业与大学科研合作,从而形成自己独特的"产、学、研"竞争优势。在资金方面,通过香港这个国际化平台,整合粤港台风投资金。在产业方面,通过双方合作互补,联合推动国际市场。通过与台湾晶元光电合作,解决了整体全产业链的出口专利问题。除了自有团队，中国内地、香港、台湾的高校研究院提供了技术层面的支持。强大的资源整合能力，充分地发挥了各地优势，并且有利于提高晶科电子的整体竞争力。

（三）"技术优势+社会资本"的双元治理

技术创新是推动企业发展的重要内在动力，不断地技术创新才能使企业永远保持竞争力。晶科电子就是通过持续创新永葆自己的核心竞争力。它不断进行技术积累，从大功率、高亮度倒装焊 LED 芯片制造技术、基于 8 英寸硅集成电路技术的大功率 LED 芯片级光源技术、无金线封装的晶片级白光大功率 LED 光源技术到超大功率 LED 模组光源及白光封装技术等芯片级光源及模组光源改造，再到 LED 路灯的智慧城市改造工程，晶科电子在不断结合自有产品技术、产品特征和整个产业的发展特点基础上进行技术创新，并且形成了规模化的 LED 中上游产业链制造企业。

在快速变革的技术和市场中，企业的每项交易都嵌入在复杂的、不确定的关系之中。充分利用社会资本，使得企业进入配置社会资源的快车道。肖国伟是内地与香港的结合体，一直身处内地的他去了香港科技大学攻读博士学位，他比其他创业者更加熟知内地和香港的情况。作为国家"千人"、广州"百人"，身兼 LED 行业领袖的他，手握着行业发展讯息，这大大有利于他掌握行业技术情况，以及制定公司战略的着力点，从而调整自己的发展方向。

三 启示：利用香港技术优势

（一）发挥香港技术研发优势，通过"跨产业应用"创造机会

香港在科研政策、人才引入、资源对接等支持政策，比如"香港×科技创业平台"可以帮助创业者与合作伙伴进行资本对接，让香港创新科研氛围愈加浓厚。部分香港的技术研发接轨世界，港澳青年可以通过发

挥技术研发优势，将成果产业化进行创新创业。比如，肖国伟将英特尔CPU实现的倒装技术转移到LED上，这种跨产业运用使得肖国伟团队掌握领先全球的LED倒装技术专利，并创立了晶科电子。技术的跨产业应用带来一个商业机会的创新，同一个技术可以跨越到另一个产业，从而创立出一个技术导向型企业。这个技术跨越所形成的技术壁垒也塑造了企业的高端定位和核心竞争力，避免了同质性竞争。

除了技术的跨产业应用，在创新科技方面也可以进行跨平台合作，如将航空与相机技术结合产生无人机拍摄。科技产业将是香港未来转型的方向，香港青年可关注跨界产业合作的可能性，尤其是香港的优势产业，如金融、生物科技等。

（二）技术型人才转向商业化，关注点从技术研发到企业格局

技术型创业者的普遍特点是专注和极致，致力于产品研发和完善，逻辑和理性思维较强，但较为缺乏格局观和管理能力。所以，技术型人才转向商业化运营是一个难题，需要从关注技术的微观思维，过渡到关注一个企业的宏观思维，并且塑造格局观、管理能力和资源整合能力。肖国伟本身是一个技术人才，其有着清晰的格局观，创立晶科电子之后充分利用和整合海峡两岸暨香港、澳门的资源，形成自己独特的"产、学、研"竞争优势。不仅发挥自有的技术优势，同时充分利用社会资本，这种双元治理，有利于提高晶科电子的整体竞争力，加快企业发展速度。

（三）内地与世界的中部枢纽，整合全球资源发展企业

香港的地理位置优越，4小时航程覆盖亚洲主要城市。同时中国香港作为一个国际化城市，具备与世界接轨的能力，与西方国家具有多方面共通之处。香港还担任着中国内地与世界的沟通桥梁角色，部分国内产品以"香港制造"的名义，曲线进军全球市场，比如同仁堂。

与其他创业者不同，肖国伟本身就是内地青年，他对内地和香港都较为熟悉，所以可以充分利用内地和香港的身份，去整合海峡两岸暨香港、

澳门的资源。比起内地市场，港澳青年对海外市场更为熟悉，所以港澳青年能够发挥"连接内地，连接世界"的优势，整合全球优势资源，充分利用全球的开放平台进行发展。

四　案例大事记梳理

2003年2月，微晶先进光电科技有限公司在香港注册成立；

2004年6月，企业完成大功率LED样品、倒装焊、RFID封装等系列技术开发；

2005年3月，企业完成倒装蓝光LED芯片及模组的研发；

2006年3月，企业新获得两项美国发明专利、两项中国发明专利；

2006年8月，成立内地子公司"晶科电子（广州）有限公司"；

2007年4月，超大功率LED大芯片模组开发完成；

2008年11月，90 lm/W大功率芯片产品批量化生产并形成销售规模；

2009年3月，100 lm/W大功率芯片产品批量化生产并形成销售规模；

2009年6月，大功率LEDiS技术开发完成；

2009年8月，获得ISO 9001和ISO 14001体系认证，建设大功率LED外延、芯片及模组制造、LED光组件产品生产线，形成规模化的LED中上游产业链；

2010年，产品光效达到130 lm/W，在广州南沙建立LED产业基地；公司转型，由一个纯粹的芯片企业过渡为一个芯片封装的企业；

2011年，南沙LED产业基地建成并投入使用；成功开发晶片级无金线白光LED封装技术和易系列产品，并实现批量销售；荣获2011香港工商业科技成就奖；获得和申请专利超过50项；

2012年，晶科电子南沙35000平方米LED产业基地正式投入使用；

2013年，通过OHSAS 18001认证；晶科电子芯片级光源易星3535和

SMD 3014、5630 LED 光源产品通过美国 LM-80 测试；

2014 年 11 月，抢占闪光灯照明新市场；

2015 年，新三板完成股改，公司更名为广东晶科电子股份有限公司；

2016 年 4 月，正式挂牌公开转让；

2016 年 10 月，布局车灯市场。

第四章　咕噜咕噜：走街串巷的世界美食

> 公司名称：深圳冰室餐饮管理有限公司
> 创始人：黄鸿科
> 创业时间：2015年
> 所处行业：餐饮业
> 关键词：资源积累，独特的商业模式，传统与现代融合
> 访谈时间：2017年

一　创业者故事：缘起于"爱港餐"，迎合需求建立事业

"连一杯正宗的港式奶茶都没有喝过，怎么能去评价港式奶茶好不好喝？同样的，连内地都没有来过，怎么能对这个社会下定义呢？香港年轻人要多出来看，各个地方都有自己的特点。"这是香港冰室创始人黄鸿科（Adam）在之前接受中新网记者采访时谈起的。在他眼里，一杯港式奶茶，就像一个社会，不同茶和奶混合才能产生成品；一间冰室，就像一个人生舞台，每天上演人间百态。从会计师事务所到文化传播公司，再到O2O餐饮平台，黄鸿科一直在不断探索，就像冲调奶茶一样，不断尝试不同原料的搭配与比例，现在的他终于调配出了一杯适合自己的奶茶。

(一) 靠近内地，进入内地

黄鸿科是香港新移民，父母在他5岁时迁至香港居住，慢慢开始经营茶餐厅。儿时，每天放学后在茶餐厅做功课的经历，使黄鸿科对餐厅尤其是港式茶餐厅产生了十分深厚的感情。正因为他出身于商贾之家，家里人一直从事餐饮服务，所以早在他创业之初，他的父母就告诉过他打工和创业的区别。可以说，家庭经商的传统对他日后的创业方向产生了很大影响。16岁时，黄鸿科到澳大利亚读书，获得了会计与金融双学位。虽然现在从事的餐饮行业与他的专业并无直接关联，但商科的背景对他后来的创业也产生了很大的影响。

2008年大学毕业后，黄鸿科回到香港，进入一家会计师事务所工作，第一份业务即是对内地公司进行审计，这给了他较长的时间与较多的机会接触内地。他曾在内蒙古工作生活了9个月，在山西生活了6个月，在武汉、成都等地也相继生活了很久。与此同时，在进行审计工作的过程中，他感受到内地经济增长迅速，发展潜力巨大。对内地的长期了解以及内地臻于完善的发展环境，使黄鸿科有了进入内地发展的打算。

2011年，其表哥开始在内地创业，邀请有专业会计师背景的黄鸿科加入，一起组建了一家文化传播公司。2013年，因业务发展需要，公司进入北京。目前，黄鸿科仍然在公司负责策略与财务管理工作。黄鸿科的表哥毕业于上海某大学，是土生土长的广东人，一直在内地的文化环境中成长。而黄鸿科每年都会回广东老家过年，与表哥以及其他亲戚相聚。这样与众不同的经历也使得他与其他一些对内地完全陌生的港

> 我接触到的财务报表显示内地经济发展，增长潜力巨大。
> ——黄鸿科

澳青年不同。相比于后者，黄鸿科更加了解内地近年的发展，更清楚内地青年的想法与认知。

在第一次创业的过程中，黄鸿科接触到了更多的内地人，他发现内地创业的氛围比香港要浓厚得多，很多三十几岁的年轻人都想要创业，并且不乏事业成功者。这种蓬勃积极的创业环境与成功案例给予他很大的鼓舞。

当时，出于香港生活成本高的压力，黄鸿科身边也有一些香港本地人想要进入内地工作，但是他们大多没有选择创业，而是进入公司工作。2008年金融海啸，包括黄鸿科在内的许多香港金融行业打工仔受到冲击，开始了一眼望不到头的无薪假期（因为开除员工往往需要付出更高的成本，因此金融危机期间公司一般会不开除员工而是为其保留职位，但是没有薪水）。同样是为别人打工的黄鸿科认为这种生活很被动，事业的选择权和决定权完全不在自己手里，所以他虽然业务优秀，而且两年就通过CPA考试，但仍然选择于2012年离开公司，进行创业。

> 很多东西哪怕是做得很好，给别人打工也是没有决定权的。
> ——黄鸿科

2013年，黄鸿科随公司发展来到北京。在京期间，他发现自己不习惯当地的饮食，于是他开始尝试自己做港式风味的料理。和他一样在内地工作的香港人也有同样的需求，于是他常常在与身边的香港朋友聚会时做些港式奶茶给朋友喝。小小的分享带来大大的传播，一杯杯港式奶茶逐渐被更多人认可，黄鸿科也开始尝试将港式奶茶的生意一点点做大。

另外，值得一提的是，黄鸿科刚来到北京时，参观过故宫。他被那里磅礴的气势与厚重的历史所震撼，恢宏的建筑令他对600多年前中国人的创造力表示震惊，他第一次意识到原来中国人具有如此巨大的创造力,同时他也意识到这就是中华文化几千年的积淀。作为香港人,他必须先去了解内地、了解祖国才能发表意见,否则无疑是坐井观天。故宫给他带来了民族认同感与归属感,让他更加热爱内地这片辽阔的土地,热爱北京。他更加感到香港青年人应该多来内地看看,这不仅能够丰富和拓展他们的世界观,还可以进一步塑造他们的历史观。

(二)广结朋友,积攒资源;当下重品质,未来谋发展

16岁在国外生活的经历,培养了黄鸿科外向开朗的性格,使他很容易与人熟络起来。最初在香港工作时认识的朋友,在文化传播公司工作期间结识的伙伴,都成为他日后创业的资源。

黄鸿科和他的团队正在做的事,更像是在重新唤起走街串巷的街头饮食文化,打造与互联网O2O平台相融合的街头饮食2.0版——一辆移动大餐车停靠在繁华的CBD商圈,餐车中包含了丰富的港式美味:热狗、咖啡、小吃、海鲜等。与市场上现有的餐饮平台不同,咕噜咕噜选择在商圈"停车",顾客打开APP就可以选购多种多样的港式快餐,只设外卖不设堂食,线上点餐线下取餐,制作过程透明化,食品安全管控极其严格,确保打造高品质的港餐品牌。

目前,试营业期间会有五台餐车投入使用,餐车可以流动,不同时间活动在不同的商圈,比如中午11点至1点期间在北京国贸销售,可能下一个时段又会转移到望京SOHO或其他商圈。此外,成本的考量也是咕噜咕噜选择以移动餐车的方式出现的重要原因之一。无须固定场地,随时可以根据流行元素的变换与市场的需求重新改变移动餐车的风格,装修与维护的成本也更加低廉。

这样的餐饮运作模式是前所未有的,这对黄鸿科来讲,同样既是机遇也是挑战。他准备先试营业三个月,测试出流水效果,再考虑扩大营业规模,打产品差异战,引进各国美食,与不同的餐饮品牌合作,打造咕噜咕噜餐饮平台,旗下将包含多种餐饮品牌。预计三年之后,整个北京将遍布100辆咕噜咕噜的餐车,这些餐车具有不同的风格特色:从最初的香港冰室扩大到囊括日本料理、韩国料理、意大利风情、地中海文化等多种餐饮风格与品牌的美食，定位于中高端人群，以产品的安全性以及高端定位树立品牌与口碑。甚至如果与政府沟通顺利，也会被打造成一个文化项目。不过他认为当前要做的就是脚踏实地。仰望星空很有必要，但脚踏实地地把握当下才是实现抱负与野心的最佳选择。

对于如何在O2O餐饮厮杀如此激烈以及顾客需求日新月异的现代市场中保持竞争优势，黄鸿科认为品牌是不变的，时刻要更新的是玩法，也就是商业运作模式的改变与营销模式的改变，积极地把握市场、满足需求是保持企业常青的不二法则。

（三）政府的帮助和对政府的希冀

咕噜咕噜首先在深圳前海自贸区注册为外资公司，而后才在北京注册为内资公司。对此，黄鸿科解释道，在2015年的北京，港商注册一个公司需要很长时间，并且没有税收优惠政策，而前海自贸区刚刚成立，港澳人士凭身份证一个月内就可以成功地注册一家公司，且税收优惠力度远大于北京，还有创业孵化器、政府的优惠政策以及完善的配套措施。这些使得咕噜咕噜选择落地前海。

进入北京后，一些政府部门与民间组织也给予咕噜咕噜更多关注，如香港驻京办事处、香港商会、香港专业人士协会等；一些早年就到内地发展的前辈也传授给黄鸿科一些与内地政府打交道的经验。

谈到政府的角色，黄鸿科有自己的看法。他认为港澳青年创业需要的不是政府搭建平台。创办一个企业，怎样去积累资源、开拓人脉是个人能力问题，政府更应该扮演服务者的角色。他希望政府能够帮助在内地的港澳创业者和就业者解决没有内地身份证而造

> "这几年，很多线上O2O平台死掉，因为我有稳定客源，逃过一劫，很痛苦，高峰时8个店，最终剩下两个店让自己生存下来。"
>
> ——黄鸿科

> 倒空自己，把自己的想法抛开，通过经验来摸索，要心态端正，要认清自己，文化有差异的时候要接受不同，不要把自己放得那么大。
>
> ——黄鸿科

> 我建议将子女的教育费用与港澳同胞的个人所得税做对冲，因为港澳同胞的个税很高，所以希望能够把个税转化为子女教育费，这样就可以吸引更多的港澳同胞回到内地创业或就业。
>
> ——黄鸿科

成的不便,以及港澳青年创业者后代的教育问题,因为只有港澳创业者的子女教育问题得到解决,创业者才会真正扎下根来,图谋更长远的事业发展。另外,他希望政府办事效率能够有更大幅度的提高,政策优惠进一步落到实处。

二 企业案例分析:深耕内地市场,积累广泛资源

(一)机遇的识别源自对内地的了解,机会的把握基于对规则的熟悉

影响创业环境的因素有很多,既有内部因素,也有外部因素,并且这些因素涉及市场、行业、经济、环境、政治、社会等各个方面。因此,在创业前,全面考虑、综合评价是很必要的。

香港新移民家庭环境的熏陶、每年回到广东湛江过年走亲访友时的交流都使得黄鸿科比其他人拥有更多的机会了解内地,在香港会计师事务所做审计工作的经历以及与表哥第一次创业时的体验,也使他获得了长期生活居住在内地的体会。而正是这种对内地的充分接触使得他更能够增进对内地企业与企业之间、个人与个人之间、企业与个人之间的相互交往时行为习惯、处理方式的了解,熟悉与他以往生活经验有差异的规则体系。正是先前从事审计工作的经历让他看到了内地蕴藏着巨大的发展机会与空间,也正是先期对内地各个方面的了解使得黄鸿科能够在以后的创业过程中少走弯路,如鱼得水。

(二)广结良友,积累资源,构建圈子,依托港人

无论在任何行业,如果想要获得更好的发展,个人能力价值的提升和人脉资源的积累都是非常重要的。尤其是在微信时代,积累人脉比以前更容易。先期有意无意积累的人脉与资源都会成为日后创业时资本、人力、技术等生产要素的来源。创业者创业初期最重要的一项能力就是构建其人际网络或社会网络的能力。创业者应该尽可能在短时间内建立自己的人际网络,尽可能获取各种资源。

黄鸿科能够在短时间内就组建起创业团队与他个人好结良友的性格以及第一次创业时积累的人脉不无相关。咕噜咕噜现有的投资人、合伙人、股东均来自他早先在内地工作、生活、创业时结交下的朋友与商业伙伴。90年代就到内地创业的老前辈会传授给他在内地待人接物、为人处世的经验，给他介绍一些商会平台，引导他参与政府部门的拜访，使他熟悉政府关于港澳企业发展的相关政策。

（三）家庭氛围，创业精神，文化认同，格局广阔

创业者的资源，可分为外部资源和内部资源两种。内部资源主要是创业者个人的能力，其所占有的生产资料及知识技能，也就是人们通常所说有形资产及无形资产，只不过这种有形资产和无形资产属于个人罢了。创业者的家族资源也可以看作创业者内部资源的一部分。拥有一份良好的内部资源，对创业者个人来说无疑是重要的。

黄鸿科的父母到香港定居后，也是采取创业的方式经营了港式茶餐厅，他从小耳濡目染地感受着创业的艰辛。来到内地以后，同根同源的血脉文化以及内地日新月异的变化更是使他意识到和香港市场相比，内地能够给予他的发展平台是多么广阔。对内地的真正了解能够使他高屋建瓴，从内地和港澳经济联系中考察企业的发展格局。

三 启示：洞察市场，创新融合，文化自信

（一）了解市场，把握机会，先盯质量，再扩规模

无论做什么事都要先对情况有足够的了解，创业更是如此。尤其对于港澳创业者来说，长期生活在与内地制度不同、文化有差异的港澳地区，如果没有对内地的情况进行过充分的调研与考察，很容易产生狭隘、偏激甚至错误观点。实际上，内地近些年技术的发展已经远远超过香港，如手机支付的出现不仅为人们带来便利，更是支付革命的体现。然而现在很多香港年轻人甚至不知道微信支付的存在。如果黄鸿科没有早先对内地的了

解，他又怎么会将O2O平台与港式美食结合起来，打造出独特的品牌；如果他没有足够地了解市场，又怎么会创造出传统与现代相融合的能满足人们需求的全新的经营模式。

所以，港澳青年在决定进入内地创业之初，应该先到内地去看看。一是去了解内地这些年的发展情况、发展速度、热点行业、市场规模等与创业产生直接联系的领域；二是去了解内地人们的生活情况，包括生活节奏、生活方式、交往方式等。如此，港澳青年在创业之初才能迅速融入内地，为自己扫清生活障碍。同时，黄鸿科以一个香港人的身份在内地生活的种种不便也给我们的政策制定者以启迪：完善的配套措施与落地的优惠政策是一个服务型政府应当为港澳创业青年解决的头等大事。

（二）创新商业经营模式，传统与现代有机融合

初创企业想要在竞争激烈的市场中占有一席之地，不被同类企业所压倒，就必须树立自己的竞争优势。然而一般的创业企业是很容易被模仿的，即使最初能够独领风骚，也很容易被同质化的洪流冲刷掉。所以必须找到能够长久保持且短期内不易被模仿的独特优势。

咕噜咕噜的创始人黄鸿科除了建立自己的港餐品牌，更有新意的是将走街串巷的叫卖风俗与现代科技融合，打造依托手机支付平台的可移动餐车售卖功能，这是一种全新的商业运作模式。因此，港澳青年在进入内地创业时一是可以利用自己的港人身份与港式文化，将香港特色引入内地；二是可以将内地风俗与香港特点有机融合，恰当地利用互联网技术，创造持续竞争新优势。

（三）同源文化的塑造、民族情感的认同带来文化自信

民族文化与民族精神是中华之魂，无论香港与内地之间有多少年的分离与误解，我们始终是沿着一条血脉成长起来的。即使我们生活在两种不同制度的社会形态下，港澳青年也应有对内地文化与中华文化最基本的文化自信。黄鸿科在故宫看到的只是中国历史文化一隅，相信五千年的拼搏与浮沉会成为连接港澳与内地最亲密的纽带。

四　案例大事记梳理

2014年3月，黄鸿科前往北京注册晋艺文化子公司；

2015年2月，黄鸿科在北京筹备香港冰室小组产品、品牌、市场、策略；

2015年2月，黄鸿科研发香港冰室前期产品；

2015年5月，黄鸿科在香港创立香港冰室餐饮管理有限公司；

2015年6月，公司在深圳前海注册；

2015年7月1日，为纪念香港回归18周年，试营运当天成功卖出78份下午茶套餐；

2015年8月，推出众筹活动筹集100位在北京的香港人，成功众筹82万元种子创业基金；

2015年9月，企业在三里屯建立第一个服务点；

2016年1月，企业在望京SOHO建立第二个服务点；

2016年2月，顺义区的中央厨房投入服务；

2016年5月，企业获得飞鹰基金的种子轮投资；

2016年8月，企业酒仙桥、红领巾桥服务点投入服务；

2017年1月，企业筹备研发流动餐车；

2017年7月，昌平区配送中心投入服务；

2017年8月，企业获得流动餐车公告；

2017年9月至今，流动餐车上牌并试营运。

第五章　慧玥文化：虚拟现实风口下的务实创业

公司名称：广州慧玥文化传播有限公司
创始人：杨腾
创业时间：2016 年
所处行业：虚拟现实（VR）行业
关键词：虚拟现实（VR），VR + 传统行业，定位
访谈时间：2017 年

一　创业者故事：整合资源，抢占风口

（一）创业机会：风口行业里的独特定位

在创办慧玥文化之前，杨腾已经在香港和广东拥有多年的互联网及 IT 行业运营和管理经验。

2002 年，14 岁的杨腾随父母从北京到香港定居，2007 年进入香港科技大学数学与统计专业就读。在校期间，杨腾成了一名互联网爱好者，积极参加各种互联网活动，成为"网域使命青年使者"（NetMission Ambassadors）。2010 年，在谷歌香港公司从事语音搜索的兼职实习工作，积累了一定的互联网行业项目运营经验。

> 在香港读大学期间，杨腾就积累了较为丰富的互联网运营经验，为后来创业奠定了基础。

大学毕业后，杨腾被 DotAsia（一家非营利机构，负责运营 ASIA 顶级域名的域名管理，致力于推动亚洲地区互联网的应用和发展）推荐到贵州参加腾讯公司的梦想空间公益项目。他时隔多年后再次回到内地，近距离接触互联网浪潮下中国内地的蓬勃发展。

2011 年，回港的杨腾选择了在互联网行业进行创业。不久，初创的企业被当时的梁振英特首竞选办公室收购，杨腾因此成为竞选办的 IT 部门经理。竞选结束后，2012 年开始，杨腾选择到内地工作，加盟香港资源控股集团旗下的广东尊一互动科技有限公司，先后担任广东中山分公司总经理、内地事务部总经理和公司总经理，主要从事智慧团建活动，与共青团系统及有关政府部门建立了较为紧密的工作联系。

在与内地各个机关机构合作的过程中，杨腾发现，许多相关部门的信息处理系统非常陈旧，亟须升级，这方面的市场需求潜力巨大。因此，2015 年 8 月，杨腾离开尊一科技，开始在广州自主创业，早期方向主要是电子政务，为新华社和共青团系统提供信息系统服务，同时为香港利丰集团提供船务管理系统、OA 和客户关系管理系统服务。

> 在电子政务领域的初次创业尽管发展顺利，但杨腾觉得挑战太少，他希望在更加尖端和前沿的科技方面有所作为。

尽管创业初期业务发展还算顺利，但杨腾却觉得这些业务带来的挑战太小了。"我们的技术团队实力很强，从事这些常规性质的信息系统项目显得比较简单，缺乏挑战性。"杨腾说。

此外，由于信息系统项目的实施周期长，创业团队需要大量的前期垫资，企业初创便面临着较大的资金压力。

基于这两方面因素的考虑，杨腾决定寻找新的创业机会，以期在更加尖端和前沿的科技方面有所作为。

2016年，虚拟现实（Virtual Reality，简称VR）行业在国内外引发了炙手可热的投资和创业浪潮。在国外，谷歌、微软、三星、苹果、Facebook、索尼等科技巨头纷纷对VR行业进行研发和投资，国内的腾讯、阿里巴巴、百度、华为、联想和小米等企业也在积极布局和抢滩VR技术和市场。VR作为一个新兴行业，在技术和市场应用上仍处于起步阶段，充满着各种新机遇，同时，面临诸多挑战。

> 虚拟现实（VR）近年来成为新的投资和创业风口，杨腾决定积极抢占这个风口。

在这样的背景下，杨腾决定进军VR行业，抢占风口，抓住新的技术变革带来的历史机遇期。行业方向确定之后，杨腾及其团队进行了详细的市场调查和初步的创业探索与尝试。他说："近年来国内外对虚拟现实的关注和投资非常火爆，经常存在两种极端的声音。一种声音认为VR行业非常美好，必然是未来趋势甚至颠覆一切；另外一种声音认为VR只不过是一种噱头而已。"杨腾认为这两种观点都过于偏激，缺乏实事求是的分析，想在这个领域进行创业，要对行业发展和自身情况进行周密的全面调查。

充分调查后，杨腾及其团队发现，目前VR行业的创业存在三种业态：一是基础业态，主要包括VR眼镜、头盔和识别技术等硬件。但目前基础业态的技术还不够成熟，没有大的突破，面临着质量和价格的瓶颈。二是支援业态，主要是将VR应用于游戏、教育和宣传展示等。三是延伸业态，主要包括VR的培训和自媒体业务。

杨腾说，他们一开始想从事基础业态，但发现这需要大量的资金投入研发，这是谷歌、微软和苹果等巨头们才有实力去做的，因此只好放弃了。之后他们又试水了延伸业态，举办VR技术培训班，但发现根本

> 尽管选择了VR这个热门的风口，杨腾却进行了冷静的调查和分析，进行初步的尝试，并将创业重点

不赚钱；也尝试了 VR 自媒体，却发现团队还是偏技术属性的，缺乏自媒体的基因。

为此，经过前期的尝试和总结，杨腾决定将创业重点放在 VR 的支援业态。为了避开许多大型企业已经开展的 VR 游戏和 VR 教育等业务，公司进一步将业务重点聚焦在 VR 的智能展示和 VR 的传统企业服务。VR 的智能展示主要是将 VR 技术应用于科技馆、博物馆、城市规划馆、企业文化展览馆、传统娱乐设施等场馆，为政府和企业客户提供创新智能展示方案、产品和服务，从而让观众更近距离地欣赏相关展示；通过 3D 的拍照和建模，让观众多角度观看，并进入虚拟场景中参观，体验身临其境的感觉。VR 的传统企业服务主要是充分利用公司的 VR 技术，让传统行业实现"VR +"。例如，公司提供的 VR 全景服务，可以应用于仓库监管、大型企业的机房设备监控等。最近，公司又与窗帘和墙纸企业合作，将 VR 技术应用于窗帘、墙纸的购买设计和体验中，实现高仿真场景，增强客户身临其境的购物体验。

杨腾解释道，公司在 VR 这个风口行业里选择这两个细分市场定位，主要是基于行业现有竞争状况分析和企业实际情况做出的决策。VR 的智能展示方面，许多博物馆、展览馆和科技馆的业务具有较强的地域特征，竞争相对不激烈，给作为初创企业的慧玥文化提供了运营的空间。而且，公司在展馆策划、空间设计、展项安排和内容制作方面拥有一定的基础。此外，在珠三角地区，有许多传统的产业集群，为公司开拓传统产业的 VR 业务提供了集聚效益和规模优势，使公司的核心技术和集成创新优势能够得到有效发挥。杨腾强调，公司今后的重心仍然是考虑如何将 VR 技术与传统产业进行整合，进一步解决传统行业的痛点。

（二）创业团队：学缘+业缘

拥有一支多元组合、优势互补、彼此信任的创业团队是慧玥文化得以发展的关键因素。公司的另外一名联合创始人盛中华是杨腾在香港科技大学时认识的校友。盛中华先在哈尔滨工业大学获得网络与信息专业的硕士，又到香港科大攻读计算机科学与工程硕士，具有较强的技术天赋和科研能力。

杨腾笑言，盛中华和他两个人"一精一杂"，盛中华专攻技术和研发，自己负责全面协调和管理，彼此发挥各自所长，优势互补。此外，公司的研发主管马志强是香港科技大学科学与工程博士，是盛中华的师兄；首席技术顾问伍楷舜和高级技术顾问王璐也都是香港科技大学的博士，目前在深圳大学从事教学科研工作，他们为公司在VR算法和空间定位方面提供了良好的技术支持。正是依靠香港科技大学的同窗和校友学缘组成的研发团队，让慧玥文化掌握了VR技术的核心与前沿。

公司的天使投资人兼法律顾问汪伟律师以前是广州团市委的法律顾问，与杨腾在广州团市委负责智慧团建项目时相熟悉，彼此投缘和信任。杨腾说："汪律师看好我们的行业前景和技术优势，为我们提供了创业最初始的资金来源。而且，汪律师是多家公司的投资顾问，拥有较广的人脉资源，想方设法帮我们拓展市场。针对公司在市场营销方面的短板，汪律师介绍他的老同学王毅到公司工作，目前担任常务副总经理。王毅曾经担任蓝带啤酒等多家快销品公司的销售总经理，拥有十几年的营销经验，他的加盟使公司的

> 创业团队对创业的成功至关重要。好的创意容易拥有，但好的团队却不易组建。

> 杨腾充分利用在香港读书和到内地工作后积累的各方人脉，组建了一支相互信任、多元组合、兼具相似性和互补性的优秀创业团队，这已经成为慧玥文化的核心竞争力之一。

营销能力显著增强。"

此外，公司的另一位核心成员潘镭负责公司的行政人事和财务等全盘内务工作。潘镭原来在团市委工作，也是杨腾从事智慧团建时一起共过事的伙伴。目前，潘镭放弃了团委的"铁饭碗"，全职加入慧玥文化。为此，杨腾深受感动："潘镭曾经担任广东省学生联合会执行主席，具有很强的综合管理能力。目前，公司除技术和市场以外的事务都是潘镭在负责。作为一家创业企业，成长过程中很多地方还不够规范，缺乏建章立制，但公司仍然能够有序运行，主要是潘镭超群的个人能力在起作用。他能在混乱的环境下进行有效梳理和安排，使各项工作有条不紊。"

正是这样一支由来自各领域、各行业，有经验、有水平和多层次的创业团队，使慧玥文化的创业之路稳步前进。

（三）创业资源：突破自身约束，多方整合资源

作为一家新创企业，慧玥文化面临着资源相对匮乏的局面。为此，杨腾充分利用社会网络关系，突破各种限制条件，在市场开拓、技术集成和人力资源等方面多方获取和整合资源，促进企业的成长和发展。

在展馆智能展示的市场拓展上，公司与广州励丰文化科技股份有限公司（简称"励丰文化"）合作，充分利用励丰文化在文化旅游展演和数字文化体验领域的龙头企业地位，发挥慧玥文化在 VR 领域的技术优势，成为励丰文化的文化创意整体解决方案中的重要组成部分，借船出海，成功拓展了茅台小镇 VR 体验馆等重要客户，扩大了品牌影响力。励丰文化是 2008 年北京奥运会、2010 年上海世博会、2010 年广

> 新创企业经常面临各方面的资源约束，成为企业成长的桎梏。杨腾充分显示出其高超的资源整合能力，有效借助各方资源为我所用，在技术研发和市场开拓等方面不断突破。

州亚运会开闭幕式最核心的声光视频设备供应商与技术服务商，成功为各种大型活动、场馆舞台等表演了奥运点火等一幕幕美轮美奂的高科技声光创意产品。慧玥文化的 VR 技术恰好契合励丰文化新的场景创意需求。为此，杨腾接受励丰文化的邀请，将公司搬迁到广州励丰文创旗舰园，与励丰进行联合办公，在励丰的大型项目上作为其内部链条的一部分开展业务，从而充分利用励丰文化现有的产业链平台和品牌优势，在 VR 领域进行深度合作，促使公司获取市场资源。

市场资源方面，杨腾还充分利用和整合自己和公司高管的各种人脉资源，努力开拓新客户。一方面，杨腾借助以前在香港科大学习和在香港工作的网络关系，承接了香港九龙径"九龙城寨" VR 历史溯源设定图、香港大澳渔村历史文化中心设计效果图等香港的 VR 展示项目。另一方面，立足以前在共青团系统和政府部门开展电子政务工作积累的客户关系，成为广东省政府、仁怀市政府等地的综合智能展示服务商，运用高新科技，打造多个创新文化体验展馆。此外，发挥法律顾问汪伟律师和副总经理王毅在珠三角的人脉优势，积极拓展传统行业的"VR +"业务。杨腾说道："我们就一直拎着 VR 技术在考虑可以和谁整合，一个行业一个行业去洽谈，如窗帘这个传统行业，就是汪律师和王毅他们有熟人，然后我们碰在一起之后才发现有很大的空间可以作为。"

在技术研发上，慧玥文化在对市场需求了解和把握的基础上，整合了香港科技大学和深圳大学的基础研发优势，集合自身在技术应用上的快速反应能力，有效实现了港深穗三地的"产、学、研"融合。公司的技术总监盛中华、研发主管马志强都毕业于香港科技

> 我们一手提着 VR 技术，一手敲开每个传统行业的门，看看怎么能找到两者有效结合的点。
>
> ——杨腾

大学,与香港科大的研发团队已经拥有良好的合作基础。目前任教于深圳大学的伍凯舜和王璐也都毕业于香港科大,同样具有之前在香港科大的合作基础。因此,通过整合香港科大和深圳大学在 VR 领域的领先技术,使慧玥文化能够便捷地紧跟科技前沿,实现集成性的研发创新,并付诸现实应用。

> 慧玥文化立足内地的市场需求,整合了香港科大和深圳大学的技术研发优势,搭建了港、深、穗三地合作的"产、学、研"平台,确立了公司在 VR 方面的技术优势。

此外,在场馆的 VR 智能展示上,仅仅拥有先进的技术是不够的,还需要多方面的综合制作和布局能力。为此,杨腾同样发挥其在香港和内地丰富经历的优势,整合价值链上的各种优秀资源,为客户提供优质的综合性服务。例如,慧玥在空间设计上跟拥有多年合作基础的广州美院合作,在 VR 的动画方面跟来自香港的资深人士黄知行创办的吞拿鱼动漫合作,在视频制作上则跟香港点子文化合作。通过这样多方的资源协作,慧玥文化突破了自身的资源约束,能够更好地为客户提供综合性的智能展示方案和服务。

(四)企业文化:融会中西,扬弃地继承优秀传统文化

与通常意义上土生土长的香港人不同,杨腾在北京生活了 14 年后才赴香港定居,对内地比一般意义上的香港人显得更为熟悉和亲切。因此,尽管在香港接受了比较西式的教育,杨腾认为自己在企业运营和管理上仍然侧重于中式文化。杨腾在香港还专门拜香港新亚书院的新儒家大儒们(徐复观、牟宗三、唐君毅等)的传人为师,系统修习中华传统文化,并运用于个人的修身和公司的管理上。

> 杨腾对中华传统文化有着浓厚的兴趣,从公司的取名到企业的管理和运营,都深深地打上了传统文化的烙印。当然,杨腾并不是简单地固守传统文化,而是扬弃地继承,结合现代西方管理理念,实现中西融会。

杨腾说,目前创业的公司取名为"慧玥"(全称为广州慧玥文化传播有限公司),而上一次创业从事

电子政务的公司则名为"慧阳"(全称为广州慧阳信息科技有限公司),这两家公司"一阴一阳之谓道"。而且,这两家企业同时都隶属于"载道"集团。"文以载道""器以载道",这是中华传统文化对文章或造物境界的追求,即通过文章或器物来表达和传播思想、理念。杨腾则希望将思想融入企业运营中。目前,慧阳主要侧重软件开发和以前电子政务业务的客户维护,慧玥侧重 VR 的智能展示及企业应用。杨腾补充道,"慧阳"和"慧玥"除了"日月辉映、阴阳相济"以外,"慧阳"的"阳"字是耳刀旁,表示要聆听客户需求;"慧玥"的"玥"字是王字旁,是因为其所处的文化传播行业要有如王者般的权威性;"慧"字则代表智慧和"idea",希望公司能够拥有更多的创意和创新。在公司名字上的用心和希冀可见杨腾对中国传统文化的认同与熟稔,也使其在创业伊始就打上了中华传统的深深烙印。

尽管在公司的名字上显得有些"务虚",杨腾在创业的具体操作上却非常务实。许多互联网或 VR 领域的新创企业热衷于给投资人描述许多美好的愿景,争取拿到更多的融资,然后不断地烧钱来维持创业。杨腾认为这些创业者的目标过于宏大,而不是脚踏实地地去做事。慧玥文化非常重要的一点是"接地气",扎扎实实、一步一个脚印地去做好每个项目。特别是许多互联网科技企业经常看不上传统行业,但慧玥文化反而以和传统产业同行共发展为荣,公司正在积极接洽窗帘、墙纸和玩具制造等传统行业,希望进一步理解传统产业的规则和痛点,提供更到位的"VR +"行业的解决方案。

在企业具体管理上,杨腾强调的是"事务上分

> 事务上分权,管理上集权。
>
> ——杨腾

权，思想上集权"。慧玥文化在具体事务的处理上非常注重发挥员工的主动性和创造性。由于公司的业务主要以项目为主导，公司甚至强调"个人主义"，希望每个员工都能主动成为某个项目或某项任务的负责人，自己去搭建、组合和带领团队，而不是依靠行政力量来推动集体作战。当然，企业内部的协作会实行模拟市场的考核机制。慧玥文化主要是搭建一个好的平台，营造较为宽松的环境，激发每个员工的活力，让员工主动成长，促进企业的发展。目前，公司没有打卡制度，甚至没有严格的上下班时间，一切都依靠员工的自觉和主动。

但在"事务上分权"的同时，杨腾非常注重"思想上集权"。他笑言，自己在公司更像是个"政委"，平时不会太多过问具体的技术问题，但喜欢去跟员工沟通思维和理念，让员工能够统一思想，并内化为具体行动。只有思想上一致，才能使公司在具体事务实现"分而不乱"，使个人自主和整体统一相协调。他理解的公司文化的根本是"靠谱"和"人性化"。"靠谱"指的是所有人都做靠谱的事情，对内的话，要对同事、部属、上司都"靠谱"，站在对方的角度去思考；对外而言，对客户同样需要"靠谱"，为客户着想、对客户负责、满足客户需求；当然，公司在招募人才的时候，就强调招聘"靠谱"的人一起共事。"人性化"注重公司的人力资源管理要充分尊重人性，企业的目标不仅仅是营利，更重要的是培养人才和留住人才。特别是公司处于初创阶段，许多业务仍在探索和迭代过程中，公司的制度建设也不够规范，更要强调人性化和用感情来维系，并逐步过渡到依靠制度来管理和保障。

> 公司文化的根本是"靠谱"和"人性化"。
> ——杨腾

因此，杨腾认为，相对于其他创业型企业而言，慧玥文化是一家特别有理念和有文化的初创企业，这将使公司走得更稳、更高、更远。

二 企业案例分析：新兴科技与传统产业共舞

（一）找准风口行业的独特定位

随着国内外互联网巨头纷纷布局虚拟现实（VR）行业，VR已然成为投资和创业的热门风口，吸引了众多企业或创业者的持续涌入。选择进入这个热门行业的杨腾并没有"头脑发热"，而是理性地进行"冷"思考，对VR行业的发展现状进行深入系统的分析，总结了基础业态、支援业态和延伸业态这三大模块的主要情况，并通过市场调查和初步的创业尝试，逐渐将创业的重点定位在支援业态的VR智能展示和"VR+传统行业"这两个独特的细分市场。初创企业在资金、技术和人才等方面的实力都有限，必须立足自身实际，找准独特的缝隙市场作为突破口，再逐步进行拓展和突破。在VR行业，国内外的谷歌、微软、Facebook、阿里巴巴、百度、小米等都开展了大规模的投资和布局，在基础技术、人才储备、产业生态等方面进行了较多的积累和储备。作为初创企业的慧玥文化短时间内难以与这些巨头进行正面交锋。因此慧玥文化寻找了一些大公司忽略或难以顾及的细分领域，做好垂直领域的技术研发和客户服务，从而逐步确立自身的独特优势，实现了创业的良好开局。

（二）立足区域优势，承接新兴科技与传统行业

在慧玥文化所处的广州及周边的珠江三角洲，分布着传统制造业的大规模产业集群。许多产业集群的产值达到百亿乃至千亿，使珠三角在电子信息、家居、建材和服装等行业成为中国内地重要的生产加工和制造基地，甚至在很大程度上代表着"中国制造"。但是，这些产业集群多数由中小民营企业组成，处于价值链的中低端环节，附加价值低，缺乏自主创新和自主品牌，在新的环境下亟待转型升级。虚拟现实（VR）

作为一种带来虚拟场景的全新体验技术，具有契合传统产业升级需求的特性，为传统产业的客户体验和商业模式带来更多创新的机会和空间。杨腾及其创业团队没有去盲目追逐 VR 的噱头，而是务实地立足当地，充分利用珠三角现有传统产业的优势，"左手 VR，右手传统"，深入到传统行业内部，系统思考和尝试如何实现"VR + 传统行业"，既促进传统企业的转型升级，也让 VR 的各项技术创新成果有用武之地。通过 VR 这种新兴科技向传统行业的逐步渗透与融合，实现各种交叉性创新，乃至颠覆性的创新，使慧玥文化成为连接 VR 先进技术和珠三角地区传统产能的重要平台。

（三）有效整合各方资源，构筑竞争优势

在创业的过程中，从想法产生到实际运营和执行都需要源源不断的资源投入。但初创企业由于刚开始起步，经常面临许多方面的资源约束，需要重点考虑如何去吸引和整合各种可能的资源为我所用，促进创业目标的实现。杨腾在慧玥文化的创业过程中，显示了其高超的整合资源能力。在展馆智能展示的市场开拓上，搭乘文化旅游展演龙头企业励丰文化科技的"顺风车"，成为其综合服务方案中的一部分，从而成功拓展茅台小镇等大型项目。在"VR + 传统行业"的拓展上，充分利用创业团队成员在珠三角传统行业的人脉资源，促进高新科技与传统产业的有机融合。在技术研发和创新集成方面，整合了香港科技大学、深圳大学等重点实验室关于 VR 研究的前沿技术，"不求所有，但求所用"，搭建了港、深、穗三地合作研发的"产学研"通道和平台，确立了公司在 VR 支援业态的技术优势。

三 启示：积累人脉，找准方向

（一）善于分析与谋局，选准创业方向

创业伊始，如何有效地对外部宏观环境和产业环境进行周密的分析，

并结合自身的优劣势情况,选择恰当的战略方向和定位,对创业能否成功至关重要。可以说,在某种程度上,创业方向的选择比努力更重要。在发现电子政务领域的初次创业难以满足其创业激情后,杨腾决定投身于 VR 这个新兴的风口行业。但如何在 VR 行业中找到独特的细分市场进行精耕细作,则显示了杨腾周密的分析和谋局的能力。他通过对 VR 行业的格局和特点进行分析,立足于自身在香港和珠三角所积累的技术与市场优势,确立和谋划了 VR 智能展示和"VR + 传统行业"的发展方向,进而取得创业的突破和成功。当然,创业方向的选择不是一劳永逸的事情,而是不断尝试的动态过程。特别在 VR 这样的新兴产业,技术和市场都不成熟、不完善,未来发展充满着极大的不确定性,创业者需要"摸着石头过河",努力去探索合适的商业模式。杨腾在创业初期也曾经在 VR 培训和 VR 自媒体方面进行试验,并在总结利弊之后果断放弃,将战略方向重新明确和聚焦。

因此,港澳青年到内地进行创业的时候,不能想当然或者拍脑袋进行决策,而应当结合自身及所处行业的实际情况,进行系统的分析和战略决策,寻找合适的创业方向,并及时尝试、调整和进一步明确。要努力"做对的事(do the right things),而不仅仅是把事情做对(do the things right)"。

(二)积极拓展各方人脉,促进创业资源获取

创业的想法能否得到有效的执行,很大程度上取决于创业团队。现实中充斥着大量的创业者、创业资本和先进技术,真正缺乏的往往是有效执行的团队,如何创建一支优秀的创业团队是许多创业企业面临的最大挑战。但是,这对于杨腾而言,却似乎不是一件难事。自称为"杂家"兼"靠谱"的杨腾在香港科技大学读书期间就积极参加各种社团,到内地工作后又充分结识各方朋友。既在香港拥有许多"同窗"情谊的兄弟,又在广东省的共青团和各行各业收获诸多"业界"好友,并使自己处于"结构洞"和"桥连接"的有利位置。于是,在创业团队方面,杨腾能够充分根据创业的需要,结合团队成员的特点,组建一支彼此信任、多元组

合、兼具相似性和互补性特点的创业"梦之队",为创业的顺利开展提供了强有力的人力资源保障。这支优秀的创业团队已经成为慧玥文化的核心竞争优势之一。

因此,港澳青年如果有创业的打算,那么无论是在港澳当地,还是在内地,都应当根据自身特点,适当拓展人脉,建立各种"强连接"和"弱连接",打造个人品牌,有效积累社会资本,为现在或将来的创业做好人力资源储备。

(三)古为今用,赋予传统文化新内涵

杨腾对中国传统文化具有浓厚的兴趣,在香港还专门拜师新儒家门下专门进行研修,对儒家和道家思想有较深的理解。中华优秀传统文化中蕴藏着丰富的管理思想,可为现代企业管理提供有益启示。许多优秀的中国企业在管理上都善于把弘扬优秀传统文化和现实企业的管理运营有机结合,在继承中发展,在发展中继承,从而促进企业管理,打造极具特色的企业文化。杨腾无论是对公司名称所赋予的内涵,还是在领导方式等内部管理上,都积极从中华传统文化中去汲取积极的养分,不断发掘和利用优秀的传统思想,古为今用,并与所处的虚拟现实这样的高新科技行业紧密融合,推陈出新,实现中西合璧,使慧玥更具独特的理念和文化,从而真正成为一家有"文化"的文化企业。

优秀传统文化是一个民族的根与魂。因此,港澳青年只有多学习和了解中华传统文化,才能对祖国内地有更深入的理解。这既有助于港澳青年增强对祖国的认同感,也有助于他们来内地创业时尽快适应,更深入地了解客户需要和市场特点,提高创业成功的概率。此外,港澳青年还应该发挥其具有的国际视野,学贯中西,会通中外,在全球市场上讲好中国青年的创业故事。

四 案例大事记梳理

2016年8月,慧玥文化在广州正式成立;

2016年9月，企业完成星光级全景智能直播机、微光级全景录播机研发，并以此为客户提供优质的全景直播/录播服务；

2016年11月，全景场景编辑平台"全景鹿"正式上线，为客户提供最专业的全景服务；

2017年1月，企业与能飞航空科技联合开发微光级超高清全景无人机，有效降低了全景航拍成本；

2017年2月，企业强化3D/虚拟交互团队深度和技术积累，推出3D VR视频demo《穿越猎户座星云》；

2017年3月，企业推出智能产品环拍设备"3D快客"，帮助客户快速记录，全方位、真实地展现产品；

2017年5月，企业为贵州茅台镇策划、设计的VR体验馆采用了绿幕拍照、VR滑雪、AR沙盘等多项VR/AR产品，获得了当地政府和游客的一致好评；

2017年5月，企业推出"全息影院"智能展示方案，组合了立体弧幕投影、虚拟全息投影和IMAX场景构建三类尖端技术，让观众获得身临其境的虚拟仿真视觉体验；

2017年5月，慧玥自主研发的VR互动体验游戏《行走广州塔》参展2017中国创新创业成果交易会，荣获"最具人气奖"；

2017年6月，慧玥研发的大型弧幕投影在2017中国—俄罗斯博览会上，助力广东，向世界展现了南粤文化；

2017年7月，企业研发"AR换脸""AR森林""AR广告屏"等一系列"AR+"智能展示产品。

第六章 臻昇传媒：香港中小企业跨境宣传的先行者

> 公司名称：臻昇传媒集团有限公司
> 创始人：蔡承浩、蔡洁霞
> 创业时间：2014年
> 所处行业：电子商务/新媒体运营
> 关键词：中小企业，跨境，微信营销，新媒体
> 访谈时间：2017年

一 创业者故事："败"也微信，"成"也微信

（一）初次创业：山穷水尽，死于微信

在香港出生和长大的蔡承浩（Chois）初中毕业后，16岁就开始在香港的一家游戏公司打工，并且"无师自通"地学会了编程、软件开发和美工等技术。之后，他又到台湾和广州等地的游戏公司工作，先后从事游戏产品经理和市场营销工作。在游戏行业工作十多年后，蔡承浩看到了智能手机和移动互联网兴起和普及后对手机APP的需求，就在2010年左右离开游戏公司，开始在内地创业，从事手机APP开发的业务。因为当时一起创业的合作伙伴是广东汕尾人，他们就邀请蔡承浩到汕尾注册公司，并于2011年在当地开始创业。但是，一段时间后，蔡承浩觉得汕尾在交通、人才和创业环境等方面都不尽理想，就重新回到广州，继续手机APP

的开发业务，主要帮助香港和珠三角的企业开发APP。

刚开始，蔡承浩的APP业务发展颇为顺利，主要采取项目制，事业高峰期公司有40多个软件开发人员。要给这么多员工发工资，让蔡承浩感受到很大的经营压力，因此他必须想方设法到处去开拓客户。但是，这时候出现的微信公众号开始替代许多APP原有的功能，让APP开发业务受到很大冲击，蔡承浩的生意也日渐凋零。微信的日益普及，对公司的APP业务产生了很大的影响，客户需求急剧减少，甚至曾经出现一个月完全没有业务但还要给员工发基本工资的情况，公司开始入不敷出。回忆起当时的窘迫状况，蔡承浩记忆犹新，也感恩当年在困难时伸出援手的人们。他说："那时候差不多没有业务了，但还要缴纳租金和水电费，我都快走投无路了。有一次抱着试试看的心态，去东莞向一位认识很久的年长客户再次推介APP，我简单介绍APP的好处后，这位'叔叔'就爽快地给了我1万元的定金。其实他就是在当做善事一样地帮我，对我真是'雪中送炭'，而到现在这个业务都没有开展。"

然而，这1万元的定金也只是解决一时的燃眉之急，蔡承浩的APP业务还是没有多少起色，第一次创业已经走到了山穷水尽的境地，甚至有一天蔡承浩发现自己所有的现金流只剩下口袋里的100元。无奈之下，他只好遣散团队，并将留下来的团队和需要维护的客户转给当时的合伙人。

蔡承浩生性乐观，经过第一次创业的失败，他的抗压能力变得更强。当口袋里只有100元的时候，他还是把仅剩的这点钱拿去跟两个共事多年的同事一起吃了顿火锅。"今天失败了，但明天仍然可以是新的

> 今天失败了，明天仍然可以是新的开始。
>
> ——蔡承浩

开始。"令他感动的是，在当时身无分文的情况下，那两位同事仍然表示愿意追随蔡承浩一起继续寻找新的创业机会。

（二）二次创业：柳暗花明，重生于微信

就在蔡承浩山穷水尽、花光身上仅剩的 100 元的第二天，另外一位共事多年的同事向他演示了微信的新功能——微信公众号，以及一些做得较好的国内企业的微信公众号。蔡承浩当时就眼前一亮，敏锐地意识到这是个非常棒的产品，而且将会是未来发展的趋势。更为关键的是，当时国内已经日渐流行起来的微信，在香港却还基本无人问津，这将是很大的市场和机会。

> 第一次看到微信公众号及微信推广，蔡承浩立马眼前一亮，认为这是一个新的创业机遇。

看到机会就立刻行动，蔡承浩马上带领愿意跟他再次创业的三位同事，在广州开启新一轮创业。由于冲击了手机 APP 业务，曾经让他"恨"之不已的微信，现在却让他"爱不释手"了。蔡承浩一方面在广州抓紧时间熟悉和掌握微信公众号的各方面内容，另一方面让在香港从事市场营销工作的太太蔡洁霞（Sandy）帮忙邀请一些目标客户为内地市场的香港商家，他计划在香港为他们开设关于微信产品的介绍，以及如何利用微信公众号进行宣传推广的免费讲座。在蔡承浩"速度与激情"的筹备下，三个星期之后，第一次关于微信营销的讲座很快在香港旺角的一个咖啡屋里举办。蔡承浩说，这应该是香港历史上第一个关于微信的公开讲座，那时候香港还基本没有人用微信，他只是简单地介绍了微信的基本功能、微信在中国内地市场的普及和用户情况、微信未来的发展潜力、以及微信公众号对企业市场推广的作用等。这次讲座

> 蔡承浩很快在香港举办了一场关于微信营销的讲座，据说这可能是香港历史上的第一次。

吸引了 20 多个人前来参加，主要是一些香港的中小企业主以及市场推广业内人士。令人惊喜的是，当场就有企业下单，要求帮助提供开通企业的微信公众号服务。再次创业后，在香港首秀的"开门红"令蔡承浩夫妇备受鼓舞，更加确立了在微信营销方面进行创业的信心。后面，他们陆续在旺角的这家咖啡屋举办了很多场免费讲座，吸引了越来越多香港中小企业的参与，使公司的影响力逐渐扩大。他们也开始受到邀请，前往企业、大学和香港政府有关部门举办有关微信营销的讲座，品牌影响力持续升级。

随着微信公众号的开通，许多企业希望能够增加内容提供和后续维护的服务。为满足客户的需求，蔡承浩开始在广州招募运营和文案人员，帮助香港商家打理公众号，提供公众号的方向策划、文章编写、菜单回复和地面推广等服务。在此基础上，又陆续增加了网络公关及活动策划、网红直播宣传、跨境电子商务等业务，为中小企业提供全方位的网络营销服务。在转向从事微信推广的业务之前，蔡承浩还收了一些手机 APP 开发客户的定金，但却没办法给客户提供服务。在微信推广业务挣到钱以后，蔡承浩第一时间一家一家地去拜访这些客户，退给他们定金，并且由衷地表达歉意，取得了原有客户的谅解。就这样误打误撞的，微信营销创业之路给了蔡承浩重生的机会，他说，从手机 APP 转到微信推广的创业过程，就像"过山车"一样拐了个急弯，这个拐弯的速度让一些朋友惊叹不已。二次创业后，业务发展逐步走上正轨，企业规模和业务版图不断扩大，真是"山重水复疑无路，柳暗花明又一村"，"死于微信，又重生于微信"。

> 蔡承浩的"速度与激情"让创业过程像"过山车"一样，他很快将业务方向从手机 APP 转型到微信营销，峰回路转，柳暗花明又一村。

(三) 创业团队：夫妻携手，优势互补

与丈夫早早便进入职场四处闯荡不同，蔡洁霞（Sandy）在香港读完中学后，到澳大利亚墨尔本皇家理工大学（RMIT University）留学，主修市场营销。毕业后，她回到香港，在利丰等大型企业的营销部门工作，从事过服装、奶粉和眼镜等行业在香港市场的市场营销，不仅积累了市场策划和推广经验，也积累了一些香港商家的人脉。

两人于 2009 年相识拍拖之后，Sandy 在香港的大公司里上班，蔡承浩则在内地从事游戏工作和进行手机 APP 开发的创业。蔡承浩表示，非常幸运能遇到 Sandy，很感谢 Sandy 这些年对他的支持和帮助。他说："我这条命可以说是认识 Sandy 之后，她重新帮我捡回来的。以前我是一个不负责任的人，性格非常急躁，很容易发脾气打人。Sandy 积极鼓励我到内地工作，并积极寻找创业机会，同时慢慢去改变性格，对自己、家庭和团队负责。特别是我从手机 APP 转到微信推广再次创业时，如果没有 Sandy 利用她在香港的人脉帮我邀请第一批听众，就不可能那么快实现创业的起步。截至目前，我已经在香港开了 300 多场讲座，收获了很多客户，扩大了品牌影响力，这些讲座的举办基本是 Sandy 在准备和安排。"

蔡承浩特别强调，创业是一个很痛苦、很孤独的过程，很多时候没有人知道你在做什么，而且经常会有人不认同你所做的。这个时候，身边如果有人能够支持你是非常重要的事。如果没有 Sandy 当初那么坚决和努力地支持我往微信营销方向进行创业，及时进行转型，我现在可能一无所有，甚至负债累累。

> 创业是一个很痛苦、很孤独的过程，很多时候没有人知道你在做什么，而且经常会有人不认同你所做的。这个时候，身边如果有人能够支持你就显得非常重要。我非常幸运的是有 Sandy 一直在支持我。
> ——蔡承浩

2012年，当蔡承浩开始进行微信营销的创业时，Sandy一边帮助创业，一边仍然在公司里从事营销工作。她说，因为当时在公司里上班，有稳定的工资，对是否辞职出去一起创业是非常犹豫的。而且父母也反对，他们认为女生有一份稳定的工作就挺好，不要冒险去创业。在挣扎了一年多之后，Sandy还是决定从公司离职出来一起创业。对她来说，这是"破釜沉舟"，是一场"赌博"。

> 挣扎很久之后，Sandy终于决定从公司离职出来一起创业。对她来说，这是"破釜沉舟"，是一场"赌博"。

但是，夫妻两个人开始一起全职创业时，却没有预想的那样"甜蜜"。Sandy说，以前因为她是兼职创业，两人似乎还没什么矛盾。但离职全身心投入以后，两个人在工作上却经常产生矛盾。"每一天都在吵架，关于公司的业务发展节奏、客户服务、定价策略的每个方面，什么都能吵。没钱会吵，有钱了怎么用也要吵。"回忆起这段吵架的经历，Sandy说，主要是因为刚开始两个人没有处理好分工和定位。

后来，夫妻两个对此进行了反思和改进，然后根据各自的性格和专长，明确了各自的分工，并及时沟通和尊重对方，而不是相互干预，终于减少了吵架的频率，双方也合作得越来越默契，实现了优势互补，"夫妻同心，其利断金"。而且，即使仍然有一些不同意见，也秉承"每天晚上睡觉之前解决争论，不把争吵带到第二天"的原则，实现"日事日毕，日清日高"。目前，丈夫蔡承浩担任公司的战略顾问和讲师，主要负责战略方向制定、公司提供的业务内容的发展和完善、各个讲座的主讲人；Sandy主要负责市场开拓和客户维护，以及公司财务。

> 面对一起创业带来的争吵，蔡承浩和Sandy制定了原则：每天晚上睡觉之前解决争论，不把争吵带到第二天。

（四）创业定位：中小企业，内地桥梁

蔡承浩说，创业伊始，他就把目标客户定位于香港的中小企业。因为他非常看好国内市场的发展潜力，也熟悉香港的中小企业。由于旅游业和跨境电商等外部环境的影响，近年来香港的中小企业在本地的生意受到很大冲击，亟待转型。许多香港的中小企业想进入内地，但缺乏足够的资源和合适的渠道，有一些企业直接到内地营销却水土不服甚至遭遇欺诈，因此，我们希望成为它们进入内地市场的桥梁和纽带，初期主要帮助它们通过微信的渠道，面向内地的客户进行宣传推广。

目前，蔡承浩在香港注册了臻昇传媒集团有限公司，有 8 名员工，主要是从事销售和市场推广，负责香港中小商家的市场推广和客户维护；在广州则成立了广州臻港腾企业管理咨询有限公司，有 12 位员工，主要负责技术支援、微信文章策划、网络宣传和跨境电商等业务。同时，公司在深圳等地还有多个长期合作的文章编辑团队。臻昇拥有一站式的线上线下推广方案，包括开设微信官方账号、在内地网站发放新闻稿以及设立网上商城等，通过多元化的推广策略来向内地的客户宣传产品及服务。蔡承浩说，近年来，香港中小企业在香港的零售和服务业市场中日渐萎缩，商业机会越来越少，但是，香港背靠的祖国内地却拥有庞大的市场，此外，周边还有东盟等国家，以及"一带一路"沿线国家。因此，臻昇的使命是通过良好的营销和支付等服务，帮助香港中小企业迅速进入内地市场，以最低的成本在中国商圈踏出第一步，从而为香港中小企业带来无限生机。为此，臻昇传媒集

团有限公司将英文域名取为"Chinamarketing",中文商标上则标注着:臻昇传媒——中国市场推广专家。

Sandy 补充谈道,相对其他面向内地市场进行推广的服务而言,臻昇主要采用微信营销和推广的方式,更加契合香港中小企业的实际状况,同时更加贴近内地新的发展趋势。以前,在淘宝、天猫和京东商城上开店被认为是香港中小企业有效开拓内地市场的方法之一。然而,这些大型的电商平台就像百货公司,有不少的进场条款;而且有大量品牌同场竞争,需要很多广告配套,才能够有所成效,因此实际运营成本较高。而利用微信公众平台来吸引和维系潜在客户,并逐步将他们引导到网店上,门槛相对较低,适合资源较少和实力较弱的中小企业。而且,可以进一步通过线下活动,吸引粉丝关注和分享,发挥微信的"病毒营销"效果。因此,臻昇会密切关注内地网络的各种市场动向和流行动态,及时捕捉各种"潮"语,跟香港商家做好沟通和建议,迅速帮助他们组织好相应的文案和宣传,与内地的消费者拉近距离。此外,许多香港传媒公司和商家以前习惯了运用 Facebook 等西方的新媒体,对微信的推广风格不熟悉、不擅长,而臻昇在内地的团队和多年的经验使其更加熟悉内地的网络营销特点和新趋势,能够更有针对性地帮助香港企业做好内地的宣传。下一步,臻昇集团新的发展方向是推广影视节目和网络红人,通过拍摄一些香港的特色节目到直播平台播放,以及帮助香港的商家和内地的网红进行配对,紧跟内地的网络营销趋势,服务好香港的中小企业。

截至目前,臻昇已经在香港举办了 300 多场关于在内地进行企业微信营销或跨境电商的讲座,接触的

> 臻昇传媒将英文域名取为"Chinamarketing",中文商标上则标注着:臻昇传媒——中国市场推广专家。

香港中小企业商家超过 5000 家，在内地的 KOL（Key Opinion Leader，关键意见领袖）节目观众人数超过 4 万人次；臻昇在内地的新闻播放平台合作商有 1200 多家，2015 年在香港举办两次内地展销会，每日人流量均超过 1.5 万人；已经使用过臻昇服务的香港企业达 500 多家，主要集中在酒店、餐厅、美容和金融等行业，包括稻香集团、翠华餐厅、翡翠拉面小笼包、香港粤华酒店、嘉悦医疗、恒昌隆等。

为了进一步服务香港的中小商家，Sandy 还创办了香港中小企业品牌发展协会，并担任会长一职。她希望通过协会这个平台，建立香港中小企业联盟，团结中小型商家一起，立足香港，面向内地，协助香港的中小企业进入内地市场；同时发掘及把握"一带一路"的商机，增进香港中小企业和国外商人的相互交流；从而进一步把知识交流和社交融合起来，互相解决企业管理和技能上的难题，提升企业竞争力。在具体运作内容上，中小企业品牌发展协会积极向香港政府反映会员所关注的合理意见和需求，并就相关情况和政策提出建议；定期组织内地及海外考察团，借以让外商及本地中小型企业建立伙伴关系，并发掘更多商机；定期举办紧贴本港市场发展和以相关政策为题材的研讨会、讲座和培训，让企业获得最新知识、专业管理及技能，从而提升企业营运效益和竞争力；定期举办会议和联谊活动，加强会员间的沟通及认识，增加彼此间的合作，并透过共享资源，提高会员业务的运作效率及促进业务的发展。

(五)创业策略：先行一步，争创第一

从2012年在旺角咖啡屋里举办香港的第一场企业微信营销讲座，并成为首家于香港推广微信公众号的宣传公司开始，臻昇已经在香港创下了数个"第一"，在许多方面成为香港微信营销、电商和新媒体运营方面"第一个吃螃蟹"的企业。2013年，蔡承浩又带领地推团队，成为首家与广州市的报摊签订1200个O2O的微信宣传点合作权的香港企业。2015年，在香港成功举办第一届香港（昇级）品牌O2O跨境电商海淘展，成为香港首家与国内商场合作举办大型O2O展销会的企业。这些创新也使Sandy收获一些奖项，包括香港青年创业家协会颁发的第二届（2016）香港青年创业家大奖和香港中小型企业总商会颁发的2017鹏程中小企青年创意创业奖。

尽管已经走在许多香港同行前面，但Sandy却非常冷静。她说，由于微信的功能以及互联网宣传方式这几年不断发生变化，因此一定不能墨守成规，而要与时俱进，大胆尝试，跟上互联网发展的最新潮流，才能持续保持领先的优势。"我们自己觉得走得还是很慢，还需要加快速度。"Sandy笑言，这也可能跟自己的人格特质有关，她在迈尔斯·布里格斯（MBTI）的十六型人格[①]属于ISTP，对新的信息和标号保持开放，对世界保持好奇心，具有探索精神。蔡承浩和Sandy都注意到近年来国内正在兴起的网红直播，并第一次将网红直播的概念和模式引入香港。他们说，微信营销发展已经六七年了，未来一定会有新的模式

---
① 迈尔斯·布里格斯人格类型指标是美国心理学家布里格斯和女儿迈尔斯研制的、一种用于对人格特质进行识别和分类的常用框架，广泛应用于人员招聘、人事匹配和指导职业生涯规划。

去取代，而直播平台是一个可能的方向，因此非常值得关注。2016年，臻昇成为香港首家与国内网红平台合作制作直播节目的企业，同年获得直播节目的香港制作合作权。

目前，臻昇传媒正在打造自己的网红直播平台，吸引国内的网红和海外商家入驻，使该平台成为海外商家和国内网红相互"配对"的场所，帮助香港、台湾和东南亚等海外商家拓展内地市场。公司也正在香港的某个职业学校筹备一个关于中国内地网红的课程，这也是香港第一个讲授网红经济的课程。蔡承浩还亲自上平台开直播，在直播平台上吃辣椒，以身试水，推动网红营销节目的发展。通过臻昇的直播平台，一方面可以将香港的旅游、饮食等特色节目在内地进行直播，推广了香港的产品和文化；另一方面，促进了香港企业和消费者对网红经济的了解，在香港推广了"网红文化"。此外，平台发展的第二阶段，计划逐步吸引泰国、越南等海外国家和地区的网红入驻，成为中国企业走向海外市场时，具有当地网红资源的直播平台。与此同时，臻昇逐步探索网红经济的商业模式创新，以带动东南亚地区网红经济和网红营销的升级。这也意味着臻昇从原来主要依托微信这个平台提供服务，慢慢转向自己搭建网红直播平台，使公司能够在香港的网络营销和新媒体运营方面继续保持领先优势，成为海外和内地之间网络推广的"领头羊"。如果只是原来提供电商服务的企业，再往下发展就只是量的积累，难以实现质的突破。但是，通过实施平台型战略，将使公司的战略重点进行调整，使未来的发展更具想象空间，具有更大的爆发力。公司可以吸引更多风险投资以及政府的扶持基金，并逐步考虑上市

臻昇从原来主要依托微信这个平台提供服务，慢慢转向自己搭建网红直播平台。平台型战略的实施，使公司的战略重点产生调整，未来的发展也将更具想象空间。

融资，通过资本的力量实现更大的突破和发展。

（六）创业文化：尊重员工，充分授权

Sandy说，由于自己在公司里打过多年工，因此，尽管现在自己创业当老板了，却经常会换位思考，尽量尊重员工的需求，给他们充分授权，让他们有更多发挥和成长的空间，实现员工个人和公司共同进步和发展。

在创业初期，蔡承浩基本上每天都会在内地，使香港客户的需求通过内地的团队得以实现。随着业务走上正轨，管理流程逐步标准化和制度化，蔡承浩在广州公司的时间慢慢减少了，基本的日常事务都交给职业经理人负责，他自己则更多往返于香港和内地，思考公司的战略方向、进行各种合作的洽谈，以及持续在香港举办各种讲座。臻昇在广州有一个负责现场管理的职业经理人，已经追随蔡承浩三年多，蔡承浩夫妻对她都很信任和放心，将日常事务都委托给她打理。

蔡承浩说，他不喜欢员工把他当作老板，因为这样容易产生距离感。他把自己定位为一个帮助公司和员工解决问题的服务员，成为员工良好的倾听者和遇到困难的时候想要寻求帮助的人。但是，他更希望员工能够去主动思考和解决问题，实现"无为而治"。他笑言，最理想的愿望是"我死了，但公司还能很好地活着"。有一些香港朋友提醒他们在内地的公司要安装摄像头来监督员工，防止偷懒，但蔡承浩和Sandy对这种观点很不以为然。他们认为，要给员工信任，真心为员工着想，给他们自由的空间，才能提高员工的工作满意度和工作绩效，"人有时候很奇怪，你越

> 蔡承浩不喜欢员工把他当老板。他把自己定位为一个帮助公司和员工解决问题的服务员，成为员工良好的倾听者和遇到困难的时候想要寻求帮助的人。

给自由，他们越不敢偷懒"。他们会认真去倾听员工的诉求和各种建议，并积极采纳，实现员工的参与式管理。对员工出现的错误，臻昇也不会有过多惩罚，关键是知错能改，并举一反三，防范错误再次发生。

当然，蔡承浩也坦言，目前无论是在香港还是内地，招聘能长期工作的合适员工越来越难。刚毕业的大学生或年轻的员工经常容易离职，因为他们想多一些尝试；而年纪较大的员工则对微信营销和新媒体运营不熟悉，接受新生事物慢。目前，臻昇在广州的员工平均年龄只有27岁，是一支非常年轻的队伍。因此，臻昇在管理上针对"80后"和"90后"员工的新特点，给予他们足够的空间，加以适度引导，充分激发其想象力和创造力，促进公司的不断创新，更好地服务客户。

但是，香港和内地的员工在特点和管理上仍然存在一定差异，公司的一个项目通常需要香港的员工和内地员工相互配合，但他们之间在沟通上仍需要进行磨合，才能具备更强的协同作战能力。

蔡承浩和Sandy对臻昇团队的期许是：臻昇人是一个进取、有魄力、有方向、有目标的团队，臻昇人不甘于提供守旧又没用的宣传方案给客户，臻昇每一位同事每天不停地寻找国内既有效又接地气的新点子，让客户收获更大更快的回报。

二 企业案例分析：聚焦微信，连接内地

（一）聚焦微信营销，帮助香港中小企业进军内地市场

创业初期，企业的资源有限，必须找准自己的定位，并集中精力去突破，才能在市场中构筑独特的竞争优势，避免迷失方向、无所适从。经历过手机APP创业失败的蔡承浩和Sandy抱着试试看的态度开始了基于微信平台的再次创业，并根据市场的反应情况及时进行业务的调整与迭代，逐步明确了微信营销的发展方向，同时将客户重点聚焦于试图开拓内地市场的香港中小企业，最终实现创业征途上的"峰回路转""柳暗花明"。Sandy认为，在中国内地迅猛发展的互联网营销和新媒体运营领域，强手林立，

不乏许多实力雄厚的企业,臻昇之所以能够生存和发展,最主要的是立足自身特有的优势,重点针对香港的中小商家这个特殊群体,帮助他们"跨境"到内地,正是这个独特的定位让其在市场竞争中占有一席之地。

(二) 敢为香港先,持续构建竞争优势

在微信作为一种社交媒体在内地刚开始出现的时候,功能仍然比较简单,未来的发展前景尚不明确。初次接触微信产品之后,敏锐的蔡承浩就判断这可能是未来的趋势,于是"敢为天下先"地在香港进行微信服务的介绍和推广,终于"饮得头啖汤",迅速抓住了微信快速发展带来的商业机会,确立了在微信营销领域"香港第一"的地位。在市场前景不明朗、许多人还在徘徊和观望的时候,敢于承担不确定的风险去率先行动,需要胆识、魄力和勇气,这也是创业者和企业家身上非常重要的品质。蔡承浩具备的创业精神和执行力让他具备创业成功的基本条件。

而且,在成为香港微信营销的"先驱"之后,蔡承浩和Sandy并没有自我满足,甚至觉得步伐偏慢,希望能够更快一步,避免稍不留神就成为"先烈"。面对后面接踵而来的追随者和赶超者,臻昇不断自我突破和转型,继续在微信O2O宣传点、香港跨境电商展销会、网红直播等领域保持领先,构筑持续创新发展的竞争优势,从而实现"人无我有、人有我优、人优我新、人新我转"。

(三) 构建夫妻互补型创业团队,保障企业稳步成长

在创业的过程中,由于业务的发展方向经常模糊不清,充满不确定性,企业生存和成长都面临着严峻考验,此时,创业团队成员之间能否相互信任、相互扶持、共渡难关、共享收获,显得尤为重要。蔡承浩在内地工作和创业多年,熟悉内地的情况,见证了国内互联网经济的迅猛发展;Sandy则长期在香港从事市场营销工作,清楚香港中小企业在市场推广方面面临的问题。蔡承浩性格急躁,敢闯敢拼;Sandy性格稳重,理性思考。两个人在资源、能力和性格方面恰好相互补充,与臻昇的创业定位又非常匹配,为创业成功奠定了良好的基础。更为重要的是,蔡承浩和Sandy从相识、

相知、相恋到结婚，在创业合作之前已经具备一般团队所难以企及的感情，能够具备更多价值观上的共同点，具有更多的相互信任。当然，事业上的夫妻档与生活中的夫妻仍有区别，他们俩也经历了一起创业过程中的吵架和磨合过程。经过良好的沟通，双方都能求同存异，相互理解，一起携手，凝聚力和战斗力显著增强，最终促进创业的顺利开展。

三 启示：内地互联网先进模式的输出

（一）利用中国内地互联网的领先优势，抓住海外机遇

随着互联网技术的迅猛发展，中国内地在互联网经济方面取得了巨大的进步，诞生了腾讯、阿里巴巴、百度和小米等具有世界影响力的互联网大型企业。特别是近年来国内互联网企业在技术和商业模式等方面的持续创新，使中国的互联网公司从最初的疯狂向美国学习，到将海外的经验进行本土化的移植和微创新，进化到开始向海外输出商业模式转变。中国在互联网特别是移动互联网的某些领域已经全球领先，网购和移动支付甚至被视为中国人在21世纪的新发明。臻昇传媒集团有限公司的蔡承浩就是注意到了微信和网络直播等新生事物在内地蓬勃发展的趋势，识别出创业机会，进而将其引进香港，成功搭建香港和内地互联网经济的连接桥梁，并逐步将内地的互联网商业模式创新推广到台湾和东南亚，开创了一番新事业。

因此，港澳青年要充分利用好其毗邻内地和面向海外的优势，密切关注祖国内地在互联网领域特别是电子商务、新媒体等方面的最新进展，抓住粤港澳大湾区和"一带一路"等重要历史机遇，将内地的互联网新兴商业模式输出海外，或者为正在走向海外市场的国内企业提供服务，找到契合自己发挥优势的价值空间。

（二）善于借力，整合各方资源，规避新创企业的固有缺陷

新创企业刚创办时，由于资源匮乏，在市场上缺乏影响力，甚至时常

受到质疑，具有新进入者的先天劣势（Liability of Newness）。臻昇传媒在创业伊始面对这样的不利情况，采取与香港政府的相关部门、大型企业和大学合作的方式，一起举办关于企业微信营销等方面的讲座，提高自身合法性，增加消费者的信任，逐步扩大品牌的影响力，有效促进市场开拓。目前，臻昇传媒已经先后跟香港生产力促进局、Paypal（贝宝）、香港浸会大学、香港理工大学等单位合作，进行创业分享、微信营销讲座、担任创业比赛评委等活动。臻昇举办的这些讲座绝大多数都是免费的，但通过这样无偿的付出，却让其结识了包括阿里巴巴、Paypal等大企业的许多朋友和客户，也在一定程度上推动香港网络营销水平的提高和互联网经济的发展。此外，臻昇的创始人Sandy还创立香港中小企业家品牌发展协会并担任会长，联合众多的香港中小企业，凝聚力量，抱团取暖，这将更有利于整合各方资源，争取更多商机。因此，港澳青年在创业初期，面对新创企业的先天劣势，不能单打独斗，而应当充分考虑如何立足自身实际情况去跟各种"权威"机构进行合作，借力发展，或者参与到各种网络联盟中，与别人共同携手，共创价值。

（三）快速行动，持续迭代创新

蔡承浩在识别出微信营销蕴含的创业机会时，没有过多的等待和准备，而立刻采取行动，制作了简单的微信公众号服务的基本介绍，就到香港进行讲演，倾听客户需求和反馈。然后在此基础上，不断增加公众号的内容维护、微信粉丝的吸引、微信商城的代运营等服务。通过这样的积极尝试，"见步行步"，从每次试验的反馈结果中学习和改进，使产品和服务持续迭代创新，逐步趋于完善，从而在高度不确定的情境下实现有效创业。这非常符合互联网时代企业的"精益创业"理念（Lean Startup），即提倡初创企业进行"验证性学习"，不要过多地浪费时间对客户需求"想当然"，而是先向市场推出极简的产品或服务，然后不断地在试验和学习中，以最小的成本和有效的方式验证其是否符合需求，并及时调整方向。因此，港澳青年在创业初期，面对不甚明确甚至充满许多不确定性的市场，不要等待徘徊、左顾右盼，而应当快速采取行动，推出简单产品进行测试，再根据反馈进行调整和迭代。在互联网时代进行创业，"天下武功，唯快不破"，迅速行动，才能抓住机会。

此外，臻昇传媒在微信营销和自媒体运营领域取得成功后，没有自我满足，而是持续转型与变革，甚至勇于自我革命和颠覆，努力拓展网红直播业务，从提供微信服务的企业努力往网红直播的平台型企业进行转型。原本领先的企业如何永葆第一，构筑持续的竞争优势，而不是昙花一现，是创业企业走上正轨后面临的重要问题。作为市场新进入者和挑战者，通常具有拼搏和创新的精神，但企业发展到一定程度之后，往往容易陷入僵化，失却创新基因和动力。臻昇传媒在创业取得初期成功之后，仍然保持清醒，勇于自我革新，不断突破，非常值得后来的创业者学习与借鉴。

四 案例大事记梳理

2012年，臻昇传媒集团有限公司在香港成立，成为首家在香港推广微信公众号的宣传公司；

2013年，臻昇传媒集团有限公司下属的广州臻港腾企业管理咨询有限公司成立；

2013年，臻昇传媒集团有限公司与广州市报摊签订1200个O2O宣传点（香港首家）；

2015年，臻昇传媒集团有限公司与国内商场合作举办大型O2O展销会（香港首家）；

2016年，臻昇传媒集团有限公司与国内网红平台制作直播节目（香港首家）；

2016年，臻昇传媒集团有限公司获得香港直播节目制作合作权。

第七章 骏高国际货运（中国）有限公司广州分公司、"一带一路"发展联会：捕捉政策风口，开启"一带一路"深耕之旅

组织名称：骏高国际货运（中国）有限公司广州分公司；"一带一路"发展联会

创业时间：2006 年；2015 年

创始人：戴景峰

所处行业：国际物流、平台建设

关键词：国家大势趋向性创业，"国际自来熟"，"一带一路"发展联会

访谈时间：2017 年

一 创业者故事："国际自来熟"

（一）价值判断，先人一步胜人一筹

内地与香港、澳门特区政府分别签署的内地与香港、澳门《关于建立更紧密经贸关系的安排》（简称"CEPA"），主要致力于货物贸易自由化、服务贸易自由化和贸易投资便利化三个方面的改善。过去，港企不能独立投资、经营国内的海运、货运、仓储行业，必须采用合资的形式，而随着 CEPA 政策的实施，港资能独立进入这些领域。戴景峰在 2003 年从

> 戴景峰借助 CEPA 进入内地市场，享受 CEPA 政策待遇，成为为数不多的利用 CEPA 进入内地市场的企业之一。

香港毕业，为总部身处香港的某国际物流公司工作，那时候正是 CEPA 刚提出不久。在 CEPA 规定的 18 个服务行业中，与物流相关的就占了 5 个，包括货代服务、仓储服务等。有着灵敏思维的戴景峰，恰恰看到了这个极大的机遇。他清楚地知道 CEPA 将会有助于公司的发展，进入内地市场。而越来越多的香港企业将会借助这个契机，获批准到内地投资。所以，他当即为公司申请香港企业证明，以此借助 CEPA 进入内地市场在上海开了分公司，从而享受 CEPA 政策待遇，成为为数不多的利用 CEPA 进入内地市场的企业之一。他似乎拥有价值的天生判断力，总能比别人先踏出一步。

经过两年的物流行业沉淀，戴景峰心怀公司合伙人的鸿鹄之志，2005 年，他作为投资人的角色进行运营。"不需要资金的生意，都是没有什么潜力的。"戴景峰认为青年创业单用自己的资金不可行，而所处的国际物流公司通过合伙人方式，恰恰提供给他一个资金平台，所以他选择留在了这个公司。2008 年，由于前期管理不善，广州分公司情况没落，人才流失到只剩下几个人，急需一个有管理能力的人重新整治。戴景峰力挽狂澜，从仅剩几个人的团队一直发展到如今拥有 60 多名员工的队伍。目前，戴景峰所在的物流公司在国内已有 12 家分公司，为客户提供涵盖空运、海运、仓储、拼箱、跨境货运和全方位的物流服务的综合解决方案。其中海运整柜部，已与多家世界著名的运输供应商建立了长期而深厚的业务关系，尤其是在孟加拉和斯里兰卡拥有了当地市场的专业团队。

对于公司的管理，戴景峰认为竞争永远存在，要找到自己的特色，并且把自己的优势做好。相对于欧美等竞争激烈的饱和市场，其他国际市场竞争没有那

> 其实我进来内地的时候，基本上什么事情都不知道，要很快学会解决问题。现在香港的年轻人，我觉得最缺这个东西，因为他们只是看到问题，不懂解决这个问题。
> ——戴景峰

么激烈。戴景峰积极寻找差异化的市场，将公司的细分市场定位在孟加拉、斯里兰卡等国家。在运营广州分公司过程中，戴景峰还挖掘了门到门递送服务的商机，提供中国、香港到孟加拉、越南和斯里兰卡快递服务。同时，广州分公司从2008年组建到现在已经签约了10条空运航线，以亚太、中东、印巴为主。戴景峰过去14年都在从事中国内地及香港与"一带一路"国家的国际物流工作，近年专注于电商快递物流领域，希望做更多现代化的国际物流。带着这样的愿景，戴景峰在香港成立了一个专门做国际快递的新公司，目前已经开通了针对东南亚市场的六条航线。

（二）国家大势，深耕"一带一路"

2013年，习近平主席先后分别提出建设"新丝绸之路经济带"和"21世纪海上丝绸之路"两大战略构想。"一带一路"融通古今，连接中外，顺应和平、发展、合作、共赢的时代潮流，有利于各国打造互利共赢的"利益共同体"和共同发展繁荣的"命运共同体"。一个全新宏伟战略构想，初期提出的时候固然美好，然而人们在"拍手叫好"的同时却不知道如何着手利用这个契机。香港制造业迁移导致产业出现空心化，加上"边缘化"热议以及香港"占中"事件，让香港青年越发焦虑，对未来感到十分迷茫。[①] 香港青年和企业更是对"一带一路"缺乏认知和了解，机遇和发展更无从谈起。

戴景峰看到了别人没有看到的机遇，并且萌生了一个想法。2014年，他立刻着手在香港创立"一带一路"发展联会并且担任主席。"一带一路"发展联会

戴景峰2014年在香港创立"一带一路"发展联会并且担任主

---

① 《香港青年领袖感悟委员长讲话》，2016年6月1日（https：//www.lookmw.cn/lizhi/jpxx-nni.html）。

席，在商务、文化、专业方面向中小企业及青年人提供支持，协助他们发展"一带一路"。

是香港第一个以"一带一路"为旗号的专业团体，致力于支持和促进"一带一路"的发展，在商务、文化、专业方面向中小企业及青年人提供支持，协助他们发展"一带一路"。

戴景峰始终抱着这样一个美好初衷。他过去几年曾在香港及内地主讲过数十个"一带一路"及物流电商讲座，讲座举办机构包括新华社、香港贸易发展局、大埔民政事务处、香港理工大学、中山大学等大型机构。戴景峰也曾于《大公报》《香港商报》《紫荆杂志》等发表多篇有关"一带一路"的文章，也于《香港商报》有专栏《带路集》分享"一带一路"资讯，并于新城财经台节目担任分享嘉宾。戴景峰通过举行这些讲座活动进行信息连接，来探讨政策的动向和行业的发展前景，从而使更多的青年和企业了解"一带一路"的现状和机遇。

"一带一路"发展联会邀请了数十位知名人士成为顾问及成员，其中包括全国人大代表、全国政协委员、特区政府官员及行政会议成员、太平绅士、各大商会及专业团体会长、上市公司董事、香港十大杰出青年及青年领袖得奖者、"一带一路"国家顾问等。虽然戴景峰从事的是国际物流行业，但他深知"一带一路"可以加速各行业各领域的发展，于是他赋予"一带一路"发展联会更多的职能，覆盖到各行各业。联会聚集着不同行业领域的专业人士，包括律师、会计、矿产、生态旅游、物流、金融、医药、教育等。

"一带一路"需要"官、产、学"全方位的合作，才能更好地推进。戴景峰带领"一带一路"发展联会，主动与政府对接，首次与内地政府签订合作备忘录，希望增强香港与内地"一带一路"重点城市的联系，让香港企业可以更容易到"一带一路"重点城市发展。广西钦州拥有中华白海豚、荔枝、石化等天然资源，也是国家与东盟最邻近的主要港口，是面向东盟的重要窗口。"一带一路"发展联会于 2016 年与广西钦州市政副市长签订备忘录，成为广西钦州市政府的合作伙伴，向香港企业推广通过 CEPA 到广西钦州投资。2017 年戴景峰计划带领香港企业团体到钦州市考察。

（三）国际"自来熟"，比世界还"世界"

为了更好地发展"一带一路"发展联会，戴景峰曾到多个"一带一路"国家做商务考察工作，包括越南、泰国、印尼、韩国、新加坡、肯尼亚、孟加拉、斯里兰卡、中东等，与"一带一路"国家有紧密联系并拥有一定的人际网络。能言善辩、能说会道似乎都是他的代名词。每到一个新的地区，他总能融入当地的生活，他比世界还世界。戴景峰始终相信，了解一个国家，要从文化开始了解。

> 了解一个国家，要从文化开始了解。
> ——戴景峰

初到一个陌生的地方做考察或者业务拓展，戴景峰都会先做一个初步的网络搜索，了解这个国家的基本信息，包括文化、历史背景、宗教、地理位置、经济等，从而在实地考察之前有一个基本的概念。到当地之后，他会去了解当地人的生活习惯和文化，包括平时生活的地方，平常喜欢做的事情。比如，不少"一带一路"国家奉行伊斯兰教，这些国家的商业活动、运输、清关程序在斋月期间全面停顿，导致商家的生意额下降。斯里兰卡新政府上台后，政策有变，使招商局科伦坡南港码头投资项目出现变数。通过了解当地文化和政治风险，可以在与"一带一路"国家

> 我觉得内地年轻人很多优势比香港青年还好，但回来看看也是一件好事。我反而建议他们去一些"一带一路"的国家。这些地方需要香港人，包括学历、国际视野，是会比较强。他们可以作为内地和这些国家的桥梁。
>
> ——戴景峰

> 我在内地很多年了，2003年毕业在上海待了三年，待过华东、华北，这8年都是在华南，我比内地人还熟悉内地。因为我在内地很多城市待过。
>
> ——戴景峰

合作时规避掉不必要的风险，从而更好地进行商业合作。

戴景峰认为"一带一路"是当下这个时代香港和内地共同的机遇，香港青年应该好好把握。[①] 内地青年比香港青年具有更多的优势，从英文语言和普通话到本地关系网络。戴景峰提出了一个相对独特的想法，比起内地，香港青年可以去一些"一带一路"国家发展，发挥香港青年在学历和国际视野方面的优势。同为中国人的身份，香港青年是中国与沿线国家共建"一带一路"的天然纽带和参与者。香港是具有独特区位优势的国际化城市，具备大批国际化产业的经营管理人才。他们沟通中外的独特优势，定能借助"一带一路"在创新创业的浪潮中大显身手。

对于香港青年到内地发展，戴景峰回想起初来内地的不熟悉，学习解决问题是他这十几年在内地学习到的重要一点。对于香港青年而言，除了看到问题，更应该具备解决问题的能力。对于一个陌生的环境，戴景峰认为要熟悉和融入当地环境，包括语言文字，同时多认识一下内地的朋友，可以通过加入商会从而建立本地关系网络。戴景峰常年流连于华东、华北和华南地区，多地区多城市的生活经验，让他比内地人还熟悉内地。他笑称："手机输入法用的是搜狗，网络搜索用百度，我比内地的人更内地。"只有投入本地的生活，才能了解本地的事情，才能更好地发现商业机会。

[①] 《戴景峰：值得留意的四个重点》，2016年7月31日（http://news.takungpao.com/hkol/politics/2016-05/3321655.html）。

（四）不谋而合，物流路径与"一带一路"一致

"一带一路"之于国际物流，是加速器，是关系网络。

戴景峰的国际物流市场主要是针对"一带一路"相关国家，"一带一路"发展联会与多个国家有紧密联系，其中形成人际网络将会有助于公司的国际物流业务发展。"一带一路"，意味着海外业务订单数量劲增，意味着更多的合作伙伴，物流行业可以把握契机，深度挖掘"一带一路"国家潜力。同时，海外市场的拓展可以缓解和转移中国经济发展造成的产能过剩。

国际物流之于"一带一路"，是支撑点，是路线之一。

从事"一带一路"相关国家的国际物流行业的戴景峰，凭借以往物流经验看到了"一带一路"实施的可行性以及极大的发展空间，于是创立了"一带一路"发展联会。物流国际化，"一带一路"同样具有国际化特质。"一带一路"走出去的进程，可以借助物流的支撑来相互促进。除了物流以外，"一带一路"发展联会还覆盖其他行业，各个行业领域的企业"抱团出海"的潮流趋势，不仅有利于扩大各企业的业务规模，更加速了"一带一路"的发展。

戴景峰虽然没有借助物流发展"一带一路"，抑或借助发展联会的资源拓展公司业务，但其所从事的国际物流行业与"一带一路"之间"不谋而合"的发展路径，如果加以利用，将会产生更大的化学效应。

> "一带一路"之于国际物流，是加速器，是关系网络；国际物流之于"一带一路"，是支撑点，是路线之一。

（五）"一带一路"造福香港青年和企业

戴景峰从物流中发现与"一带一路"结合的新机遇，他深知在"一带一路"的潮流中各行各业都有一个新的发展机会。同时，走向海外的各行业同样能够带动"一带一路"的加速发展和微观应用进程。因此，戴景峰将各行各业的专业人才顾问引入"一带一路"发展联会，将其逐渐发展成为覆盖多行业、多领域的信息交流和资源对接平台。戴景峰希望"一带一路"发展联会始终以一个服务的心态和"去政治化"的中立角度，将内部成员的专业资源与各"一带一路"国家进行对接。"一带一路"发展联会在未来可以进行更多实际产业对接，从而发挥更加直接的实际效用。

戴景峰坚信，国家的"一带一路"发展战略，是香港新一轮发展的大好机会，也是香港青年创新、创业的大好时机。香港青年看不到机遇和发展，对未来充满焦虑和迷茫。不是没有机遇，而是没有看到。他们缺乏对"一带一路"带来机会的认知。他期待通过"一带一路"发展联会这个平台，帮助更多中小企业青年认识到"一带一路"的机遇，更多企业抢先一步走向海外开拓"一带一路"市场，并且将"一带一路"国家的资源引进中国，从而推动香港和内地"一带一路"进程更好地发展。

> 通过"一带一路"发展联会这个平台，帮助更多中小企业青年认识到"一带一路"的机遇，更多企业抢先一步开拓"一带一路"市场，并且将"一带一路"国家的资源引进中国。

二 企业案例分析：深挖政策背后的机会

（一）善用国家 CEPA 政策及"一带一路"趋势

创业者发现机遇、充分利用政策，其价值判断可以使企业发展具有强大推力。当港澳企业不能独立投资、进入内地受阻时，戴景峰利用刚提出的 CEPA 政策，帮助总部身处香港的某国际物流公司申请在上海开了分公司，从而享受 CEPA 政策待遇，成为为数不多的利用 CEPA 进入内地市场的企业之一。同时，"一带一路"刚提出不久，戴景峰意识到这个国家大趋势将给青年和企业带来发展的机遇，他在香港创立"一带一路"发展联会并且担任主席。作为一个致力于捕捉商机的创业者，必须透彻地了解国家政策规定，关注政策变化，以便利用好"政治因素"创造机会。

（二）能言善辩，快速嵌入本地市场

为了更好地利用和发展国际市场，必须快速熟悉其他国家的情况，这需要一定的沟通和适应能力。为了"一带一路"发展联会，戴景峰曾到多个"一带一路"的国家做商务考察工作，他与"一带一路"国家有紧密联系并拥有一定的人际网络。为了融入当地的生活，他先做一个初步的网络搜索，了解这个国家的基本信息，再到当地实地考察。戴景峰有自己的一套独特的商务考察方法，他认为，只有投入本地的生活，充分了解本地的事情，才能更好地发现商业机会。通过了解当地文化和政治风险，可以在与"一带一路"国家合作时规避掉不必要的风险，从而更好地进行商业合作。

（三）外部顾问内部化，"官、产、学"资源整合

在一个刚建立的组织文化基因还没有足够的能力经受时间和竞争冲击之前，是智囊人物在推动着智慧型组织机制建设的工作，这种高端人才的引进，是服务于企业发展战略布局的需要，其实质是为了提高组织决策的格局力量。从事国际物流行业的戴景峰，建立"一带一路"发展联会，除了举行物流电商讲座、发表专栏文章等活动进行信息连接，还引入各行各业的专业人士成为顾问及成员，提供资源对接平台。通过将外部顾问内部化，建立开放型组织，从而最大限度发挥智力助推的作用。其中联会的顾问和成员涵盖"官、产、学"各个领域，"一带一路"发展联会进行

"官、产、学"全方位的合作,多方面资源整合将会互相促进资源利用度。比如,戴景峰主动与政府对接,与钦州政府签订合作备忘录,通过与政府合作,并将香港产业机会引入内地。

三 启示:把握"一带一路"新机遇

(一)善用国家大趋势,捕捉"政策因素"商业机会

随着国家发展,越来越多的新思路、新构想为中国开辟新的道路,同时也给港澳地区对接世界指出一个新的方向。因此,港澳青年可以更加透彻地了解国家政策规定,关注政策变化,以便利用好"政策因素"创造机会。比如,戴景峰利用刚提出的 CEPA 政策,帮助总部身处香港的某国际物流公司进入内地;"一带一路"刚提出不久便创立"一带一路"发展联会。

(二)发挥港澳国际化优势,承接"一带一路"的天然纽带

"一带一路"给港澳青年和企业带来更多的机遇。香港是具有独特区位优势的国际化城市,具备大批国际化产业的经营管理人才。香港青年具备学历和国际视野优势,熟知国际交流沟通规则,加上语言优势,相比内地人更容易嵌入国际市场。因此,港澳青年可以利用"面向海外"优势,作为中国与沿线国家共建"一带一路"的天然纽带和参与者。除了贯彻海峡两岸暨香港、澳门,港澳青年还可以借助自身优势走向海外。比如,戴景峰采取缝隙化和差异化细分市场,专注于"一带一路"国家市场,避免加入过于激烈的同行业竞争。

四 案例大事记梳理

1990 年,物流公司成立于香港;

2005 年，借助 CEPA 政策进入内地；

2014 年，"一带一路"发展联会有限公司在香港成立；

2016 年，出版首本书籍《踏上一带一路的时代巨轮》；

2016 年，与广西钦州市政府签订备忘录。

第八章　汇诺：电商"赛马场"上的"草根"黑马

> 公司名称：广州汇诺信息咨询有限公司
> 创始人：陈耀文
> 创业时间：2008 年
> 所处行业：LED 行业
> 关键词：赛马精神，草根创业，B2B2C 商业模式
> 访谈时间：2017 年

一　创业者故事："草根"赛马者

（一）竞求锦标的赛马精神

在企业发展的过程中，优秀的团队是必不可少的要素。汇诺不是一个人的成功，而是一群年轻人共同奋斗的成果。驱动一个团队成员群策群力、齐头并进并不简单。香港起源的公司，公司理念和文化与内地大相径庭，而贯穿其中便是"积极进取，自强不息，追求卓越"的赛马精神。"赛马"，过去常在香港影视作品里出现的字眼，在最近十多年，渐成了陈耀文创办的电商企业——汇诺公司的印记。

走进汇诺，墙面上的"我们的赛马场"赫然入

> 互联网的公司，都有一个代号。我自己比较熟悉这个赛马的运作，就想把一个文化放到里面。
> ——陈耀文

目,每一个办公地点均以世界各地的赛马场命名。创始人陈耀文说,他自小生长于香港,静蕴风雅、动则恣意激情的"赛马场"文化俨然成为他生命基因的一部分,他渴望将这种赛马精神引入公司的日常管理中。

但不同于赛马的单打独斗,陈耀文主张"共同去做一件事"——让员工一起迎接挑战和困难,一起见证彼此的进步,一起共享喜悦和成果,充分调动他们的参与感。这里的每个人都以同事相称,没有"助手""助理"的称谓区别,也没有层次与级别之分,所有的办公位置都是对外开放式的,就像是开阔的赛马绿茵场。

> 有大家一起做一件事情的一个概念,而不是你是帮我工作的。
> ——陈耀文

充满设计感的办公地点,色彩斑斓的工作区间,健身房、钢琴室齐全的文娱区,给这个朝气蓬勃的团队注入了新鲜的活力。办公区设有一面专属的荣誉墙,记录着这个公司在电商赛马场上的"赛绩",配合"钻石诚信、履行责任、从不言不、群策能力、热爱改变、超越期望"的六大箴言,给予共同体的每个"赛马者"独有的归属感和集体成就感。

"不断努力尝试,赢取无限锦标",是汇诺一直贯彻的一句话。陈耀文透露,通过借鉴赛马项目的规则,汇诺还会不定期举办一些内部锦标赛,鼓动员工互相激励,提高工作效率,改善公司的不足。

> 通过借鉴赛马项目的规则,汇诺还会不定期举办一些内部锦标赛,鼓动员工互相激励,提高工作效率,改善公司的不足。

(二)买家到卖家的完美起步

2003年,中国电子商务刚起步,淘宝处于初创阶段,电商基础设施还在逐渐完善,国内尚未出现跨境电商的概念。而此时在国外,eBay、亚马逊等平台已经掀起了电商狂潮。

作为一名出身平凡的"草根",在美国留学时,美国高昂的物价对需要自己承担一切学费、生活费的陈耀文来说压力实在不小。经济上的紧张促使他去寻求省钱的方法，于是他开始在亚马逊上购买二手书籍、生活用品，甚至是最喜爱的球鞋，而这个"买家"的经历也让他敏感地嗅到电商行业的商机。

2003年，陈耀文开始在eBay上卖东西，"买家"身份到"卖家"身份的转变让他迅速地了解到电商的全部运作过程。2004年毕业之后，陈耀文便带着领先国内的电商理念与同学一起在香港成立了汇诺公司。刚起步的汇诺只是在香港的深水埗进行采购，借助现有的电商平台进行销售。百尺竿头，更进一步，虽然公司已经可以盈利，但是追求卓越的陈先生志向远不止于此。

> 陈耀文从"买家"身份到"卖家"身份的转变让他迅速地了解到电商的全部运作过程。2004年在香港成立了汇诺公司。

（三）紧跟形势的成功转移

贸易及物流业、金融服务业、专业及工商业支援服务业与旅游业为香港四大支柱行业，多年来是香港经济增长的主要原动力。但是随着内地与世界经济不断接轨，香港海运与珠江三角洲内临近港口的竞争加剧等诸多原因，香港的贸易中介角色逐渐被削弱。精准的判断对时刻处于风口浪尖的商场掌舵者们尤为重要，陈耀文也与时俱进，将眼光瞄向了有着更为丰富的资源、广阔的市场、廉价的劳动力和充足人才与政策支持的内地。

"内地比香港拥有的资源更多。"陈耀文坦承，尽管香港旅游业发达，有深水埗等批发市场，可以利用其从事中转贸易，但对于发展电商行业来说，却缺乏核心的IT研发人员，而广州作为贸易批发中心，集聚着众多的供应商，享有货源充足和劳动力价格低廉等红利。再者，广州语言学校林立，坐拥得天独厚的外语人才储备，这无疑也为汇诺拓展国外市场的战略提供极大便利。

2005年，陈耀文瞄准广州的优势，带领主要团队到广州，并将总部迁移到这里，陆续在世界各地设立物流中心。

（四）机遇挑战并存的快速成长

对于外来创业者来说，融入本土市场面临的最大的挑战就是各方面的隔阂，其中一个便是法律法规。团队初期大多是缺乏经验的应届生，并不了解内地相关行业的法律法规和基本政策，严重限制了部门发展。

"初期加入团队的，都是缺乏经验的香港应届生，并不了解内地相关行业和企业的法律法规，加上缺乏工厂资源和人脉资源，让公司吃了不少苦头。"而随着团队和部门的日益扩大，陈耀文让同事们具体了解相关的法律法规，并开始有意识地引入一些具有相关经验的本地人才，逐步实现了本土化建设，使内地成为他们偌大的"跑马场"。

从1到100的复制容易，而从0到1摸索的过程很难。对于一个初创公司，从0到1的过程，总是充满着各种挑战和未知因素，应对这些挑战的过程为后面的商业提供了经验。2005年圣诞节，汇诺刚刚进入内地不久，陈耀文感知到MP3市场盛行，而MP3可以在国内低成本生产，再销售至国外，所以陈耀文与厂家达成合作协议。在初期销量成效显著，日销量可达1000台，一台大概300元的零售额，这也意味着汇诺前期需要大量的资金购入。然而在销售3个月之后，汇诺收到很多针对MP3产品的投诉，当即接受

> 陈耀文瞄准广州的优势，带领主要团队到广州，并将总部迁移到这里，陆续在世界各地设立物流中心。

> 从1到100的复制容易，而从0到1摸索的过程很难，总是充满着各种挑战和未知因素，应对这些挑战的过程为后面的商业提供了经验。

所有的退件，并且和厂家共同寻找原因。经过检验才发现 MP3 的品质不稳定，如果卖到北美某些地区会因为温度太低产生静电反应，而无法正常使用。这给当时刚起步的汇诺带来灾难性的当头一棒，他们用了两个月的时间处理所有的退件和赔款，由于合作的工厂规模小无法全额赔偿，汇诺损失了将近 400 多万元人民币。陈耀文将其视为宝贵的一课，在此之后，汇诺为了保证产品的质量，选择规模化、高品质的工厂，并且做好赔偿协议、付款协议等保障性条款再进行采购合作。

适时调整"赛马战术"，保持独立和冷静，也让汇诺安然渡过了随后的金融海啸。在这位浸润于香港土壤生长的青年身上，有着浓重到消散不了的创意和激情。在千头万绪的管理岗位上，他个人始终保持着高密度的思考，对商业文明进行有穿透力的发声。

知识经济时代，最核心的资源一个是人才，汇诺基本具备；另一个便是数据。汇诺利用的出口跨境电商平台从 eBay 到亚马逊，通过电商平台的卖家角色，不断积累细分市场的信息，渐而形成了一个大数据平台。通过大数据处理了解到在各个细分市场销量好、需求大的商品种类，再和工厂合作进行生产和销售，大大缩短了中间过程，实现三方的直接接洽，减少不必要的资源浪费，价值链直指消费者。合作伙伴通过这些数据分析平台，可以实时掌握商品的销售情况，跟踪最新的市场趋势和捕捉最佳的售卖时间。大数据平台还能够协助合作伙伴开发新品和优化定价。

2014 年，汇诺开始启动 EPMS 系统项目。中国新崛起的中产阶级消费群体对商品品质的要求不断提高，他们愿意以高昂的价格换取优质的产品和服务。谁站

> 我们转型去做一个方案服务，服务工厂和世界不同的卖家。工厂想做这个 B2C 市场，我们可以在不同的平台、不同时间、不同地方去卖。
>
> ——陈耀文

在商业的风口,谁便是王者,一直在做出口跨境电商的汇诺,紧跟社会变化,在2015年开展进口跨境电商业务,同时与京东全球购进行战略合作。

凭借多年出口电商的经验,不断进取的陈耀文开始思考解决行业痛点的方法,帮助缺乏经验的工厂涉足出口电商,让海外卖家有更多销售的产品,从而扩大同行业发展的机会。2015年,在刚结束十周年庆典、总营业额增长高达20%的新纪元之际,汇诺革故鼎新,极富前瞻性地创建了都会分销网(duhui.hk),尝试利用数据分析,一端对接工厂,一端对接消费者,为线上线下的卖家提供包括货源、批量发货以及一键代发等的一站式分销服务。陈耀文介绍,先进的物流和信息技术,让他们更容易进入电商市场,并获得无限的增长潜力。通过大数据得到海外的需求,寻求想要发展电商的工厂生产出相关的货物,并根据预测的需求直接事先运输到海外的仓库。海外买家一旦有需求,便可直接从海外仓库发货,提高服务效率,优化客户体验,需求预测也大大节省了贸易成本。

除此之外,借助多年来积累的国际物流经验,汇诺掌握了各国海关不同的海关及税务政策,可以确保商品顺利到达各目的地国家和地区。汇诺还会按商品潜在买家聚集地就近存储商品,以服务于遍布全球热卖国家和地区的订单处理中心,让发货速度更快、运费更实惠。

(五)电商黑马即将崛起

经过十多年的赛跑,汇诺不断通过顶尖的技术,在电商行业中积累下良好的口碑,已为包括零售商和制造商在内的全球众多商业伙伴,提供了一系列电商供应链解决方案,创造了更高效的全球市场。目前,汇诺的物流中心已分布在世界各地,包括广州、英国的曼彻斯特、意大利的特雷维索、法国的巴黎、澳大利亚的墨尔本、德国的汉堡、美国的加州、阿联酋的迪拜等地区,利润从几百万元跃升至数亿元。

从出口跨境电商、进口跨境电商,再到提供电子商务解决方案,借助IT和物流的优势,汇诺正从一个电商卖家转型成为电子商务供应链及"互

> 从出口跨境电商、进口跨境电商，再到提供电子商务解决方案，借助 IT 和物流的优势，汇诺正从一个电商卖家转型成为电子商务供应链及"互联网＋"运营的服务商。

联网＋"运营的服务商。如今，汇诺不仅提供全栈式的供应链解决方案，为合作伙伴提高收入、减少供应链环节的浪费以及提供亚洲市场的最透彻、最新的资讯，还致力于打造长期互赢互利的合作伙伴关系。也因如此，汇诺得以在电子商务的新浪潮中不断重新定位，创造更多的利润。

互联网更迭速度比想象中快得多，稍不加快步伐，就可能会落后。陈耀文清楚地知道，电商市场巨大，每一家企业都想分一杯羹，但是企业的规模不尽相同。汇诺和深圳的几家电商企业几乎同时起步，而汇诺在市场布局方面稍显缓慢。这个加快布局的步伐，背后需要的是一个充足的资金和更大的胆量。目前，他们也即将引入风投，以获取更有力的工厂资源和资金支持，在这个电商大潮流当中，开拓更广大的市场。

对于未来的发展，陈耀文指出，依托于智能化管理软件、信息通信技术及大数据工具的开发与应用，汇诺将进一步拓展数字商业的新格局、新视野，完成电子商务供应链及"互联网＋"的服务商的转型，打造未来具有蓬勃生命力的创新业态链。

二 企业案例分析：买家角度挖掘用户痛点

（一）典型互联网企业，赛马文化激励机制

互联网企业需要活跃思维，所以普遍具有自由轻松的工作氛围。陈耀文带领着一个活跃的年轻化的团队，以同事相称，无层级化，同时关注工作之余的休闲活动。但自由而不失参与感。陈耀文主张"共同去做一件事"，这有利于充分调动员工的集体参与感和共同感，塑造团队精神。价值观是把所有员工联系到一起的精神纽带，也是企业生存、发展的内在

动力。

陈耀文喜欢赛马，将赛马文化融入公司的管理当中，设定的比赛能够培养员工对工作的热情和积极性，从而充分发挥人的主观能动性，以实现企业的目标。通过参与激励，形成员工对企业的归属感、认同感。

（二）从用户角度挖掘创业机会

先前，美国在很多商业方面稍微领先中国，所以身在美国的陈耀文比在国内更早接触到互联网和电商。他从"买家"向"卖家"转身，就是从用户角度挖掘创业机会。陈耀文将国外学到的运作方式和先进理念带回国内创业，做进出口跨境电商，曾经"买家"的角色让他更能从消费者角度出发，并且注重客户体验。因为企业永远无法独立于消费者而发展，从消费者、用户的角度出发将减少企业满足市场需求的探索成本。同时，后期在提供行业解决方案新模式的转型过程中，他更清楚地知道整个流程应该如何进行简化和高效率，使得消费者和卖家同时受益。

（三）B2B2C 新模式解决行业痛点

陈耀文从进出口跨境电商的 B2C 模式，积累一定行业经验和细分市场大数据后，转变为连接买家、卖家、厂商的 B2B2C 平台。这个 B2B2C 平台整合了 B2C 和 C2C 平台的商业模式，增强了网商的服务能力。既省去了 B2C 的库存压力和物流，充分为客户节约了成本；又拥有 C2C 欠缺的营利能力。通过帮助缺乏经验的工厂涉足出口电商，让海外卖家有更多销售的产品，让买家有更多的选择，来扩大同行业发展的机会，并且缩减较多不必要流程以及减少不必要的交易成本，从而让整个电子商务供应链价值链提高。比如，运用大数据得到海外的需求，根据预测的需求直接事先运输到海外的仓库，利用科学的方法减少需求不足和需求过剩的情况，让商品更高效地到达买家手里。

三 启示：背靠国内，面向全球

（一）利用"背靠国内，面向全球"的视野优势，洞察全球商业机会

海外，尤其是北美及欧洲，引领着技术和行业商业模式的全球发展，创业创新步伐快于国内。比如美国硅谷，集聚学术技术积累以及资金和人才，充满创业创新气息。所孕育而生的成果，也会随着具有国际视野的人扩展到其他国家。陈耀文在美国读书的时候接触到了电商，发现了创业机会。这也印证着同一个技术可以跨越不同的国度。就像马云被澳大利亚人邀请前往澳洲旅行，因为这趟出国，为他打开了第一扇世界之窗，他知道了电商，回国创立了阿里巴巴。

所以，港澳青年应该发挥他们面向海外、面向全球的国际化视野，学习国外领先的技术和商业模式，捕捉全球商业机会。因为海外的经验无法平移到国内，所以要做到本地化移植，解决中国特色的问题，才能减缓排斥效应和加速嵌入当地市场。比如淘宝改善 C2C 模式，不仅繁荣了电商市场，也利于无数个体商家，并且发展出支付宝第三方担保平台，解决了网银支付不方便的刚性需求。同时，中国在某些方面同样是领先世界的，比如电商及互联网金融方面。因此，港澳青年同样可以背靠国内，面向全球，将国内的模式复制到国外。

（二）把脉行业痛点，创新商业模式

陈耀文从刚开始仅将此当作一份工作，去解决小的痛点，到后来将其作为自己的事业，全情投入当中，这意味着他逐渐从一个普通的创业者走向卓越。创业者具有合理的思考高度，才能引领企业从解决小的痛点，到站在行业发展高度解决行业痛点，从而不断发展新的商业模式，带动企业和行业发展，做强做大。

如今，电商行业已经进入了 2.0 时代，由国内向国际电商发展，并且逐渐建立智能化匹配的动态供应链体系，联合供应链、物流、B 端、C

端。陈耀文从创业初期解决小的痛点，到累积一定行业经验，精准把握把脉行业发展痛点，建立了 B2B2C 的电商解决方案，参与主体，无论是 B 端和 C 端，都最大限度开放信息和资源，通过接入互联网建立新型合作关系。因此，港澳青年需要立足于行业发展当中，从而发现更多的商业机会，比别人更先一步，走得更远。

（三）适度嵌入国内商业环境，发挥两个市场协同优势

港澳青年进入内地，对自然环境、政府政策、商业文化都不了解。但不是所有的企业都需要建立社会资本，拥有一定的本地资源。比如陈耀文进入内地同样面临不熟悉的问题，他没有主动与内地建立联系，建立太多本地市场的资本，如与政府对接抑或加入商会，但这种"不主动"并没有给他的企业发展带来很大的影响。因为他所做的行业是出口跨境电商，面向的是海外市场，不是国内市场。因此，港澳青年在商业文化嵌入的时候，需要结合实际情况，立足于自身所处的行业以及商业模式，适度选择进行社会资本的累积。

四　案例大事记梳理

2003 年，创办人在 eBay 开始创业；

2004 年，香港公司成立；

2005 年，广州代表处成立，英国物流中心成立；

2006 年，广州、美国、澳洲物流中心分别成立；

2007 年，进驻亚马逊销售平台，法国、德国物流中心成立，广州汇诺信息咨询有限公司成立，成为 eBay 最大的网上零售商之一；

2008 年，意大利物流中心成立，企业创立手提电脑配件品牌；

2009 年，企业创立化妆品品牌，公司重组渡过金融危机；

2010 年，eBay 业绩保持稳定增长，企业创立哈密瓜网络品牌，进驻中国网购市场；

2011年，企业移址至广州荔湾区，Amazon业绩飞跃式增长，企业实行独立团队管理模式；企业首次举行赛马场文化和理想锦标活动；

2012年，花梨雅品牌稳健发展，哈密瓜品牌业绩高速增长，企业优化物流板块，重整仓库资源；

2013年，ERP系统初步投入使用；

2014年，公司十周年庆典于台湾圆满结束，EPMS系统项目正式落实启动，企业总营业额增长高达20%；

2015年，企业开展进口跨境电商，参加京东全球购"双11"，自动化管理系统完成50%并投入使用；

2016年，荣获香港杰出网商大赛五强和独特创新奖。

第九章 立刻出行：经验学习助力内地互联网创业

> 公司名称：立刻出行广州分公司
> 创始人：蔡振佳
> 创业时间：2017年
> 所处行业：新能源汽车租赁
> 关键词：新能源汽车，两地差异，经验学习
> 访谈时间：2017年

一 创业者故事：荆棘创业路上的"吃苦"精神

（一）就业迷惘，前往未知的"内地"

早期的香港并没有太多政府和社会关怀，也没有如今的贫富差距，上一代港人站在同一条起跑线上白手起家，自力更生。而对于"80后"甚至"90后"，父母财富的差异使他们站在了不同的起点上，而吃苦的家庭更加主张应靠个人努力奋斗来改变命运。出生于一个普通家庭的蔡振佳知道，他必须靠自己去养活自己，养活父母。和大多数毕业生一样，从香港树仁大学工商管理专业毕业的蔡振佳，努力寻求自己在这寸土寸金的香港发展生存中的一席之地。

> 上一代港人站在同一条起跑线上白手起家，自力更生。而对于"80后"甚至"90后"，父母财富的差异使他们站在了不同的起点上。

香港作为一个国际化大都市，享有"东方之珠"的美誉，是世界第三大金融中心。作为一名在香港社会的夹缝中求生存的毕业生，当他思考能在香港做什么的时候，他有一丝丝的不知所措，他不知道自己喜欢什么，又发现在这个行业局限性较大的地方暂时没有办法找到心仪的行业。然而，他蓦然想起自己曾经加修的几门关于中国经济的学科，加上曾经到内地旅游，他相信中国发展速度迅速，内地会有更多的发展机会。与其在挤满人的道路挤破脑袋，大打出手，不如寻找一条未知的路途摸索前行。于是蔡振佳来到北京，开始了他的内地之旅。

（二）多番尝试，拨开路途迷雾

"因为我不是特别清楚自己想做什么，所以就一边工作一边摸索，找自己要的路。"2013年初到北京，蔡振佳就在隶属于香港总公司恒丰集团的北京分部做管理培训，有内地的市场，也有香港的工作氛围。同时，也因为这个岗位加深了对企业的了解。随后蔡振佳便在旗下酒店做市场项目。在做各种项目的同时，蔡振佳说很多东西超乎了他的想象，诧异于各种形式的全新的商业模式，同时也让他慢慢了解到互联网有很多的机会。项目结束之后，蔡振佳深知这种服务型行业的局限性，他决定辞职，从事互联网的设想也在那一刻萌生。

2015年末，蔡振佳经历了他人生比较大的转折点。带着投身互联网蠢蠢欲动的想法，他向互联网公司投了多份简历，但由于毫无背景，不懂技术，也不懂互联网，简历都石沉大海，没有一点儿回声。审视自己的立场，他决定退一步，先去了解互联网，了解

> 蔡振佳在内地看到了各种形式的全新的商业模式，意识到互联网背后的巨大商业机会。

各行业。于是，蔡振佳在一家公司的公关部做了三个月的实习，并且迅速地接触到各行各业，尤其是互联网企业。

经过三个月的过渡和学习，蔡振佳开始寻找进入互联网公司的机会。那时候正好一度用车在招人。一度用车是一个新能源汽车分时租赁的平台，2016年5月，上线仅一个月，一度用车就拿到了PRE-A轮，公司的估值高达1亿美元，而新能源租赁又迎合了低碳、环保、可持续发展等多项社会政策，蔡振佳看到了分时租赁的星星之火。对于这个新成立的互联网公司，蔡振佳觉得自己可以捕捉到大显身手的机会。2016年6月，他加入了一度用车，负责市场运营。

> 通过内地工作的过渡和学习，蔡振佳开始寻找进入互联网公司的机会，加入了一度用车。

（三）经验学习，果断踏出舒适圈

一切看来似乎美好，但蔡振佳又辗转离开了一度。

一度用车的创始人，都来自阿里巴巴、IBM、联想、百度等互联网公司，涵盖了产品、技术、运营、设计。他们的丰富经验和创业激情，都让一度的员工对他们抱有敬佩之情。蔡振佳对他的师傅、其中一个行业资深的"一度"高管，尤为敬佩。到后期，他的师傅因为一些原因离开了一度，一度的整个氛围出现了变化，团队也出现了变化。"一个企业，再有名气，再庞大，对我来说没有用。"纵使一度当时已经走上了正轨，蔡振佳还是离开了这个舒适圈。

2017年7月1日，蔡振佳发了一条微博"从零开始！"从零开始，似乎带着一点点豪言壮语的气息。离开一度之后，20多个从中层到高层的一度员工，随即在北京创立了属于他们的立刻出行，蔡振佳担任广州分公司CEO。因为有了前车之鉴，他们更能通过经

> 蔡振佳跟随师傅离开一度用车，通过经验学习创立了立刻出行。

验学习，避免重新踏上旧路，从而更好地探索。立刻出行目前同时营运油电混动和新能源车型，他们也更加注重对整个团队的运营和把握，以及产品的便利性，比如在车辆装设雷达以减少事故，装设车辆卫生评价系统，提高信息回复速度和审核流程，从而提升用户体验。

（四）学会吃苦，把握时代机会

从香港到内地，蔡振佳深觉两地差异体现在生活、政策上，包括饮食差异、信用卡、公民待遇等。因为立刻出行，蔡振佳去了广州才发现需要重新学习的地方还有很多。一是南北的跨文化交流和管理，需要重新去平衡双方的观念，同时还有总部和分公司的沟通协调。对于身份上的转变，蔡振佳说只是增加了一项人员管理。两地差异，孕育的是机会，也是学会适应和吃苦的通道。

> 两地差异，孕育的是机会，也是学会适应和吃苦的通道。因为香港和内地的差异，蔡振佳需要重新学习。

未来，蔡振佳仍然会深耕于新能源汽车租赁这个行业。从一开始的沧海桑田，到不同的竞争对手出现，蔡振佳知道这些新变化完全改变了整个市场的出行方式，让他觉得有趣而新鲜。对于香港青年，蔡振佳说第一要能吃苦，第二要学好普通话。把握时代脉搏，眼光一定不能只局限于香港，蔡振佳认为港人要有外出打拼的决心和能力。

> 把握时代脉搏，眼光一定不能只局限于香港。
> ——蔡振佳

二　企业案例分析：内地平台过渡学习

（一）眼光长远，把握时代脉搏

对于青年的发展，只有充分认知自己所处的时代环境，调整心态，才能把握自己的命运。通过大学课堂和内地旅游的经历，蔡振佳对内地有了一定认识。对于他而言，内地比香港有更多的发展和尝试的机会。正是因为蔡振佳看准内地的广阔，才不会在迷茫期在香港挤破脑袋。从内地到香港，既是目光放长远的一步，也是寻求机遇的一步。

（二）借助内地平台过渡学习

内地市场庞大、机遇众多，竞争亦颇为激烈，港澳青年初入内地，对自然环境、政府政策、商业文化均不了解。蔡振佳初到北京，先去了一家隶属香港的公司工作，在熟悉的香港工作氛围当中，去了解内地市场。这给了香港人到内地很好的过渡机会。随后，通过公关公司的实习经历，蔡振佳更是了解到了各行各业的情况。因此，通过内地公司或者在内地的外资公司工作，能够给香港青年很好的缓冲，并且在此过程中找到自己的方向和切入口。

三 启示："互联网+"加速剂

（一）适应文化差异，借助内地平台过渡学习

香港青年只有学好普通话，多认识国情，才能更好地适应文化差异。同时，大部分港澳青年初始进入内地，对内地商业环境和运行规则并不熟悉，这也给港澳青年带来极大的挑战。蔡振佳通过内地工作经历过渡，充分了解国内商业环境和深挖商业机会。捕捉到商业机会时，便可以迅速嵌入内地市场。因此，对于港澳青年来说，起初对内地不熟悉，可以先不直接创业，而是选择先去身处内地的跨国公司或外资公司进行了解和学习，通过这个过渡阶段适应内地市场并找到自己的方向。

（二）借助互联网加速新行业发展

创业要想取得成功，选准领域和把握风口很重要。中国互联网产业发展至今，消费端已经全面实现互联网化，产业互联网是接下来的一个风

口，有非常巨大的价值可以挖掘。在本案例中，新能源汽车正迎合国家各类低碳环保的政策，蔡振佳看到了新能源汽车的可持续性以及互联网行业的创新性，毅然迈入新能源租赁行业。蔡振佳不仅结合了新能源汽车的行业趋势，同时结合了互联网这个行业加速剂的时代风口。由此可见，把握时代风口，挖掘行业发展所孕育的机会，将会给港澳青年更多的机遇。

四 案例大事记梳理

2013年，蔡振佳就职于恒丰集团的北京分部；
2015年末，蔡振佳在一家公司的公关部实习；
2016年6月，蔡振佳加入一度用车，负责市场运营；
2017年6月，创立立刻出行，蔡振佳任职广州分公司CEO。

第十章　钱方：敢想敢做，连接一切的"闭环梦"

> 公司名称：北京钱方银通科技有限公司
> 创始人：李英豪
> 创业时间：2012 年
> 所处行业：互联网金融
> 关键词：二次创业，本土化复制，差异化，杠杆借力，创新治理
> 访谈时间：2017 年

一　创业者故事：互联网的勇士

"要有空杯心态，时刻记住自己输在起跑线上。输在认知，输在人脉，输在资金，输在团队。"李英豪相比其他创始人似乎更加现实主义，他回想自己的创业经历仍觉得当初的想法太无知。"初生牛犊不怕虎"，也许是因为这种"无知"给他带来了更多探索的勇气。比起想到种种的困难就停滞不前，这些现实性问题反而成了他初创公司问题的关注点。李英豪带着一个看似天真的想法，一步步踏实地用实际行动连接一切，连接世界，让"闭环梦"变为现实。

实现"闭环梦"的北京钱方银通科技有限公司有

> 要有空杯心态，时刻记住自己输在起跑线上。输在认知，输在人脉、输在资金、输在团队。
> ——李英豪

> 三条公司文化：第一，以用户为中心打造产品；第二，敢想敢做；第三，只有变化才是永远不变的。

三条文化：第一，以用户为中心打造产品；第二，敢想敢做；第三，只有变化才是永远不变的。作为《Fast Company》"中国商业最具创意人物 100"以及《财富》"40 个 40 岁以下商业精英"之一的李英豪，其实现这个梦的过程正是敢想敢做的最佳代言。一个现实主义的梦想家，应以不变的热忱应对瞬息万变的互联网，连接一切，面向全球。

（一）创业初试，互联网种子的萌生

毕业于香港中文大学信息工程系的李英豪，2009 年从香港来到北京，成为"北漂"的一员，先后就职于恒生银行和 IBM，经常参加一些互联网大会。那时候，周鸿祎在台上讲"免费"，李英豪第一次接触到这些新概念，并且充满着惊奇。"这个就是互联网啊。"[①] 眼睛闪烁着光芒，心里已经有颗种子在发芽。而这颗种子发芽的那一刻，来源于红杉联合创始人张帆的一句话，"如果互联网是一个 10 年的产业，移动互联网则是一个 50 年的产业"。

李英豪看着香港从诺基亚市场到 iPhone 市场的转变，而内地还是诺基亚市场。一个未来的畅想家，想象着中国会是一个偌大的市场。李英豪决心放弃在别人看来收入颇丰的工作，离开自己的舒适圈，去追梦、去尝试。

于是，他开始了第一次创业。之前的工作给予了他创业的帮助，IBM 的咨询顾问工作给他带来了思维的提升、迅速的决策能力和解决问题能力。如何实现从"0"到"1"的思考，正是一个创业过程的体现。

---

① 《钱方创始人李英豪：谈谈我和 Square 的故事》，2015 年 11 月 24 日（http://qfhaojin.baijia.baidu.com/article/242606）。

2010年，他在香港创立了一家企业移动应用方案公司，主营APP外包开发。那时候，香港更多的是以实体创业为主，创业环境差。没有孵化器、创业园，没有政府的支持，加上高生活成本，都成为在香港创业的困阻。慢慢地，他意识到当前的工作并没有前景，对互联网的热忱让他产生了做产品的想法。凭借两年智能手机使用和APP开发经验，他加入了Foursquare，不到一个月，用户已达10000个。

（二）钱方QPOS，Square的中国化

退出Foursquare之后，Foursquare竞争对手"街旁"的投资人对李英豪印象深刻。对美国情况很了解的他，第一时间就接触到了Square并且参与了早期的中国代工进程，希望将Square复制到中国，于是找到李英豪和合伙人进行了半年以上的走访调研。让他们意外的是，中国内地95%以上商户没有POS机，随着银行卡的普及，消费者对POS机的需求将越来越强。但是，"五证一表"的门槛安装费用高昂让中小商户对POS机望而却步，由此流失拥有POS机所能带来的营利机会。香港作为亚太区金融中心，有稳定的金融体系，李英豪认为香港的支付没有必要被改变，因为香港的八达通、visa master已经提供了足够的便利性。由此，相对香港来说，内地有更大的空间。

李英豪看到了内地市场蓬勃的商业机会。2011年，李英豪和他的团队全力在北京创立移动支付公司"钱方好近"。对情况不了解是项目开展的最大困难，硬件开发、跟手机连接、发展商户都是需要解决的问题。作为一名资源整合者，李英豪在这个过程中更多的是判断前进的方向，并且进一步学习。互联网行业

> 在我们这一代，"80后"，我觉得在香港找到一个创业机会非常难。香港人有解决问题的能力，但是香港接受新科技的能力比较弱。现在用的还是互联网时代的网站，原生APP不超过50个。
>
> ——李英豪

> 香港本身已经有不错的发展手段，缺少再往前跳跃的动力。因为它的基础建设太好，你能改变的空间很小。所以全球的移动支付只有两个国家成功了。一个中国内地，一个是肯尼亚。原因差不多，基础极差。
>
> ——李英豪

> 互联网金融相关的事情，法规是永远离不开的。内地的法规，你先做，我再调整。但是，在香港没有法规就不敢做。
>
> ——李英豪

瞬息万变，"只有变化才是永远不变的"，李英豪时刻牢记着这句话。所以，在无数的变化面前，他可以以一个冷静的状态迅速整合解决问题的资源。

钱方最困难时期源于资金链断裂，自2012年5月上线后还不到100个商户的时候，李英豪利用香港中文大学的平台拿到了投资，红杉资本给A轮前资金链断裂的钱方一瓢沙漠中的清泉。随后，经纬、众为、Vectr等投资方为钱方提供了较为充裕的资金支持。"不清楚硬件开发，就找硬件开发的亲戚帮忙"，钱方与国内金融支付领域领先公司北京海科融通信息技术有限公司合作，联合推出了支付通钱方QPOS。钱方好近初期的自我定位是：致力于为"被忽视的小微商户"提供低成本、功能强大的手机POS收款解决方案。借助QPOS，商户成本降低到原来POS机成本的1/10，加上申请流程的简单化，QPOS得到了迅速的发展。

（三）看准机遇，果敢铸造"闭环梦"

随着内地经济持续发展，"互联网+"热潮盛行，线下商户电商化的需求增加。钱方在2014年推出了喵喵微店产品。经历了喵喵微店和4年多的模式探索，李英豪已经对O2O、商户闭环有了深刻的认识。钱方希望可以基于商圈、城市、行业等多种相关维度为商户进行分析，拥有和消费者沟通的有效渠道，消费者可以通过平台完成交易闭环，从而更加有效地帮助用户扩大生意。

然而，李英豪清楚地意识到，QPOS针对的是商户——一个单点的交流，并不足以满足连接消费者和商户的"闭环梦"。那时候，银联和手机短信不是互联网媒体，多行业、多地域的分散化商户和互联网媒体缺位问题使得钱方并不能单枪匹马地实现有效闭环。而微信支付的出现给钱方带来了一个奇点，李英豪抓住了这个未知的机遇，他比别人更果敢。

李英豪看准了二维码支付的产业升级机遇，比同行更早投入，随着二维码支付在国内飞速发展，钱方的重心转向真正的移动支付。2015年，钱方好近成为首批与微信合作的公司，并且连同钱方，与分众专享发表战略合作共识。以钱方作为线下商户源，向其全国50万线下商户开通微信支付功能，同时在"分众专享"及"好近"平台上推出本地商户特卖，覆盖1500万消费人群，发放1亿元现金红包以及数亿元优惠券，以加速推进智慧化商圈的进程。这个跨媒介合作实现了地理位置O2O消费闭环的重要尝试。钱方手握商家资源，分众传媒拥有线上用户入口，再联合微信支付，三方正好可以打造完整的智慧商圈闭环。推出这个战略之后，一个商圈单量在3000以上，平均给商户带来40%的营业增长，在上线不到3个月内，好近消费用户便突破了100万。此外，钱方还涉足商户供应链金融，通过交易数据进行无抵押贷款授信，推出了短期贷款业务。

> 其实我们的切入点，我们真正想做的就是通过这个支付去连接商户和消费者。将智能支付，变成智能的连接。
>
> ——李英豪

李英豪逐渐意识到中国人的心态正在悄然发生改变，不再是"一家独大"，而是"共享经济"，拓展成本降低。合作将近2年时间，好近处理了将近1.5亿笔微信支付的交易，服务了超过4000万消费者，实现了互惠互利，共同发展。

（四）好近海外，"世界互联网工厂"新连接

"每个主要的科技改变基本上都会引领一大波商户

> 在移动支付爆发的浪潮里面，同时有一个大的浪潮在爆发，就是中国人的出境游，所以我们也开始海外探索。
>
> ——李英豪

做出对应的延伸应用。"从智能支付到智能连接，李英豪意识到在移动支付爆发的浪潮中，另一个大浪潮已经滚滚而来，那就是中国人的出境游。2015年9月，李英豪回了一趟香港，看到支付宝和微信已经有个别商户正在使用，加上微信支付出海战略、欧美移动支付大会等众多因素的推动，李英豪决定借助香港联动全球的对接窗口，开启海外移动支付市场。"香港的全球关系链和国际化是赢在起跑线上的。"李英豪认为内地公司要拓展海外，香港可以作为对接的窗口。

2016年2月，好近海外第一个商户在香港上线，香港第三大连锁便利店759全线近400家店接入微信支付，实现"支付+O2O"微智慧商圈。10月，好近得到日本Whiz、昭文社投资2亿元人民币并成立钱方好近日本分公司。"钱方的优势是信息不对称，有着社交支付的基因，站在巨人的肩膀上，实现'世界互联网工厂'的梦想。"李英豪称，第一步会先服务于赴日旅游的中国游客[①]，继而会延伸服务日本本土市民，这也是钱方香港正在打磨的模式。在钱方海外探索的过程中，香港中文大学的知名投资人给予了钱方海外拓展的帮助。下一步计划中，钱方将在东南亚落地。

（五）敢想敢做，便有所得

聚合支付企业总数量不少于30家，行业竞争大。而钱方跟随互联网形势，抓住机遇，不断改进商业模式，从了解Square开启针对中小商户提供手机POS业

[①] 《专访李英豪：当O2O变成过去时，钱方好近要把它COPY到日本》，2016年11月29日（http://mt.sohu.com/20161129/n474395813.shtml）。

务,到涉足支付产品延伸和增值服务,再到推出"好近",走上和Square不同的道路,并成功推广好近海外,探索供应链金融。钱方一步步地实现了"闭环梦"的腾飞。

钱方总部设立于北京,并在上海、广东、深圳、南京、厦门、杭州等7个省市设有营销中心,其中以香港为海外业务的据点,于2016年向东南亚、日韩、北美拓展。成立至今,钱方已在全国拥有40万以上的商户,覆盖各大省市和各行各业,服务4000万消费者,完成超过1.5亿笔交易,超700亿元人民币的交易金额。其公众号平台已拥有超过1200万的粉丝,预计3年内消费者关注数将突破1亿。钱方已经连续两年被《Fast Company》(《快公司》)评选为中国最佳创新公司,并且是合作方微信支付的全球最大合作伙伴、全国三大合作伙伴之一。

> 每天都发生很多事,我在这个行业六年,看到了很多变化。简直跟全行业洗牌改造三四次的感觉。一个是行业太快,一个是覆盖范围太大。这个事情背后的是天文数字。
>
> ——李英豪

二 企业案例分析:差异化高级"复制"

(一)创业者特质决定公司发展高度

因为好奇心,所以时常保持激情,而激情是支持创业的内在驱动力。李英豪曾在恒生银行和IBM就职,因为对互联网充满好奇,他决心放弃在别人看来收入颇丰的工作,投身互联网浪潮。这种行动的果断,正是创业者从"0"到"1"的阶段体现执行力的关键点,也是判断能否把握机会的关键点,所以,此后的李英豪总能凭借他的感知和判断能力迅速把握到新的市场机会,如跟随微信成就内地市场,甚至推出好近海外。

创业者的性格特质其实很大程度上决定企业文化。钱方好近的公司文化其中第一条就是"敢想敢做",这是李英豪果敢性格的反映。第二条是"以用户为中心打造产品","空杯心态"的李英豪带有的现实主义以及此前的工作经历，让他始终铭记不能以自我为中心，而是更为注重"用户"的需求，时刻记住自己输在起跑线上，这也促使他不断进取，将产品做得更好，如从QPOS的"单点交流"到"好近"的"闭环连接"。第三条是"只有变化才是永远不变的"。李英豪身上所带有的工科学子的沉稳和有条不紊，让他在互联网的瞬时市场变化中，仍能保持一个冷静的状态处理问题。

（二）本土化及差异化的高级"复制"

美国国际化色彩浓厚，尤其是硅谷的创业项目更是集聚全球的智慧，不少人希望将国外的商业模式复制到中国。但大多由于水土不服而以失败告终，毕竟美国市场与中国市场存在差异，所以简单的复制并不可行。李英豪将Square复制到中国之前首先做了市场走访调研，随后发现了为"小微商户"提供手机POS收款解决方案的商机。根据中国实际情况将服务进行修正之后，钱方开始走上了和Square差异化的道路，"好近"所形成的闭环，让商户拥有和消费者沟通的有效渠道，通过平台完成交易闭环。这些都是Square的单点交流无法做到的。简单复制容易，符合本土市场发展的高级复制难，产生差异化商业模式更难。钱方好近能够迅速切入本地市场，找到自己的差异化路线，这也是钱方好近能够迅速发展的原因。

（三）紧抓发展机遇，合作共赢的创新治理

钱方好近比其他公司更为突出的一点是把握机遇。跟随互联网形势，钱方好近不断地改进商业模式，从为中小商户提供手机POS业务，到看准了二维码支付的产业升级机遇从而涉足支付产品的延伸和增值服务，到看到线下商户电商化的上升需求从而推出喵喵微店，再到推出"好近"，看到中国人出境游热度上升而借助微信海外探索推广"好近海外"，并且探索供应链金融。李英豪先人一步，比竞争对手更早有所投入，掌握先发优势，这也注定了他胜人一筹。

"共享经济"潮流让李英豪意识到"一家独大"使企业的发展空间和

速度受限。李英豪采取平等交互作用、共创价值的创新治理,降低拓展成本,达到合作共赢。钱方选择与分众传媒的分众专享公众号、微信支付合作。钱方好近手握商家资源,分众传媒拥有线上用户入口,再联合微信支付,三方优势互补,打造完整的智慧商圈闭环。再者,钱方好近借力微信支付出海战略,开启海外移动支付市场。没有一家公司可以坐拥所有资源,学会"借力"和合作,发挥各自优势资源,将会最大限度达到共赢、相互推进的效果。

三 启示:通过内地经历过渡

(一)利用"本土化"嵌入内地市场,"差异化"塑造核心竞争力

国外商业模式平移到国内市场往往容易出现水土不服,所以港澳青年将企业商业模式"本土化"的第一步就是了解内地市场实际情况,进行机会识别和判断。比如,李英豪将 Square 复制到中国之前首先做了市场走访调研,随后发现了为"小微商户"提供手机 POS 收款解决方案的商机,将 Square 国外商业模式做了适当的调整,从而真正解决中国内地所存在的问题。

简单的线性复制固然容易被模仿,但行业竞争也会随之加大。所以必须随着行业发展进行延伸创造,在做好本土化从而迅速切入本地市场的同时,企业家需要为自己的企业找到差异化路线。比如钱方好近拥有先进的 IT 团队,跟随移动互联网发展不断调整原有的商业模式,开启了和 Square 差异化的道路。"好近"所形成的闭环,让商户拥有和消费者沟通的有效渠道,通过平台完成交易闭环,这些都是 Square 的单点交流无法做到的。只有找到自己的差异化路线,才能塑造自己的核心竞争力,更大程度上避免恶性行业竞争,从而脱颖而出。

(二)利用"面向海外"优势,通过杠杆借力向国际市场拓展

港澳青年具有国际化视野,更熟知国际交流沟通规则,加上语言优势，相比内地人更容易嵌入国际市场。因此港澳青年可以利用"面向海外"优势，走"国际化"路线开拓海外市场渠道。钱方好近以香港作为跳板，连接世界。其海外拓展之旅大部分都是通过香港人促成的，比如钱方日本就是由香港人介绍的融资方。

随"共享经济"潮流，慢慢延伸出合作共赢的创新治理方式，通过平等交互的杠杆借力。比如，钱方好近借力微信支付出海战略，开启海外移动支付市场；再者，钱方与日本 Whiz、昭文社成立钱方好近日本分公司。没有一家公司可以坐拥所有资源，学会"借力"和合作，发挥各自优势资源，将会最大限度达到共赢、相互推进的效果。因此，港澳青年在发挥自身优势的同时，不仅可以与内地企业合作，还可以与国际化企业合作，整合全球最优资源，打造全球价值链。

（三）通过内地工作经历过渡，充分了解和深挖国内商业环境

大部分港澳青年初始进入内地，对内地商业环境和运行规则并不熟悉，这也给港澳青年带来极大的挑战。与其他创业者不同，李英豪是工作后创业，借此过渡阶段充分地了解内地运行规则和市场环境，熟悉内地企业文化。当捕捉到商业机会时，便可迅速嵌入内地市场。因此，对于港澳青年来说，起初对内地不熟悉，可以选择先不直接创业，而是先去身处内地的跨国公司或外资公司潜心了解和学习，通过这个过渡阶段适应内地市场并寻找自己的方向。

四 案例大事记梳理

2011 年 3 月，钱方好近在北京成立，学习 Square 提供手机 POS 收款解决方案；

2012 年，钱方好近科技（天津）股份有限公司成立；李英豪成为腾讯股东；

2013 年 1 月，钱方好近获得红杉资本数百万美元投资；

2014年2月，钱方好近获得经纬的1亿元B轮投资；

2015年，启动智慧商圈计划，以聚合支付技术服务、智能化用户体系、精准商圈营销、商户借贷等系列商业运营方案，在全国打造共享协作型智慧商圈；业务重心从POS机业务逐渐倾向移动支付服务，从写字楼商圈切入后移动支付业务增长了1600倍，9个月内交易笔数超过1000万笔；

2015年3月，钱方好近正式上线微信支付，成为首批与微信合作的公司；

2015年6月，微信支付连同钱方，与分众专享进行战略合作；

2015年8月，钱方好近荣获微信支付"优秀合作伙伴先锋奖"和"优秀合作伙伴项目奖"；

2015年9月，李英豪决定在香港组建第一个海外团队，开启海外移动支付市场；

2016年2月，好近海外第一个商户在香港上线；

2016年10月，钱方好近日本成立，好近得到日本Whiz、昭文社投资2亿元人民币并成立钱方好近日本分公司；

2016年11月，与微信合作将近2年时间，好近处理了近1.5亿笔微信支付的交易，服务超过4000万名消费者。

第十一章　很有蜂格：理性创业，"共享经济"触及家具行业

公司名称：深圳市很有蜂格网络科技有限公司
创始人：吴宏恩
创业时间：2015 年
所处行业：互联网家具租赁行业
关键词：互联网+，家具租赁，单一大市场，用户痛点
访谈时间：2017 年

一　创业者故事：从沉稳的咨询者转型创新的开拓者

> 吴宏恩具有如兰那样静心、似松那样沉稳的个性，离开德勤，创立了"盛燕天下"。

（一）蓄势待发，机遇洞察唤醒创业基因

在墨尔本 Monash 大学收获"会计"和"电脑"双学士学位，接连考取澳大利亚和香港注册会计师的吴宏恩，在此之后就职于四大事务所之一的德勤（Deloitte），从事企业重组、合并、收购工作。而这些经历，都让专业成为吴宏恩的底色，也塑造了他如兰那样静心、似松那样沉稳的个性，使其得以在职业长跑中持续发力。

长期在内地从事投资咨询相关工作的他，可以熟

知内地市场日新月异的变化，了解到各行各业的发展现状和运行法则。2010年，他来到青岛开拓项目，发现北方地区对燕窝的认识不是很深，食用的人群也远不如南方，而且国内燕窝市场良莠不齐，他体内的创业基因逐渐被唤醒。自幼在香港长大的吴宏恩，见证了祖父和父亲的创业史，"创业"二字也仿佛带上了某种魔力，渗透入他生活的各个角落。所以，当吴宏恩意识到一个新机遇的时候，他并没有留恋常人所趋之若鹜的理想工作，他毅然决定辞去原有的工作，借力家族在马来西亚近40年从事燕窝批发、代加工的经验，创立了"盛燕天下"互联网燕窝品牌，把燕窝的养生文化带到北方来。

吴宏恩注重燕窝品质，并且带动企业做出不懈的努力和探索，设立各大商场专柜。与此同时，开设"燕窝养生会所"教育市场辨别真假、好坏燕窝及传授最丰富的燕窝炖制经验和宣扬结合养生的健康生活理念。这些品牌推广让"盛燕天下"开始被人们所熟知，在第二年即被各大媒体广泛宣传。他沉稳的性格不仅助力企业稳步发展，同时也让他对于每个决策充满着思考力。"盛燕天下"的势不可挡引起了投资人的注意，愿意高价收购，吴宏恩经过深思熟虑，决定将这个品牌售卖。因为不疾不徐，所以知得失。因为知得失，所以敢决策。

> 因为不疾不徐，所以知得失。因为知得失，所以敢决策。

（二）着力痛点，"很有蜂格"孕育而生

告别了资源短缺、产能过剩的时代，中国正趋入资源共享的开放性纪元。伴随着"90后"开始主导消费市场，以多为好的价值取向逐渐被摒弃，追逐生活品质、渴望拥有美好生活成为这些年轻群体的共同夙愿，共享和更新换旧也渐变为新的消费常态。

> 随着共享和更换旧成为新的消费常态，吴宏恩针对一线城市奋斗青年的租房痛点，创立了"很有蜂格"。

但对于奋战在北上广深等超一线城市的青年而言，房价多年高企，购房压力空前大增，租房仍是其过渡时期甚或是职场生涯中很长一段时间的首选。由于更换住所频繁，家具的处理难题随之而来。对于房东来说，他们也面临着相近的烦忧：出租配家具的房子和出租空房相比出租率高，但不同租客有不同需求，有人不需要房东家具，有人只需要一部分。

2015年，吴宏恩目睹了中国房价"疯长"，奋战在一线城市的青年人普遍面临着巨大购房压力的现状，"光是深圳就有超过1300万人租房居住"。针对小户型租房的痛处，他创立了国内首家互联网场景家居公司"很有蜂格"，对接最高性价比的优质家居供应商，一站式解决空间难题。

（三）一场有预谋的理性创业

事实上，创业从来不是一件冲动自为的事，成功背后都有着经验、智识、资金及对未来展望的清晰规划来支持。

据吴宏恩介绍，负责运营和用户体验的兰皓拥有10年顾问工作经验，同时也是一位创业佼佼者。2012年，兰皓成立了中国第一家互联网半成品生鲜品牌"蔬客配达"，目前已是国内半成品净菜O2O中最具成长力的品牌之一。另一位负责蜂巢宅配的供应链与产品研发工作的创始人陈晓则是资深的行业人士，长达15年任职宜家中国区产品采购部门，拥有丰富的供应商渠道资源，熟悉各种家具制作工艺，多次参与新产品的设计研发。[1]

---

[1] 《蜂巢宅配：一场有预谋的理性创业》，2015年7月30日（http://jiaju.sina.com.cn/news/20150730/6032441276354593628.shtml）。

吴宏恩与两位合伙人强强联手并非偶然为之。在经历过不计其数的长谈之后，三位创始人结合各自行业经验，以及对"互联网+"的把握、判断、充分调研，最终才在天使投资人的撮合之下，于2015年3月理性做出创业决定，由此诞生了国内首家互联网家居定制品牌"蜂巢宅配"。

除了创业资源的筹备，吴宏恩的"理性"创业还体现在本土化上。

吴宏恩坦言，与其他员工相比，除了年龄稍大和香港人的身份以外，诸如对内地政策、市场的认知等方面，并没有让他感受到太大差异。常年深居内地，本土化在吴宏恩的身上体现得淋漓尽致。公司内，他能够洞察内地员工的想法，为他们设计出适合的发展路径；公司外，高频的聚餐也让他们逗笑言欢，打成一片，关系变得日益紧密。

在吴宏恩看来，这些"90后"的内地员工朝气蓬勃，拥有很强的学习意愿和能力，跟香港的优秀青年不相上下，而且更为了解中国市场。

> 已然"本土化"的吴宏恩与两位合伙人惺惺相惜，借力各自的行业经验，开启了一段理性创业历程。

（四）清晰定位，崇尚品质

诞生之初，"蜂巢宅配"即清晰地定位于"专注小空间的极致使用体验"。设计师在有限的"小空间"中，通过定制设计，以家具的多功能巧妙组合将空间合理利用到极致。吴宏恩透露，"蜂巢宅配"倡导"轻硬装，重软装""轻品牌，重品质"的家居生活方式，为每个空间规划场景并完成不同风格的设计，无论书房、儿童房还是游戏间，无论现代简约还是轻欧简美，无论新房即将入住，或是旧房升级改造，都尽可能地满足客户的需求。

> "蜂巢宅配"倡导"轻硬装，重软装""轻品牌，重品质"的家居生活方式，为每个空间规划场景并完成不同风格的设计。
> ——吴宏恩

与竞争对手相比,"蜂巢宅配"的用户体验、解决需求的能力有口皆碑,便捷的操作和优惠的价格同样让其从同行中脱颖而出:客户只需要轻点鼠标或者滑动手机,即可轻松预见未来的"家";而蜂巢所采用的 C2B 销售模式,去除中间成本,相对市场同品质产品价格便宜 30%,直逼出厂价。

吴宏恩始终坚信,拥有清晰的定位与较高的品质,小空间也能成就大梦想。

(五)创新商业模式,首推家具租赁

2016 年,基于一年多来所服务的数百位住宅客户,吴宏恩和其他两位合伙人对市场理解越发趋于深入,在彻底认清用户需求和痛点后,他们把商业模式转移到家具租赁上,成立了旗下品牌 dorm(多么美嘉),专注于为客户提供实用而又有设计感的互联网家具租赁服务。区别于国内其他家具租赁公司,dorm 更懂设计,更懂家具,更懂年轻用户的需求,在标准化产品的设计开发、物流装配、维护保养翻新等方面都有明显的优势。

吴宏恩说,借助"互联网+",用户只需通过 PC、微信或手机 APP 下单,dorm 就会在 72 小时内将家具送到你的家中并安装、摆放好。租赁期内,dorm 会有专人定期上门对家具进行维护保养,确保家具始终如新。另外,如果到期搬家并继续租用家具,dorm 会免费帮你把家具搬到新的住所,而租赁到期后一旦你不再需要全部或部分家具时,dorm 会负责上门将这些家具运走。

在成本的控制上,吴宏恩也有着自成一套的思路。"这些家具回收后,倘若发现局部刮损,dorm 将负责

> 吴宏恩根据行业变化,着力于家具租赁,成立了旗下品牌 dorm(多么美嘉),专注于为客户提供实用而又有设计感的互联网家具租赁服务。

维修和翻新，这一过程也只需根据电脑事先储存的型号信息，生产对应的零部件进行替换，即可投入下一次使用，大大节约了维修成本。当家具到达 5 年使用年限或已不具备租赁条件时，dorm 还会将家具维保翻新后，在网站以二手家具进行出售或捐赠，让产品的使用效率最大化。"

吴宏恩说，目前 dorm 共推出四个产品系列，共 45 件风格各异的单品家具，以及由专业设计师设计最低 168 元/月的各类套餐，用以满足不同用户、不同户型的使用需求。并提供最短 6 个月的租期、免费配送安装、免费维保、房屋焕新、软装配饰等增值服务，更大限度满足各类用户群体的个性化需求。

创业之旅并非毫无风浪。在家具装在自家后，大多客户都反馈出问题，发现与官网图上不一样，风格差异较大。兰皓分析了其中原因：客户在网上看时，图片除了家具都会搭配软装，使得整体搭配感强，一旦没有了软装，导致失去整体感，就产生了买家秀和卖家秀这一说。在 2.0 产品中，dorm 已及时引入软装配饰产品售卖。

（六）合作高频，成绩喜人

让吴宏恩喜出望外的是，上线 20 天，dorm 的注册用户即突破千人，目前已与多家房产中介、公寓、民宿达成合作意向，共同推广，成交近百单。

2017 年 4 月，dorm 更是与中原地产达成合作协议，携手布局家具共享模式，在共享经济的社会中率先刮起一阵旋风。吴宏恩认为，dorm 让用户与品质生活只是一个点击的距离。该次合作将有利于解决很多房东和租客的切实需求，还有利于二手房产的交易，让二手交易更加方便，同时将低碳筑家的环保理念传递下去。

于吴宏恩而言，凡事努力达到最优，是长期以来的习惯。未来，他将聚焦租赁市场，整合家具租赁、智能家居、租后管理、二手家具等业务，为用户创造更大的价值。[①] 随着订单的海量增加，在物流配送方面也将进

---

① 《中原地产与多么美嘉携手率先布局家具共享模式》，2017 年 4 月 25 日（http://news.to8to.com/article/137226.html）。

> 中国发展空间很大，只要进来，比去世界上任何一个地方都要好。
> ——吴宏恩

一步加大投入。

谈及对香港青年的期望，吴宏恩建议他们主动了解中国内地，尽快拥抱中国市场，"中国发展空间很大，只要进来，比去世界上任何一个地方都要好"。

二　企业案例分析："本土化"破解创业壁垒

（一）找准用户痛点，识别创业机会

创业者在选择创业方向、确定要做的产品和服务之前，一定要找到用户痛点所在。有痛才会有需求，有需求才会产生消费，而这个痛点，也正是创业的基础。

而解决用户痛点，并不意味着复杂，只要瞄准某一用户群体，比竞争对手早一点发现痛点，用最极致、最低成本、最快的方法帮助用户解决问题。吴宏恩的两次创业经历，都准确地找到了用户痛点：针对北方燕窝认知缺失，市场广阔，创立"盛燕天下"；针对小户型租房的痛点，创立了互联网家居定制品牌"很有蜂格"。

（二）本土化程度高，破解创业壁垒

目前，全球各国创新政策前置，内地力推"大众创业，万众创新"，赴内地创业正值大好时机。对于香港人在内地创业，实现本土化是前提，也是破除创业壁垒的关键所在。然而，本土化并非易事，香港与内地创业环境相异，贸然前去容易水土不服。此外，内地创业市场竞争激烈，香港创客人脉较弱，单枪匹马风险较高，此前也有不少失败案例。因此，意欲抓住内地契机，需做好了解内地政策、市场和行业现状等信息的充分准备。

凭借常年在内地工作的经历，吴宏恩对中国市场、政策和法规业已产生较深的认知，可以从容地处理内地创业过程中的一系列难题。

（三）与创业合伙人协作共赢，各取所长

创业合伙人因共同的创业理想、各取所长的实际需要而走到一起。因此，在建立合伙人关系后，第一项工作是明确职责，分工合作。

本案例中，三位合伙人根据自身经历和所长，有着各自明确的职责分工：创始人兼 CEO 兰皓负责运营和用户体验，多次创业经历，10 年顾问工作经验，打造了互联网半成品生鲜 O2O 品牌"蔬客配达"；联合创始人兼 CFO 吴宏恩，主要负责财务及市场方向，曾在德勤从事企业合并收购、IPO 等工作多年；陈晓是资深的行业人士，长达 15 年任职宜家中国区产品采购部门，拥有丰富的供应商渠道资源，熟悉各种家具制作工艺，主要参与新产品的设计研发。这使公司能够迅速适应市场要求，谋求到更好的合作机会和商业机遇。

三 启示：把握"单一大市场"机遇

（一）利用人口战略优势，开拓"单一大市场"

中国商业模式与世界接轨，在互联网金融和电商方面与美国同步，甚至超越，而其他国家和地区，没有呈现如此大规模的迅速发展，其中原因就是人口战略优势背后所隐藏的巨大市场潜力。本案例中，面对中国内地互联网家具租赁的巨大潜在需求，吴宏恩创立了"很有蜂格"，而这个源于内地这个"单一大市场"的创业机会在港澳地区难以实现。因此，港澳青年首先应该充分意识到内地"单一大市场"的人口优势，把握激发巨大消费潜力的机遇，才能迅速进行业务布局。用户规模即创业机会。

（二）通过内地工作过渡，熟知商业环境和行业法则

只有充分了解创业环境，才能更好地挖掘创业机会，才能在复杂的行业法则中稳步前进。吴宏恩较为顺利地创业得益于他长期以来在内地工作所厚积的经验，从事投资咨询的他了解各行业的发展情况，深谙行业法

则。因此，对于港澳青年来说，起初对内地不熟悉，可以先不直接创业，而是选择先去就业，对内地市场情况和相关行业的法律法规进行了解和学习，通过这个过渡阶段适应内地市场。

（三）善抓时代风口，以互联网为技术载体

创业要想取得成功，选准领域和把握风口很重要。中国互联网产业发展至今，消费端已经全面实现互联网化，产业互联网是接下来的一个风口，有非常巨大的价值可以挖掘。

本案例中，三位创业合伙人善于抓住互联网的时代风口，在对"互联网+"把握、判断、调研的基础上，以互联网技术为载体，实现了产品研发、消费、反馈全阶段互联网化，为用户带来轻松便捷体验的同时，也创造出了新的商业模式。

四 案例大事记梳理

1994年，吴宏恩赴澳大利亚墨尔本读书，其后毕业于墨尔本Monash大学获得"会计"和"电脑"双学士学位，并为澳大利亚和香港注册会计师；

2004年，吴宏恩回到香港并任职于四大事务所德勤香港办公室从事企业重组、合并、收购工作多年；

2010年，盛燕天下品牌应运而生，第一家盛燕天下燕窝养生会所在青岛诞生；

2011年，盛燕天下进入高端海信广场设置专柜，同年加入了"中国燕窝产业链联盟"；

2015年9月2日，深圳市很有蜂格网络科技有限公司成立；

2016年，很有蜂格旗下dorm（多么美嘉）品牌成立，专注于提供实用而又有设计感的互联网家具租赁服务；

2017年4月24日，dorm（多么美嘉）与中原地产达成合作协议，率先布局家具共享模式。

第十二章　WE＋酷窝联合办公：为创业者提供一个家

> 公司名称：上海帷迦科技有限公司
> 创始人：何善恒
> 创业时间：2015年
> 所处行业：办公服务
> 关键词：分享经济，"一带一路"，放眼世界，开放创新
> 访谈时间：2017年

一　创业者故事：生于租赁世家，成于联合办公

分享经济时代已经到来，李克强总理在2016年政府工作报告中提出，"要推动新技术、新产业、新业态加快成长，以体制机制创新促进分享经济发展，建设共享平台"。作为分享经济的积极实践者，"WE＋"创始人何善恒从2013年开始倾力打造办公空间定制化服务与"生态圈"，开放、分享与服务在"WE＋"被赋予了新的意义。

何善恒出生于香港一个租赁世家，祖父做田地租赁，父亲以集装箱的形式为客户提供办公场地，做到第三代的何善恒，有着对空间进行合理规划的直觉与判断，多次让房屋"变废为宝"。"合理利用空间，这就是香港的优势"，何善恒说，香港地方狭小，每一平方米都应该用到极致，每一平方米都要体现价值。

2007年何善恒从美国硅谷回国，先是在清华大学学习语言，之后又辗转东北、北京从事房地产业。当回国后的何善恒进入中国当时最火的行业——房地产业时，他发现国内房地产的运作模式是"建设—销售"，中间缺少专业的、高质量的运营服务，而这正是以专业服务著称的香港所具备的优势，他预见其中存在机遇空间，因此开始尝试一些新概念。他先投资了一个画廊，后来把它延展为办公空间，就这样，他开始进入联合办公行业。

在北方多年，曾经一句普通话都不会说的何善恒，如今一开口便已滔滔不绝，口音还略带京腔。2013年，他开始了创业生涯，在798艺术区开了一间名为"Workjam"的画廊，但是经营十分困难。于是他开始尝试新概念，将画廊变成了办公空间。这就是"WE+"的雏形。

白羊座的何善恒对一切充满创新激情的事物都很痴迷。美国AFM摩托车赛事、帆船比赛……各种竞技挑战都有他的身影。在美国大学读书期间，何善恒曾获得IEEE micromouse机器人比赛大奖。活泼风趣、学习能力极强、对新事物勇于探索都是他身上耀眼的标签。在无数内地打拼的经历中，让何善恒印象最为深刻的就是在哈尔滨的时光，东北零下20多度的寒冬着实给予了他不同寻常的体验，但他"非常感谢那段强迫自己适应的经历"：他看到了二线城市和"北上广深"的区别，天生的商业敏感让他意识到，二线城市的市场潜伏着巨大的可为空间。空间心理学的应用、独特的眼光和高效的执行能力，是何善恒在地产界打拼的秘诀，他在哈尔滨收获颇丰：成功将烂尾楼打造成炙手可热的地标级地产项目。这一段前期铺垫对何善恒之后的工作启发良多。他说，在刚刚踏入工作时，他的很多认知相对"幼稚"，但在二线城市的锤炼使得他的工作能力有了很大提升，这也正是他极力鼓励香港年轻人多到内地走走看看的原因。

何善恒说，中美两国的生活经历让他感受到城市与国家的连接很重要，"要把眼光打开，先有一个国家观，而不是一个狭隘的城市观"。就像旧金山市的硅谷是美国的科技中心，纽约是美国的金融中心，它们组成了美国；北京作为政治中心、香港作为金融中心，共同组成了一个中国。"每个城市都有自己的特点，当你利用好自己的优势，无论在任何城市，都可以大有作为。"

"最可怕的不是不知道干什么,而是每天都在想,却不去实施。现在是做的年代,不是空想和喊口号的时代。""港人有优势,到内地看一看,无论去哪里都试一试,会发现自己的成长背景和眼光会给异地的事业带来新的东西,就算不喜欢还可以回香港。但如果不尝试就否定肯定不行。"何善恒说到这里,满是诚恳。

(一) 离开地产,追求梦想

从回国读研进修,到中途离开返回香港,再到北上哈尔滨,何善恒一步步认识到自己要去跑一条新"跑道",在这一过程中他学会了善用当地优势,尊重地区差异,使用本地人才,融入国际化标准。对艺术更感兴趣的何善恒在绕了一大圈之后,放弃房地产行业,又选择回到北京。

在众人齐向高科技创业型公司高歌猛进的时候,何善恒只想进入艺术界,当时的他没有任何战略性的考虑,仅希望有个自己的画廊和"酷酷"的办公室,有咖啡,有健身房,可以做自己喜欢的艺术品投资,这就是何善恒向往的工作环境。但缺乏相关专业背景,他只能将思路向其他方向打开。

就这样,"画廊+办公"的创意空间诞生了,这也是何善恒后来与人联合创办的"WE+联合办公空间"的前身。[①] "画廊是我经营的重心,在这儿我可以给年轻的艺术家提供平台,让策展人有地方去策划承办画展,也可以做活动、开派对,进行艺术品买卖,再用办公区域出租的租金来维持画廊的运营。"

万事开头难,由于没有相关经验,没有可复制的成功模板,创意空间的设施配置又不够完善,何善恒几乎天天亏钱,"每个月亏30万元,甚至晚上睡一觉醒来就损失1万元"。想着30万元的房租,十几万元的人员成本,何善恒只能裁员,"就自己干吧"。

比起经济困难,更让他挣扎的是来自身边朋友的质疑,大家都觉得这

[①] 《国家和时代给我很多机会》,《中国青年报》2017年6月30日。

事不靠谱，也有很多人挖他，让他放弃这个"无底洞"。情况未见好转，直到一天，美国柯罗尼资本亚太区董事总经理刘彦燊从上海来到北京，对他说："这个事儿我帮你。"一个在金融资本行业内赫赫有名的人物，欣赏一个名不见经传的创业者，让何善恒觉得自己十分幸运。进行过初始融资后，2015年5月8日，"WE+联合办公空间"正式成立。

> 他当时看中了创意空间的办公部分，觉得有特色，主题也好，我们俩一拍即合，决定创办"WE+联合办公空间"。
> ——何善恒

（二）"WE+"：三重生态圈

何善恒最终选择了以联合办公为突破口，一定程度上是因为他的家族以租赁见长，血液里存在着共享的基因。在何善恒很小的时候，他的父辈就以集装箱的形式为一些公司提供办公场地，从当时拍摄的照片来看，更像是今天联合办公的雏形——共享某些办公设备、机器设备、会议室等。从小耳濡目染使得何善恒进入联合办公领域更加顺理成章，从以前的初级共享，到现在的社区文化、平台服务，他经历了联合办公模式的演变和发展。

位于北京酒仙桥798艺术区的项目是他创业的起点，整整一层的办公楼2楼，约3500平方米的场地入驻了18家企业。这里既有多次荣获国内外设计大奖的设计公司，也有华北地区最大的3D打印体验区，还有专攻手机安全性能测试的科技公司，创业者与上市公司在这一平台融洽共处。

分享一杯咖啡，开始一段友谊，赢得一个商机。"WE+联合办公空间"这一概念里，"W"代表Work，"E"代表Efficiency，"+"代表无限可能和永无止境，旨在互联网时代，把"WE+"打造成一个迷你城市，激发更多创新思维的产生。"WE+"的服务理念就是为中小型企业和初创企业的发展提供最大便利，为它们的健康发展助一臂之力。

在 WE + 中，最值得一提的还是"WE + 三大生态圈"：一个是产品生态圈，包括智能空间、智能硬件、产品研发中心、社交平台等。第二个是服务生态圈，包括数据平台、媒体、SaaS 1、SaaS 2 等。第三个是投资生态圈，包括 WE + 母基金、影视、优质入驻团队等。除了以上三方面，还有"WE + 管理输出"，公司把"WE +"一整套管理体系，包括人员派遣配比等管理经验进行合作输出。过去 6 月里，"WE +"投过一些团队，包括网剧，收到的成果颇丰，短短一个月之内达到 1.2 亿的点击率。这些投资正逐渐完善整个"WE + 生态圈"的需求。

何善恒认为联合办公的优势有三点：一是为入驻的企业团队控制办公成本。创业企业的人员变数大，联合办公可以灵活解决企业对办公空间的需求变化。例如，一个初创团队最初只有两个人，如果选择传统办公空间，考虑到半年后会发展到 20 人，还是得租用 100 平方米，那么在员工发展到 20 个人之前多余的空间都浪费了。联合办公空间则能有效解决这一问题，企业可按团队人数租用工位，或者选择私密性更好的独立办公室——联合办公的灵活性为创业者大幅度控制了办公成本。

二是与不同的人分享空间、分享资源、分享信息，在创业的路上，认识更多的朋友。WE + 平台里现在有 2000 人，在这个空间里能更大可能地接触到项目或投资人，帮助创业者最大限度实现项目对接，提供从天使投资到产业链里垂直、横向的接触机会。在空间共享的同时，可以最大限度实现资源和信息的共享。中

> 这里一层是咖啡厅，大家可以在这里交流沟通，楼上和楼下是独立的办公区。这样不会影响大家工作。但其实愿意参与到共享经济的人，在共享时会更多地考虑如何去尊重别人。
>
> ——何善恒

> 因为同一类人聚在一起会很自在又容易碰撞出火花。现在空间里有50%的团队，大致都是通过伙伴介绍，口碑相传而入驻的。
>
> ——何善恒

小微型企业、创业企业、世界500强分公司等各式不同类型的企业和谐共存，共享配套设施，实现资源使用率的最大化。

三是获得各种各样的服务。作为2000人的团队，如此大的群体可以给更多人提供更好的服务。

好像自给自足的家庭一般，在"WE+"每个人都会有种与亲人共处的舒适感，不仅在于环境的开放，更在于企业之间可以互相协助。正如何善恒所说：在空间里面，其实有机会找到双向的或横向的产业进行互相扶持，产业转型不单是改变传统的商业模式，而是寻找一种更有效率的方式。何善恒特别强调：一个好企业的发展需要融入当地商业环境，找到新的定位和发展模式。所以，分布于各个城市的"WE+"对于创业企业来说更像是一个良好的辅助。

如今，"WE+"在美国、芬兰、中国的18个城市共成立了56个这样的联合办公空间，通过手机APP选择不同区域即可查看办公空间图片，并进行联系和预约参观。现在，何善恒在做新的尝试，比如从学习方面，从空间管理的人工智能化、数据化方面进行各种各样的社交。

响应了国家"一带一路"政策，"WE+空间"入驻芬兰赫尔辛基，着重于提高中芬两国间创新企业的沟通和交流，将芬兰及欧洲前沿的技术及信息引入中国，增加中国企业的创新合作关系，以及帮助芬兰企业落地中国市场。同时，空间也将帮助中国企业打入国际市场，并满足中国企业的国际业务需求。"WE+赫尔辛基空间"将不只是一个办公空间，更将是连接中芬经贸关系甚至中芬友谊的一座桥梁。

(三)港人优势,特首关注

作为一名在内地创业的香港创业者,在看待香港人和内地人在创业方面的区别时,何善恒显得更加乐观开放。他觉得,这只是一个城市跟另一个城市的区别,香港人在内地创业,最大的区别是他注册的公司身份是外企。对于香港创业者的优势,他认为有三:第一,香港在专业服务方面确实存在优势,同时香港对服务业人才的培育机制也更加完善。在香港每年有超过10所大学教授专业性服务业学科,这意味着香港青年能够获得更多接触国际化服务理念的机会。第二,香港较为传统的优势是中西融合所带来的国际规范的积累,香港的一些年轻人或企业家,对法律的重视程度相对较高。第三,更强的执行力也是港人创业时的优势。但是他也指出,创业过程中香港创业者肯定也会面对很多困难,比如对环境、流程的不了解,对祖国各地缺少认知,这些都需要时间去克服。目前在内地读书和发展的香港人越来越多,他对这种趋势保持乐观态度。

何善恒说,如今的香港金融业、地产业比较发达,科创类企业比较少,对于创业者来说机会并不多。2016年3月4日香港特首梁振英前往参观"WE+联合办公空间","WE+"特意安排了展示区,向梁先生展示了互联网支付产品、VR硬件、活动策划、文化娱乐、互联网餐饮等由港人创业的品牌。梁先生指出,香港青年踊跃在内地创业的勇气是难能可贵的,并对"WE+"的模式给予充分的肯定。外界预测未来会有更多类似"WE+"的公司出现,通过复制或效仿"WE+"的模式,进入内地创业圈。这在何善恒看来是一件好事,联合办公众创空间是新产品,越多人参与就越能把联合办公众创空间这个行业做大。他并不排斥在未来与更多的伙伴建立合作关系,大众看好WE+,说明市场对WE+的模式越来越认可。

开放式共享型办公模式仍然属于新型产业,其理念和方式打破了传统办公中的封闭性。一方面,创新创业人才大多有相同的理念,且更愿意分享,需要恰当的公共空间和氛围作为依托;另一方面,又要保留一些空间上的私密性,这不仅基于创业者的专业性需求,也因为"社交"不是所有人都喜欢的，有些人比较主动，而有些人比较被动。所以 WE+ 在打造空间的时候，都会去衡量个体的需求与实际的利弊。据何善恒在 WE+ 空间里的长时间观察，创业人群更倾向于分享。

（四）"WE+"未来：创办全球标准化联合创业办公服务体系

"WE+"从成立至今，已经在上海、北京、杭州、青岛、苏州等 8 个城市完成布局，共建立 56 个空间、14 万平方米、2 万个工位。

目前，全球约有 23 亿移动办公人群，这是"WE+"未来重要的用户群体。由于科技信息的发展，未来将会出现更多移动办公用户，所以 APP 跟智能空间是"WE+"重点研发的内容之一。未来"WE+"会在更多城市注入"WE+"模式，尤其是"WE+"与酷窝合并之后，双方的线上线下平台将全面打通，统一物理空间与服务，WE+酷窝的空间版图将拓展至华北、华中、西南和华南地区 16 个重点城市，实现横贯东西、纵连南北。

共享经济已经成为全球经济的新趋势，联合办公正是共享经济的践行者。联合办公模式未来将会有非常大的发展空间和非常光明的前景。在空间的供应链上，"WE+"已经做好大胆的布局，目前上海的项目分别位于新天地上药大厦、金钟广场、中区广场，接下来可能会选址在世贸商城、同乐坊、田子坊、思南公馆、张江、人民广场周边等地。不仅如此，WE+ 计划在未来三年内进入高速增长期，实现更多延展性商务服务的规模化发展，创办全球标准化联合创业办公服务体系。

（五）帮助你了解政策

不少创业团队在入驻"WE+"以前，对政策方面并不太了解，"其实国家对创业者的支持非常多，仅仅在北京就有 25 条政策能帮到创业团队，但又有多少人知道如何申请？"何善恒说，以港人创业为例，北京市朝阳区的"凤凰计划"为外籍人士回国创业提供 10 万元人民币的补助，但大部分创业者知之甚少。

除了"WE+"里的咨询团队，何善恒还邀请不少专家和政府工作人员到"WE+"做讲座,让专业人士给创业者提供最权威、最详细的政策解说,帮助他们少走弯路。

作为香港专业人士(北京)协会创新工商委员会主委,何善恒一直关注香港青年在京创业动向。他拍胸脯保证,在内地的香港年轻人无论遇到任何困难和问题,只要找到他,他一定会尽最大可能帮助他们。

何善恒颇为自豪地说,他非常相信香港年轻人的能力,基本功扎实、思路新颖,是香港青年最大的竞争力。无论是自己的团队,还是"WE+"在全国上百家入驻企业,都需要这样的人才,"如果香港的小朋友们有意愿,我一定会给他们实习、工作机会!"

随着自己的产品越做越好,各地区政府也开始给何善恒提供各种各样的扶持与帮助:"他们会提供一些补贴,介绍好的客户给我们,为入驻'WE+联合办公空间'的公司提供人才支持和扶持资金,甚至还有税务的减免,低成本的地价租用。"对于这些帮扶,何善恒心存感激。比起主动向政府寻求支持,他更希望自己能在"双创"的过程中先做出成绩,"谈了融资就去找政府谈政策不是我的打法"①。

> 这个国家和时代给了我很多机会,让我接触到不同的工作,学习到不同的经验,虽然没有刻意去选择,但接触到的都是高增长的行业,都是朝阳行业。
> ——何善恒

二 企业案例分析:顺势而为,规模经营,定位全球

(一)紧跟国家战略,把握时代脉搏

国家政策的出台必定对作为市场参与主体的企业产生影响,如果能适

---

① 《用港式奶茶"泡出"内地创业新天地》,《中国新闻》2015年12月16日。

时顺势地把握国家政策，制订公司发展规划，必定有所裨益。"一带一路"建设的巨大市场，保障了中国经济的可持续发展，最终目的当然是让国内生产总值大部分在"一带一路"的建设中去实现，实现这个目标的唯一途径就是让中国企业"走出去"。正如何善恒所说，政策制定部门就像是船长，距离船长越近越能掌握国家发展的大方向，而政策执行部门落实国家政策具有时滞性，WE+酷窝正是抓住了政策制定与落实之间的时间差，把握时机。

芬兰是"一带一路"联系欧亚大陆的北方纽带，芬兰及其所属北欧地区一直以来都是欧洲创业氛围最浓厚的地区之一，中国近年来创新创业逐渐走向世界的前沿，WE+酷窝在芬兰布局空间，为国内创业团队学习西方发达国家创业经验提供了一个有效沟通的渠道，同时WE+酷窝国内创业团队涉足海外项目时，WE+酷窝能够为他们匹配相应的国外企业需求，提供更高效的上下游对接服务。①

从滴滴到摩拜，从Airbnb到共享充电宝，再到雨伞、篮球、书店，乃至一张床，共享经济已经成为当下的时代潮流。联合办公行业也在刚刚过去的2017年上半年内，越来越频繁地占据着人们的视线。

盘活闲置资源、有偿与他人分享的联合办公兼具平台经济和共享经济双重属性。在联合办公状态下，办公方式将不再受地点的限制，来自不同公司的个人彼此独立完成各自项目，又可在较为开放的空间中与其他团队分享信息、知识、技能、想法和拓宽社交圈子等。

这个业态产生的必然性首先源于经济结构的变化。中国目前有些一线城市已经进入了发达国家的水平，在国家经济发展和技术创新的大环境下，中小企业的数量会越来越多。政府提出双创，以中小企业的蓬勃发展来填补大企业萎缩之后的就业空缺。在这样的潮流下，同时也需要联合办公这种新形势，来填补办公空间的空缺。而伴随着经济结构的变化，技术的发展也为联合办公空间的管理提供了极大的便利。随着"90后""00后"逐渐进入就业大军，传统的办公环境似乎已经不能满足这个互联网

---

① 《联合办公行业现规模化品牌》，《中国青年报》2017年3月29日。

时代下生长的群体。他们对办公环境的个性化、社区性和绿色办公，有着很高的需求。联合办公空间的出现很大程度上迎合了这个群体的需求，而且传统办公环境非常阶层化，这也是年轻人较难接受的。联合办公在某种层面上，就打破了这种阶层化，更平等自由。

（二）企业运营精品化、规模化

WE+酷窝自创立以来出现了规模式的增长，主要在于以下四点：一是空间供应链已经做好大胆布局，WE+酷窝已经跟很多大型开发商达成战略合作；二是进行人员培训，把成熟的运营经验、团队训练方式迅速拓展；三是在资本市场上，投资商会帮助加快拓展速度；四是社群空间的打造。社群的传播性非常广，只要有好的想法，通过社群效应延伸出去是无限大的。

走精品化路线的企业运营，是以兴趣为基点，连接运营者与客户的网状运营模式。在这种模式中，运营者的业务范围不局限于公司或者产品本身，他们通常都会打开个人资源、公司资源从事不同的业务。"总而言之，精品化要求热爱的人每天混在那里。"以一个运营者的立场，何善恒认为中国未来联合办公的发展趋势将出现两极化——一种是规模化，一种是精品化。因此，在2013年到2014年，何善恒从"精品"转向"规模化"，开始在资本、大战略上考虑如何做产品。

规模化的联合办公产业，通俗地理解即走店模式——基于空间坪效的提示、网络搭建、会员搭建和品牌输出。与精品化相比，两种运营方式就像民宿与大酒店。如今，以规模化经营为主的行业发展趋势，是降低企业运营成本、形成竞争优势的主要策略——企业成本一般包括固定成本和可变成本，在联合办公行业中固定成本可以被看作"运营费用"，而可变成本就是"写字楼面积"。当规模效应形成后，虽然可变成本成比例增加，但最主要的运营成本在入驻企业变多后分摊变小，所以形成利润率的增加。

同时，规模化经营也是拓展市场，推广企业品牌的有效方式。在企业形象系统（CIS）逐渐被重视，甚至成为确定企业核心竞争优势的关键部分时,实现品牌在市场上的深度植入是企业快速打开市场的必要举措。

(三) 全球视野,世界格局

在美国留学期间,何善恒常听内地的同学说中国的发展很快、变化很大。当他在 CNN(美国有线电视新闻网)节目上看到一些外国人也在表达在内地的有趣生活时,何善恒动心了。2007 年,在美国读完高中和大学的何善恒决定回中国内地发展,"当时觉得中国会是未来全球最大的增长引擎"。近年中国经济保持高速增长,但也忽视了很多细节,基础设施建设始终未能同步配套,对此,何善恒持有长远的眼光,他认为发展中国家经济的发展是一个过程,我国当前的发展水平已经值得骄傲,种种不尽如人意也是在告诉我们,我们国家的经济建设还有很大的进步空间。正是这种高瞻远瞩的视野,使得何善恒能够面向未来谋划事业。

何善恒认为他的未来并不仅仅在中国,"我是世界的",他是这样定位自己的。WE+酷窝未来是要面向世界布局的,WE+酷窝联合办公空间与美、日、韩、朝等国家的官方机构和大型企业已经达成深度战略合作成果:WE+酷窝签署了在 NASA 成立合作园区筹建组和公务人员交流的备忘录,叠加各自优势,提升了全球太空科技创新人才的合作层次。WE+酷窝在东亚的脚步正在迅猛开拓,与日、韩在各具优势的联合办公供应链协作与联合运营方面倾注了心血,成果也非常丰硕。进驻韩国江南区狎鸥亭之后,WE+酷窝与韩国高端时尚产业联手,为独立设计师提供资源丰沛的创业平台,释放隐藏的商机,为两国时尚产业带来超高的变现价值。WE+酷窝与日本娱乐业展开充分合作,进驻日本东京都御台场,为全球范围内文娱创业企业在东亚的落地,实现生态双赢的目标。

三 启示:相信自己,海纳百川

(一) 思考国家发展,寻求个人发展,参与国家建设

年轻人要有国家观,要放眼世界去寻找适合自己发展的舞台。"如果

眼光只盯在这一个地方,能发挥的舞台就会变小,人就会缺乏方向。重要的是你有没有从一个国家的角度去考虑自己能做什么?"①

从"一带一路"建设到共享经济的风口浪尖再到大众创业、万众创新的热潮,何善恒时刻紧跟国家的发展方向与战略,把握全局,顺势而为,他利用国家政策为 WE+酷窝谋发展,同时也帮助众多创业者了解国家政策,帮助创业者快速融入创业的浪潮,这何尝不是为国家创新创业添力。"家国情怀",是一个人对自己国家和人民所表现出来的深情大爱,是对国家富强、人民幸福所展现出来的理想追求,是对自己国家一种高度认同感和归属感、责任感和使命感。

(二) 相信自己的判断、洞察与感知

在房地产领域的工作经历使得何善恒清晰地察觉到内地的房地产运营服务不能尽如人意。这是机遇也是挑战,他相信自己的经验与判断,认为香港的专业服务相对内地来说占有很大优势,于是他开始从香港标准化的专业服务寻找可借鉴之处,WE+酷窝为入驻者提供运营管理与各类增值服务也正是基于这样的思考。

香港的专业服务优势有目共睹,服务标准化、精细化,专业的服务态度,与国际准则接轨,规则框架内的运行体系无一不值得内地服务行业学习借鉴。何善恒将东方的管理思维与国际管理标准结合,打造 WE+酷窝联合办公空间,正是抓住机遇、相信判断、发挥优势的表现。

(三) 开放的心态

开放的心态是何善恒创业至今的另一要诀。他的性格乐观开朗,不惧强压,心态决定成败对他而言一点也不为过。每周在三四个城市间穿梭的何善恒用热爱的心态去面对这些城市,让自己永远保持一张白纸的心态,去适应和尊重当地文化。走出最初普通话很差、说不清自己中文名字的尴尬,何善恒已经能在内地游刃有余地与人沟通了。他很感谢北京带给他的

---

① 《国家和时代给我很多机会》,《中国青年报》2017 年 6 月 30 日。

一切。"这个有活力的城市聚集了全中国人的梦想,我很幸运自己也是其中一个,更何况,我在北京还收获了自己的爱情和事业。"同时他能够从宏观、开阔的角度看待政府的角色,他认为,如今不是捆绑政府的年代,应该要了解政府的方向,同时运用市场的守则。我国正在经济发展的腾飞阶段,必将面临发展中国家发展过程中面临的问题与挑战。然而挑战也是机遇,这也证明我国未来具有更大的发展潜力与发展空间,从长远来讲,机遇与挑战并存。何善恒正是看到这一点,才能顺势而为,不惧挑战,直面未来。

同时,何善恒没有把自己局限于当前,他的目光也不仅限于国内,而是从一开始就把自己定位于世界。从范围上讲,他是看全球的发展,所以视野更宽,视线更深邃,使得 WE + 酷窝通过"一带一路"建设的发展战略与沿线国家合作,拓展发展空间,树立品牌,获得收益。

四 案例大事记梳理

2015 年,公司正式成立;

2016 年 11 月,WE + 联合办公空间获得 8000 万元 Pre – A 轮投资,由高捷资本领投,分享投资、戈壁资本、寒武创投、英诺天使基金跟投;

2017 年 3 月,WE + 联合办公空间与酷窝(COWORK)办公社区合并,正式成立"WE + 酷窝联合办公空间";

2017 年 5 月,WE + 酷窝芬兰赫尔辛基空间揭幕暨上海临港海外创新中心设立揭牌仪式在芬兰首都赫尔辛基正式举行,首个国产联合办公空间正式出海成功并落地;

2017 年 6 月,WE + 酷窝与碧桂园签订战略合作协议,在全国范围内建立布局联合办公项目、拓展联合办公社群等业务;

2017 年 9 月,《众创空间服务规范(试行)》及《众创空间(联合办公)服务标准》在全国"大众创业,万众创新"活动上海主会场正式发布,WE + 酷窝是联合办公空间行业标准起草单位之一;

2017年9月，WE+酷窝参与由上海市就业促进中心、杨浦区人力资源和社会保障局主办的创客节，正式成为2017年市级创业孵化示范基地；

2017年9月，WE+酷窝受邀参与由上海第一财经与成都市青羊区政府联合举办的"品读最成都的味道"——成都少城国际文创硅谷推介暨青羊文创项目签约仪式；

2017年9月，WE+酷窝创始人兼CEO刘彦燊先生、执行董事莫万奎先生出席广州空港文旅小镇启动奠基仪式。

第十三章　无极科技：新电商和新媒体创业模式的激情探索者

> 公司名称：无极科技有限公司
>
> 创始人：孔繁扬
>
> 创业时间：2017年
>
> 所处行业：电子商务
>
> 关键词：创业激情，跨境电商，共享团队
>
> 访谈时间：2017年

一　创业者故事：几经辗转，创业梦圆

（一）跳出舒适区，独自北上就业

2011年，从香港科技大学工商管理专业毕业的孔繁扬，不顾家人的反对，没有选择接受香港某家银行的稳定工作，而是选择离开从小便一直生活和读书的香港，独自北上，成为北京一家物流公司的管理培训生。孔繁扬说，因为自己比较喜欢中华传统文化，对祖国内地有着美好的憧憬，一直渴望到内地进行体验。而且，由于对香港已经非常熟悉，就希望在大学毕业时能够跳出原有的舒适区。恰好此时这家北京的物流公司到香港科大进行招聘，孔繁扬与其他四个香港科

怀着对祖国内地优秀中华传统文化的憧憬，从小便一直在香港读书和生活的孔繁扬在大学毕业后决定离开香港这个"舒适区"，独自到北京工作。

大的毕业生被录用了。但其他四位同学都是从内地考到香港读大学的学生,只有他一个人是土生土长的香港人。

然而,跳出"舒适"的香港的孔繁扬并没有在北京找到新的"舒适区"。一方面,北京的天气和饮食令来自香港的孔繁扬一直难以适应;另一方面,随着对工作的逐步了解,孔繁扬发现自己并不喜欢物流行业。尽管按照公司的规划,他们这批管培生要进行一整年的培训和轮岗,然后再安排到具体的部门和项目上,但孔繁扬还是在半年之后就离职了。他说,最主要的原因还是发现自己的性格不适合物流业。因为物流是一个使商品从供应地向接受地的流动的过程,这个过程必须依托于商品的交易,相对产品的销售而言,是一个"被动"的辅助环节,更多地强调运营效率和成本控制。而孔繁扬认为自己更喜欢在商品交易的前端去"主动"创造新事物,更愿意从事创意类的工作。因此,如果这个时候继续留在这家物流企业,尽管发展机会和薪酬都不错,但他认为这对公司和自己都是一种浪费,因此毅然选择离开。

但是,在北京短暂的物流行业工作经验,却在多年后给孔繁扬选择在内地的电子商务领域进行创业带来了优势,这是他始料未及的。犹如乔布斯在斯坦福大学毕业典礼上的演讲所说的,"没有人能够预测那些偶然甚至有些被动的点滴在自己以后的人生中所起的作用","人无法预先串起人生的点滴,只能在回顾时将它们串联起来。正是这些点滴,构成了我们生命中非常重要的组成部分"。"因此,你必须相信这些点滴,总会以某种方式在未来串联。这样,才会让你有自信去依循你的内心,会引导你走自己的路,然后取

第一份工作让孔繁扬进一步认清自己的性格和爱好,发现自己更喜欢从事具有创造性和创意性的工作。

得成就。"孔繁扬说,目前选择创业的电子商务领域是离不开物流的,而当初的物流行业经历能让自己对这个行业有更多的了解和体会,从而为客户提供更加到位的电商服务。此外,在北京工作期间,让自己的普通话说得更为流利,并且增加对内地文化和市场运营等方面的理解。这些经历都为他多年后重新回到内地进行创业提供了积累,尽管都不是事先规划的。

> 没有人能够预测那些偶然甚至有些被动的点滴在自己以后的人生中所起的作用,但正是这些点滴,在未来将串起我们的生命。
> ——乔布斯

(二) 辗转多地的电商职场生涯

离开北京之后,孔繁扬回到香港重新求职。2012年初,他通过在香港的招聘会,来到马来西亚,进入一家Home 24的网上家具商城企业从事运营工作。该公司为德国企业,主要面向东南亚市场。可惜的是,Home 24在半年后就倒闭了。然而,孔繁扬的工作能力却得到了其管理团队的肯定,于是,他们便把孔繁扬介绍到Home 24的母公司投资的另外一家同样经营家具电商平台的公司Lazada。在Lazada这家处于创业阶段的企业,孔繁扬经常需要同时负责运营和市场营销等岗位,并开始独立带领团队。工作过程中,他逐步发现自己对电子商务和网络营销有着浓厚的兴趣。但是,这份新工作只持续了短短数月,孔繁扬便无奈地选择了离开。关于离职的原因,孔繁扬说:第一,因为这家德国企业的文化不够友好和人性化,高管来自德国,比较傲慢,对当地以及亚洲员工"高高在上",不尊重员工;第二,入职之前公司承诺的工作签证一直没有兑现,使得来自香港的孔繁扬在马来西亚未能取得合法的工作身份;第三,当时自己在公司的直接上司能力不强,管理水平较低,难以一起共事。

> 离开北京之后,孔繁扬先后到马来西亚和香港的多家公司工作,积累了网络营销和电子商务的运营和管理经验,并通过行业的了解和熟悉,逐步萌生了创业的想法。

2013年初,孔繁扬再次回到香港,进入一家美资的大型酒店交易平台 Hotels.com 工作，负责网络营销工作。这是一家高效、规范的美国互联网企业，管理团队水平高，企业文化和管理氛围也很人性化。在这里，孔繁扬的电商运营和管理能力得到了进一步锻炼，学习了很多电商网络平台的运营和管理知识。然而，工作两年之后，孔繁扬却认为在这里显得过于安逸，难以学习到新东西，成长空间也有限，于是主动选择离职，希望寻找新的更有挑战性的工作。

2015 年伊始，孔繁扬选择加入香港首个网络借贷平台"我来贷"，负责管理整个网络营销部门。但这份新工作只持续了半年，孔繁扬再次离职了。关于这次离职的原因，孔繁扬说，一是具体负责的工作内容跟入职之前所商谈的出入较大，不符合自己的预期；二是一起工作的同事和团队能力偏弱，缺乏相互学习的空间，而自己当时又还没有足够的能力去教导和培养他们。

2015 年下半年，孔繁扬选择加入香港自助式电商平台 Shopline，担任市场推广经理。Shopline 是一家在香港创办的新创企业，是专为香港和亚洲中小商家而设的 DIY 网店平台，商户们可以轻松便捷地通过该平台创建属于自己的网上店铺，同时可以拥有专业的订单管理系统、多元化的物流及支付网关、风格多样的店铺设计、在线实时客户服务与数据使用分析等后台管理工具。[①] Shopline 希望成为香港人和台湾人首选的开网店平台，并在 2016 年成为阿里巴巴创业基金在香港的首批投资项目，成为阿里巴巴电商生态系统的一员。孔繁扬说，他是 Shopline 里除了创始人之外的第二个员工，是公司营销团队的负责人，跟随公司的创业步伐一步一步带领队伍，看着团队人数由个位数成长为 70 多人，也见证着企业逐步成长壮大。然而，在 Shopline 工作了一年半之后，孔繁扬又一次离职了，这次他没有继续去求职，而是开始了自己的创业之旅。

（三）按捺不住的创业激情，逐步探索的创业模式

2017 年初，孔繁扬开始自己创业。他说，其实在之前几年的工作中，

---

① Shopline 网站：https：//shopline.hk。

自己就一直都有创业的想法和激情。只是由于当时还在企业上班，而且找不到合适的切入点，就只能一直压制着那种想要创业的冲动。在Shopline工作了一段时间后，他进一步熟悉了电商行业的运作，对自己创业的方向有了更加清晰的认识，压抑许久的创业激情喷涌而出，"已经压制不住想要自己创业的冲动了"，终于促使他离开正在快速成长的Shopline，开始追寻自己的创业梦想。孔繁扬说，这可能是性格使然，从大学毕业求职起就体现了自己性格中不安分的因素，喜欢尝试新事物，喜欢去主动创造属于自己的事业。他强调，自己选择的是"少有人走的路"，而一般的人都会选择容易的路。通往成功之路通常都是比较窄、比较难的，容易的路可能较难通往好的地方。当然，这种选择本身没有对错，关键取决于你想要什么。

因为近几年都在互联网和电子商务行业工作，特别在Shopline工作期间频繁地往来于香港和内地，孔繁扬看到了中国内地移动互联和电商经济的迅猛发展以及层出不穷的商业模式创新中蕴含的巨大商机。与此同时，他也接触到香港和东南亚的许多中小企业。他发现，许多香港企业希望拓展内地市场，但他们对内地出现的互联网新兴业态却缺乏了解。许多香港商人仍然固守传统的市场营销和媒体宣传方式，与内地市场蓬勃发展的互联网营销和新媒体传播相比显得非常落伍，面对新的变化茫然失措，束手无策。为此，孔繁扬认为这是一个很大的痛点，蕴含许多创业机会。对于既熟悉内地电商，又熟悉香港企业的他，完全可以成为香港企业进军内地电商市场的"桥梁"，为他们提供相关的各种服务。

一开始，孔繁扬设想的业务模式很简单，就是帮

按捺不住的创业激情终于喷涌而出，使孔繁扬离开正在快速成长的Shopline，开始实施自己的创业梦想。

自主创业是一条"少有人走的路"，充满更多艰难险阻，但也带来更多风景和收获。
　　——孔繁扬

许多香港企业希望拓展内地市场，但是他们对内地的互联网新兴业态却缺乏了解，这其中蕴含着创业的机会，有许多亟待解决的痛点。

助香港商人在内地建立淘宝网店、注册支付宝账号、建立微信公众号和注册微商网店等基本的服务。但随着和客户的深入接触，他发现许多客户会有更进一步的后续需求。帮助客户建立一个微信公众号或者网店比较容易，但后续的内容维护及运营则需要更大的投入，也给公司带来更多的创业机会。为此，帮助香港企业进行自媒体营运和微信商城建设的业务模块逐步得到明确。与此同时，孔繁扬在与内地商家接触时发现，不少内地的中小企业希望他们的产品能够走出中国，但却找不到合适的海外渠道，这对于拥有海外电商经验、熟悉英文和西方文化的他，又是一个新的商机。他说："刚开始就是发现香港人不熟悉内地的电子商务运营，我们逐渐参与其中去提供服务，然后在市场中逐步进行摸索。通过接触市场，我们慢慢发现新的元素，从而使提供的服务模块逐步增加和完善，商业模式也在这个过程中持续迭代和创新，不断地演化为今天的模式。"

（四）Zero to One，无极生太极，生生不息

孔繁扬将自己的创业公司注册为"无极科技大中华有限公司"，之所以取名"无极"，是来自道家《周易》的"无极生太极，太极生两仪，两仪生四象，四象生八卦，八卦生万物"。这是中国传统哲学阴阳八卦学说的基本思想，"无极生太极"让原本混沌的世界从无到有，形成了我们这个世界的生生不息，无限循环。孔繁扬希望无极科技提供的电商服务能让这些传统的海外中小企业开始进军内地的电商平台，踏出进入内地市场的第一步，从而实现从无到有、从小到大、由弱变强，不断突破和成长。另外，他自己开创

> 无极生太极，太极生两仪，两仪生四象，四象生八卦，八卦生万物。
>
> ——《周易》

的事业也能够实现无中生有，不断创造新事物，从少到多，由点及面，逐步做强做大。无极公司的域名则为"China zero to one"，这恰好体现着"中西合璧"的两层含义：第一，"zero to one"是硅谷著名的企业家和投资家Peter Thiel关于创业管理的畅销书的标题，强调新创企业更重要的是实现"从0到1"的突破和创新，而不能总是在"从1到N"的复制中进行低水平的竞争；第二，"无极"所体现的无极生太极、生生不息的精髓又是一种东方版的"zero to one"。中国古老传统文化思想与西方现代创业法则这两种相隔数千年的东西方文化在此处竟然有着一些不谋而合的思想内涵，成为孔繁扬创业的初心，也指引着他一步一步去发展自己的事业。

> "无极"所体现的无极生太极、生生不息的精髓是一种东方版的"zero to one"。中国古老传统文化思想与西方现代创业法则这两种相隔数千年的东西方文化在此处竟然有着一些不谋而合的思想内涵。

目前，无极科技的业务主要涵盖三大模块：一是针对香港和海外客户的微商城新电商体系，包括微商城的自平台建设、大型电商平台的开店及运营、社交电商的打造与运营、线上结合线下实体门店的O2O一体化体系建设；二是企业在互联网领域的品牌打造及传播营运，包括企业的个性定位打造、自媒体的内容营运、新媒体的活动策划、网红营销和搜索广告的口碑优化等；三是针对中国内地商家的跨境电商服务，希望搭建内地企业的跨境电商渠道，帮助中国企业承接"一带一路"的重要机遇，重点打通东南亚地区的市场，让中国的品牌产品走出国门，走向世界。对这三方面的业务，孔繁扬总结为三句话："新电商，用新的方式和思维做电商；造品牌，用新的互联网手段造品牌；走出去，用新的眼界和高度做跨境。"

> 新电商，用新的方式和思维做电商；造品牌，用新的互联网手段造品牌；走出去，用新的眼界和高度做跨境。
> ——孔繁扬

无极科技将以移动互联网运营为手段，能够与客户同舟共济，实施深度合作的模式，与客户形成共生共赢的共同体，为客户提供从策划到落地执行的完整解决方案，从而为广大中小企业创造品牌价值。无极科技希望通过给客户提供优质的服务，帮助更多的商家成就更好的自己。谈到对无极科技未来的愿景，孔繁扬表示，公司致力于成为客户在大中华地区的新电商业务增长的合作伙伴，无极将"带你走进中国，立足中国，再走出中国"。他的愿景是今后海外的中小商家想进入中国市场，需要相关的电子商务服务，第一个想到的是无极科技公司。

> 无极科技致力于成为客户在大中华地区的新电商业务增长的合作伙伴，将"带你走进中国，立足中国，再走出中国"。

（五）"共享"式的网络团队组合

目前，无极科技的核心团队共六人，只有创始人兼营运总监孔繁扬，以及跨境电商营运师 Tracy 为全职，其他四人都有自己另外的工作。孔繁扬说，因为目前公司刚刚创立，多宗业务都还在洽谈和推进中，暂时不需要那么多全职员工。这样一方面可以节约创业初期的成本，另一方面可以依托这四位核心合作伙伴在电商运营方面的丰富经验，为客户创造超额价值。

公司的另外一名合伙人晓宁是他以前还在 Shopline 工作时到杭州出差，在咖啡馆里聊天认识的，当时并没有提及创业的事宜，只是因为投缘而已。晓宁拥有丰富的互联网市场营销管理经验，曾经在阿里巴巴和施强集团的营销部门工作过，曾为多家企业提供品牌发展战略及运营解决方案。目前晓宁在杭州拥有自己的创业公司。在无极公司，晓宁作为合伙人之一，负责新媒体策划以及公司战略。

Winnie 是无极公司的精准营销投放运营师。Winnie 拥有六年的网络精准营销经验，主要负责客户的 SEM、SEO、信息流、DSP 等精准网络广告媒介策划、采购与运营工作。拥有百度专业认证、Google Adwords 高级认证、今日头条认证等行业认证。Winnie 现在在广州，是以前孔繁扬在 Hotels.com 工作时的代理商。

栋明是无极科技公司的微信新电商平台战略专家。栋明拥有 10 多年的互联网创业经验，富有战略心得和产品策略，曾为大企业提供 ERP 定制数据处理服务，现为企业提供微信电商自平台的解决方案，熟悉大型企业的心理和业务需求，同时深度掌握电商发展规律。栋明现在在福建泉州拥有自己的事业，孔繁扬在 Shopline 工作时跟他有业务合作而相识。

静静是无极科技的电商新品孵化运营师。静静拥有多年的数据运营经验，主要负责电商新产品孵化、用户运营、数据模型设计和公司业务数据监控。她曾经任职于平安保险的数据研发岗、聚美优品的数据分析岗、载信软件的数据产品经理和数据运营，拥有多次成功的新产品孵化经验。静静目前在成都工作，是孔繁扬在上海的一个电子商务学习活动中认识的。

Tracy 是无极科技的跨境电商营运师。Tracy 是澳门人，在香港接受教育，具有丰富的欧美和港澳台等地的电商自平台营销经验，熟悉自媒体运营手法，开办教学活动向超过 200 家企业教授自电商之道。Tracy 精通中英文，熟悉港澳台和海外的市场，目前主要负责国外跨境电商的业务营运，重点针对东南亚市场的社交平台电商业务营运。Tracy 是孔繁扬在 Shopline 工作时的下属，也是无极科技的第一个全职员工。

在创业团队的组建上，无极科技公司显得非常"互联网"化，多名团队成员同时拥有自己的事业，充分利用他们的富余时间"拼凑"在一起创业，是一个"共享式"的虚拟团队。这样的一支多元化团队，

> 无极科技公司的多名团队成员同时拥有自己的事业，充分利用他们的富余时间"拼凑"在一起创业，是一个"共享式"的虚拟团队。

都拥有多年的丰富运营经验,在各自领域各有所长,可以实现优势互补,协同作战。另外,来自香港、澳门以及内地多个城市联合组成的创业团队,既有内地的电商和新媒体运营优势,又能够及时了解香港和海外商家及市场的需求和趋势,从而能够融合内地和国际化的营运思维,为客户在海外与中国内地之间搭建良好的电子商务桥梁。

孔繁扬说,无极创业团队的组建是一个非常机缘巧合的过程。他认为团队的组成非常需要缘分和信任,恰好在创业需要团队支援的时候,这些伙伴们都非常支持和相互配合。他举例说:"当我准备让 Tracy 全职加入公司一起创业的时候,我其实心里没有底,也对未来的发展方向不清楚。她也没太明白我要做什么,但就是基于对我的信任而跟我创业。团队其他成员也是看到我的真诚,以及对我的信任感而跟我合作。我一开始都不知道自己具体要干什么,但随着跟团队一起交流,才对创业的方向和模式越来越清楚。"

目前孔繁扬主要负责公司的整体营运和海外客户的拓展,其他人则依据每个人的特长和资源情况相互分工。这样一个网络化的拼凑式"共享"团队,不仅节约了固定成本,而且每个人都是各个领域最优秀的专家,他们背后也都有一个团队在进行工作上的支持,为无极科技提供坚强的人力资源支撑。除了能力因素,孔繁扬非常强调团队成员的品格。只有拥有好的品格,才能相互信任地一起共事。特别对于目前这种"共享"的虚拟团队,大家要以诚为本,才能减少沟通的交易成本。

在领导方式和团队文化上,孔繁扬信奉"上善若水"。"水善利万物而不争,处众人之所恶,故几成

> 网络化的拼凑式"共享"团队,不仅节约了固定成本,而且每个人都是各个领域最优秀的专家,他们背后也都有一个团队在进行工作上的支持,为无极科技提供坚强的人力资源支撑。
> ——《道德经》

> 上善若水。水善利万物而不争，处众人之所恶，故几成道。
> ——《道德经》

道。"他说，自己在团队里的角色就像水一样，能放权的东西都会尽量去放权，总是考虑团队成员的利益多过自身。我希望的是搭建一个平台，让合作伙伴们发挥出他们的专长和能力。我在工作中更多的是思考一些长远的战略和方向。尽管无极公司从事的部分业务可能会与团队成员目前的本职工作有一些冲突，但更多的是互补。我们需要更大的格局和胸怀来包容彼此。因此，我非常希望创业团队的成员能通过无极科技这个平台有更大的成就，有更多的客户和收入，大家能够一起成长和进步。

二　企业案例分析：跳离舒适区寻找新机遇

（一）勇于离开舒适区的创业者

香港出生和长大的孔繁扬在大学毕业后，没有遵照父母的期望，在香港选择一份安稳的工作，而是离开香港，努力去追寻自己的梦想。他一开始远赴北京工作，之后辗转于马来西亚、香港等地的多家公司，后来又离职到广东自主创业。彼得·德鲁克认为，企业家和创业者的典型特征是愿意过不舒服的日子，或者说不愿意过舒服日子。孔繁扬就是这样不愿意过舒服日子，不安分、喜欢"折腾"的人。他总是主动离开已有的舒适区，积极寻找能让自己得到更多成长的工作，努力探索自己更适合的道路，从而比那些在香港过舒服日子的年轻人拥有更多的见识、更宽的视野、更高的格局。而且，多份工作的历练也让他积累了自主创业的经验，进一步催生了创业的激情，最终勇敢地踏出创业的第一步。

（二）充分利用手边人脉，拼凑搭建共享团队

创业团队对创业成功起着举足轻重的作用，关乎新创企业能否将创业的理念和想法转化为行动的执行力。但是，多数新创企业却难以吸引优秀

的人才，制约了创业项目的推进。创业拼凑（Entrepreneurial Bricolage）理论认为，新创企业可以凑合着利用各种手边容易获得的资源，突破惯例和公认逻辑的限制，赋予资源新的价值。孔繁扬创业之前长期在海外工作，在内地的人脉较为匮乏，短时间内难以组建合适的创业团队。但他并不屈从于既有约束，而是充分利用通过各种机缘结识的朋友，邀请他们一起"兼职"参与创业，整合利用了手头可动用的各种可能的人才资源来突破制约，搭建了"共享式"的虚拟团队。孔繁扬通过网络渠道进行人力资源拼凑，调动了关系网络中可利用资源的价值，从而充分挖掘潜能，也赋予合作者新的价值，促进了新创企业的成长。

（三）利用内地电商发展新机遇，争取海外市场突破

近年来，中国互联网经济取得飞速发展，电商交易体量巨大、移动支付领先全球、移动社交日渐普及，而且对全球经济产生越来越重要的影响。互联网经济的发展使企业开展商业运营的交易形态、支付手段和宣传方式都产生了深刻变革，各种新兴业态和商业模式层出不穷。在此背景下，许多香港和海外市场的传统企业对中国内地市场的新特点非常陌生，但又希望能够进军内地市场，或者希望内地的游客前往消费。孔繁扬看到了海外商家的这一"痛点"，希望通过无极科技的服务，帮助香港和海外商家参与到内地的电商市场，提升品牌影响力，实现成功跨境。另外，随着越来越多的中国企业"走出去"，他们对海外市场的开拓产生了服务需求，无极科技也希望解决这个"痛点"来抓住创业机遇。孔繁扬正在努力与客户形成深度合作的模式，通过创新的理念、方式和手段，给客户提供完整的解决方案，帮助客户成功走进中国或走出中国。

三 启示："无中生有"，敢想敢做

（一）勇于创新和承担风险，重塑创业精神

创新创业是推动社会进步的重要力量。但是，创新创业意味着创业者要在充满变化和不确定的环境中，积极主动捕捉机会，勇于承担风险，克服困难，努力创造价值。孔繁扬拥有创业激情，在识别到跨境电商和新媒体运营的创业机会后，克服各种资源约束的限制，尽快行动，希望解决市场的痛点。目前，孔繁扬的创业才刚起步，未来仍然面临许多挑战，但是，他身上具有的创业精神将有助于无极科技坚持不懈地应对各种可能的挫折，而且不断进行探索与尝试，实现业务的突破和创新发展。孔繁扬认为，目前许多香港的年轻人都是在温室长大的，过惯了舒服日子，经常不思进取，失却了老一辈香港人白手起家、艰苦拼搏的创业精神。特别是到内地进行创业，要面对更多的变化和挑战。因此，港澳青年到内地进行创业，应当继续弘扬创新创业精神，抓住内地在互联网、高科技和新媒体等方面蓬勃发展的机遇，结合自身实际情况，发挥好港澳的区位优势，"用艰辛努力，踏平崎岖"，勇于创新创业，既实现个人事业的发展，也为港澳和内地的经济注入新的活力。

（二）立足实际，适度拼凑，尽快转型

无极科技在创业伊始，面对人力资源紧缺的情况，充分利用网络关系中的合作伙伴资源，采用创业"拼凑"的方式组建团队，突破了自有资源的限制，实现"无中生有"，保障了创业的顺利起步。港澳青年到内地进行创业的时候，经常会面临各种资源的约束。面对这样的情况，创业者不能消极或被动等待，而应当积极主动关注身边各种可能的资源，进行创新性地整合利用，尽可能地挖掘资源的潜在价值，及时开发创业机会，抢占市场先机。

当然，这种利用手边资源进程"凑合"的方式通常是创业初期暂时将就的权宜之计，并非一劳永逸的长久之道。因为拼凑型的解决方案经常是次优的、不完美和非充分有效的，而且习惯于拼凑手段之后容易形成自我强化和循环，制约企业走上正轨，成为创业进一步发展的障碍。因此，孔繁扬及其他创业者在进行资源拼凑的同时，要积极搜寻合适的外部资源，同时努力培育和积累内部资源，构建核心能力，实现创业的稳定和持续发展。

（三）有效积累人脉，构建坚实团队

孔繁扬在开始到内地创业之前，在东南亚和香港有多年的电商工作经验，帮助他熟悉了海外市场电商运营的特性，而且积累了海外电商的人脉，从而在很大程度上帮助他针对海外和内地的企业跨境进行创业。在中国内地开展电商运营和新媒体宣传方面，孔繁扬目前主要借助各地的朋友"拼凑"的虚拟团队进行支持，但这终究不是长远之计。孔繁扬在内地市场缺乏足够的人脉资源在目前掣肘着无极科技创业团队的构建和市场的开拓，在一定程度上制约着无极科技的进一步成长。因此，港澳青年在准备创业前，应该在相应的行业或地区主动积累人脉资源和社会资本，对市场和客户的特点深入了解，为将来创业团队的组建和市场开拓做好准备。港澳青年相对于内地青年而言，拥有更多海外市场的历练机会和经历，但对内地市场相对陌生。为此，港澳青年要充分利用在海外的经历，深耕海外市场，充分累积海外市场资源；与此同时，主动了解和熟悉内地的市场和新兴的互联网经济，建立与内地市场的紧密联系。通过港澳的区位优势，港澳青年能够同时背靠海内外市场，成为连接海内外资源和市场的重要枢纽，整合两边资源，构筑独特的双边市场优势。

四 案例大事记梳理

2011年，孔繁扬毕业于香港科技大学工商管理专业；

2011年，孔繁扬入职北京某家物流企业，任管理培训生；

2012年，孔繁扬进入Home 24马来西亚公司工作，负责网上商城运营；

2012年，孔繁扬进入Lazada公司工作，负责运营和市场营销；

2013年，孔繁扬进入Hotels.com香港公司，负责网络营销；

2015年，孔繁扬进入香港"我来贷"，负责网络营销；

2015 年，孔繁扬进入香港电商平台 Shopline，任市场推广经理；

2017 年，孔繁扬在香港创办无极科技大中华有限公司；

2017 年，孔繁扬到广州置业，以珠三角为基地，拓展内地市场。

第十四章　思蓓飞跃：借力政府政策，踏上南沙"创业热土"

> 公司名称：明汇经贸有限公司
> 创始人：列家诚
> 创业时间：2014 年
> 所处行业：互联网＋教育
> 关键词："互联网＋"，南沙创业，社会企业
> 访谈时间：2017 年

一　创业者故事：不被改变的"自闭"创业者

（一）大胆转型，从研究员到创业者

在创立明汇经贸之前，列家诚是一个不折不扣的研究员。在大学期间，他便跟随香港教育大学学术副校长李教授进行研究工作。从香港教育大学英语专业毕业后，他在香港大学担任研究人员。在大学及毕业后的短短数年间，列家诚曾参与超过 30 个技术开发及革新研究。在这个过程中，列家诚所展现出来的解决问题能力、视野及远见都让人印象深刻。

相对于创业来说，原本的工作更为稳定，但列家诚不想只做一个安于一隅的零部件，而是"想看到这

> "我想看到这个世界更多的地方。"列家诚不想只做一个零部件，从而创立了明汇经贸。

个世界更多的地方"。他深知创业会提供给自己一个截然不同的维度，在这份未知后面，将会是一个自由度更高、工作量更大、工作维度更广的信息中心点。所以，毕业一年后，他坚定不移地连同物流公司前主管郑先生，以及其他三位同学创立了明汇经贸，并且成功申请了科技园培育计划，获得30万港元的业务及科技支援基金。

列家诚说："其实我有一点点自闭"，"我认定的东西，不会轻易被外界所改变"。似乎在他内心里有属于自己的一个世界。他身上的特质与乔布斯不谋而合：乔布斯认为，你只需要坚定内心提供一个足够完美的产品。乔布斯曾经说过，"You can't just ask customers what they want and then try to give that to them. By the time you get it built, they'll want something new"。（你不能只问顾客要什么，然后想法子给他们做什么。等你做出来，他们已经另有新欢了。）作为创业者就应该避免陷入思维的条框，而应选择忠于自己内心，才能给这个世界带来伟大的创造，而创造，才是推动世界进步的力量。

放下稳定的研究员工作踏上充满风险的创业路程，在部分人眼中是不值得的，但列家诚说人生其实充满各种选择，而他只是坦然地选择了另外一条比较未知的道路。他的这种坦然和果断也无时无刻不体现在他创业的过程当中。

（二）结缘教育，连同互联网成就新项目

"8岁的时候，我主动跟爸爸要了第一个礼物：一台电脑。14岁的时候，我开始自学编程，还为我的小学设计了网站。"[①] 列家诚从小就对计算机和编程产生

> 我认定的东西，不会轻易被外界所改变。
> ——列家诚

---

① 《列家诚："懒惰"出需求，"思考"出创新》，2015年8月25日（http://www.010lm.com/roll/2015/0824/2264895.html）。

了浓厚兴趣。当他第一次看到电脑死机，手足无措的他暗暗立志，一定要把电脑学好。由此可见，这名学语言的香港青年进军互联网行业并非偶然，而是兴趣和志向所在。

他的个人游历则给予他结缘教育的契机。在不同国家寻访村落的时候，有一个出身于贫穷家庭的小孩做了分享，其渴望接受教育而无门的无力感让列家诚深有感触。当他矢志为世界做出一点点的改变时，他的心中也早已画好"社会企业"的蓝图。"世界上最大的出租车公司（Uber）旗下原来没有车辆，世界上最大的住宿供应商（Airbnb）也没有房地产①。那一刻，我在想，为什么我不可以创建一个没有老师，却是全世界最大的学校呢？"——列家诚将共享概念带入了教育领域。

> 列家诚将共享概念带到教育领域，创立在线教育项目"思蓓飞跃"，描绘"社会企业"蓝图。

随后，在实地调研了哈尔滨、辽宁、四川等地农村地区的教育情况后，他看到了在偏远地区发展在线教育的机遇，希望利用网络把更优质的教学资源带给这些地区的学生。同时，列家诚发现香港的国际化水平、教育文化、对教师的培训理念有独特的优势，所以相比内地的在线教育品牌，香港这个品牌本身就是优势。

> 列家诚看到了偏远地区发展在线教育的机遇。同时相比内地的在线教育品牌，香港这个品牌本身就是优势。

结缘"教育"的志向，连同"互联网"的爱好，列家诚纵观全局，下一步需要找到能主攻技术的伙伴。这时，同样来自香港的危谦容的背景和能力吸引了列家诚的注意，随即危谦容便受邀并加入了思蓓飞跃，主要负责整个团队的IT和技术层面。不久之后，在线教育项目"思蓓飞跃"应运而生。

---

① 《明汇经贸推出亚洲首个无缝虚拟学习平台》，2015年11月25日（https：//www.hopetrip.com.hk/news/201511/266545.html）。

列家诚称,"思蓓飞跃"相比其他竞争对手的优势在于其能够涵盖学习的全方位范畴,同时满足以下功能:视像学习、视像教学、自动评核、校园管理、教育认知测办。当评核仍需依赖人手的问题困扰着众多开发者时,"思蓓飞跃"首先成为市面上唯一一个能处理这个痛点的产品,并额外提供教育认知测办新功能。

> "思蓓飞跃"为市面上唯一一个能处理评核依然需要依赖人手这个痛点的产品,并额外提供教育认知测办新功能。

(三) 从香港到内地,借力南沙政策

列家诚从微信群得知广州南沙要举办创新创业大赛的消息后,便马不停蹄地带着"思蓓飞跃"参加2017年南沙新区"创汇谷杯"第二届创新创业大赛。最终,列家诚和他的团队获得成长组第二名的好成绩,随即收到了"创汇谷"的入驻邀请。[①] 在了解了南沙的创业政策和营商环境后,他决定将公司搬过去。

> 列家诚将公司从香港到搬到内地,借力南沙政策快速嵌入内地市场。

最初列家诚决定来内地时,他的香港朋友极力劝阻,误以为内地没有高铁,没有网络。他坦言,这也是他第一次真正了解南沙的发展状况,"港资企业在南沙建了很多设施,但是香港人,特别是年轻人,对南沙一直没有特别的印象。我们赢了比赛后,才知道现在南沙有自贸区,有香港科大的研究院,还有霍英东的基金,南沙区政府也在积极邀请香港人过去开发市场,搞科研"。谈及在内地的发展,他说:"来内地三天就找到了投资人,注册程序也很简单,政府已经把很多复杂的东西简单化,这对我们的帮助很大。"当然习惯于香港"代办文化"的列家诚,在内地发展过程中也难免遇到了行政差异和酒桌文化差异的问题。

> 政府已经把很多复杂的东西简单化,这对我们的帮助很大。
> ——列家诚

---

① 《港澳青年汇聚大湾区 南沙成创业热土》,2017年8月1日(http://money.163.com/17/0801/05/CQNRIDUO002580S6.html)。

如今，"思蓓飞跃"于中国三省已有超过40000用户，产生正收入，不仅是香港科技园网动科技创业培育计划、JPMorgan NxTEC加速器、SOWAsia加速器的杰出成员，还多次于海内外大赛获奖，包括广州创新创业大赛亚军，更曾接受中国新华社、美国彭博、香港经济日报等邀请访问，分享成功创业心得。

谈及"思蓓飞跃"的未来，列家诚希望它能成为一个大数据的整合平台，从最基本的学习课程材料管理、到知识共享、至评核自动化。除更着力于中国其他省份推广外，列家诚也于沙特阿拉伯、爱沙尼亚及英国设立代表处，探讨相邻开发中"一带一路"国家的商机，寻找海外市场机会。随着公司逐渐壮大，列家诚期望能有内地员工加入。

谈及香港青年与内地青年创业的差异，列家诚认为内地青年更加大胆，而当代香港青年与上一代相比会比较勇敢一点，但是仍需多考虑谋略，不可盲从。他相信香港青年只有保有一颗开放的心，才会有更多的机会。

二 企业案例分析：两地政策助力内地扎根

（一）关注消费者及行业痛点，捕捉商业机会

为了解决因地理和空间导致学习差异化的痛点，列家诚利用网络交换优质的教学资源。而当我们在解决消费者的痛点，在做技术平移或者改进的时候，同时需要关注行业的痛点，因为这种"伸维意识"才是塑造自身企业长久发展力的方向。列家诚从行业角度思考，发现在线学习行业缺乏一个整合性平台，并且其他产品并未解决评核依然需要依赖人手的问题。创业者需要具有合理的思考高度，才能引领企业从解决小的痛点，到

站在行业发展高度，解决行业痛点，从而不断发展新的商业模式，带动企业和行业发展，做强做大。

（二）抓住政策红利，压缩初创成本

内地市场庞大、机遇众多，竞争激烈，港澳青年初入内地，对自然环境、政府政策、商业文化均不了解。为支持创业创新主体，国务院及各部门近年来出台了一系列利好政策。在本案例中，列家诚及时抓住政策机遇，利用香港科技园拿到场地和资金支持，有效地降低了创业初期的成本投入和风险。同时，利用南沙创新创业大赛和相关政策，入驻"创汇谷"，快速嵌入内地市场。由此可见，通过政府相关的政策支持，列家诚成功解决了很多港澳青年初到内地发展面临的困难和挑战。

三 启示：把握海外视野优势

（一）保持创新开放思维，发挥国际视野优势

当前，多数港澳青年对于内地发展情况仍然存在较大的误解，而这种误解正阻碍他们挖掘内地发展机会。在粤港澳大湾区举行的青年创新创业对话活动，为港澳青年更好地了解内地提供了一个窗口，港澳青年需要时保开放思维，主动接触内地商业环境。港澳青年具有国际化视野，更熟知国际交流沟通规则，再加上语言优势，相比内地人更容易嵌入国际市场。列家诚就是跃然纸上的例子，他发挥作为港澳青年的优势，在英国、阿拉伯和爱沙尼亚等"一带一路"国家设立了办事处，寻找海外市场机会。因此，港澳青年作为中国与沿线国家共建"一带一路"的天然纽带和参与者，可以利用"面向海外"优势，走"国际化"路线，开拓海外市场渠道。

（二）关注政府政策，助推企业过渡

近年来，粤港澳大湾区的兴起无疑为香港创业者拓展内地市场带来东风。在本案例中可见，南沙在吸引港澳青年方面已有明确的定位和计划。

"创汇谷"则专门为澳门创业者设立澳门空间,澳门是一个旅游城市,其青年创业的方向跟旅游相关的较多,在围绕本土的旅游资源上尤其丰富。除此之外,"创汇谷"还提供有针对性的课题辅导。因此,港澳青年可以通过参加政府举行的相关活动和大赛,了解内地的创新创业环境,找寻创新创业方向。同时,初到内地的港澳创业青年应积极主动了解和利用国内针对创新创业的政策优惠,助推企业平稳过渡。

四 案例大事记梳理

2014年,明汇经贸有限公司成立;

2014年12月,"思蓓飞跃"创业项目获香港科技园网络科技创业培育计划支持;

2015年3月,公司正式入驻香港科学园的Incu-App中心。

第十五章　中富建博：测量师的专业创业之旅

> 公司名称：中富建博有限公司
> 创始人：李国华
> 创业时间：2002 年
> 所处行业：建筑咨询服务
> 关键词：测量师，综合咨询，专业服务，建筑科技
> 访谈时间：2017 年

一　创业者故事：因为专业，所以创业

（一）深耕建筑测量，专业型创业

李国华的祖籍是广东潮汕，潮汕人多数具有经商的传统，李国华的父亲也往来于香港和内地做生意。李国华大学毕业的时候，父亲咨询他是否有兴趣从商，一起经营生意。李国华考虑了一下，认为自己还是更喜欢在香港从事建筑专业方面的职业。于是，1993 年，在英国攻读建筑专业的李国华大学毕业后，回到他土生土长的香港，进入香港房屋协会工作。

香港房屋协会成立于 1948 年，是一个非营利、非官方的机构，致力于为香港市民提供可负担的房屋及相关服务，而且是香港建筑和地产行业多个方面的先驱，包括率先从英国引入专业的房屋管理人才，管理所属的

出租屋,发展夹心阶层住屋,为政府推行各项贷款计划,发展长者房屋,参与市区重建,以及协助私人旧楼业主管理和维修楼宇等。①

香港房屋协会的业务范畴很广,发展多项房屋计划,致力于满足不同阶层的住屋需要,包括出租屋村、郊区公共房屋、住宅发售计划、夹心阶层住屋计划、资助出售房屋项目、市区改善计划、市值发展项目、市区重建项目以及"长者安居乐"住屋计划等。李国华从事的建筑测量工作涵盖的范围也比较广泛,包括建筑施工前期的勘查、建筑设计审查、整个项目建造过程的安全和质量管理的监督,以及如何对房屋进行有计划的维修和保养等。通过这些工作的历练,李国华掌握了建筑测量的各种技能,也锻炼了细心、负责的职业素养。这样的工作经历不仅让李国华大学所学的专业在实践中得到了锻炼,并且为日后在建筑行业的发展打下了坚实的专业基础。从1993年到2000年,李国华在香港房屋协会做了七年的建筑测量师,成为一名建筑测量领域的专业人士,并得到了香港政府的认可,实现了自己大学毕业时的理想。

建筑测量师起源于英国,是由于建设领域专业分工不断细化而逐渐形成的。20世纪70年代中后期,香港的建筑和房地产业迅猛发展,然而建筑师人才却供不应求,于是从英国聘请了一批建筑测量师到香港屋宇署工作。建筑测量师既掌握专业技术,又熟悉法律法规和图纸流程审批等管理业务,开始逐步在香港受到认可和欢迎。建筑测量师的工作内容包括建筑设

> 从1993年到2000年,李国华在香港房屋协会做了七年的建筑测量师,成为一名建筑测量领域的专业人士,并得到了香港政府的认可,实现了自己大学毕业时的理想。

---

① 香港房屋协会(http://www.hkhs.com/tc/index.html)。

计图纸的审查、公共及私人楼宇的维修和保养管理、对建筑物的各种缺陷进行诊断（也被称为"楼宇医生"）、建筑物安全检查、建筑物的改造和翻新、为客户申请各种营业牌照、新楼宇交付使用和旧楼宇出售前的楼房度量、楼宇设施的维护管理、建筑物施工及使用过程中出现纠纷时的专家证供和仲裁等，涵盖建筑物的建造及经济问题、与建筑物有关的法律问题、建筑物维修和项目管理等内容。[①]

要成为建筑测量师通常需要具有大学建筑测量专业学位，达到规定时间的工作年限，参加考试并通过才能获得专业资格，而且还应当达到香港测量师学会规定的严格的专业标准。香港测量师学会规定，要成为建筑测量师应当至少有历时两年不少于 480 个工作日的专业实习期。实习期间，需要接受总共不低于 40 小时的专业知识培训；要承担一项实践任务，并表现出具有运用专业手段处理问题的能力；要通过专业面试考查，专业的面试由业内资深人士担任评委，考查候选人是否具有资格。专业的建筑测量师一般在获得香港测量师学会的专业会员资格一年后，可以申请注册成为专业测量师。

> 李国华已经成为一名注册的测量师，而且是香港测量师学会资深专业会员、香港政府认可人士，并成为非常少有中国人担任的英国皇家测量师学会董事管理局成员。

目前，李国华已经成为一名注册的测量师，而且是香港测量师学会资深专业会员、香港政府认可人士，并成为非常少有中国人担任的英国皇家测量师学会董事管理局成员。

2000 年，在香港房屋协会工作了七年之后，李国华遭遇了"七年之痒"。因为香港房屋协会的业务范

[①] 陈建国、唐可为、曹吉鸣：《香港建筑测量师及其专业角色的研究》，《基建优化》2004 年第 25 卷第 2 期，第 1—3 页。

畴主要为住宅，李国华经过了七年的认真工作，非常熟练地掌握了建筑测量的各种工作。但是，随着工作的持续，李国华觉得在房屋协会的工作挑战性逐步减弱，每一年的工作情况基本是重复的例行事务居多，学习的新东西越来越少。

于是，李国华在2000年选择了离开香港房屋协会，并接受同行朋友的邀请，加入某家建筑顾问公司，主要从事专业的建筑顾问工作。在香港房屋协会，李国华是作为业主方（甲方）的顾问角色，而且主要面向住宅。但是在专业顾问公司里，李国华承担的是乙方角色，服务的项目非常广泛，既包括住宅，也有商场、办公楼、酒店等不同的项目，会面临不同客户的各种需求，以及许多不同类型的市场运作方式，拥有许多学习的新机会。而且，通过更多方面的专业经验，可以得到一些范围更广的政府人士认可。这些都让离职之后的李国华得到了更多的锻炼，积累了更加多元和多样化服务的经验。

2002年，李国华开始创办自己的公司United Consulting Limited（UCL）（中富建博有限公司），提供专业的建筑服务。

（二）专业综合服务，提高生活质量

2002年创立中富建博之后，李国华在2005年开始进入中国内地市场。中富建博的定位是提供建筑相关专业服务，以支持客户的核心价值以及提高生活质量，成为客户的专业合作伙伴。中富建博是一家针对所有土地、建筑、物业等领域的综合咨询公司，其所提供的专业服务包括项目管理、可行性研究、建筑测量、法定提交、牌照申请、设施管理、房地产咨询和

> 中富建博的定位是提供建筑相关专业服务，以支持客户的核心价值以及提高生活质量，成为客户的专业合作伙伴。

设计施工服务等。[①]

项目管理方面，中富建博能够通过一套行之有效的方法和框架进行管理，在计划的时间内争取客户的最大利益，实现所有项目的目标。从项目概念发起，到招标、服务及合同采购、工程开工、进度监控、工程竣工、项目收尾及交接、持续维护等这些不同的阶段都能为客户创造价值。具体的项目管理服务内容包括：代表客户的利益提供独立的专业意见、识别客户的要求、协同与监督所涉及的不同服务方、跟监管机构进行联络、确保质量标准得到遵守、跟踪和确保项目的时间和预算控制等。

可行性研究服务主要是在项目实施前进行分析和评估，减轻客户的建设项目和房地产投资的风险。而且，根据客户对物业投资和资产管理等方面的需求，通过量身定制给出专业意见，帮助客户做出更好的决定和选择。建筑测量方面，主要通过先进的建筑测量技术、工具和方法，为业主、租户和投资者提供全面的建筑测量服务，如预建设条件调查、预购建设调查、预租状况调查、既有建筑状况调查、结构调查、渗水与泄漏调查、建筑消防安全评估、测量调查、诊断与建筑缺损修复和保养建议等。法定提交指的是客户需要依法提交文件给政府部门批核时，中富建博的认可专业人士将提供专业建议和帮助做出一切必要的准备，并完成所有必需的步骤和提交。

中富建博还提供牌照申请和设施管理服务。在香港，不同类型的活动或用途的场所（如餐厅、食品企业、酒店、学校、戏院和酒吧等），需要从不同的政府部门申请不同类型的许可证。这些许可证上涉及不同的履约项目，如土地及建筑物的使用、消防安全、卫生环保等。从规划到完成阶段，中富建博的认可专业人士将确保客户的应用场所符合要求。整个过程中，公司将帮助客户把证明文件和所有的应用程序准备好，与不同的政府部门联络，直到所有的申请工作完成。设施管理在于维护和改善建筑环境所需的条件，满足商务、职场和生活需要。设施管

---

① 中富建博主页（http://www.unitedconsult.asia/cs-home）。

理集合了人、建筑、工程、技术、企业管理、流程和项目,以建立一个有管理体系的环境。

中富建博同时为多种物业类型提供估值流程和可行性研究等方面的咨询服务,包括大型的开发项目、商场、写字楼、市场和个人物业等。此外,中富建博还提供设计和施工服务,主要包括设计施工的前期规划、范围开发服务以及项目估算。专业的项目经理协调规划和设计过程,并监督设计师和承包商之间的工作,项目覆盖建筑、工程和施工。中富建博选择并管理设计和施工的专业人士,在设计和建设过程中担任业主代表,协调和管理私人承包商和顾问的设计过程和建设活动。

2007年,全球领先的房地产服务商戴德梁行的CEO邀请李国华到上海担任中国区的董事兼建筑顾问。李国华考虑再三之后,答应了这一邀请,但约定工作期限为两年。尽管当时他必须把中富建博的业务暂时交给合伙人,在一定程度上影响了公司在内地业务的拓展。但李国华认为,戴德梁行是一个国际性的大平台,自己在这里可以得到更大的锻炼,也能积累到更高层次的人脉,这间接地促进自己今后继续创业,是一种"曲线救国"。例如,在戴德梁行工作期间服务的中国平安、五矿集团、渣打银行、金蝶软件等大企业,让他积累了许多丰富的大型项目运营经验。戴德梁行有来自各行各业、非常全面的客户群,这些不同背景、不同类型的客户,在具体的运作方法、项目目标和要求等方面都存在很大区别,这在很大程度上促进了李国华综合能力的锻炼和提升。另一方面的挑战则来自于两地差异,由于负责的是整个中国内地市场,内地的法律法规和办事流程跟香港存在不少差异,而且各个地方和团队的工作习惯、经验和方式也存在很大区别,但李国华认识到这里既有香港方面的优势,也会有内地的长处,总是客观去分析和看待:一方面发挥在香港工作多年积累的先进经验,对内地的团队进行培训,带动整个团队的提升和进步;另一方面也虚心快速地向内地的一些先进做法学习,努力整合双方优点,以提供更好的服务方案。例如,以前内地的许多商业地产的设计更多的只是从建筑工程技术的角度去考虑，李国华便引入了香港在这方面的先进经验，不仅考虑工程，还充分考虑商业地产的市场需求情况，使得整个项目今后的运营更加成功，让客户从中获得更多增值。

2009年，在戴德梁行经历了两年锻炼之后，李国华选择回到自己的公司，继续创业。李国华笑称这段经历就像是去大学读一个研究生一样，接触新的课题项目，可以学习到新的知识和经验，为今后的发展奠定更好的基础。他在这期间特别积累了物业管理的经验，并在原来建筑测量师的基础上，增加持有物业设施管理的专业资格。而且，当年自己带领和锻炼的队伍，现在回过头去看还是很有收获的，不仅自己得到了提升，团队的成员也得到了很大的锻炼，取得了长足的进步。

李国华说，自己创办中富建博就是基于自己和合伙人在建筑领域的专长和丰富经验，可以为客户提供专业服务。目前公司的强项主要体现在四个方面：第一，一站式专业服务。公司拥有多种类型的建筑和商业知识，通过综合性的服务，确保项目成功并有效降低客户的成本和付出。第二，长期客户合作关系。中富建博视每一个客户为长期的合作伙伴，认真倾听客户需求，充分考虑他们的最佳利益，不断优化客户的业务状况，构建持续稳定的客户关系。第三，严格的质量控制。中富建博对每个项目和任务都设立严格的质量控制和规格保证，通过日常运营及严格的质量管理，确保高水平的质量。第四，创造性思维。中富建博不断吸收最新元素，凭借前卫和开放的思维，接受各种挑战，创造卓越的业绩。

目前，中富建博的核心团队在20人左右，许多项目的业务就通过联营公司进行外包。其中，团队在香港有12人，在内地8人，内地的办公室设在上海。李国华说，在内地的经营模式选择上，他目前不希望团队规模太大。因为当年他从戴德梁行离开，返回香港，主要考虑把更多时间放在香港，以陪伴家人。之所以后来又拓展上海周边的市场，主要是因为一些老客户的热情邀约。近期，他主要将重心放在广东市场，并与广东当地的一些企业进行合作，抓住粤港澳大湾区的发展机遇，同时逐步拓展"一带一路"的市场。

（三）推动建筑科技创新

近年来，李国华及合伙人注意到新兴的互联网、人工智能、3D打印等高科技的发展对传统产业的革新和颠覆，他们认为这些新兴科技也将对建筑行业产生重要影响，而且速度将不断加快。于是，2015年，他们开始在建筑信息科技方面进行投资，持续跟进各种新兴科技的进展，希望能够提前布局。目前，他们已经成功开发出建筑信息模型（Building Information Model），并逐步进行推广和应用。

建筑信息模型是建筑学、工程学及土木工程的新工具，通过其智能立体过程，以及融合建筑、工程和施工专业人士的意见，能够使项目同步协调和统一管理，实现可视化的建筑设计的立体模型，提高设计的精确度，节约设计时间，减少建筑质量问题和安全问题，并减少重工和修正。例如，以前传统的二维设计，在空调风管等方面可能在设计上可行，但在施工过程中会存在一些难以实现的地方。现在通过新的技术手段，可以实现三维设计，在招投标之前就可以更加精确计量，避免浪费时间和材料，减少后期施工成本。而且，基于建筑信息模型，可从设计、建造到运营全生命周期实现模拟项目的施工过程，将管理工作前置，优化管理方案，降低管理风险，提升管理效率。通过建筑信息技术，还能够实现管理工作的数字化，通过大数据分析为管理提供可量化的决策依据。

李国华认为，建筑科技的进一步发展，将在许多方面颠覆现有的建筑行业。例如，在房屋和楼宇的建

> 近期，李国华主要将重心放在广东市场，并与广东当地的一些企业进行合作，抓住粤港澳大湾区的发展机遇，同时逐步拓展"一带一路"的市场。

> 2015年，李国华开始在建筑信息科技方面进行投资。

> 李国华认为，建筑科技的进一步发展，将在许多方面颠覆现有的建筑行业。

造上，将基本实现房屋建筑的装配式技术，先在厂房里生产基本的造型，然后直接运送到现场进行拼装就可以快速建造房屋。3D 打印技术的应用，可以使建筑设计更加精准到位，使原来传统设计无法精确的具体细节得到呈现。而且，在此基础上，可以通过 VR（虚拟现实）技术进行建筑真实场景的展示，让业主、设计单位、施工方和顾问单位能够在真实的情境下得到有效的沟通。李国华表示，以前的设计模型和图纸基本上只能供专业人士进行交流，客户们多数看不懂专业的设计图纸，但现在通过 3D 打印和 VR 实景展示，普通人也能够看得清楚明白，于是用户和专业人士的交流将会更加顺畅和深入，也避免事后的争议和扯皮。此外，现在的无人机技术，可以应用到许多高层楼宇的测量和检测，实现更加精确的效果。

因为是英国皇家测量师学会的董事管理局成员，李国华清楚地了解到建筑领域的这些科技创新，英国和欧美发达国家已经在较早时期就进行了大量的投入，并逐步推广。李国华认为，目前高科技还在持续进步和发展中，为此，必须更加深入地推进传统建筑行业与高科技的融合，努力投入资源进行创新，才能更好地实现突破和发展。当然，由于是创新，可能还会存在许多不完善之处，甚至会有曲折的过程，但并不能因此就不去尝试和努力，而应当不断探索行之有效的可行方案。特别是粤港澳大湾区正在积极打造全球重要的科技产业创新中心，传统建筑产业也将有许多新的升级机会。

> 由于是创新，可能还会存在许多不完善之处，甚至会有曲折的过程，但并不能因此就不去尝试和努力，而应当不断探索行之有效的可行方案。

2015 年，李国华在深圳前海组建了英建盈科公司，整合了来自测量、建筑和工程三方面不同专业背景的合伙团队，专注于建筑科技和信息的创新研发和应用推广。该公司一方面整合了不同专业背景的人士，并与相关科研机构和高校进行合作，以实现更多跨行业、跨领域的创新；另一方面跟英国的建筑信息模型研究机构合作，将英国的先进经验和模式引入中国，促进更多的高科技项目在建筑领域落地。此外，李国华还充分发挥自己的国际化优势，邀请英国、新加坡等地的专家，拓展"一带一路"建设的建筑项目。

（四）不忘初心　回报社会

李国华说，他的创业不仅仅是为了金钱利益，而是希望通过搭建一个平台，做一些能发挥自己专长，更值得去做的、有意义的事情。而且，他希望通过创业的契机可以更加自主地尝试一些新的领域，并将时间分配到自己认为更有意义的事情上。因此，2017年他在香港组织一批测量师和建筑师等，共同发起成立一个非营利组织，发挥大家的专业优势，去调研一些课题和项目，为政府提供决策参考，以此来服务社会。例如，针对香港政府提出的"2030年城市规划"，他们就从建筑专业人士的角度出发，提出专业意见，希望为香港未来的城市规划尽自己的努力。

李国华认为，在创业过程中，有些人选择努力去把业务规模做大，这是一个很好的方向，但并不是唯一的方向。目前，他认为自己公司的业务已经基本稳定，因此，他"小富即安"，没有更多去考虑公司规模的扩张，而是更多选择将自己的专业经验用于服务社会的公益事业上。尽管从目前的规模和人数来说，中富建博只是一个中小企业，但像这样的中小企业在香港和许多发达国家非常多，这也是推动经济发展的重要力量。李国华现在并不想快速把中富建博扩展成为一个大企业，而是精心去做好每个项目的专业服务，然后顺其自然地发展，并且将更多时间精力投入到社会公益方面。例如，针对新兴技术在传统建筑行业的应用，最近李国华联合了一些建筑师，跟香港大学的教授合作，开设建筑信息模型工作坊，举办建筑科技应用的设计比赛，将实践界最新的科技应用带到大学课程里，让大学生能够第一时间了解和实践最新的建筑科技。李国华说，这些到学校里进行的公益活动，都是无偿付出，但也都是自己可以去做、应该去做、去实现价值的领域。对此，他认为，每个人的价值观很重要，价值观决定了许多事情值不值得去做，也对个人的职业规划和选择产生影响。如果只是从经济收入的角度考虑，在香港，作为专业的政府认可人士，完全可以选择担任公职，可能收入更高、更稳定。

此外，李国华也希望，通过到内地进行创业，能够把香港许多先进的建筑管理和运营经验带到内地，这可能是比盈利更重要的东西。例如，他们在广州某个地铁站的统筹规划顾问，就借鉴了许多香港轨道交通的经验，考虑如何将地铁的大量人流合理地引入地铁站的商业地产中，实现无缝连接，从而挖掘出地铁站的更多商业价值，并带给客户良好的体验。在建筑顾问方面，香港和内地在对待建筑顾问上仍存在不少差异，香港基本上比较尊重专业顾问的意见，但内地的许多开发商都比较强势，会直接干预图纸设计。内地的监理服务也相对单一，较少涉及综合性的顾问服务。中富建博希望通过努力，在尊重内地既有传统的基础上，逐步引入香港的经验，使内地的建筑顾问往更加科学、专业的方向发展。

李国华现在也积极参与一些香港与内地的交流活

动,他希望通过这样的交流,加强双方的了解,减少两地的隔阂,并通过自己的实践和感受,带动更多香港年轻人来内地创业。他期待更多香港的年轻人能够参与到内地的建设和发展中,因为内地的市场比香港大得多,有许多发展空间。当然,他也表示,内地在法律法规和营商环境方面,仍有不少改进空间。他结合自己的经历,对香港企业来内地创业在市场方面的期待提出三点看法:第一,有没有市场需求,创业者会考虑这个市场是不是有竞争优势,能不能发挥专长。第二,法律法规是否透明。许多香港人可能很熟悉香港的法律,但不熟悉内地情况,不太敢过来。因此,要加强内地法律法规的宣传,让香港人更加愿意和放心地到内地创业。第三,政府部门的服务是否高效、到位,这方面近年来进步很大,但仍有不少提升的空间。

二 企业案例分析:专业人士的不断创新

(一)运用专业知识进行创业

建筑顾问和综合咨询服务的创业是一个相对专业的领域,在执业资格方面具有一定的进入门槛。因此,为了实现自主创业,李国华经历了多年的积累。在建筑专业大学毕业后,他到香港房屋协会从事建筑测量工作,经过了七年的经验积累和历练,成为香港测量师协会的专业测量师,并成为香港政府认可人士。之后,他又到专业顾问公司戴德梁行从事更加广泛的建筑和物业管理顾问工作,并增加持有物业管理专业资格。这些专业的历练使他在专业技术、管理经验、业界人脉等方面都得到了有效的积累,使他在建筑专业服务方面的自主创业水到渠成。凭借多年的从业经验,李国华在团队组建、市场拓展、客户服务等方面都能够得心应手,让自己的专业经验的价值得到有效体现。

(二)先进建筑经验的本土化运营

从20世纪70年代起,香港的基础设施和房地产市场蓬勃发展,积累了丰富的建筑管理经验。而近年来内地正跟随香港的脚步，在基建和地产方面加速投资和发展，对专业的建筑咨询服务有很大的市场需求。李国华充分认识到这一发展机遇，依托自己在香港多年的专业经验，在2005年就到内地创业，希望将香港的先进建筑经验带到内地，促进内地建筑市场效率的提高和效果的改进。由于内地和香港在制度、基础和习惯等方面都存在不少差异，李国华没有生搬硬套香港的经验，而是充分结合内地的实际情况，进行卓有成效的本土化运营。李国华总是充分了解内地的一些既有习惯，再慢慢引入香港的做法，逐步去调整和改变。而且，在这个过程中积极做好沟通，培养用户习惯，让内地的业主也逐渐"依赖"专业顾问。李国华希望自己一方面要具有国际的视野和眼光，另一方面要结合当地的实际进行调整，尽量求同存异，更具在内地发展的适应力。通过努力，中富建博在内地的项目得到了较好的推进，并深受客户好评。

（三）传统建筑与新兴科技的有效融合

李国华在传统的建筑领域已经积累了非常丰富的经验，但他并没有因此故步自封、因循守旧，而是积极关注各种新兴科技的发展动向，并考虑和尝试将信息技术、3D打印、VR、无人机等新技术应用到建筑领域的专业综合服务中，解决传统做法的一些老问题，并改进用户体验，提升服务质量。通过李国华及其团队的努力，许多新兴技术逐步应用到传统建筑服务领域，实现交叉创新，甚至颠覆既有模式。这使李国华在建筑专业服务领域的创业增加了许多高新科技元素，增强了企业的竞争优势，对行业和市场产生了更加深远而广泛的影响。而且，这也使新兴技术找到了更多用武之地，促进了科技的应用和推广，实现了新兴技术和传统行业的有机融合。

三　启示：服务创造价值

（一）香港先进经验的内地推广

香港在过去作为"亚洲四小龙"之一，短时间内实现了经济腾飞，基础设施和房地产市场也得到了迅猛发展,并积累了许多经验。这些在建筑领域的专业服务经验有的是从英国等西方发达国家引入的,有的是香港本土在建设过程中自己总结摸索出来的,都是人类在城市建设和房地产建筑发展过程中的宝贵经验和知识累积。李国华正是依靠自己在建筑测量、物业实施管理等领域的专业经验,组建专业团队,将香港的领先经验服务于内地蓬勃发展的广阔市场,从而弥补了内地市场在这方面的缺口,成功抓住商机,创造价值。因此,香港青年在创业过程中,要加强对内地市场的调研,结合自身优势,思考是否存在一些香港已经较为领先或完善但内地目前还相对落后或者匮乏的领域,从而将香港的经验移植到内地,并构建合适的商业模式,促进产品或服务的跨区域流动,更好地推动创业的进展。

(二) 用心服务成就口碑

李国华充分利用自己在建筑领域的多年经验,秉承为客户提供专业化服务以提高生活质量的理念,用心去做好每一个项目,在行业里积累了良好的口碑,使其创业过程中的客户基本上都是多年合作的老客户,或者是客户、同行推荐的。这一方面得益于李国华的专业技术能力得到广泛肯定。他是香港测量师学会的测量师、资深专业会员,是香港政府认可人士,还是英国皇家测量师学会董事管理局成员,又拥有香港房屋协会、戴德梁行等大型单位的运营经验。另一方面,李国华具备良好的专业素养,认真、勤恳、敬业,努力为客户着想,充分考虑客户的最佳利益,确保了高水平的服务质量,超越客户的期望。正是这样优秀的专业能力加上优质的服务水平,使李国华及其团队建立了良好的口碑,无须广告宣传仍然客源不断。从营销的角度看,口碑就是最好的宣传和广告。因此,港澳青年到内地创业时,要用心服务,努力去建立自身和企业的良好口碑,逐步建立品牌形象,才能在市场上走得更为顺畅。

(三) 找准合适的创业定位

李国华根据自己在建筑测量和物业管理等方面的专业优势,并结合自身偏好、家庭与工作平衡等问题，将自己的创业定位明确在专业的建筑综合服务，并主要聚焦在广东市场。尽管后来由于老客户的盛情邀请，又前往上海及周边地区提供服务，但他将这看成一种"顺其自然"。随着公司业务走上正轨，他并没有进一步去追求业务的扩张和规模的扩大，而是将重心转移到关注新兴科技与传统建筑的融合，以及作为一名专业人士和政府认可人士的社会公益服务上。因而，从某种意义上，李国华目前的创业已经不完全是商业上的考量，而更多含有社会创业的成分。但他认为这是自己的主动选择，而且，更加应当去做。这些服务社会的行为尽管不能为企业带来利润，但符合李国华自己的价值观和创业定位。他乐在其中，充满激情。对于港澳青年而言，如何找到更加契合自己价值观的创业模式，找准自身定位，是在创业过程中必须去努力思考的一个重要问题。因为创业总是充满了风险和许多不确定，甚至会经历许多艰难时刻。如果有清楚明确的价值观和合适定位的支撑，就能够帮助创业者更好地渡过难关，实现更好的成长。

四　案例大事记梳理

1993 年，李国华大学毕业后，进入香港房屋协会工作；

2000 年，李国华离开香港房屋协会；

2000 年左右，李国华成为香港测量师学会会员和政府认可人士；

2000—2002 年，李国华进入香港某家建筑综合顾问公司工作；

2002 年，李国华在香港创办 United Consulting Limited（UCL）（中富建博有限公司）；

2005 年，李国华到内地开展业务；

2007—2009 年，李国华任戴德梁行中国区董事兼建筑顾问；

2015 年，李国华在深圳前海组建英建盈科公司；

2017 年，李国华成为英国皇家测量师学会董事局成员。

第十六章　云端容灾：象牙塔技术达人的坎坷创业路

> 公司名称：深圳市前海云端容灾信息技术有限公司
> 创始人：李德豪
> 创业时间：2016 年
> 所处行业：网络安全
> 关键词：云端容灾，大数据，自动演练
> 访谈时间：2017 年

一　创业者故事：辗转创业，前海腾飞

（一）走出高校，逐梦商海初心不减

创业之前，香港土生土长的李德豪是香港人眼里的"学霸"，是象牙塔里不食人间烟火的科学家。1990 年，李德豪进入香港浸会大学数学系就读；1994 年，他考入香港大学电机及电子工程系修读硕士课程，继年获选提升为博士研究生，并于 1997 年取得电机及电子工程博士学位，主要研究方向为Ⅲ－Ⅴ组半导体材料及利用量子阱为主的光电及光子器件。毕业后，李德豪潜心于量子力学方面的研究，同时在香港大学及山东师范大学担任客席助理教授，负责有关光学电子的课程。

> 创业之前，香港土生土长的李德豪是香港人眼里的"学霸"，是象牙塔里不食人间烟火的科学家。

之后，李德豪逐步将研究方向从纯理论的量子力学基础研究转向数据备份和网络安全方面的应用研究，并开始走出象牙塔，与网络安全行业的政府部门和企业进行合作。谈到这次转型，李德豪说，在香港的大学里，学者们收入稳定，工作和生活非常简单纯粹，学校和实验室真的是"象牙塔"，是"桃花源"，除了学术界，研究人员很少与外界往来，"不知有汉，无论魏晋"。这种可以心无旁骛、潜心学术的优越环境，使香港的大学研究不断取得进步。因此，自己之前的规划是在高校里致力于量子力学方面的理论研究，希望能成为一名科学家。但是，1997年的亚洲金融危机和2003年的非典（SARS）疫情使香港的经济受到重创，使许多大学教授和研究人员的生活受到了较大程度的影响。这种情况刺激了李德豪，促使这位年轻的博士开始重新思考自己的未来航向。而且，李德豪的哥哥在香港长期从事房地产业务，他一直希望弟弟能够多参与到市场经济中，为社会创造更多的商业价值，而不是只会埋首于书斋。李德豪经过慎重考虑，听从了哥哥的建议，逐步转向应用层面的技术研发，并积极考虑成果转化。他希望，通过更多接触市场和商业的历练，能提升自己的综合竞争力，让自身的生命力更加强大。当遇上新的危机时，自己能够更加主动去应对，而不是只能被动接受安排。而且，即使自己在商业上的努力失败了，依然可以依靠已有的专业积累和新的商业锻炼重新寻找教职，可谓"进可攻，退可守"。

离开学校之后，李德豪加盟香港怡安电脑公司，担任技术总监，专门研究数据恢复的顶尖技术。2004

年，李德豪与香港新加坡南洋理工网络技术研究中心合作开发了香港第一套专门用于业务连续和灾难恢复的装置 BizCON Appliance，这一装置被数十间香港政府机构和国内外公司采用，李德豪也因此被香港 IT 界称为"香港的土产发明家"。因此，尽管开始投身商海，李德豪仍然希望能充分发挥自己的技术优势，保持在学校里从事研究的那份初心，研发出好的产品来服务客户。

（二）起步香港，初次创业历尽坎坷

在怡安电脑工作几年之后，李德豪于 2008 年在香港创办了 BizCONLINE Limited，专注容灾储存业务。所谓容灾，源自英文 disaster tolerant 或 disaster recovery，指的是可以容忍灾难发生而不影响业务继续运行，在国外也被称为"灾难恢复"。具体而言，就是当电脑的应用系统和数据库受到不可抗力影响的时候（如水灾、火灾、地震、海啸、台风以及大规模骚乱乃至战争），能够通过启用在异地实时在线的备用系统和数据立即接管，确保用户数据的安全，保证运营和交易顺利进行。容灾技术因此被誉为维系互联网世界正常运转的"守门人"。

李德豪通过继续研发，利用云存储技术，将传统的容灾由硬盘或服务器备份进一步延伸至云端，并且在 2009 年自主研发出世界首创的每天自动演练（Daily AutoDrill）的云端容灾技术。自动演练，指的是该系统除了定期备份，还每天进行自动演练和报告，让系统支援所有工作站的灾难恢复。通过云端容灾中心的自动演练，将给 IT 系统每天进行一次健康检查，对数据进行备份和审计，确保备份数据的可靠。而且，能够提前预判系统中存在的各种问题，一旦发现数据系统存在异常，将立刻生成报告，防范灾难的发生。[①]

李德豪的自动演练云端容灾技术在香港成功申请了三项专利，而且受到了香港 IT 界的好评。他立刻招兵买马，广泛宣传，积极在香港市场进

---

① 《香港团队"BizCONLINE"前海创业记》，《深圳特区报》2016 年 1 月 19 日第 A6 版。

行产品和市场推广。但是，与 IBM、EMC 这些容灾备份领域的全球大品牌相比，相关的政府部门和机构对刚创业的李德豪仍然缺乏足够的信任，不敢成为他的新技术的"小白鼠"。云端容灾先进技术"叫好不叫座"，市场开拓步履维艰。

此时，恰巧香港富豪龚如心千亿遗产案的一位律师的电脑在开庭前出现了系统崩溃，依靠李德豪的数据恢复技术成功找回了资料，这成了 BizCONLINE 的第一单业务，让李德豪看到了市场的曙光，自信满满。为开拓客户，李德豪甚至在香港卖了一套住房，依托此成功案例，进一步加大市场宣传。然而，李德豪的"赌博"却没有换回市场的认可，公司的业务依然没有太大的起色。毕竟，像这位律师的这种意外事件还是属于小概率事件，业务频次不高。无奈之下的李德豪，只能逐步削减开支，把公司的人数减到最少，解散市场人员和行政人员，只留下研发部门。甚至到后来，他自己还跑到别人的公司里打工挣钱来补贴 BizCONLINE，以维持最基本的运行。

（三）转战佛山，二次创业由喜转忧

在香港艰辛创业多年后，李德豪开始将眼光投向内地，特别是毗邻香港的广东省，希望在内地开辟新市场。2012 年底，香港科技园和广东省佛山南海区政府合作建设"粤港创新圈"的首个粤港联合孵化器"创享蓝海"启动，BizCONLINE 成为首批入驻的 5 家香港创新型企业之一。2013 年，李德豪凭借其多年的容灾技术经验，以及多项容灾技术专利，在南海区申报"自动演练云端容灾中心"项目，获得南海区"蓝海人才计划"的 A 级人才称号，同时获得最高级别的

300万元创业启动资金。之后，李德豪还参加了首届佛山市青年创业大赛，并进入前十强。

佛山的各级政府给了李德豪包括各类高新技术奖金在内的许多支持，这使李德豪在这里似乎摆脱了在香港初次创业时留下的阴影，重新拾回了创业的信心。他发现，在佛山有非常发达的制造业产业集群，除了大型龙头企业，以中小企业居多，而他们目前多数尚未建立容灾备份系统。而且，佛山市政府积极为李德豪牵线搭桥，包括引荐像佛山市志愿者服务网等公共性互联网项目的容灾业务。李德豪料想，这将是一个非常有潜力的大市场。于是，2014年，他把香港的团队带到佛山，并且和广东省数字证书认证中心开展合作，准备开始发力佛山市场，将佛山打造成为云端容灾之城。

然而，现实却给李德豪泼了一盆冷水，市场的反应大大出乎他的意料。首先是佛山的许多中小企业原本在销售和财务等方面的信息建设就不够规范，而且非常担心泄露企业的隐私信息，他们根本就没有意愿将数据进行网络容灾备份。李德豪说，即使他主动联系这些中小企业，想免费帮他们进行云端容灾，他们仍然不愿意。其次，那些龙头大企业都已经有了在信息系统方面的长期合作伙伴，并不认可刚进入内地且尚处于创业阶段的李德豪。再次，内地一些机构的采购经常需要通过中介机构代理或经办，并抽取一定佣金，刚进入内地的李德豪不熟悉这其中的"潜规则"，都是自己及香港团队直接电话跟客户沟通，最后经常"只闻雷声，不见雨点"，白白耗费许多精力。后来开始熟悉行情的李德豪经人介绍，花大价钱请了一位跟当地有关机构熟悉的销售，但最后还是没有什么效果，

获得南海区"蓝海人才计划"的A级人才称号，同时获得最高级别的300万元创业启动资金。

还浪费了几十万元的"业务费"。

无奈之下,李德豪开始寻找另外一种拓展市场的方式,即通过跟清华紫光、浪潮集团等大型企业合作,希望借助国内这些知名品牌企业,进军大型企业的容灾备份市场。但是,合作的效果却非李德豪所愿。因为这些合作的大企业目前在品牌和市场上都处于强势地位,他们在整个容灾项目上主要还是推广自己拥有的产品或者目前市场上比较成熟的产品,只会把一些"难啃的骨头"或者"边边角角"留给李德豪,而这些部分技术难度大、风险大,利润却很低。

在佛山努力了两年多,云端容灾业务迟迟未能打开市场。李德豪从一开始的满怀希望、信心满满,到四处碰壁、失望至极。他深刻进行了反思,发现主要还是自己和从香港过来的团队对内地的市场特点和经营方式不够了解,这背后的本质是亚文化的差异。当然,李德豪依然保持乐观。他说,尽管刚到内地走了一些弯路,但这也是必须要交的学费,相信经过前期的学习,以后就能够避免许多错误。于是,李德豪不再直接聘请销售,而是思考新的经营模式,在佛山主要通过招聘技术人员进行研发。与此同时,恰好"大众创业,万众创新"的国家战略提出,李德豪开始携云端容灾的项目参加各种创新创业比赛,积极寻求新的机会。

(四)移师前海,三次创业云开月明

2015年12月,李德豪及其团队参加了中国(深圳)创新创业大赛,在来自全国的近4000个项目的激烈角逐中脱颖而出,获得了信息科技行业团队组一等奖,并引起了许多投资人的兴趣。而且,通过此次参加深圳的比赛，李德豪第一次接触了深圳前海青年梦工场。由前海管理局、深圳青联和香港青协三方在2014年12月发起成立的前海深港青年梦工场，是一个主要是通过行政制度改革，提供一站式拎包服务，引进多家孵化器，致力于重点帮助香港年轻人实现创业梦想的国际化服务平台。在这里，成功入驻梦工场的团队能够得到租金减免，让团队省去创业初期的租金烦恼，可以全身心投入创新创业中。此外，梦工场的服务平台还提供融资、法律和会计等方面的一站式咨询服务，帮助创业团队解决创业过程中的各种问题和困难。前海青年梦工场还有每天往返于深港两地的跨境巴士，方便香港人士上下班的往来。

李德豪立刻就被深圳前海的各种便利服务和优惠措施所吸引，特别是早在香港创业初期就与他熟悉的香港互联网专业协会会长洪为民先生此时也到深圳担任前海香港事务首席联络官，他大力推荐李德豪到前海创业。于是，2016年，李德豪进驻前海青年梦工场，注册成立了深圳前海云端容灾有限公司，开启了新的创业之旅。这一次李德豪充分汲取了之前的经验和教训，终于在这里"守得云开见月明"，实现了事业的腾飞。

首先是前海和深圳的平台给 BizCONLINE 的企业品牌进行了很有力的宣传和推广。开发开放前海，是国家在深圳经济特区成立30周年所作的战略决策。前海将在"一国两制"框架下，努力打造粤港现代服务业创新合作示范区。2012年12月，习近平总书记在党的十八大后离京视察的第一站就是前海，并对前海开发开放做出重要指示。因此，近年来前海吸引了全国乃至全世界的目光，经常吸引各地的政要和官员前

> 前海和深圳的平台给 BizCONLINE 的企业品牌进行了很有力的宣传和推广。

来考察，这里也经常举办各种创业比赛并吸引众多投资机构参与。云端容灾通过前海这个平台得到了广泛的宣传，让更多的人了解容灾业务的内容、原理和重要意义，也清楚了李德豪的技术实力。通过前海的平台影响力，许多合作机会纷至沓来，云端容灾的市场拓展速度得到大大提升。

其次，李德豪吸取了在佛山拓展市场时的教训，开始改变直接销售的经营策略，而是在各个地方寻找熟悉当地市场的公司进行合作。李德豪通过拥有的领先的自动演练技术和多年的容灾经验，与各地的合作商成立联营公司，由他们去拓展当地市场。李德豪形象地比喻为这是在各地建立"容灾医院"，处理当地的容灾问题。而 BizCONLINE 的主要工作就是培养各地的"容灾医生"，并且不断研发出各种新的容灾"药物"和"治疗方案"。BizCONLINE 已经在广东江门、云浮等地建立了合作企业，为当地用户在物理、虚拟或云计算平台的关键业务方面提供连续保护及快速恢复。当前，李德豪的主要任务是：一方面带领技术团队持续进行研发，不断丰富和完善云端容灾方案，并且积极突破创新，保持技术的领先；另一方面作为公司的首席联络员，参加各种会议和论坛，推广云端容灾，寻求各种合作。

最后，公司积极推进大数据和容灾技术的交叉融合，实现云端容灾服务的升级。随着大数据时代的来临，李德豪及其团队也将其融合应用到容灾恢复中，研发出基于自动演练的数据挖掘分析技术，并受到广泛关注。云端容灾的第一步是通过备份、异地容灾和迁移等方法对数据进行保护，因此容灾中心就集聚了大量生产、开发和测试的数据，并形成一个大数据池，在此基础上就可以进行大数据的挖掘和分析工作。通过与大数据的结合，容灾数据中心将不仅仅是成本中心，而且可以成为大数据分析的业务和利润中心，使商业模式发生质的飞跃。因此，当正在深入实施大数据战略的贵州省铜仁市了解到 BizCONLINE 的核心技术和运作模式后，表现出浓厚的兴趣，立刻邀请李德豪到铜仁市共同建设大数据容灾中心，而且当地政府在土地、厂房和设备等方面给予了许多优惠。目前，这项工作正在积极推进中。李德豪也正在积极跟湖北、广西和福建等地的政府和相关机构密切接洽，争取建立更多的大数据容灾中心。

（五）展望未来，云端容灾逐鹿全球

随着全世界政治局势日趋复杂导致局部地区动荡因素的加剧，以及各种自然灾害事故的频繁发生，互联网数据的安全备份问题日益引起各国政府和许多企业的重视。统计数据显示，全球容灾市场规模达数千亿美元，中国的容灾市场规模在 2020 年也将超过百亿元。[①] 但是，目前中国市场上的容灾业务却大部分被美国的品牌抢占，中国的存储备份企业还基本没能打入国际市场。

其实，李德豪已经拥有了一定的国际化经验。在 2014 年，东南亚某国的大选引发政局动荡，持续的罢工和交通封锁引发暴力事件，跨国零售巨头乐购公司在动乱地区的门店运营面临极大危机。对乐购这样全球采购、跨国零售的大企业而言，一旦某个局部区域的后台数据系统瘫痪，将会引发全球性的订单、采购和资金的停滞。于是，BizCONLINE 通过云端容灾服务，成功为乐购化解了这次危机。2016 年，在香港云科技论坛（ClOUD TECH FORUM）上，前海云端容灾公司凭借与乐购在容灾领域的合作，击败 IBM、亚马逊和微软等世界知名企业，荣获最佳云通信和协作、最佳备份技术和最佳客户关系管理三项大奖，引起了广泛关注。

因此，李德豪希望凭借自己在容灾领域的核心技术和丰富经验，能够逐步走向国际市场，使 BizCONLINE 的云端容灾为全球提供服务。他说，现在创业一定要有大格局，要有全球眼光，然后安排好计划，一步一步去行动。他将此总结为"志、信、划、动"四个字："志"强调的就是格局和视野，要有将中国的容灾中心建成国际性标准的志气；"信"指的是要有信心，要自信；"划"强调的是必须有规划和计划，有些目标不能一下子达成，需要分步去规划安排；"动"强调的是行动和执行力，这是目标能否实现的关键。当前，特别随着"一带一路"倡议的实施，许多"走出去"的中国企业，在境外经常面临更多的不确定因素，对数据备份安全有着更多的需求和更高的要求，给云端容灾的业务发展带来了新的

---

① 《香港团队"BizCONLINE"前海创业记》，《深圳特区报》2016 年 1 月 19 日第 A6 版。

机遇。

目前,李德豪在云端容灾的国际化方面已经做出了新的探索,即通过跟各地政府合作建立容灾中心,为全球企业提供服务。例如,在贵州省铜仁市建立的大数据容灾中心,首先是为贵州当地及周边省份提供异地灾备和数据服务,而最终是希望将中国的数据中心资源服务、容灾技术和云服务输出到海外,使之成为国际大数据容灾中心。李德豪说,中国在将来应该依托已经建立的互联网基础设施优势,建立若干个数据中心,在数据备份和国际容灾中扮演重要的角色。BizCONLINE未来的目标是使云端容灾成为跨区域和跨国界的服务,使公司成为容灾领域的国际标准和技术输出方。

依托前海这个全世界瞩目的热点,李德豪的国际交流日趋频繁,云端容灾服务吸引了"一带一路"沿线国家甚至欧洲国家的兴趣,许多国际合作正在逐步洽谈中。李德豪也经常被邀请参加一些国际论坛,向全世界推广云端容灾。例如,2017年9月,李德豪在中国—东盟防灾减灾与可持续发展论坛上作为重要嘉宾发表了题为《网络信息安全的最后防线:备份容灾——领导世界的新标准》的演讲,介绍了BizCONLINE的自动演练容灾新标准,以及大数据容灾中心的建设与服务情况,使其关于容灾的新思路和理念进一步得到宣传推广,云端容灾稳步迈向国际化的新征程。

二 企业案例分析:成为容灾领域的国际标准

(一)专注核心技术十余载

目前,人类的许多工作主要依靠电脑和网络来进行。因此,如何保证电脑信息和数据的安全,以免由于突然的灾难发生而影响业务运行,是互联网时代非常重要的问题。香港大学电子专业博士毕业的李德豪为了更好地解决这一问题,十余年来潜心于研发容灾存储业务,将传统的容灾服务由硬盘或者服务器备份延伸至云端,进而开发出每天自动演练的云端容灾技术,并取得多项国内外专利。正是基于这么多年深耕核心技术研发和积累，使李德豪成为容灾领域名副其实的专家，并在各种创业比赛和人才项目中脱颖而出，获得投资人的青睐，成为各地政府招商引资建立大数据灾备中心的"抢夺"对象。这十多年里，李德豪只做容灾这一件事，他的眼里只有"容灾"两个字。在这个充满各种诱惑的年代，李德豪的专注非常难能可贵，生动地诠释了"一万小时定律"和"工匠精神"。

（二）百折不挠，乐观创业

李德豪尽管拥有容灾的核心技术，但在创业路上却一波三折，历尽坎坷。由于容灾备份是一个长期的系统工程，而不是简单的一次性交易业务，大型企业和政府部门都更愿意选择IBM等知名品牌，多数中小企业却缺乏容灾备份的意识，或者担心在备份时信息泄露。因此，处于创业初期的BizCONLINE举步维艰，甚至要依靠创始人李德豪变卖房产来维持基本开支。转战佛山之后，尽管得到了政府的有力支持，却由于不谙内地市场规则，依然困难重重。直到后来到了深圳前海，通过业务模式的调整才慢慢走上正轨。

虽然历经波折，李德豪却屡败屡战，乐观面对。他相信自己的技术的价值和市场需求，"是金子总会发光"。创业之路从来都不是一帆风顺的，诚如马云所讲"今天很残酷，明天更残酷，后天很美好，但绝大多数人死在明天晚上，看不到后天的太阳"，因此，在困难中继续坚持，善于总结和调整，在荆棘中杀出一条血路，是创业者必须具备的素质。

（三）国际标准，本土运营

李德豪的自动演练云端容灾技术堪称世界级的标准，而且，随着业务模式的逐步迭代调整，他又融合大数据技术，通过建立大数据容灾国际中心，使企业的技术和服务达到国际标准，为全球企业提供服务。虽然只是一家初创型企业，但是李德豪对自己的技术标准却从未降低要求，他希望能依托中国目前在互联网和大数据领域的后发优势，使云端容灾向海外输出，成为国际标准。这里李德豪拥有的核心优势，是依靠其多年的钻研和累积而成的。也正是依靠这样国际领先的技术，才使其在深圳前海实现创业的腾飞。当然，在具体运营上，李德豪充分吸取之前失败的教训，通过在各地区寻找当地合作商负责市场，结合自己提供的技术和培训，充分本土化运营，才逐步在市场拓展上取得突破。所以，李德豪目前的成功在很大程度上得益于其"顶天立地"的策略，即技术上顶天，达到国际上领先的标准；市场上立地，充分依托每个地区的合作伙伴实现本土化。

三　启示：好种子要找好土壤

（一）做好创业前的市场调查

李德豪的前两次创业失利在很大程度上是由于其将精力主要放在技术的研发上，缺乏足够的市场调查，这点非常值得后来的创业者借鉴。由于云端容灾服务涉及企业的核心数据，大企业一般已经拥有长期合作的单位，小企业又担心数据泄露，而个人购买服务的频次又低，这些情况原本通过严密的市场调查分析就可以在创业前基本掌握。但李德豪却未进行充分的调研就贸然投入，为此多走了一些弯路，多交了不少学费。特别是到内地创业后，内地的市场特点跟香港存在许多差异，又使李德豪摔了不少跟头。因此，港澳青年到内地创业时，应当多花工夫去进行市场调查，充分了解和熟悉内地市场的各种特点和习惯，不能想当然进行决策，才能使创业之路更为顺畅。

（二）积极参与各类创业比赛

目前，在"大众创业，万众创新"的浪潮下，国家和各级政府都在举办各种创新创业比赛，积极搭建服务平台，为拥有创意、创新技术和新商业模式的创业者提供展示机会，也为创业者、创业平台、投资者和政府主管部门提供了很好的交流机会。李德豪正是通过参加佛山和深圳等地的创新创业大赛，成功展示了其自主研发的自动演练云端容灾技术，使大家更清楚其核心技术及价值所在，也让人们更加体会到容灾服务的重要意义。而且，创业比赛的许多评委和创业导师极富经验，能给予创业者专业的指导，帮助他们更好地完善商业计划书，促进创业机会的实施，做好创业风险的防范。正是通过参加创业比赛的机会，李德豪才成功入驻深圳前海的深港青年梦工场，并吸引风险投资，而且逐步改进商业模式和扩大品牌影响力。因此，港澳青年到内地创业时，可以先撰写商业计划书，并积极参加各种创业比赛，再根据反馈意见进行修改和完善，为正式创业做好准备。

（三）寻找合适的创业土壤

对比内地和香港的创业环境，李德豪深有感触。他说，以前的香港过于依靠地产和金融等产业，挤压了科技创新产业，造成富含科技含量的"种子"缺乏成长的"土壤"，当然，现在情况有了一些改变，但是进展依然缓慢。他自己为此组建了"首选香港创新科技协会"，希望以此加强与政府有关部门的沟通，共同推进香港的科技创新发展。因此，他说，创业者在创业初期，要尽量选择到创业氛围浓厚的平台，让自己的创意种子能够在肥沃的土壤里生根发芽，茁壮成长。相关的政府部门和创业园区要尽量给予资金、场地、人才引进、市场开拓等方面的支持和帮助，给创业者提供更多业务尝试的机会。港澳青年到内地创业时，要根据自身的创业模式，立足具体情况，结合产业配套、市场规模、交通设施、政府支持等相关条件，妥善选择合适创业区域，以利于创业的顺利推进。

四 案例大事记梳理

1997年，李德豪获得香港大学电机及电子工程博士；

2004年，李德豪发明BizCON灾难恢复装置，被称为灾备简化先驱；

2008年，把BizCON推到云端并创立BizCONLINE Limited；

2012年，BizCONLINE由南海与香港科技园合作建设的首个企业孵化器"创享蓝海"引进佛山；

2014年，BizCONLINE在南海成立全国第一个云端容灾中心；

2015 年，BizCONLINE 代表香港参加全国创业创新大赛，荣获优秀企业；

2015 年，BizCONLINE 获得中国（深圳）创新创业大赛互联网行业赛冠军；

2016 年，李德豪成立深圳市前海云端容灾信息技术有限公司；

2017 年，BizCONLINE 与贵州省铜仁市合作建立国际大数据容灾中心。

第十七章　珑大科技：非典型香港理工女的梦想与征途

> 公司名称：深圳市珑大科技有限公司
> 创始人：蔡汶羲
> 创业时间：2016年
> 所处行业：动画、文件管理、互联网
> 关键词：计算机，电子商务，动画
> 访谈时间：2017年

一　创业者故事：一波三折，缘聚前海

（一）极具电脑天赋，大学兼职创业

2001年，蔡汶羲进入香港城市大学计算机科学专业就读。多数香港女孩子选择文科或商科，因此选择计算机专业的蔡汶羲似乎显得有些另类。她说，因为家里经济条件比较差，小时候基本没什么玩具，真正拥有的第一件"玩具"其实是一台电脑。在初中的时候，亲戚的家里有电脑，自己经常跑去玩，并喜欢上了电脑。于是，蔡汶羲就央求父母给自己买了一台，并开始用心琢磨电脑的各种功能，无师自通地学会了很多电脑的操作。正是基于此，她在报考大学时选择

> 电脑是蔡汶羲拥有的第一件"玩具"。

了计算机专业。这个专业选择不仅跟多数同龄女生不一样，在蔡汶羲的家里也显得"另类"。她说，家族里的人们多数是文科生，许多选择当老师，还有不少做生意，她的选择在家里和社会上都显得比较"非典型"。

大学期间，蔡汶羲开始考虑兼职赚钱。与许多同学选择到餐厅和酒店等打工不一样，蔡汶羲寻思的是如何利用专业知识来创造价值。她知道自己对软件编程很有兴趣，也非常有天分，希望能充分利用好这一专长。当时，互联网经济方兴未艾，由于香港昂贵的店面租金和人工成本，有一些商家开始希望能够在网络上经营店铺。但在当年，电子商务的模式和各种基础支撑条件并不完善。要想在香港开展网络销售，必须购买一定的网络空间，而且需要购置服务器。这样不仅费用很高，而且需要很多技术支持。于是，蔡汶羲从网络上找到一些开放的代码，并进行修改，使之成为可以在香港应用的网上商店。然后，她再将网上商店的空间进行区隔，出租给需要在网上开店的商家。这种出租而非出售的方式更受到许多中小商家的欢迎。针对这些中小商家普遍对网络技术不熟悉的特点，蔡汶羲还帮助他们解决服务器等技术问题。于是，凭借自己的技术专长和契合实际的服务，蔡汶羲的大学创业颇为成功，并赚取了"第一桶金"。

可惜的是，由于当时的电子商务在支付、物流和购买习惯等方面缺乏足够的基础，而且香港的本土市场相对狭小，既有的传统零售又非常发达，使得香港的网络零售市场一直没有得到太大的发展。蔡汶羲的大学创业在此环境下，未能实现大的突破，基本停留在"兼职"的状态。

（二）职场历尽波折，创业梦想永不停歇

2005年，蔡汶羲大学毕业后，进入中银香港工作，成为一名IT系统的管理员。这是一份在外人眼里看来很不错的工作：银行白领，工作稳定，收入颇丰。但是，蔡汶羲仅仅工作了一年就辞职了。她说，这段时间刚好中银香港要把所有电脑从Windows 98升级为Windows XP，因此她在这一年的工作就是把所有机器的系统进行更新，确保顺利过渡。那时候上司认为她的工作出色，未来两年要让她继续从事这个项目。在蔡汶羲看来，这个项目的工作太缺乏挑战性，而且持续时间长，于是她选择了离职。

2006年，从中银香港离职后，蔡汶羲进入惠普（HP）公司工作，担任系统顾问。惠普公司通过收取不菲的服务费，为许多大公司提供服务器的技术支持。在这里，蔡汶羲的工作极富挑战性，她被要求在半年内通过微软认证系统工程师，才能转为正式员工。蔡汶羲顺利通过并如期转正。有趣的是，中银香港也是惠普的客户。有时候，中银香港的服务器出现问题了，她就以惠普的系统顾问身份回到"老东家"，指导当年自己的上司开展工作。尽管这份工作内容跟蔡汶羲最感兴趣的软件编程并非完全契合，但这个过程中积累的服务器知识使她受益匪浅：她更加完整地了解各种类型的电脑和网络的软硬件设备及整个生态系统的运作。

随着在惠普公司工作时间的增加，蔡汶羲逐渐熟悉了常见的流程和问题，意识到核心的关键问题主要还是依靠微软公司的工程师解决，工作又逐渐失去挑

> 2006年，从中银香港离职后，蔡汶羲进入惠普（HP）公司工作，担任系统顾问。

战性。于是，在业余时间，蔡汶羲重操大学时的"旧业"，继续为有需求的客户提供电商服务。在重新"兼职"的过程中，她接触到了天津的 Shop NC，这是一家致力于为企业客户提供电商平台搭建及配套系统服务的软件企业。蔡汶羲刚开始希望购买 Shop NC 的一些软件，并结合香港的实际情况进行二次开发，以更好地满足香港企业的需求。但是她在跟对方深入交流之后，发现了 Shop NC 的软件有不少值得改进之处，并且正处于初创期的 Shop NC 的计划和理念跟蔡汶羲的许多设想不谋而合。

于是，2008 年，在惠普公司工作两年多之后，蔡汶羲离职并独自一人北上天津，参与到 Shop NC 的创业中。她主要负责电商平台的流程优化工作，并且希望拥有一定股份，而不是工资。Shop NC 的创始团队初步答应了她的要求。蔡汶羲在此努力工作，发挥自己在香港兼职创业积累的经验和熟悉软件操作的优势，为公司设计了卖家分销平台等前沿产品。但是大约半年之后，蔡汶羲被告知，如果她在法律文件里成为公司股东，由于她的香港身份，公司将成为中外合资企业，使企业的所有权性质和适用的管理制度产生变化，因此可能难以操作。无奈之下，蔡汶羲只好离开 Shop NC，重新回到香港。

2009 年上半年，刚回到香港的蔡汶羲接到了之前惠普公司同事的邀约，邀请她担任项目经理。但未承想，上班第一天就被家里的衣柜门砸到脚趾而导致骨头断裂，必须住院和休息 3 个月。当时由于对方要求立刻入职，蔡汶羲还未曾跟惠普重新签订正式合同，也没有缴纳保险。这使蔡汶羲不仅没办法上班，还必须自费付医疗费。蔡汶羲经历了职场生涯的又一次意外。

2009 年下半年，蔡汶羲经朋友介绍，进入 ASK IT LTD 工作。这是一家跟惠普公司有深度合作，主要在香港从事手机 APP 开发的企业。蔡汶羲负责领导开发团队，开发出了一些可以应用于商业零售的 APP，却囿于当时整体的商业环境，这些 APP 一直未能得到有效的推广。如今的蔡汶羲笑言自己当年是领先得太早了，结果成了先烈。她负责的产品要是赶上后来整体的技术和商业环境配套成熟的好时机，应该就有很大的可能性获得成功。由于在香港迟迟打不开局面，蔡汶羲希望能够到内地拓展业务。公司老板很欣赏蔡汶羲的技术能力和商业直觉，就答应了她的要求，而且给她投资，让她一边继续在 ASK 工作，一边到内地创业。

2010 年，蔡汶羲到北京开始创业。合作对象除了香港的 ASK，还有之前天津 Shop NC 的同事等北方当地人。这段时间，恰好手机 APP 业务正在兴起，市场需求很大。于是，蔡汶羲在北京接了很多订单，并大量招聘员工。根据合作协议，香港 ASK 的老板主要负责投资，不管具体的运营；蔡汶羲也进行投资成为合伙人，两位北方的合作伙伴则凭技术入股，现场主要由蔡汶羲和当地合作伙伴负责。具体运营方面，蔡汶羲主要负责外部市场，两位当地人负责技术和项目管理。但是，在项目开发过程中，蔡汶羲跟两位当地的合伙人之间却出现了沟通障碍。她想关注和跟进项目的具体执行情况，却被认为超出了分工职权，管得太多。结果，由于合伙人项目管理不善，导致公司接的许多订单无法如期完成或者实现不了原计划的功能，因此也未能收到客户的后续款项。这样的情况使蔡汶羲两头受气，在外面被客户投诉，在公司内部又出现意见分歧，而且最后亏的又是自己的钱。更痛苦的是，由于许多订单无法按期完成，款项难以收回，公司又招募了许多员工并进行了大量的前期投入，导致公司的资金链断裂。蔡汶羲不得已裁撤了大部分员工，并留住少部分员工希望继续运作。但是，由于公司已经投入近两年的时间，却迟迟无法实现盈利，香港的投资方开始失去耐心，并中止了投资，蔡汶羲只好选择离开。这是蔡汶羲创业之路的第二次滑铁卢，为此她

如今的蔡汶羲笑言自己当年是领先得太早了，结果成了先烈。

在 ASK IT LTD，蔡汶羲经历了创业之路的第二次滑铁卢，为此她还付出了一大笔"学费"，甚至要变卖香港的房产才能缴纳得起。

还付出了一大笔"学费"，甚至要变卖香港的房产才能缴纳得起。当然，这次短暂的创业经历使她在业务扩张、团队沟通和项目管理等方面积累了许多经验。

2012年，蔡汶羲返回香港，进入自动系统（香港）有限公司，担任业务发展经理，主要负责政府项目的售前工作。自动系统公司参与了香港许多政府部门IT项目的建设和实施，在政府的信息系统中有很高的市场占有率。由于许多信息系统之间相互不兼容，而自动系统公司的强项是能够整合这些不同功能的系统，满足香港政府的综合性要求。许多IT企业的售前往往不太熟悉技术，但蔡汶羲既有服务器等硬件经验，对软件和APP开发又熟悉，因此，在业务拓展上得心应手，深受客户喜爱。蔡汶羲在这里工作了将近三年的时间，直到一次偶然的机会，让她开始了内地的再次创业之旅。

（三）缘聚前海创业，无心插柳柳成荫

2015年，一香港朋友给蔡汶羲介绍了一位客户，希望她能够帮忙开发和运营管理一套电子商务平台，在内地和全球从事欧洲品牌毛衣的销售，这又燃起了蔡汶羲的创业梦想。于是蔡汶羲选择离开自动系统公司，到深圳注册了珑大科技公司，招聘人手开始创业。双方约定，等该网上销售平台项目上线后再按内地三家公司的平均价格来收费，初期的租金和部分人工费用由委托方先垫付。但是，等到该电商平台开发完毕之后，对方却反悔了，这使蔡汶羲非常无奈，只能感叹自己创业路上的命运多舛。

这时候，给蔡汶羲介绍业务的朋友给她引荐了新的项目。但是，这次的项目跟蔡汶羲之前的经历基本无关:承接一家企业的短视频动画制作的外包业务。蔡汶羲再次面临着抉择:要么回到香港重新找工作,要么留在深圳从事动画制作的创业。蔡汶羲慎重考虑之后,选择留在深圳继续创业。尽管这次的跨度有点儿大,但由于委托方的需求比较稳定,技术难度不是很大,蔡汶羲还是很快适应了新行业,重新组建团队,制作出了符合要求的动画短片。

  目前,深圳珑大的动画制作业务开展得颇为顺利,给公司带来了稳定的现金流。公司也从原来深圳白石洲搬到了前海青年梦工场,享受更好的创业平台服务。回顾这次创业的转型,蔡汶羲说,不幸之中的万幸是招募到了一些动画制作方面的优秀团队,让业务能够顺利开展。目前,珑大科技在深圳共有6位员工,负责摄影和动画制作等;在香港还有3位兼职的,负责动画后期的粤语配音等。当然,公司成立后,也遇到了心怀叵测的员工,还跟公司发生了劳动纠纷,让她又交了一笔"学费"。

  在员工的管理上,蔡汶羲实行充分的人性化管理,给予员工高于同行的工资,并且解决他们住宿和餐饮等后顾之忧。她对员工管理有自己的一些独特理念。她认为,每个人出来工作都是为了更好地生活,企业要么尽量给予高一些的工资,要么能让员工在工作的地方学习到更多东西、看到更美好的愿景和得到更大的发展空间。蔡汶羲说,她信佛,相信因果和业报。因此,每个人都要清楚,想要得到更好的回报,就必须有更多的付出。在珑大科技,只要你能给企业创造价值,就不用担心会被亏待。在工作过程中,蔡汶羲更喜欢直接的沟通,而不是拐弯抹角,允许员工犯错误,但希望不要犯同样的错。

> 蔡汶羲说,企业要么尽量给予高一些的工资,要么能让员工在工作的地方学习到更多东西、看到更美好的愿景和得到更大的发展空间。

关于自己出来创业，蔡汶羲说，这既有一些因缘际会，也有必然因素。当年她在大学的时候，技术能力是同学中的佼佼者，在计算机编程方面有较好的天赋，在企业实习时也深受好评。但自己却不希望今后一直从事写代码之类的技术工作，而自身的性格似乎也不擅长成为专门的销售，因此，她就慢慢向着更加偏向管理和创业的方面发展。从这个角度而言，创业算是职业规划中的应有之义。她也笑言，以前在企业打工的时候，因为认真负责，技术精湛，经常能够指出上司的缺陷，因此领导们都说做她的上司压力很大，所以还是自己出来创业更好，不用担心给上司压力。

目前珑大科技主要从事动画制作的现实确实出乎蔡汶羲自己的意料，她以前从未想过自己会有一天涉足这个行业。"既来之，则安之"，凭借着她一贯的认真精神，以诚信为本，公司的动画业务逐步走上了正轨，而且深受客户好评，"无心插柳柳成荫"。随着在行业里的进一步发展和口碑传播，陆续有客户找上门来，但蔡汶羲吸取了上次北京创业时盲目扩张的教训，不敢再轻易接单，而是希望先立足当前，做精做细，注重质量，不求速度。

（四）探索求变，摸着石头过河

尽管目前珑大科技在动画业务方面的进展颇为顺利，但蔡汶羲认为这毕竟不是自己最擅长和体现优势的领域，因此需要探索新的方向，使自己更多的创业梦想得以实现。目前，珑大科技正在拓展的第二块业务是 Laserfiche 在中国市场的销售。Laserfiche（立时飞讯）是一个企业内容管理系统，总部在美国加州，主要可用于企业内部的文档管理、Web 内容管理、人员协作、记录管理、数字化文件管理、工作流管理（能够很方便地将企业当前的工作审批流程加入到工作流中）、跟踪管理和扫描管理（能够高效地将图片等内容扫描进系统中）等。自 1987 年推出以来，Laserfiche 企业内容管理软件已经获得全球各地 35000 多个组织的信赖，被用于管理、保护和共享信息，帮助企业实现信息管理的一体化及无纸化。目前，深圳珑大是 Laserfiche 在中国内地第一家活跃授权代理商，这也是蔡汶羲颇以为自豪的地方。她说，Laserfiche 是一家全球知名企业，能够把代理权交给自己这样的初创公司非常罕见，这主要得益于自己当年在自动系统（香港）公司工作时的机缘。当时跟 Laserfiche 有一次合作项目的机会，他们在香港的负责人对蔡汶羲的技术和人品都非常欣赏，后来，得知她来深圳创业，就把内地的代理权给了深圳珑大。蔡汶羲说，她在工作和创业过程中，最注重的就是认真、质量和诚信，从不去坑别人，而且会有些强迫症般地去注重细节，正是这样的累积让自己建立了良好的口碑。因此，尽管在职场和创业过程中经历了不少坎坷，但仍然有许多人看好她，愿意把业务放心地交给她。

虽然 Laserfiche 拥有领先的企业信息系统的数据化管理经验，也拥有包括美国国防部等大型组织和企业等许多客户，但在中国内地却迟迟未能打开局面。蔡汶羲说，这里有时机和消费习惯等问题。近年来，国内的互联网特别是移动互联市场迅猛发展，阿里巴巴的钉钉和腾讯公司的企业微信逐步占领了企业移动办公平台市场，使得 Laserfiche 更加难以开拓。尽管 Laserfiche 具有更高的综合性功能和安全保密性能，但多数中国企业似乎更在意价格，宁愿使用免费的产品。蔡汶羲比喻道，她在中国要推广 Laserfiche 就好比要去非洲卖那种符合人体工学设计的跑鞋，但是同时旁边却有一家企业在免费派送拖鞋。虽然跑鞋质量更好，很多人还是宁愿选择免费的拖鞋。

但是，蔡汶羲仍然看好 Laserfiche 的未来，她说，有不少企业通过大量员工用传统方法进行文件的录入，文件管理系统的水平也比较低，采用 Laserfiche 可以优化内部流程，实现跨部门实时的文档共享，减少很多人工成本。目前，在珠三角已经有企业购买了该软件，正在考虑如何推进实施。另有多家企业也在洽谈中。蔡汶羲说，相对于现在从事的动画制作，其实 Laserfiche 才是自己的老本行。可是，令她比较无奈的是，因为 Laserfiche 的业务只是"代理"，没有自己的技术专利，也讲不出"好故事"，在入驻各种创业园和孵化器的时候，往往不受欢迎甚至遭到"歧视"，使其业务开拓更显困难。蔡汶羲说，其实这是一种误区，因为创业有许多种类型。拥有自主技术的高科技创业当然最好，但这是一个产业链，高科技产品也需要一个各环节、各方面配合生态系统。深圳珑大虽然不拥有 Laserfiche 的技术专利，但拥有市场代理和推广权，这是在帮助高科技产品落地。当前，政府非常注重香港和内地的融合，可是多数香港人擅长的并不是高科技，香港人更擅长的是将国外的先进产品或服务引入内地，把国际标准引进来并予以实施，促进内地在"软"环境和管理水平上的提升、更快地跟国际接轨。因此，她希望内地的创业政策和各种孵化器今后能更加关注这种类型的创业，才能更好地发挥香港的优势，实现香港和内地更加紧密的合作。她也期待 Laserfiche 这个项目在未来能够得到更多的关注和发展。

> 创业有许多种类型。拥有自主技术的高科技创业当然最好，但这是一个产业链，高科技产品也需要一个各环节、各方面配合生态系统。
> ——蔡汶羲

深圳珑大正在积极筹划第三块新的业务，即一个名为"先声"的有声书平台。蔡汶羲说，目前虽然市场上有一些有声书平台，但基本是免费模式，而且尚未找到合适的营利模式。因此，随着这些免费平台不断烧钱，在投资人的利润要求下，他们只能不断压缩声音制作人的利润，同时也可能存在盗版行为，听众将越来越难听到高质量的作品，最后形成恶性循环。为此，"先声"的平台目标是希望成为一个有声书方面的"类 Apple Store"模式。首先，听众可以在平台上获得丰富的免费或付费的正版内容及其即时更新，还可以利用打赏功能支持喜欢的作品和作者。听众有两个选择，要么采取付费，要么通过浏览或点击广告实现免费；其次，广告客户可以在该平台上投放各类广告，并且基于大数据分析得到精准的效果反馈，收获宣传效果；再次，声音制作人可以通过平台获得各种技术支持、版税分成或者广告分成等。

"先声"还将建立定期的激励和淘汰机制，下架质量差的节目，以提供更多优质的产品。之后还将逐步结合文字 IP 和公司目前的动画制作，进一步完善平台的生态系统。在平台的搭建方面，刚来深圳时搭建的那个准备毛衣销售的电子商务平台恰好闲置着，因此派上用场，只需对一些流程和细节做进一步的优化。

目前，"先声"项目正在密切跟投资人接洽中。而且，按照内地的监管政策，该项目涉及文化传播的行业，必须有内地的合资单位，并报主管部门审批。对此，蔡汶羲表示，她正在积极跟有关部门和单位进行沟通，努力寻找合适的突破点。她说，创业有时候必须天时、地利、人和，有人才、有想法，市场有需求，还需要有价值观接近的资金支持，每个环节都很重要。内地有不少创业项目，更多只是希望寻求拿到融资，然后争取转手卖个好价钱，蔡汶羲表示不大接受这种模式，她更愿意把创业当作长期事业来经营。她希望自己的项目更多地吸引的是长期的战略投资者，而不是只寻求短期收益的财务投资者。

关于创业历程的感受，蔡汶羲说，其实是一个"摸着石头过河"的过程。在珑大科技正在进行和计划中的三个项目中，Laserfiche 和"先声"项目还未得到足够的支持，而计划之外的动画项目业务进展颇为顺利。因此，尽管创业过程中经历了不少波折，但整体上还是令人满意的。当前，珑大科技更多的是"等风来"，加快创新和探索，加强与投资者的沟通，希望寻找到合适的方向和路径，尽快走出关键的下一步。

二 企业案例分析：诚信做人，坚毅创业

（一）做事先做人

无论是在职场打工，还是自己创业，蔡汶羲都非常注重诚信，而且认真细致地保证工作质量。在第一次创业失利时，尽管不是自己的直接责任，但她仍然变卖了香港的房产用于赔付客户损失和清退员工。正是依靠这样积累下来的良好个人品牌，使她拥有很高的信誉，赢得了很多同事和客户的信任。正是基于这样的机缘，才给她带来重新创业的机会。在创业的过程中，又持续不断有熟悉的人推荐和介绍新业务给她，但她囿于人手和精力而没有全部承接。因此，做事先做人，如果建立了良好的口碑，将是创业者的创业项目最有力的宣传和广告。

（二）乐观面对各种挫折

蔡汶羲在职场工作和创业过程中，经历了不少挫折，甚至是"屋漏偏逢连夜雨"。第一次北上天津参与 Shop NC 的创业却由于香港身份而成为障碍，不得已返港后刚准备上班却突然意外生病，导致没有工作而无法继续供楼只能出售房产。第二次北上北京创业却由于跟合伙人沟通不畅导致扩张太快而失败，只好再次变卖房产进行赔偿。第三次前往深圳前海创业先是客户对做好的项目突然反悔，接着又遭遇某位员工的不合理请求直到诉诸法律。面对这些坎坷经历，蔡汶羲没有退缩，而是越挫越勇，乐观面对。在心态上，信佛的她对困难总是坦然接受。在行动上，她积极应对，不断寻找新的突破方向，并逐步取得了成功。正是她的坚强，才得以稳住目前创业项目，并积极拓展新的项目。

（三）及时拥抱创业中的变化

蔡汶羲到深圳进行第三次创业的初衷并不是从事动画制作。动画并不是她擅长的，她之前的经历也从未跟动画有关，她甚至从来都未曾想象过

会有一天跟动画行业打交道。好朋友介绍的动画制作业务是临时的意外，蔡汶羲考虑之后发现，自己如果想留在深圳继续创业，似乎别无选择，于是愉快地拥抱了这个意外，并且用心去运营，最终获得了客户的高度认可。动画事业使她收获稳定的现金流，从而开始在深圳站稳脚跟，解决了生存问题。在创业过程中，面临着许多不确定性，经常会有突然的意外和变化，创业者应当结合自己当时的实际情况，以开放的心态去面对变化，做出相应的调整，走出合适的创业之路。

三　启示：做好沟通，控好风险

（一）做好与内地合作方及员工的沟通

回忆起 2010 年第一次到北京创业失利带来的惨痛经历，蔡汶羲依然心有余悸。她说，当时很重要的一个原因是跟内地的合作方之间沟通出现了障碍，导致她无法及时了解项目执行的进度，最后因为无法按期交付而收不到钱。因此，合作团队之间必须加强相互的信息沟通，求同存异，而不是互相隐瞒问题。当然，这里除了个人的性格和沟通习惯以外，还有香港和内地特别是和北方地区的文化差异，在创业合作过程中，一定要多了解各方的文化特性，确保沟通顺畅。2016 年到深圳前海创业后，与个别员工在工作分工安排、薪酬福利等问题上也因为香港的习惯做法与内地处理方式存在差异，导致最后对簿公堂，浪费了许多时间精力。尽管这一情况也属于非常偶然和意外的小概率事件，但是香港青年到内地创业时，还是应当尽可能地做好跟合作方和员工的管理沟通，尽可能减少摩擦和误会，使创业过程更加顺畅。

（二）尽可能地熟悉内地的相关法律法规

由于中国内地和香港在公司法、税法和劳动法等法律上存在许多差异，许多到内地的香港创业者需要一个重新适应和习惯的过程。蔡汶羲的首次内地创业因为一开始不清楚内地在中外合资方面的规定，只能遗憾地离开了天津的 Shop NC；后来到深圳前海创业又因为对劳动合同法和股东责任不够了解，在面对不良员工的争议中陷于被动；计划拓展"先声"项目时则由于涉及内地对文化传播产业的管制问题而颇费周折。经历了这些教训之后，蔡汶羲逐步学会去熟悉公司运营和投资涉及的法律法规，避免碰壁和走弯路。因此，港澳青年到内地创业时，应该事先在法律法规方面多做功课，确保创业项目合法合规，减少不必要的麻烦。

（三）加强创业过程中的风险管理

新创企业往往自身能力有限，在资金、人才和市场方面都缺乏足够的资源，而创业过程中存在的诸多不确定性、外部环境的突然变化经常容易使那些管理不善的创业企业面临严峻挑战，甚至是灭顶之灾。蔡汶羲第二次到北京创业时，就因为扩张太快而内部管理跟不上，导致资金链断裂。因此，如何结合自身实力，稳扎稳打，不盲目扩张，在适当的时候学会做减法，是创业者必须注意的问题。蔡汶羲重新到前海创业时，就吸取了上一次创业的惨痛教训，量力而行，不盲目接单，确保质量和产品交付。

此外，由于目前珑大科技的主要业务是承接动画制作的外包业务，"鸡蛋在一个篮子里"，这又是另一种创业风险。如果将来哪一天这部分业务得不到保证，公司将面临很大的困难。"人无远虑，必有近忧"，蔡汶羲在动画业务走上正轨以后，积极寻求新的业务，减少依赖单一业务的风险。因此，港澳青年创业过程中，要树立风险防范意识，不盲目乐观，多学习，多总结，"战战兢兢，如履薄冰"，走好每一步，如此才能在创业道路上越走越稳，越走越远。

四 案例大事记梳理

2005 年，蔡汶羲获得香港城市大学计算机科学学士；

2005—2006 年，蔡汶羲就职于中银香港，从事服务器的系统管理；

2006—2008 年，蔡汶羲担任惠普（香港）公司的系统顾问；

2008年，蔡汶羲北上天津，参与Shop NC的创业；

2009—2012年，蔡汶羲担任ASK IT LTD的手机APP部门经理；

2011—2012年，蔡汶羲赴北京创业，同时继续在ASK的工作；

2012—2015年，蔡汶羲担任自动系统（香港）有限公司的业务发展经理；

2016年，蔡汶羲创办深圳珑大科技有限公司；

2017年，深圳珑大科技进驻前海深港青年梦工场。

第十八章　丰善科技：科技创造美好生活

> 公司名称：丰善绿色科技（深圳）有限公司
> 创始人：黎高旺
> 创业时间：2017年
> 所处行业：风电
> 关键词：风力发电，垂直轴，绿色能源
> 访谈时间：2017年

一　创业者故事：让再生能源无处不在

（一）一只海鸟引发的创新

黎高旺来自香港南丫岛。这里是香港第三大岛，也是著名影星周润发的故乡。南丫岛以前的居民主要以打鱼为生，自从20世纪70年代香港经济腾飞后，许多年轻居民从岛上搬出，南丫岛便没有再进行工业开发，目前依然保留着传统的渔村风貌，岛上至今不使用汽车，宁静而古朴。尽管已经不再居住在南丫岛上，但黎高旺经常会和父亲一起回到老家，享受在渔村的静谧时光。相比较于城市的喧嚣，黎高旺更喜欢大自然，喜欢田园风光和渔村生活，也非常注重环境保护。

2008年的某一天,黎高旺和父亲黎金明回到南丫岛祭拜祖先,顺便去参观香港电灯公司在岛上装设的大型风力发电设施。当时刚好有一只海鸟被正在飕飕转动的风力机轮叶打到,鲜血淋漓的场面使黎金明父子受到很大的触动。父亲对黎高旺说,这个绿色环保的风能装置怎么成了海鸟"杀手"呢?风力发电机只能这样子设计吗?没有别的类型和做法了吗?能不能做一个比这更加安全、安静,并且效能相当的风力发电机呢?

从这以后,黎金明父子就开始在工余的时间构思及探索新型的风力发电装置,希望能够设计出更加安全和环保的风力发电机。他们在外观网罩、动力装置和安全性能等方面不断进行测试,使之能够更加环保、稳定和更具动力。

其实,黎高旺和父亲并非风力发电科班出身。父亲在香港的水务部门从事设备安装和维修保养工作,对水务行业的技术难题极富经验,具备简单的机械设备操作能力。黎高旺的工作辗转多地多个行业,但基本上都是从事技术型的工作,对技术有一定的基础和经验。黎高旺说,他和父亲都有一个癖好,拿到一个物件后,总是千方百计想方设法将其拆开,了解里面的构造,然后再重新组装回去,从中获得一种满足感。特别是父亲黎金明小时候经常随爷爷出海打鱼,那时候只是用简单的小船配一支桨一个帆就可以,父亲经常看到爷爷在逆风的状态下行船而且还能往前走,就感到非常好奇,因此,对进一步了解风力的作用和原理产生了独特的兴趣。

因此,黎高旺和父亲都属于"实践"派,理论训练匮乏,但基于兴趣和工作经验累积了技术经验,对

> 黎高旺和父亲拿到一个物件后,总是千方百计想方设法将其拆开,了解里面的构造,然后再重新组装回去,从中获得一种满足感。

风电设备的设计主要采取依靠既往经验进行不断尝试的"笨办法"。当时，他还没学会电脑设计，只能制作简单的模型进行测试，然后根据测试出现的问题再次改进，反反复复在材料、大小和角度等方面进行不断调整。黎高旺比喻道，当年他们就像不知道密码而要开密码锁一样，只能穷尽各种办法进行尝试。当时，黎金明父子白天都有工作，只能利用假期和晚上的时间，他们放弃了假期休息、聚会和旅游的安排，潜心于风力发电装置的设计。这样持续不断地努力，整整进行了六年的时间。直到 2014 年 8 月，"六年磨一剑"，他们终于设计出一款仍显粗糙和简陋，但基本符合预期的风力装置，黎高旺将此称为 1.0 版本。

该创新的风力发电产品设计成型后，黎高旺就考虑申请专利。由于在香港申请专利的费用较高，他就选择到北京的国家知识产权局申请发明专利，并获得了批准。发明专利批准后，2015 年恰好香港政府加大力度资助科创项目，黎高旺凭借其专利和市场应用前景获得评审通过，获得政府资助，进入科学园的科技培育计划，正式入驻香港科学园，继续优化产品的设计，并逐步考虑其商业化过程。

> 黎高旺凭借其专利和市场应用前景获得评审通过，获得政府资助，进入科学园的科技培育计划，并正式入驻香港科学园。

（二）早早出道，辗转多个行业

在从事风力发电行业的产品创新和创业之前，黎高旺就出来工作了，并且经历了许多不同行业。

20 世纪 90 年代初，在香港读中学期间，由于家里经济条件不好，14 岁的黎高旺就利用假期打零工赚取零花钱。从小对物件构造的技术活感兴趣的黎高旺没有选择到服务业打工，而是到五金行业做藤铁工艺的学徒,学习从铁器的铸造、开口、剪裁、上漆到安装等工艺流程,锻炼了动手能力,积累了一定的技术经验。1993年,黎高旺读完中五(相当于内地的高中二年级)就开始出来工作了。他刚开始在快餐店工作了一段时间,后来又在医学化验所从事化验工作。一年多之后,他到飞利浦电气在香港投资的益电半导体,从事机械维修工作。1995年,黎高旺到香港无线电视公司,成为一名大型主机操作员。尽管这是一份稳定的工作,但由于觉得过于程式化,简单枯燥,黎高旺工作三年后选择了离开。1998年,随着第一波互联网科技创业潮的兴起,许多新的门户网站和网页界面纷纷诞生。黎高旺到香港明星刘德华旗下的Andylau.com公司工作,成为网络技术助理,保障刘德华和粉丝在网络上的顺畅交流与互动。这几份工作看起来跨度较大,又涉及不同类型的技术,但黎高旺依然游刃有余。他表示主要还是依靠自己的自学和动手能力。

2001年,黎高旺离开Andylau.com,开始与朋友合作,从事广告策划设计、舞台灯光音响等设备的布置工作,并由开始的小打小闹接零工,到逐步有所成长,具备一定规模,但黎高旺依然在寻找新的机会。2006年开始,黎高旺经人介绍,开始接触内地的一些产业园的开发和商务运营项目。2006—2009年,黎高旺担任在陕西西安附近的中远医药物流园开发项目的项目经理,主要负责物流园的拆迁、画红线、"三通一平"、证照办理,以及招商引资等工作,但该项目的进展并不如意。2009年开始,黎高旺又在朋友的推荐下,到新疆投资矿产。由于对当地技术和管理人员的工作都不满意,黎高旺就在新疆亲自负责

> 这几份工作看起来跨度较大,又涉及不同类型的技术,但黎高旺依然游刃有余。

矿产勘探和项目的财务工作。该投资持续了4年多，却一直在赔钱，甚至连具体的矿藏情况都未能探明，使资金链走向断裂的边缘。2012年，黎高旺从新疆的项目退股，重新回到香港。

这四年里，黎高旺基本都待在新疆，使自己从一个香港人变成了一个别人眼里的"北方人"。这四年里，也是黎高旺和父亲开始研发风力发电装置的时期。父亲主要在香港家里进行测试，画出简单的模型图。父亲虽然有较为丰富的实践经验，但是他只小学毕业，不会电脑操作，只会简单的基本运算。黎高旺则在新疆远程进行沟通，帮忙进一步对设计进行优化、电脑制图和做出更复杂、准确的计算。黎高旺说，就是因为他在新疆，所以才会使该产品的研发进度这么慢。2012年底他回到香港以后，研发的速度就加快了，并终于在2014年研发出了1.0的版本。

对于自己之前这些跨度大、频繁更换的工作经历，黎高旺表示，不管经历好不好，只要你懂得"利用"它们，从中进行体悟，它们都是好的。如果是失败的经验，将会使今后少犯甚至不犯同样的错误，少走一些弯路。如果得到一些成功，它会让人更清楚自己的价值是什么，更适合什么。光听别人说是没用的，必须自己去做。他认为只有少数人可以一开始就非常明确自己想要什么，大多数人必须尽量去尝试之后才明白自己想要什么。

而且，游历在多个行业多个地方，会让人的视野和格局更宽广，性格变得更加包容。黎高旺表示，他之前到内地主要在陕西和新疆待了多年，很喜欢和习惯西北人那种豪爽的性格，再加上自己的体型比较高大，因此看起来越来越像一个北方人，而不是纯粹的香港人了。由于在内地跟来自不同地方的人接触，黎高旺还学习了各地的普通话口音，使自己现在的普通话发音变成了大杂烩。

黎高旺评价自己的亲身经历时表示，前面这么多的工作使他进一步明确了自己的一些特质。例如，更喜欢技术类的工作，更喜欢亲近大自然，喜欢到户外特别是野外走走，而不喜欢待在充满钢筋水泥和拥挤人群的大城市。他在工作中也发现了自己在社交能力和领导力方面的潜能，具备管理者的素质，在团队中比较善于"带节奏"，聚拢各方面的人在一起共事。而且，不喜欢流程化流水式的工作，更喜欢充满挑战、需要创造力去不断解决难题的工作。当然，他也反思了自己的一些错误。例如，选择到新疆投资矿产，因为投资了一个不熟悉的行业，而且对当地环境的困难估计不足，导致最后以失败收场。

（三）持续优化设计，颠覆传统模式

黎高旺说，风力发电是目前全球对于气候变暖而催生多项绿色能源发展中最重要的方式之一。但是现有的风能发电装置均为柱立式安装，布置及安装成本高，相对其占地空间，风能利用率低，结构相对不稳定，难以在更多风力资源丰富的地方安装，如建筑物顶部、地形较复杂的地区等。尽管目前风能电容量及装机率连年处于高增长水平，但受限于其设计不足和大型风车的安装限制，风电应用依然较为局限，陆地风能资源远未被充分利用，90%的近岸风能没有被使用；而且，现有的风能发电装置对于周边的生物会造成较大危害以及产生较大的噪声。

丰善科技的设计则能够较好地规避上述缺陷，是多数设计为世界首创的风能发电产品。该设计为独特的垂直轴设计风力发电装置，效能比以往提高了3倍，风能利用率可达44%。特别是其独特的风速环境设计，工作风速范围大，微风至强风（3.4—17米/秒）环境均可发电；传统的水平轴需要根据风向的改变调整朝向，但垂直轴设计则不用，而且无论在任何情况下都不会产生逆风阻力。只要有风，哪里都适合安装，风场、山顶、楼宇外部、海边都可以，处处都可以是

风场。采用全方位导流和内转子设计，核心轮叶发电，安全美观，并且配有栅格或围网防止动物进入，保护周边动物尤其是鸟类。外观设计四平八稳，采用四点支撑，比现有单柱式风力发电机安全牢固，体积越大越稳固，对地基的要求低；可以实现单元式堆栈安装，无须考虑布置间距，往高处发展只需堆栈或使用塔架，可灵活地依附到建筑物上，避免坍塌意外；外表涂装容易定制，较好地实现与周边环境的融合。而且，垂直轴的材料物质成本和机器成本比水平轴低得多。因此，丰善科技的风电装置将在设计、性能和效率等方面对传统的风力发电设备产生颠覆。

黎高旺进驻香港科技园后，开始筹划对其设计的风电产品进行测试。因为按照规定，要将新技术应用于大规模风力发电之前，必须进行至少一年的产品和环境测试。但是，香港科技园要求在测试前必须提交专业的建筑物调查报告，确保安全，而且只允许半年的时间。但是，在香港进行建筑物的专业调查费用昂贵，时间也无法满足试验要求。此外，黎高旺还接洽了香港"零碳天地"，这是香港一个专门从事绿色建筑的环保技术应用的非营利机构，而所在区域的风力环境不理想，不符合风力发电装置的试验要求。恰好此时深港两地合作在深圳建立孵化器，帮助香港创业者内地创业。黎高旺综合考虑之后，决定北上深圳，并最终落户深圳南山的深港青年创新创业基地。

黎高旺在深圳一边抓紧优化产品性能，一边积极筹划安装正式的工程机进行试验。他说，项目产品的优化设计工作离不开一次又一次的仿真模拟结果与试验原型的测试数据对比。而且，通过使用计算机仿真技术，可以花费比以前更短的时间来开展复杂的计算和推导。最新的3D打印和加工工艺技术的进步，使试验的原型机零部件制作成本更低，耗费时间更少。黎高旺还积极寻求香港和深圳的高校进行产学研合作，弥补自身理论基础薄弱的缺陷，以避免模拟过程的重大错误和减少非预期试验结果的错误采用。在香港，他们聘请了香港浸会大学的研究人员对风电工程机进行结构工程学计算；与香港城市大学合作，由对方负责对核心的发电技术和电子技术做进一步的研发。在深圳，丰善科技则积极与南方科技大学和哈尔滨工业大学深圳研究院合作,利用它们专业的风动实验室和相关设备开展试验。与此同时,他们正在密切与深圳南山智园等单位接洽,准备安装工程机在户外进行实质性的试验。

在研发风力发电机的同时,黎高旺注意到了风能和太阳能的整合趋势,以及许多国家对微电网的推动。于是,黎高旺就在风力发电装置的顶部增加了太阳能发电板,使风力发电变成了风光发电系统。当多个风光发电单元组合在一起后,各个单元的控制系统会连接在一起发挥作用,作为一个群组来管理,组成风光能源站。风光能源站可以依附在各种不同的建筑物上,也可以自身成为一个建筑物。站内可以增加仓库、能源仓、电池组仓、充电站、无人机中继站、蓄水站、信号基站、监测站等设施。黎高旺测算过,以占地面积6.25平方米、高度12米的风光能源站为例,可以在6米/秒的风速下每月发电200万瓦,能够应付10个家庭的每月用电,或者1平方公里的公共照明、给排水和通信用电需要。

而且,多个风光能源站可以组成风光能源网,通过人工智能实施能源管理,自动计算以及学习网络区域的发电规律和用电需求,实现无人值守工作;自动平衡网内各个能源站的电储量,在兼顾网内公共及居民用电后,将多余发电输送至传统主电网,为网内社区创造更多经济效益。风光能源网可以风光能源站为节点,实施全自动的物联网生态,如全自动交通、自动货运、水资源配送、无人机巡逻、自动化养殖、道路精准定位、气候及环境监察等功能。

> 在研发风力发电机的同时,黎高旺注意到了风能和太阳能的整合趋势,以及许多国家对微电网的推动。

风光发电单元、风光能源站、风光能源网相互连线而成的风光能源系统，是一种创新的微电网系统方案，在共享太阳能发电设备占地面积的同时增加了风力能源的采集维度，设备下方也可以作为多种用途的空间，可实现更高密度的再生能源采集及转换。

风光能源系统能覆盖传统太阳能及风能设备所不能及的地方，将在更多地方实现发电并串在一起，而且可以将传统需要的"大型设备"分解为各个小型部件，实现"化零为整、化整为零"的灵活布置方式。以前的城乡发展模式是"先有人、再有村、后有电"，主电网大部分情况下都需要具备一定的消费人口基数后才能满足其供电管道铺设的成本效益；但是如果通过微电网的广泛应用，可以能源站为据点一步步扩充电力网络的覆盖面，提供生活基础电力，"让更远的地方亮起来"，使各个地区以及国家的发展具备更多可能。

（四）打仗亲兄弟，上阵父子兵

丰善科技的核心团队成员除了黎高旺自己，从 2008 年产品的创意开始，到设计成型，到逐步优化完善，父亲黎金明是他创业路上最坚定的支持者和重要伙伴。从 2014 年开始，叔叔黎冠麟加入创业团队，他拥有多年大公司的运营和销售管理经验，主要负责新市场拓展。但由于目前产品还在试验阶段，尚未有实质性的市场开拓，因此黎冠麟大部分时间仍然在香港。此外，原来在香港从事进出口贸易的表弟萧英豪（Victor）也加入创业团队，担任黎高旺的助理，并会代表公司参加各种路演。真可谓"打仗亲兄弟，上阵父子兵"。

然而，黎高旺还是认为公司太缺乏人才了。他说，缺的主要是有长远"创业"心态的人，而未必是目前能力有多强的人。因为，如果有良好的心态，知识和能力可以在工作中慢慢累积。他发现现在许多年轻人都很浮躁，急着要赚快钱，缺乏应有的耐心。他希望员工能够主动思考，增加工作中的创造力，想在老板前头，举一反三，而不是说一做一，说二做二，被动应付。不要有"打工"的临时心态，而是有一起打拼事业的长远心态，共同渡过创业的艰难日子，共同见证企业的成长壮大，一起走到最后。当然，黎高旺认为员工的忠诚和诚信也是非常重要的因素。要能够认同企业的理念，以整体利益为重，而不是只顾盘算个人的利益。

黎高旺说，他和父亲从 2008 年开始研发产品到目前，已经投入 400 多万元了，经历了许多艰难时刻。眼下，这个艰辛的历程似乎已经看到了胜利的曙光。然而，黎高旺表示，其实越接近成功的一刻就越难熬，仍然有很多挑战和不顺可能会发生，导致自己无时无刻不在怀疑自己会不会成功。这种不确定性很令人恐惧，令人难受。不过，不论最后结果如何，他还是非常感激创业的这段历程带给自己的收获以及因此创造出来的许多机会，今后还是要继续坚持。

黎高旺进一步表示，现在香港的许多年轻人由于成长的环境较为优越，被家里宠坏了，养尊处优，失去了拼搏和吃苦精神，缺乏勇于冒险的创业精神。他们更喜欢按部就班地工作，喜欢到金融、地产和保险等高薪行业打工，而不会选择去创新创业。他形象地比喻道，这些人给自己建立了一个围城，在围城里可以"衣食无忧"。这个围城让自己显得安全了，但是也把自己困住了。如果在具备理性的思考能力的同时，有乐观的冒险精神，才能提高创业的成功率。

谈及创业的动力和初心，黎高旺说，这一点他和父亲从一开始考虑得很清楚，他们不只是为了赚钱，更多的是为了改变风电行业的现有设计，给这个行业创造不一样的价值，让科技给人们带来更加美好的生活。因此，在创业阶段可能无法给合伙人更多的"享

> 不要有打工的临时心态，而是有一起打拼事业的长远心态，共同渡过创业的艰难日子，共同见证企业的成长壮大。
>
> ——黎高旺

> 给这个行业创造不一样的价值。
>
> ——黎高旺

受"，而只能满足基本的生活需求。但是，只要合伙人对公司有价值，他完全可以给予股份或者期权激励，先满足别人的要求，在创业过程中搭建更好的平台去成就他人，而自己是最后拿钱的那个人。他很清楚自己的学历、水平、人脉、社会地位等方面的局限，因此，必须"有舍有得"，努力去付出更多才能换取别人的投入。他说，自己和父亲其实对物质的要求都很低，三餐吃饱即可。他如果只是想要个人发财，其实有许多捷径可以很快实现，不至于这么多年辛苦创业。他和父亲最大的梦想是希望丰善科技的风电设计能够实施，能够得到这个行业乃至世界的认可，为这个社会做出贡献。

二 企业案例分析：多方尝试而后专注

（一）六年磨一剑，彰显工匠精神

黎高旺和父亲发现现有风力发电设备的缺陷后，就致力于设计出更加安全环保的装置，使人与自然更加和谐。为此，父子俩立足于已有的实践经验，在六年的时间里，牺牲了晚上和节假日休息的时间，不断努力尝试，经历了无数次的失败，终于研发出了不同于既往传统的垂直轴风力发电机。该发明获得了国家专利，并且成为黎高旺开始创业的重要基础，也是公司的核心技术所在。黎家父子的专注、执着和创新精神很好地诠释了工匠精神，这是丰善科技重要的"软实力"，是公司在表面上难以直接观测到的核心竞争力之一。在香港乃至内地，各种浮躁之风日盛，黎高旺父子这样"六年磨一剑"的精神更显难能可贵，非常值得创业者学习借鉴。

（二）勇于尝试，更好地定位自己

人生就是一段不断定位自我的旅程。有些人比较幸运，很早就能够明确自己的定位和方向，但是，多数人需要在持续的尝试和试错中去不断重新认识自己、发现自己，找到人生的目标和方向，并努力为之拼搏和奋斗。特别是历尽坎坷之后明确的定位，就像一座远方的灯塔，让人在各种茫然或诱惑面前依然能够清醒和奋进。黎高旺中学毕业后就出来工作了，辗转于香港和内地之间，从事过多种行业、多个岗位，用他自己的话说，"三十六行，我估计干了二十行"。通过这样的历练，他发现自己不喜欢那些按部就班的事务性工作，更喜欢挑战性、创造性的工作，而且具有一定的领导力。正是基于这样的认识，他走上了自主创业之路。此外，由于之前这些曲折的经历，让他在后来的创业过程中，能够以更加平和的心态去面对各种挫折，能够吸取之前盲目投资的教训，专注于风电能源，理性决策，勇于冒险，乐观创业。

（三）整合资源，重在创造价值

创业是一个不断整合资源以把握机会、创造价值的过程，黎高旺的创业历程很好地体现了这一点。在风力发电装置的基本模型确立以后，他积极整合香港浸会大学和香港科技园的资源，希望加强对产品的改进和测试。由于在香港受到政策和试验条件的制约，他转战深圳南山，充分利用深港青年创新创业基地的各种资源和政策支持，推动创业项目的进展。在深圳，他又充分依托南方科技大学、哈尔滨工业大学深圳研究生院的研发和实验室资源，继续优化风力发电设备的设计。黎高旺认识到自身在理论方面的欠缺，因此在产品设计之后，求助于这些高校的科研人员，帮助其在产品设计的理论基础和设计原理方面进行把关，寻求改进意见，确保产品的可靠。此外，相对于许多创业者希望"短平快"地赚钱，或者希望寻找到合适的投资后快速退出的方式，黎高旺父子更多的是希望自身的产品能给行业和社会创造价值，而不是追求个人的经济利益，这才是创新创业应有的"初心"，才是真正推动社会进步的力量。

三　启示：永葆创业初心

（一）内地就业历练后再创业

内地与香港在制度、亚文化和政策方面都存在不少差异，一些到内地创业的香港青年刚开始可能会存在诸多不习惯和不适应之处。黎高旺到深圳创业之前，已经到内地工作多年，这让他熟悉了内地的风土人情和工作风格，从而在创业过程中，能够更加从容应对。因此，香港青年在到内地创业之前，最好先选择到内地工作一段时间，深入某个具体的行业，了解其运作之道和商业环境，了解内地最新的科技进展，并积累人脉，从而为自己今后更加顺利地创业做好准备，通过这样的"循序渐进"，尽量避免走弯路，提高创业成功率。

（二）好奇心和不满是创新的重要动力

黎高旺从小就对各种玩具或物件的构造具有强烈的好奇心。基于这样的好奇心，让他努力动手去了解和熟悉各种器件，并努力探寻背后的原理。正是这些点滴的累积才使他能够在风力发电装置上创新成功。而他和父亲之所以投入数年的时间去研发新的风力发电装置，在于对传统设备的不满，特别是传统设备跟他们秉承的人与自然和谐相处的理念不相符。这样的不满，成为他们创新创业的动力所在，他们希望能够创造出不一样，创造出更加科学、更加人性化的产品。因此，我们对周围的各种事物，不要熟视无睹，而应该始终带着好奇心，"处处留心皆学问"，这才是创新的重要灵感源泉。对现状的不满往往蕴含着创业机会，值得我们去充分利用和把握，并创造性地解决问题。

（三）大胆创业，小心决策

创业经常会伴随着冒风险，因此，创业者需要"胆商"，勇于承担风险。但这并不意味着创业者就可以盲目决策。黎高旺总结自己的创业历程，认为创业既需要乐观的冒险精神，同时也要理性地进行思考和决策。他说，现实中，光看到好的一方面敢闯敢冲和只看到不好的另一面不敢闯不敢冲的都大有人在，但能够将这两方面都看到而且结合着往前走的人就很少，这些人就属于那些成功的创业者。反观现在许多香港的年轻人，过于养尊处优，过于追求安稳，失却了拼搏和承担风险的创业精神，这从长远来看将损害香港的竞争力。因此，香港青年应该弘扬创新创业精神，大胆创业，稳妥决策，为香港经济发展注入新的活力和动力。

四　案例大事记梳理

1994—1995 年，黎高旺在香港益电半导体任机械维修员；

1995—1998 年，黎高旺在香港无线电视有限公司任大型主机操作员；

1998—2001 年，黎高旺在香港 Andylau.com 任网络技术助理；

2001—2006 年，黎高旺任策划传艺制作及项目总监；

2006—2009 年，黎高旺任中远医药物流园（西安）开发项目经理；

2008 年，黎高旺和父亲黎金明开始研发新的风力发电装置；

2009—2013 年，黎高旺任新疆奥亚特进出口贸易有限公司矿产勘探项目经理；

2014 年，黎高旺父子研发出垂直轴风力发电装置 1.0 版本，并取得国家专利；

2014 年，丰善再生能源有限公司成立；

2016 年，风力发电装置持续优化，先后推出 1.1 版、1.2 版、1.3 版；

2017 年，丰善绿色科技（深圳）有限公司成立；

2017 年，风力发电装置推出 1.4 版本的工程机，并完成仿真测试。

澳 门 篇

珠海横琴跨境说网络科技有限公司
中华月子集团（澳门）
澳门宝奇科技发展有限公司
安信通科技（澳门）有限公司

第十九章　跨境说：为创造而生的数字中枢梦

> 公司名称：珠海横琴跨境说网络科技有限公司
> 创始人：周运贤、方华
> 创业时间：2015 年
> 所处行业：电子商务
> 关键词：地缘优势，青年创业谷，创新商业模式
> 访谈时间：2017 年

一　创业者故事："看到的世界都是你的"

百年间，澳门作为国际化都市，不断与国际接轨，近年来更是成为互联网发展的"蓝海"。因与内地一海之隔，避免了来自京东、阿里巴巴等行业巨头的直接冲击，许多"双创"幼苗得以在此扶植成长。但同时，澳门地域狭小，博彩业一业独大，地域和产业的限制让很多澳门青年的创业梦想受到制约，而一河之隔的横琴，则为想要创业的澳门青年提供了广阔的空间。

2015 年 6 月，位于横琴口岸，仅与澳门大学横琴校区一路之隔的澳门青年创业谷正式启用，这个占地 12.8 万平方米的现代化众创空间，不失时机地为向内地市场进军的澳门青年搭建起了一个灵活的"跳板"。

借助澳门青年创业谷的契机，越来越多澳门青年受到开放政策的召唤，来到横琴开拓自己的创业天地。

在此契机下，越来越多像周运贤这样的澳门青年受到开放政策的召唤，来到横琴开拓自己的创业天地，与内地及其他地区的创业者进行思想碰撞，一较高下。

（一）归国下海，胸怀远志

每个工作日的早晨，澳门青年周运贤都会从澳门家中出发，驱车 10 余分钟来到位于横琴的公司上班。2015 年 9 月，周运贤带着名为 Bringbuys（阅时即购）的项目正式进驻横琴澳门青年创业谷。

周运贤祖籍梅州，出身革命军人家庭，自幼在家庭环境的熏陶下，赓续着"和致祥、谦受益"的客家规训，形成了奋进、执着的性格特质。从美国加州理工毕业后，周运贤技术移民到了澳门，从事互联网工作。一直有着创业梦想的他，从几年前开始谋划跨境电商项目，与其他六位曾就职于阿里巴巴、腾讯等知名企业的归国海归创立了粤港澳网络科技公司。[①]

在外界看来，刚过而立之年的周运贤是个不折不扣的热血青年，在日常生活中，他酷爱跑车，享受风驰电掣的速度与激情，在速度中磨炼胆识和气魄，现兼任澳门模拟赛车协会副会长；在创业中，他梦想着在横琴建设数字自由贸易中枢，推动中葡、中拉贸易畅通，深化三者之间的贸易合作，其研究成果《数字中枢的构建与中国对外开放政策研究》发表于国家级刊物，得到了经济专家、学者的高度评价。从初创粤港澳网络科技公司到跨境说，周运贤接连创造出了变更传统经贸模式和生活方式的众多奇迹，团队和他也在此过程中积累了大量的 IT 和电商实战经验，获得了

周运贤满腔热血，创立了粤港澳网络科技公司，梦想着在横琴建设数字自由贸易中枢。

---

① 《澳门贸促局创建平台助跨境说寻"天使"圆梦飞翔》，《澳门日报》2016 年 2 月 25 日。

多项技术专利。

(二) 独具慧眼，敢为拓荒之先

事实上，产品结构单一的澳门，早已让周运贤深感难施拳脚。横琴新区澳门青年创业谷的成立，对周运贤而言，无疑是新的曙光，这个曾经一派田园风光的边陲海岛，被赋予了推动粤港澳融合发展的历史使命，也提供给广大澳门创业者无限的商机。

2015年7月，带着"所见即所买，实现阅读与购物一体化的线上体验"的想法，周运贤向创业谷递交了"跨境说"项目企划书。两个月后，"跨境说"以专家组评审第一名的成绩入驻创业谷①，颇受内地政府、媒体及公众的关注；不到三个月时间，就获得"天使基金"的青睐，拿到了一笔高达2000余万元的风投。

据周运贤回忆，团队乍驻之时，创业谷还处于施工期，配套设施仍不完备，连便利店都没有，员工吃饭都需要自带或者等很长时间的外卖。即便条件艰苦，周运贤仍然笃定自己的内地创业梦，看准了创业谷的发展前景，认为"没有理由不成功"。

正如其所预见的，创业谷势头良好，开园不到一年，已吸引上百个项目入驻，其中93个为澳门项目，企业注册资本超5000万元，融资破亿元。周运贤说，短短几年时间内，横琴出台了一系列优惠政策，不断完善基础设施建设。而对于像他们这样满怀志向的澳门青年创业者，横琴也在积极探索，努力为他们提供

> "跨境说"以专家组评审第一名的成绩入驻创业谷，颇受内地政府、媒体及公众的关注。

---

① 《在横琴逐梦的澳门青年》，《南方日报》2016年4月21日（http://www.southcn.com/nf-daily/nis-soft/wwwroot/site1/nfrb/html/2016-04/21/content_7538803.htm）。

优越的创业条件，经专家组评审后，可享受免租免水电的优惠，基本上是拎包入住，还主动为他们提供政策咨询服务，帮助澳门创客了解内地的营商环境，对创业初期的创客予以极大便利，减轻了很多负担、成本。

（三）"看到的世界都是你的"

近年来，在电子商务冲击下，人们的购物方式发生了翻天覆地的巨变。与此同时，国内自媒体的发展风头一时无两，微信、今日头条等手机软件逐渐覆盖12亿移动互联网受众。

值此契机，受启发于美国留学期间接触的Bringhug概念，周运贤萌生了将娱乐和消费相结合的想法。"'看到的世界都是你的'，是跨境说的切入点。简单而言，就是图片、视频加购物车。用户将所见到的中意商品拍照或者截图，添加到阅时即购的各种风格的购物车内，就可以看到商品的价格。"周运贤说，如果把编辑好的内容分享到微信朋友圈、微博等社交平台，朋友和粉丝便可以直接购买，分享者还可以得到一笔数额不等的推广佣金。

根据上述创业构思，周运贤团队自主研发出了智能购物软件Bringbuys（阅时即购）项目，以自媒体编辑器和镶嵌式智能购物车综合应用为基础，改变了传统电商运营方式、自媒体营利模式和人们的消费习惯。它的与众不同之处，在于利用自身的大数据优势，将产品植入微信公众号和手机软件，用户在阅读文章、观看影视作品的同时就可以看到产品信息并直接购买或收藏，不需要跳转页面，充分展示产品，为客户提供更有效的产品推广。而不需要跳转的前提是，该商

> 受启发于美国留学期间接触的Bringhug概念，周运贤萌生了将娱乐和消费相结合的想法。"'看到的世界都是你的'，是跨境说的切入点。"

城已与 Bringbuys 的编辑器实现互通。目前跨境说已建立自主电商品牌——欧拉商城，与编辑器相互连通，但对于京东、阿里巴巴等国内大型电商，尚未完全接通，体验有待进一步改善。

（四）因地制宜，突破瓶颈

不到半年时间，跨境说不断开拓货品新渠道、寻找市场机会，新增了近 1 倍员工，平均年龄仅为 28 岁。和创业谷大多数项目一样，跨境说的成员以澳门青年和内地青年为主。在澳门，周运贤及其团队主要服务于政府机构，对接政府项目，所以运营方面均为熟悉当地环境的澳门人；在珠海横琴，则偏重于电商行业的发展，在内地互联网、电商人才储备良好的利好条件下，技术开发方面的雇员多为内地青年。

周运贤认为，不同的地方文化对人们工作理念、特点的形塑具有一定影响。澳门的同事做事更具条理性，重视在工作和生活两者之间达到平衡；内地的同事更富于竞争意识，拼劲十足，一心想把事情做得更好，为应对较紧急的任务，甚至可以废寝忘食地加班赶时。

但在他看来，较之于地域的潜移默化，良好制度的确立更显重要。"不管在何地，人事摩擦的发生不可避免。没有冲突肯定是骗人的，但这些都可以很快克服过去，因为我们有一个完善的制度，用制度来管人，而不是靠心情办事。"周运贤发现，在年龄基本为"90 后"的团队里，很多事情均可通过良性沟通得以解决，原因即在于内地员工也能养成按制度办事的习惯，甚少受到内地倚重人情的行事风格影响。

纵然在人员管理上如鱼得水，周运贤坦承，在初

> 不管在何地，人事摩擦的发生不可避免。没有冲突肯定是骗人的，但这些都可以很快克服过去，因为我们有一个完善的制度。
>
> ——周运贤

创阶段，团队也遭遇过两地差异带来的挑战。周运贤表示，两地消息传播的方式有别，澳门多用Facebook、Google、Blog等通信工具，少用微信等社交工具，通信工具和社交工具分离，自媒体并不发达；而国内微信大为风行，将图片、通信、社交结合起来，催生了大量生产优质内容的自媒体人。这使得他们在战略决策上曾一度陷入迷障。"进入一个新的市场，有一个熟悉当地市场的伙伴，这样道路会比较顺畅。我觉得在这方面我们缺少了一些指引和风向标，如果有了这些指引，我们的产品在投入市场时就会更有效。"周运贤说。

经过较长时间的深入观察和自主摸索，周运贤团队最终形成了为自媒体人服务的宗旨，并构思得出两个顺应当下时势的投放渠道：直播和自媒体大号。虽然直播在走下坡路，但周运贤认为如果运用得当，仍有一定作为；此外，他敏锐地觉察到了"网红"已不再备受追捧，内容运营者却越来越受重视，"大家已经开始懂得剥开表面的虚华，注重内容"。周运贤透露，有实力的自媒体大号将可能成为推动跨境说发展的助力剂。

（五）从孵化走向成熟

创业过程中，周运贤深感碰壁是常事，但贵在专于一事。刚开始，跨境说潜心在工具的开发上，但由于管理层的决策失误以及对现实需求的误判，公司后又成立了自主的电商品牌——欧拉商城。但经实践证明，这一做法毫无必要，两者的运营思路是截然不同的，如此莽为直接导致了公司在经营上蒙受亏损。

从2016年底开始，周运贤团队对公司战略重新做出部署，又重新投入到工具、APP的开发上，并且希望只专注于做一件事情，把它做到尽善尽美。

经过一年半的发展，跨境说团队创造了一种全新的消费体验，并且已经基本实现了对外资本的对接，企业人员也由初级创业阶段的七八人扩大到了100多人。公司向创业谷申请了更大的办公空间，这里将成为跨境说项目走向国际市场的推广中心，为中国和拉美地区葡语国家企业进行经贸往来、文化交流提供最底层的服务。① 周运贤及其团队正在通过大数据、云计算,主动为用户推荐感兴趣的商品,把葡语系国家的产品销往内地,把内地厂商的产品销往葡语系国家,进一步打通了国内与葡语系国家的贸易通道。

现在,跨境说项目成了创业谷的标杆,前来参观交流的访客络绎不绝,在近期举办的澳门创业大赛中,该项目还获得了创新影响力大奖。未来,周运贤及其团队希望打造数字中枢,"全球买,全球卖",在横琴实现数字的自由贸易。

> 未来,周运贤及其团队希望打造数字中枢,"全球买,全球卖",在横琴实现数字的自由贸易。

二 企业案例分析:反向电商的本土复制

(一) 内地优势的发现运用

澳门本土缺乏互联网相关技术人才,办公场地成本也相对较高。与此相对的,近年来内地创新创业浪潮兴起,政府支持政策力度逐渐增加,而横琴创业谷作为国家级众创空间,为澳门创客提供了成本低廉甚至免费的办公场地、会议中心等基础配套设施,同时落实宣传推广、政策咨询、金融服务等多项便民举措。

周运贤意识到澳门地域和产业的限制后,选择来到创业谷,利用内地得天独厚的政策和人才优势,将"跨境说"打造为珠海横琴的明星项目。

(二) 两地青年优势互补

在创业谷,大多数项目都是澳门青年与内地青年合作创办的。不同地区的文化差异,给两地青年创客们带来了一定的挑战,但也有利于优势互补。内地青年追求高效率,拼劲十足,凡事做了再慢慢完善;而澳门青年

---

① 《周运贤:让想象力为琴澳数字中枢梦插上翅膀》,2017年5月17日(http://zh.house.qq.com/a/20170517/017355.htm)。

节奏缓慢，做事更具条理性，往往等想法透彻了再去实施，重视在工作和生活两者之间达到平衡。人事管理方面，周运贤通过确立完善的制度，在条例的框架下，充分发挥两地青年的特点，更好地实现企业的战略目标。

（三）突破传统商贸模式，进军反向电商领域

跨境说是继美国硅谷之后全球第二家、国内唯一一家从事反向电商的企业。企业创始人周运贤从留学经历中得到启发，将娱乐和消费相结合，带领团队开发出阅时即购的 bringbuys 项目，以自媒体编辑器和镶嵌式智能购物车综合应用为基础，利用自身的大数据优势，将产品植入微信公众号和手机软件，用户在阅读文章、观看影视作品的同时就可以看到产品信息并直接购买或收藏，改变了传统电商运营方式、自媒体营利模式和人们的消费习惯。

三 启示：政策红利压缩初创成本

（一）找到熟悉当地的引路人，更利于本土化实现

内地市场庞大、机遇众多，竞争亦颇为激烈。港澳青年初入内地，对自然环境、政府政策、商业文化均不了解，唯有深度本土化，才能让机遇最大化，从而更好地从众多竞争对手中突围。如案例中的周运贤进入内地也同样面临着不熟悉的问题，但由于他主动与内地建立联系，最终化解了由此带来的负面影响。因此，进入一个新的市场时，最好能够找到一个熟悉当地市场的伙伴，帮助自己了解国内商业环境，避免初期屡遭碰壁。

（二）抓住政策红利，压缩初创成本

2015 年，李克强在政府工作报告中提出"大众创业，万众创新"。推进大众创业、万众创新，是发展的动力之源，也是富民之道、强国之策。为支持创业创新主体，国务院及各部门近年来出台了一系列利好政策；同年，面向两岸暨港澳以及海外和归国留学青年的创业创新基地——横琴新

区澳门青年创业谷也正式投入运营，全面提供政策支持、融资服务、共享设施等8类服务。案例中，周运贤及时抓住政策机遇，利用创新谷有效地降低了创业初期的成本投入和风险。因此，初到内地的港澳创业青年宜积极主动了解和利用国内对创业的政策优惠，助推企业平稳过渡。

（三）探索发现新的商业模式，将风口转化为机遇

只有创新的商业模式和精细化管理才能使企业保持健康、稳定的发展。"跨境说"通过改变传统电商运营方式、自媒体营利模式和人们的消费习惯，发现内容创业时代的新商机，成为创业谷的标杆。因此，港澳创业青年在对自身的经营方式、用户需求、产业特征及技术环境等具备了一定的理解和洞察力后，也应探索发现新的商业模式，提供全新的产品或服务、开创新的产业领域，抓住创业的风口，并将其转化为发展机遇。

四　案例大事记梳理

2015年9月，"跨境说"以第一名的身份入驻横琴澳门青年创业谷并成立中国珠海横琴跨境说网络科技有限公司；

2015年底，"跨境说"获"天使基金"青睐，融资近3000万元；

2016年，创始者周运贤代表中国企业家，远赴葡萄牙、比绍几内亚参加国家商务部组织的中葡论坛，并发表主题演讲《连接中国最好的平台》；

2016年4月，创始者周运贤荣膺第二届珠澳国际创业节珠澳十大创业榜样人物；

2016年6月，创始者周运贤荣获横琴·澳门珠海青年创业谷创业之星的称号，企业获赞2016年度最具创新力电子商务平台；

2016年11月，企业获得澳门商务大奖创新金奖；

2016年12月，企业与腾讯、大粤网等媒体获得创新影响力大奖。

第二十章　中华月子：打造专业的月子品牌

> 公司名称：中华月子集团（澳门）
> 创始人：孙永高、郑嘉虹、甘达政
> 创业时间：2017 年
> 所处行业：服务业
> 关键词：月子，二孩政策，创新
> 访谈时间：2017 年

一　创业者故事：医学毕业生的非典型创业

（一）弃医从商，初次创业折戟沉沙

孙永高祖籍广东中山，从小在澳门长大。2003年，从广州暨南大学医学院毕业后，孙永高没有直接从事临床医生的职业。谈及此，他说主要有两个原因：一是发现自己的兴趣和专长不大符合当医生的要求，主要是记忆力不好，记不住庞杂的各种医学和药学知识；二是当时恰好遇上"非典"（SARS）肆虐，许多医院和诊所都受到严重影响，使医学院的毕业生更加难以就业。但是，孙永高在大学期间积极参加各种社团活动，锻炼了自己的组织协调管理能力和社交能力，这使他对商业运营和管理方面的工作产生了浓厚的兴

趣。因此，他回到澳门后，选择到私人诊所从事医疗美容方面的顾问工作，同时兼职做房地产经纪和保险业务。

通过兼职，孙永高不仅学习了房产、保险和投资理财方面的业务知识，还进一步锻炼了自己的口才，个人综合能力显著提升。于是，2005年开始，孙永高辞去了医疗顾问的工作，全职加入友邦保险公司，负责医疗理赔的审核工作。这份工作需要对客户的医疗理赔涉及的费用合理性进行专业性的审核，这既让孙永高所学的专业知识派上了用场，又让他较好地发挥了自己的特长。在这家大型保险公司里，孙永高接受了系统的培训，管理统筹能力和演讲能力不断提高。

在友邦保险工作期间，孙永高凭借之前从事房产经纪兼职时积累的经验和人脉，开始在澳门和内地投资房地产。在他的努力和积极运作下，投资很快有所斩获，购置了多处房产。但随着在友邦保险工作年限的增加，他开始觉得打工的职业发展受到很多限制，有些时候难以发挥自己的主动性和创造性，于是产生了创业的念头，希望做出一番属于自己的事业。

2010年，恰好有一家正在开拓市场的香港餐饮连锁企业找到孙永高，希望他加盟，从事餐饮的投资和运营。正有创业打算的孙永高简单考虑之后，就离开友邦保险，进入餐饮业。孙永高拿下了该餐饮品牌在广东省和澳门的代理权，开始了创业之旅。由于在内地开餐饮店的注册和装修等环节需要涉及工商、税务、食品药品监督管理局、消防和物业等多个部门，孙永高的澳门身份在办理上存在诸多不便。而且他对内地的许多商业规则和习惯不够熟悉，在店铺装修等方面遇到不少障碍。面对诸多不便，孙永高只好将在广东

孙永高接受了系统的培训，管理统筹能力和演讲能力不断提高。

的店铺挂在一位朋友名下，并由他代为负责前期筹备的具体事务。这位朋友是孙永高之前做房地产经纪的时候认识的。朋友在内地有许多优质房源信息，并经常介绍给孙永高，孙永高在内地的许多房产投资也是这位朋友介绍的，这些房产投资后都升值不少，这使孙永高更加信任他，就将新开拓的餐饮事业的日常运营全权托付给他。

孙永高的餐饮创业推进速度很快，两年左右的时间就开了六家餐厅，其中两家在广东，四家在澳门。由于餐厅的前期投入较大，孙永高只好开始出售之前投资的一些物业，用于发展餐饮事业。尽管是连锁品牌，但孙永高并没有墨守成规，千篇一律，而是结合每家餐厅的地段和周边竞争情况，认真研究，周密分析，进行独特的定位，做出特色。例如，在广东市场，他推出了公交车、雀笼等主题餐厅，深受市场欢迎。在澳门，主要在写字楼和中小学附近，针对白领或学生中午时候对餐饮的需求特点，提供快捷的套餐，生意非常红火。

由于在澳门的餐饮生意非常忙碌，人手又特别紧缺，孙永高越来越难以腾出时间和精力对广东的两家店铺进行管理。因此，广东的生意主要依靠内地的那位朋友运营。未曾料想，正是由于疏于管理，给孙永高的餐饮生意埋下了严重隐患。广东的两家店投入运营之后，客人不断增多，也开始做出了品牌，但却迟迟不能扭亏。在预期盈亏平衡期过后，仍然不断需要孙永高往里投资。刚开始孙永高没有太在意，考虑可能发展客户和打出品牌还需要一些时间和投入，依然信任这位朋友。然而，后来业务得到很大发展，客人越来越多，餐厅经常人满为患，但就是一直不见赢利。

孙永高开始起了疑心，就前往广东进行了解和调查。"不查不要紧，一查吓一跳"，原来这位朋友不知从什么时候开始居然到澳门赌博，输了好多钱，因此将餐厅的钱都挪用了，而且已经借了好多高利贷。孙永高说，由于自己在内地的店铺和一些物业名义上都是挂在他名下，因此大多数房产都已经被他卖掉了自己却还蒙在鼓里。更严重的是，他还留下了一屁股债需要孙永高来偿还。

无奈之下，孙永高只好停掉餐饮业务，出售房产，用于填补窟窿。就是这样一位曾经非常信任的朋友，却让孙永高的餐饮创业前功尽弃。回首这段经历，孙永高认为自己太大意了，过于轻信他人，而且缺乏对过程的管理控制。因此，他说，今后创业，一定要选择合适的合伙人，并且及时做好沟通与过程把控。

（二）投身公益社团，伺机东山再起

2013年收掉餐饮业务后，孙永高开始反思和调整，继续等待合适的创业机会。在等待的过程中，他并没有闲着，而是充分发挥自己的专长，进行半兼职性质的创业，并积极参与各种社团和公益活动。

孙永高注册了一家"帅"商业策划公司，帮助中小企业进行业务策划。他说，有许多企业有好的产品，但缺乏好的营销推广方案；而另外一些企业可能拥有好的创意，但不知如何转化成具体的执行方案。于是，他充分利用自己的商业运营经验，为这些企业提供策划方案，待方案顺利实施后才收取咨询费或者换取少量股份。此外，有许多创业者或企业需要申请政府资助，以及参加各种路演展示，但由于缺乏经验，尽管项目不错，却展示不出应有的水平，得不到评委的肯定。孙永高说，自己在这方面比较有心得，因此也经常帮助别人撰写商业计划书或者政府项目申请书，以及代为进行项目讲演，都取得了较好的效果。近年来，随着孙永高承接项目的增加，以及客户的好评，使他逐步做出了品牌。他在这方面也收获了许多新的知识，增加了对不同行业的了解。

2015年，友邦保险澳门公司筹划一个新的部门，专门负责大企业的医疗保险和退休金等保险和福利的业务。这是由原来的医疗保障部门和退

休金部门合并成立的,专门针对机构客户。孙永高原来在友邦工作的上司就邀请他回去,担任部门负责人。在这里,孙永高再次发挥了企划能力和社交方面的特长,带领团队连续两年实现了超过100%的业绩增长。而且,通过这个平台和项目,孙永高接触了许多大企业的高管,学习了管理经验,开阔了视野,拓展了人脉。近期,由于有新的创业打算,孙永高刚刚离开友邦保险。

与此同时,孙永高也进一步挖掘自己在演讲与口才方面的天赋。从2014年至今,他参加了多场国际演讲协会澳门区和香港区的即兴演讲比赛、评论演讲比赛、备稿演讲比赛和幽默演讲比赛等赛事,获得了十多项的冠军和亚军。孙永高说,自己喜欢表达,而且对于如何组织语言和演讲有独到的经验,水平在锻炼中也日益提高。因此,现在孙永高经常受邀参加一些公开演讲和培训,多次担任大型活动的策划及主持工作,并深受欢迎。他说自己非常爱好演讲,喜欢表达和跟别人分享。他在演讲中总是能够根据主题和场合去进行恰当的安排,又会有所创新,增加舞台展现的元素,增强演讲内容的说服力,演讲自然会有比较好的效果。他还积极组织全澳小学生讲故事大赛等赛事,让更多小朋友从小就懂得沟通和演讲的重要性,学习相应的知识和技巧。目前,孙永高担任国际演讲协会澳门普通话演讲协会会长、广东话演讲协会副会长,并努力推动协会参与配合社会发展需要,为澳门年轻人提高沟通能力、演讲技巧和领导能力做出贡献。

除此之外,孙永高还参加各种社团活动,服务澳门社会。目前他担任澳门商业协商合作会创会副会长、中澳青年文化联合会创会副会长、澳门中山侨界青年联谊会副会长、澳门中山青年协会副监事长、澳门婚礼及宴会统筹协会创会理事长等兼职，积极参与澳门和内地的各项经贸、文化和创新创业交流活动。孙永高说，通过参与这些社团活动，他进一步熟悉了澳门各行各业的人士，向他们学习人生经验和商业运作经验。与此同时，他也会向别人分享自己的从业经历，并充分发挥自己在演讲口才和策划方面的特长，打响个人品牌，广交朋友，互利共赢。随着澳门与内地交流合作的持续深入，特别是近年来中国内地"大众创业，万众创新"的浪潮的蓬勃兴起，各种新兴技术和商业模式层出不穷，涌现了许多新的商业机会，孙永高积极带领社团成员到内地进行参访、学习和交流，了解祖国内地新的发展情况，以及政府对创新创业的扶持政策，让大家从中看到发展商机，寻求合适的创业项目及合作伙伴。

孙永高在参与各种活动的过程中，也在寻找新的创业目标，希望能再次拓展自己的一番事业。功夫不负有心人，在参加社会活动的过程中，孙永高结识了同在澳门的两位年轻人，并且发现大家相互欣赏，有许多共同的创业理念，而且在能力、性格等方面有很强的互补性。这两位其中一位是甘达政，出生于1985年，在澳门和内地从事多项投资业务，富有创新创业精神，而且同样热心各种公益和社会活动。甘达政目前是永燊集团的共同创办人，兼任澳门爱国青年教育协会监事、"一带一路"经贸文化促进会创会理事长、中华文化产业促进会秘书长和澳门十三行文化贸易促进会青年事务部委员。另外一位是郑嘉虹，出生于1986年，是孙永高在暨南大学医学院的学弟。郑嘉虹是泌尿外科专科医生、澳门注册执业西医、国家执业医师、暨南大学医学博士研究生，目前已经在澳门开设多家医疗中心（诊所和药店）。孙永高说，他们三个人相互认识以后，感觉非常投缘，大家刚好又都有创业的意向，正在寻找合适的机会和伙伴，因而彼此都有"众里寻他千百度，蓦然回首，那人却在灯火阑珊处"的感觉。之后，三个人通过一段时间的深入交流，找到了共同感兴趣，又能发挥各自优势的创业项目：中华月子。

（三）继承中华传统，科学发展现代月子产业

孙永高说，准备进入月子产业也是因缘际会之下的一种偶然。在广东

中山有一家从事家政服务的企业在当地运营了十多年，拥有十多家分店，具有较强的品牌影响力，但近年来业务有所停滞，缺乏新的增长点。该企业联系到甘达政和孙永高，希望他们能够帮忙出谋划策。甘达政和孙永高了解企业的相关情况以后，就建议立足于既有的服务和品牌优势，往月子中心方面进行相关多元化。但是，在咨询过程中，企业新接班的"企二代"却对该转型方向不感兴趣，合作态度也不好，令甘达政和孙永高相当失望。于是，他们俩和郑嘉虹聚会的时候，就商量着一起合作在月子产业方面进行创业，三位年轻人讨论之后一拍即合，迅速开始研究创业方案。

中华月子的创业团队经过分析后认为，随着中国"二孩政策"的全面实施，以及新生代父母的生活习惯和消费观念的变化，月子产业的需求非常巨大，而中国现有的医疗体系和母婴食品用品市场等均无法满足怀孕期间及分娩后的医疗护理等所产生的需求。尽管中国的各个地方都有自己地方特色的风俗传承着月子文化，但由于很多缺乏与现代医学及科学的有机融合，经常被现代社会误解。许多老人在月子方面固守的传统习俗和现代母婴护理医学往往存在差异，使年轻一辈和父母之间产生分歧，造成家庭和社会的不和谐。针对此，孙永高及其团队将依托其在澳门的医疗资源和中西医结合的优势，引入现代月子理念，既传承中医学的精华和传统月子的智慧，又融合西方医学的科学及技术，使传统月子习俗系统化、科学化和规模化，转型为现代月子产业。

孙永高说，现代月子产业不仅只是体现在婴儿出生后，而是延伸到怀孕前的准备、整个孕期过程的安胎养胎、生产时的医护以及生育后的完全康复；不仅只是婴儿的单纯喂养，而是拓展到全面照顾产前的胎儿以及产后的婴儿身心健康以及成长教育等范畴。现代月子产业可以在孕前、孕期、产前和产后整个时期，提供预防、护理、康复以及助长等医疗相关的服务，让母亲和婴儿都能够健康快乐。现代月子产业还包括月嫂的专业培训和考核认证、母婴的居家及外出的安全和便利、胎儿及婴儿的培养教育等。通过现代月子文化的普及，让母婴和大众都能了解和掌握月子专业知识，而且减少家庭和社会对母婴护理存在分歧而产生的矛盾。

孙永高介绍道，目前台湾是全球现代月子服务普及率最高的地区。10多年前的台湾，只有约5%的新生婴儿会使用月子中心以及到户月嫂服务，但现在，台湾有约70%的新生婴儿会使用各种不同形式的月子服务。目前在中国内地，月子服务市场还没有得到认知、普及和重视，即使是在较发达和富裕的北上广深地区，也只有约5%的家庭选用月子服务。尽管近几年在内地也建立了许多月子中心，但从目前情况看，还存在许多不专业和不规范的地方。因此，随着二孩政策实施和观念的变化，他对月子产业的发展前景非常看好。月子是中华民族的传统文化，随着其逐步现代化，还可以逐步"走出去"，拓展国外市场。

孙永高立志于将"中华月子项目"打造成为最专业、最全面的综合性月子品牌，具体包括三大基础项目和两个高端品牌。三大基础项目为月子培训、月子中介和月子配套。月子培训主要为中年妇女及有兴趣投身月子产业的人士，有兴趣学习照顾母婴的准父母及长辈提供正确陪护的知识和技巧，并且为准月嫂及现职月嫂提供考核及认证制度。同时，为广大的长辈父母们开办亲子育儿班、月子相关课程以及月子餐营养教学等一系列月子专业课程，普及月子文化的知识和技能。月子培训将通过和相关的医疗单位、培训机构和政府部门合作，建立正规的培训课程、考核及认证机制，成为具有专业性、合法性和权威性的培训单位和考评机构。专业的月嫂培训和充足的月嫂人力储备将为保证中华月子的长远发展打下扎实的基础。孙永高说，专业、高标准的月嫂培训将成为中华月子的核心竞争力之一，他们要跟医学院校合作，培训出一般机构达不到的高水准的优质月嫂和明星月嫂。

> 孙永高说，专业、高标准的月嫂培训将成为中华月子的核心竞争力之一，他们要跟医学院校合作，培训出一般机构达不到的高水准的优质月嫂和明星月嫂。

月子中介主要为孕妇和产后母婴提供新生儿家庭待产及陪月服务，为月嫂提供发展机会。中华月子的中介业务将与有潜力、有优势的商业机构和医护单位建立合作联盟关系，以成就合作伙伴赚取最大的合理利润为目标，以最快的速度壮大规模，确立中华月子品牌，普及现代月子文化，缔造现代月子潮流。月子配套主要包括月子餐和月子礼等。中华月子将为母婴提供月子食疗、月子配套用品以及为亲友提供礼品和纪念品服务等。这方面，中华月子将连接海外和内地的母婴产业物流链，让优质产品顺畅进出中国，同时与一些专门的母婴产业供应商建立合作关系，为客户提供优质、便捷的服务。

中华月子还将逐步发展"中华皇族月子中心"和"中华皇族月子国际"这两大高端品牌。中华皇族月子中心主要针对高端人群提供一站式的高端专业的陪月服务和高水平的医疗护理服务。中华皇族月子国际主要针对在海外生育的高端客户提供国外的月子服务。这两个高端品牌对服务和医疗水平都有更高的要求，具有较高的门槛，也是竞争对手比较难以模仿和复制的内容。

目前，中华月子除了孙永高、郑嘉虹和甘达政三位联合创始人，还组建了专业的运营团队。其中，刘兆杨是孙永高在医学院的本科同学，目前是澳门注册的中医师和国家注册的催乳师，已经具备多年的月子服务和月嫂培训从业经验。刘兆杨将在中华月子担任中医师和月子导师。孙家伟是孙永高的弟弟，拥有多年的连锁药店管理经验，是澳门最年轻的药房总监。孙家伟将在中华月子担任母婴用品总监。钟添漂是孙永高的小舅子，目前是儿童游乐园的策划推广师，他将在中华月子担任培训认证总监。吴艺伦毕业于台湾成功大学，目前是匠心室内设计工程的执行董事、澳门文创推动协会理事长，他将在中华月子担任品牌设计总监。孙永高说，这些团队成员都是在各自领域里的专业人士，相互之间优势和能力互补，具有很强的协同效应。当然，目前的核心团队还是他和郑嘉虹、甘达政三人，他自己有医疗知识的专业基础，又拥有行政管理和创业管理经验，负责全面统筹工作；郑嘉虹医生是医疗领域的专业人士，能够提供各种医疗和营养方面的资源；甘达政经常组织和参与各种社团与华侨联谊活动，具有很广泛的人脉，有助于公司的融资和品牌推广。

孙永高说，中华月子主要有医疗、社团和华侨三方面的主要优势。医疗优势体现在，目前的团队成员中，有三位具有中医、西医临床医学学位，两位持有职业医生资格证；他们具有中西医和医疗相关管理工作的丰富经验，并且拥有庞大的医疗网络人脉，能为中华月子提供专业知识、技术和充足的人力资源。社团方面，团队核心成员都具有丰富的社团运作经验，在多个社团担任领导角色，能够充分利用社团的平台和资源，为中华月子的发展创造有利条件，获得各种优势的信息。华侨网络方面，创始团队成员都是侨界代表，多次参加国家或地方省市侨界举办的活动，有广阔的华侨网络。全球6000多万华侨的力量，成为中国与世界有效连接的重要桥梁，既能够推出去，亦能引进来。因此，这些华侨网络一方面有助于中华月子吸收全球华人优秀的月子经验和模式，进而打造更加专业和优质的现代月子中心；另一方面有利于将中华月子的业务拓展至全世界，输出中华优秀传统月子文化。此外，通过社团和华侨的平台，可以有更多机会和渠道跟相关的政府部门进行沟通与对话，有助于获取更多的政策支持。

中华月子已经在澳门成立，并正在进行各种路演和展示，参加多项创业比赛，以吸引更多投资和合作者。中华月子目前已获得2017全澳青年创业创新大赛、深港澳青年创新创业大赛公开组冠军，吸引了多家投资机构的关注。在内地，中华月子正在推进跟有关医疗单位和学校合作，希望合作培养具备良好医学基础的专业月嫂和陪护人士。同时，中华月子努力在珠三角寻找合适的场地，以尽早建立月子中心和培训

> 中华月子主要有医疗、社团和华侨三方面的主要优势。

基地。孙永高希望用两年左右的时间，在内地建立完善的培训基地，打造一批专业的月嫂及月子团队，并且开始设立门店和月子中心，逐步打响品牌。在第三年左右，开始设立高端的中华皇族月子和中华月子环球品牌，并开始筹建月子村。第四年开始，希望中华月子能够逐步走向海外，为海外华人乃至全世界人民提供月子服务，弘扬月子文化。

当然，中华月子在创业过程中，仍然面临着许多风险和不确定性，需要创业团队加以妥善应对。例如，目前国内的月子中心和月嫂服务已经逐渐兴起，中华月子需要考虑如何在竞争中更有效地吸引客户。中华月子的经营模式怎么能够避免被复制和抄袭，以及如何确保精心培训的月嫂和看护人员不流失或者少流失，这些都将是其面临的重要挑战。而且，随着中华月子在国内市场的开拓，对资金有大量的需求，是否能够筹集到足够的资金仍面临考验。此外，在澳门，中华月子的品牌可以顺利注册，但是在内地，该品牌估计很难在工商局进行注册，需要创业团队考虑新的应对方案。

二　企业案例分析：传统月子模式的现代转型与创新

（一）抢抓"二孩政策"的重要机遇

随着国家"二孩政策"的全面实施，以及人们消费理念的变化，越来越多的现代女性喜欢选择聘请月嫂或到月子中心，接受专业的月子服务。特别是中国人口基数大，经济发展水平不断提高，这为中华月子这样的创业项目提供了良好的机遇。孙永高说，他们筹划的中华月子不仅仅提供月子期间的服务，还包括怀孕前的准备、怀孕期间的安胎养胎、生产时的医护、产后的康复以及婴幼儿出生后的养育等内容，而且将依托团队的医疗资源和社会网络优势，为有需求的客户提供高端月子和海外月子服务，打造最专业、最全面的综合性月子服务品牌。中华月子敏锐地识别出新的政策和社会环境下所带来的月子服务这一快速增长的需求变化，发挥专业和资源优势，努力创出品牌和特色，有效解决痛点。

(二) 融合中华传统月子文化与现代科技

月子文化是中华民族的重要传统之一，但随着时代的发展更迭，特别是西方文化的影响，许多传统的坐月子的习惯开始被"嫌弃"，特别是年青一代的理念跟许多地方的传统习俗和老一辈的观念之间存在越来越多的分歧。因此，如何有效扬弃地继承传统月子文化，已然成为中国社会发展过程中的一个重要问题。中华月子致力于将现代西方医学的理念和技术融入传统的坐月子方式中，去芜存菁，摒弃一些传统习俗中的误区，实现传统坐月子与现代科学的有机融合，提供全方位的专业月子服务，推广科学健康的月子文化，甚至使现代月子文化走出国门，服务全世界。随着整个社会的发展和变迁，许多传统的生活方式也遭遇严重挑战，亟待更新和转型，这为创业者提供了良好的解决问题的机会。

(三) 有效整合各方资源

创业过程中经常面临着资源匮乏的情况，或者如何将手边各种有用无用的资源加以整合的问题。孙永高及其团队在创业过程中，非常善于利用团队成员的各种资源，并且借用身边可触及的相关资源，实现创造性的整合，打造中华月子的独特优势。孙永高立足于创始团队良好的医学背景和身边的各种医疗资源，对传统的坐月子方式进行优化和改革，彰显中华月子的现代性、科学性和专业性。由于地处澳门，中华月子的创始团队具备各种社团和华侨网络的优势，有助于吸收全球华人的先进经验，在更大的范围内筹集和整合各方资源，打响品牌，拓展市场。因此，通过立足自身优势，充分合纵连横，中华月子方能发挥放大效应，实现快速扩张和成长。

三 启示：挫折后的累积再出发

(一) 积极参与社团和培训活动

孙永高说，近年来他通过参加各种社团组织的内地参访和交流活动，对内地的许多新兴产业、政府政策和运作模式有了更深刻的理解,更加感受到了内地市场的巨大吸引力,同时也收获了一些项目合作对接的机会。此外,他积极参加港澳有关部门和内地知名高校联合举办的各种培训活动,先后赴北京大学、清华大学和复旦大学等高校参加培训,学习了先进的创新创业管理经验,认识了许多优秀的同学和各行各业的精英,收获了同学情谊,拓宽了人脉,为寻找创业合作、融资和团队打下了良好的基础。特别是通过学习而相互熟悉的同学,有更好的信任基础和更为纯粹的友谊,能够增加互信,减少沟通成本,避免重蹈之前被内地合作伙伴欺骗的覆辙。因此,在港澳青年到内地创业的准备阶段或者过程中,在时间精力允许的情况下,应当积极参与各种社团组织的赴内地参访交流活动,以及各种高质量的培训,增进自己对内地各方面的了解,而且收获更多优质人脉,为创业顺利进行提供前期积淀。

(二)乐观面对挫折,持续奋进

孙永高在中华月子的创业之前有过一次内地的创业经历,但最终遭遇重大失败,甚至使他倾家荡产。但是生性乐观的孙永高并没有就此被击垮,而是乐观面对,并在经历了短暂的消沉期后,迅速调整自己的定位和方向,积极参与社团和公益活动,发挥营销策划的优势,不断挖掘自身在演讲和口才方面的潜力,进一步锻炼能力、积累资源和打造个人品牌,伺机东山再起。就是在这个时期,他遇到了具有类似创业理念又能力互补的郑嘉虹和甘达政两位年轻人,组成了核心创业团队,为再次创业奠定了坚实基础。而且,通过这段时间的锤炼,孙永高的演讲和表达能力得到了很大的提升,帮助他在中华月子的项目推广和展示上驾轻就熟,广受赞誉,使该项目能够得到各方较好的认可。创业之路并非一帆风顺,甚至充满各种曲折。因此,港澳青年到内地创业时,一定要拥有乐观的心态和强大的内心,才能更加从容地应对创业路上的各种风雨,并且在不断坚持中走到最后。

(三)发挥港澳的中外枢纽优势

澳门在制度和文化各方面都体现着中西合璧,在"一国两制"的框架下，更能够发挥其独特的桥梁优势。中华月子的核心团队都积极参与澳门的主要社团和海外华侨的有关经贸、文化、医疗等领域的相关活动，构建了连接海内外的各方网络。通过这些网络，既能够吸收全球华人在坐月子方面的先进经验，并引入中国内地，又可以利用这些网络，为内地的客户提供全球性的服务，充分体现澳门会通中外的优势。特别是随着"一带一路"倡议的实施，中华月子可以进一步加强与沿线国家华侨的合作，提供独特的月子服务，弘扬中华传统优秀月子文化。因此，港澳青年在创业过程中，要充分立足于港澳特有的连接内地与全球的区位和制度优势，从而做出创业项目的特色。

四 案例大事记梳理

2003年，孙永高毕业于暨南大学医学院；

2005年，孙永高加入澳门友邦保险；

2010年，孙永高开始在广东和澳门创办餐饮店；

2013年，孙永高停止所有的餐饮店业务；

2013年，孙永高注册"帅"商业策划公司；

2014—2017年，孙永高先后获得十余项国际演讲协会香港澳门区演讲比赛的亚军和冠军；

2016年，孙永高和郑嘉虹、甘达政联合筹备并创立中华月子集团；

2017年，中华月子获得全澳青年创业创新大赛、深港澳青年创新创业大赛公开组冠军。

第二十一章　宝奇科技：让儿童在游乐中学习成长

> 公司名称：澳门宝奇科技发展有限公司
> 创始人：施力祺
> 创业时间：2017年
> 所处行业：儿童游乐
> 关键词：商场，儿童游乐，二孩政策
> 访谈时间：2017年

一　创业者故事：澳门"90后"的内地创业梦

（一）不甘安稳，北上创业

施力祺出生和成长于澳门的一个经商家庭，父亲长期往来于泰国和中国从事贸易，母亲从事地产业务，外公经营超市，舅舅从事红酒贸易。因此，他从小在耳濡目染之下，对商业运营并不陌生。2012年，施力祺进入澳门的圣若瑟大学，主修政治学专业。大学期间，他积极参加学校的各种社团活动，并从大三开始在澳门中华新青年协会（简称新青协）兼职。新青协是澳门的一个非营利组织，以清新、创意、求变为诉求，团结澳门广大青年以服务社会为宗旨，通过一系列的活动来凝聚青年、服务民众和参与社会。①

---

① 澳门中华新青年网站（http://www.my.org.mo）。

施力祺在新青协中帮助筹备环保公益、创新创业和澳门青年到内地交流等各种活动，频繁接触政府部门和各行各业的专业人士，组织能力得到了很大的锻炼。令施力祺印象深刻的是，有一次由于新青协的人手不够，他必须独立负责与政府部门商谈有关环保活动的组织和筹备工作。当时，他还只是一个社会经验尚浅的大学生，第一次跟政府部门打交道，使他内心感到一丝忐忑。但是，经过这次活动的历练，他积累了经验，也逐渐增加了自信。

一次组织新青协成员到内地参观创客空间和大学生创业园的经历，使施力祺受到了强烈的震撼。在深圳、广州和上海等地的交流，让施力祺直观地体会到了内地年轻人创新创业的热潮和浓厚的创新创业氛围，尤其是创业孵化器提供的丰富的创业服务、大学生创业园提供的多样配套和支持等，都让生长于澳门的施力祺感到焕然一新。此后，施力祺便密切留意内地创新创业的相关资讯，并暗下决心，若以后有合适的机会，一定要来内地创业。

2016年，施力祺大学毕业后，继续留在兼职的澳门新青协工作，组织和安排协会的各项活动。但是工作一段时间之后，施力祺开始意识到，尽管新青协是一个良好的平台，但对自己而言，却越来越缺乏挑战性了。他说："许多澳门人会喜欢这样的安稳工作。但是，我却不习惯安静地坐在办公室里，不喜欢这么年轻就选择安逸的工作。"他希望在年轻的时候，多拼搏一番，以免留下遗憾。于是，2017年初，施力祺离开澳门新青协，北上上海，开启了在内地的创业之旅。

> 许多澳门人会喜欢这样的安稳工作。但是，我却不习惯安静地坐在办公室里，不喜欢这么年轻就选择安逸的工作。
>
> ——施力祺

（二）抢抓二孩政策红利，拓展儿童游乐事业

施力祺准备创业的时候，考虑过多个创业方向。其中之一是餐饮行业，将港澳流行的茶餐厅和一些特色小吃带到内地。但施力祺重新思考之后，认为有特色的餐饮比较依赖厨师，而自己本身也缺乏餐饮行业的经验，对支撑餐饮店快速发展的团队和管理模式也很难做出准确判断，因此最终放弃餐饮业。除此之外，施力祺也考虑过目前更"流行"的互联网科技、手机APP、文创产品等项目，但冷静分析之后，他意识到自己没有高科技方面的优势，也缺乏从事文创产业的艺术细胞，因此，他选择不盲目跟风。

施力祺注意到，内地自2016年全面二孩政策实施以后，儿童数量将逐年上升，未来数年对儿童娱乐场所的需求将越来越大。伴随着消费升级，大量家长比以前更愿意将钱花在满足小朋友游玩中，特别是那些能够通过游玩来促进素质和能力的锻炼的项目。施力祺说，自己从小刚好比较爱玩，熟悉各种儿童的娱乐设施，也有耐心去陪小朋友进行娱乐。而且，施力祺从中学时期就在澳门从事拓展训练的义工工作，拥有素质拓展训练的教练证，这与儿童游乐训练有许多共通之处。此外，施力祺的女朋友在澳门从事小朋友的钢琴教学工作，两人经常分享关于儿童成长与教育的资讯和看法，对儿童教育已有一定的基础认识。因此，施力祺最终决定将创业方向放在儿童游乐这个具有巨大潜力的市场，并进行进一步聚焦。

2017年初，施力祺创业的起点是上海松江，之所以选择上海，主要有三方面的原因：第一，施力祺在澳门有位熟悉的长辈是上海人，他多年前投资移民到

2017年初，施力祺来到上海松江，开启了创业之路。

澳门，但目前仍长期在上海有自己的事业，主要从事各种安防产品的销售和安装，拥有多年的创业和企业运营管理经验。施力祺在内地创业主要与他合作，刚创业时的办公室也先借用这位合伙人现有公司的办公室。施力祺说，因为自己毕竟相对缺乏经验，特别是内地的环境和企业运营跟在澳门存在一定差异，通过跟这位长辈合作，可以让自己在适应内地的规则方面少走弯路，更快地得到学习和成长。第二，施力祺和合伙人商量之后，决定将创业的重点聚焦在商场中庭的儿童游乐上，至此，能否在大型商场的中庭拿到合适的场地就至关重要。通过家里长辈的牵线搭桥，施力祺主动结识某家大型商业地产公司的高管，并跟该地产公司达成合作，能够较为方便地进入其所属的各地商场。这家地产公司的总部设在上海，因此到上海进行创业将便于业务联系。第三，上海是中国的经济、交通、科技和会展中心，汇集了最新的各种行业资讯，可以让施力祺第一时间了解到儿童游乐行业的最新情况；而且合作的商业地产公司的项目主要布局在长三角，在上海创业，往来长三角各地的交通也较为方便。

（三）定位明确，用心运营

在业务定位上，施力祺和合伙人经过仔细分析和商量，最后敲定将公司的战略定位重点放在二三线城市的儿童拓展游乐项目上。全面整理了市场上的儿童游乐项目后，施力祺将自己的项目特色定位于拓展类的游乐。商场中庭已有的传统儿童游乐项目更多的只是满足小朋友简单的游玩，缺乏素质提升和能力锻炼的元素。而施力祺引进的项目作为拓展类的儿童游乐，综合了素质拓展、智力开发、能力提升、体能增强、冒险和娱乐等元素，主要针对4—10岁的小朋友。不仅可以让孩子们快乐地玩耍，还锻炼了小朋友的身体素质，不断塑造勇敢、顽强的性格品质，提升小朋友的实践能力。通过这样的拓展项目，寓教于乐，有利于释放小朋友的天性，也可以让家长参与互动，促进大人和小孩的亲密关系。

之所以定位于二三线城市，主要是目前在北上广深等一线城市的竞争激烈，运营费用高。对于像澳门宝奇科技这样的初创企业而言，资金实力还不雄厚，必须避开一线城市的锋芒。而在二三线城市，这种拓展类的儿童娱乐项目还较少，新颖性强，能够更快地吸引家长和小朋友的注意力，打响品牌，更快地开拓市场。而且，项目合作的大型连锁商场的许多门店恰好位于二三线城市，为施力祺在项目选址上提供了很大的便利性。目前，公司已经在江苏的盐城和宿迁成功开展了两个项目，市场反响甚好。

宝奇科技经营的这种拓展类儿童娱乐项目对现场运营人员提出了更高的要求。在拓展类项目娱乐过程中，不少小朋友一开始会存在胆怯、恐高、紧张等问题，需要现场教练耐心去引导，甚至通过棒棒糖、巧克力等手段进行鼓励，或者"连哄带骗"。因此，施力祺及合伙人也经常谋划如何更好地招聘更加合适的人员，以及这些教练在现场如何更加恰当地把握和拿捏儿童的心理，从而让小朋友喜欢上这样的娱乐项目，并从中有学习和收获。正是这些小细节的用心，让宝奇科技在同类游乐项目中脱颖而出，也让更多的家长放心把小朋友交给他们。

在业务定位和品牌推广上，宝奇科技主要立足于差异化，而非打价格战。施力祺说，他观察到，在内地的许多儿童游乐节目，更多的是考虑在价格上做文章，通过打折和减价的方式来吸引家长。但是，施力祺认为这样的价格战最后只能在服务上降低质量，不是儿童娱乐项目的初衷。宝奇科技的差异化重点在于主要往小朋友身上着手，吸引他们的兴趣，并寓教于乐。例如，在万圣节，他们就静心策划了活动，给小朋友开 Party，并准备了小面具、花灯和糖果等来吸引孩子们的参与。

目前，施力祺还在着手谈判多个城市的场地，希望能够尽快推进更多项目。除了目前的拓展类儿童游

> 价格战最后只能在服务上降低质量，不是儿童娱乐项目的初衷。
> ——施力祺

乐项目，公司计划在寒假推出水晶球娱乐项目。相对于拓展类，水晶球是短期运营的项目，成本更低，回收周期更快。

（四）国际视野，本土运营

谈到自己到内地创业的特点和优势时，施力祺认为其中一个典型特征就是在澳门拥有国际视野优势。他说，儿童的拓展类游乐项目在香港和澳门已经较为成熟了，自己经常会到港澳的商场去考察，并从中学习与借鉴，汲取他们有优势的地方带到内地。另外，在澳门可以更加便利地接收国际化资讯，包括 Twitter、Facebook、YouTube 等渠道传播的信息。他会经常关注欧美等发达国家关于儿童游乐项目的最新动态和发展趋势，思考如何将其引入宝奇科技的项目，从而让内地的小朋友能更快地接触到最新的游乐内容，让他们跟世界上其他国家和地区的小朋友同步享受新颖的游乐项目。施力祺希望通过自己的努力，能够建立让儿童在游玩和学习中取得互补平衡的一套体系。

在具体的项目运营上，施力祺充分依托合伙人在内地的经验和团队优势。目前，拓展项目设施的安装主要依靠合伙人原有电子设备的一些安装师傅，日常运营的经理也是合伙人在内地多年的老部下，富有现场安装经验。在宿迁和盐城的两个项目实施本土化管理，现场的管理和维护人员都是在当地招聘的。因为是专门面对儿童的娱乐项目，因此平时周一到周五整体业务量不大，但周五晚上和周末，及国庆节等节假日，以及寒暑假都是营业高峰期。目前，除了每个项目 4—5 个全职人员，繁忙时段主要聘请兼职。施力祺说，项目的服务还是依靠这些现场人员来具体执行，因此主要是要求这些服务人员有耐心，喜欢和小朋友玩在一起。别的方面，公司会充分给予授权和支持。特别是经过几个月的运作之后，两个项目都进展良好，业务也走上了正轨，当前仅需要他对当地的账目进行检查和管理。但是，施力祺并没有停下脚步，而是将更多的时间和精力投入到下一步业务的拓展和创新上。

二 企业案例分析：创业定位明确而务实

（一）突破安稳，敢拼会赢

或许是在商业氛围浓厚的家庭中成长的影响，也可能是籍贯福建晋江的他所具有的闽南人"敢拼会赢"的创业精神在起作用，让施力祺不满足于跟多数澳门同龄人一样在澳门过安稳舒服的日子，而是选择自主创业，希望能够闯出一片自己的天地。施力祺说，目前澳门的大学毕业生多数选择到政府部门和赌场的办公室，或者一些奢侈品店从事销售工作，他们认为这样在澳门的"小确幸"生活还是挺好的。当然，每个人的选择无所谓对错，都有合理之处。但施力祺还是希望能够趁年轻的时候，多一些拼搏。创业都是存在风险的，也充满诸多不确定，年轻的施力祺敢闯敢拼，选择了一条少有人走的路，并且逐步取得了成绩，在他身上体现的是澳门经济社会转型发展的新动力。

（二）识别合适的创业机会

许多刚毕业不久的年轻人创业的时候，经常习惯于盲目跟风。近年来许多澳门年轻人在创业时，往往扎堆儿在奶茶店、咖啡馆、手机APP和文创产品等行业，最后多数难以有实质性的进展。施力祺在寻找创业机会时，没有随波逐流，而是冷静地、周密地分析自己的内部条件和外部环境。他能够对自己有清醒的认识，发现自己并不具备高科技的基础，也缺乏从事文创产品的艺术细胞，所以去寻找新的方向。施力祺注意到内地二孩政策开放以后将给儿童游乐市场带来新的增长机会，此时如果着手布局将有助于在几年之后满足这一波新二孩的需求。而施力祺自己恰好喜欢跟小朋友玩，又拥有拓展教练的证书。同时，囿于目前的资金实力限制。施力祺将创业重点定位在二三线城市的商场中庭的拓展性儿童游乐项目上。通过务实的市场分析和明确的战略定位，宝奇科技的创业起步整体较为顺利。

(三) 重在质量，用心服务

对于公司业务运营的精髓和与竞争对手的差异化，施力祺认为自己重在游乐项目的质量和服务的用心，而不是依靠价格战去赢取客户。他结合自己在澳门成长的经验，认为拥有一个寓教于乐的童年非常重要。因此，他希望自己的项目能够真正让小朋友在游玩和"训练"中锻炼品质、提升能力，有所收获。如果要依靠便宜的价格来吸引客户，将不得不损失质量。施力祺认为，除了设备的质量和安全，在陪护小朋友的过程中，能否真正用心去陪伴、关爱，是服务过程中的关键因素。只有用心，才能让小朋友喜欢上这个项目，并乐此不疲，经常光顾。此外，小朋友又是非常特殊的一个群体，他们的时间和行程经常与父母的行程有所关联，又存在差异。如何充分考虑父母的习惯，平衡好家长和小朋友的需求，让一家人都能在商场中各取所需，满意而归，也是宝奇科技用心服务的一个体现。正是这样以顾客为中心的努力，让开业不久的宝奇科技就收获了一批忠诚客户。

三 启示：寻找合适的内地合作方

(一) 找到合适的合伙人和合作单位

内地跟港澳在制度、文化和政策环境上都存在不少差异，许多港澳青年来到内地创业时，在跟相关政府部门和利益相关单位打交道时，经常存在诸多不习惯、"不接地气"，但他们却往往不知道问题出在哪里，或者在走了许多弯路、交了学费之后，才能有所体会。这导致他们经常错过一些好的商业机会，也影响创业项目的执行。创业本身就充满着诸多不确定，如果再加上陌生的环境、陌生的团队，更容易使创业者面临更大的压力。在这方面，施力祺无疑是幸运的。因为他在内地的合伙人是相互熟悉信任的长辈，而这位合伙人又在内地具有多年的企业管理经验，不仅能够帮助他解决在当地的许多具体问题，还能够辅导施力祺尽快地熟悉和适应内地的环境和规则，让他少交学费，少走弯路。此外，通过家庭成员的网络关系找到的合作单位，又非常契合施力祺在内地开展业务的场馆需要，使其在长三角二三线城市的业务运营拥有较大的优势。

因此，港澳青年到内地进行创业的时候，要尽量寻找一些熟悉当地又值得信任的合作伙伴，依托他们尽快切入当地市场，自己也在这个过程中，逐步去熟悉和适应内地的商业运营，从而使创业之路走得更为顺畅。

（二）紧抓内地发展机遇，做好定位

内地的经济社会发展处于不断改革和转型的阶段，中央也不断出台新的政策。例如，2016年开始全面放开的二孩生育政策就对当前及今后相当长一段时间的相关产业产生了巨大影响。施力祺看到了这个机遇，并结合自身的实际情况，将项目定位于二三线城市的商场中庭拓展类儿童游乐。正是这样顺应政策变化趋势，又客观务实的定位，使其创业项目开局良好。因此，港澳青年要多关注和了解内地的各种政策动态，周密分析，并充分利用港澳及自身的优势，抓住合适的机遇，趁势而上，顺利发展。

（三）不赚快钱，重在持续

在当前"大众创业，万众创新"的浪潮下，许多年轻人纷纷投身其中，诞生了许多创业项目。但是，这其中有不少年轻人只是盲目跟风，或者心态非常浮躁，只想着怎么赚快钱，以及怎么尽快"烧钱"，背离了创新创业的初衷。施力祺尽管非常年轻，却有着非常沉稳的心态。他说，要把创业当成一份长期事业来经营，要稳当，站稳脚跟，走得扎实。特别是回想自己2017年5月到上海开始创业，到8月份才开始签约第一个项目，这个过程非常令人难受和焦虑，创业的热情最容易在这时被消磨殆尽。他说，这个过程很关键，一方面对未来有目标和憧憬，另一方面需要学会忍耐。当然，憧憬不要太遥远，而是有个"小目标"，慢慢在实现小目标的过程中，"不知不觉"地拼出大目标。企业的发展不要过于追求一时的速度，关键是能够实现持续发展和基业长青。

宝奇科技在运营儿童拓展类娱乐项目过程中，在保证产品质量和安全

的同时，非常注重品质和项目的持续性，希望项目的发展能像小朋友一样茁壮成长。港澳青年到内地进行创业时，要注意摆正心态，注重稳健发展和持续经营的理念，不图一时的快钱，而要思考创业所创造的价值本身，"不忘初心，方得始终"。

四　案例大事记梳理

2012 年，施力祺就读于澳门圣若瑟大学；
2016 年，施力祺大学毕业后，进入澳门中华新青年协会工作；
2017 年，澳门宝奇科技发展有限公司成立；
2017 年 5 月，施力祺到上海开始创业；
2017 年 9 月，江苏盐城的儿童娱乐项目开业；
2017 年 10 月，江苏宿迁的儿童娱乐项目开业。

第二十二章 安信通科技：做"善解人意"的机器人

公司名称：安信通科技（澳门）有限公司
创始人：韩子天
创业时间：2015 年
所处行业：机器人
关键词：身份识别，机器人，天机 1 号
访谈时间：2017 年

一 创业者故事：以政策优势，促技术变革

（一）学而优则创

创办安信通科技（澳门）有限公司之前，韩子天已经在澳门科技大学科研处处长的位置上服务了 12 年。即使在"大众创业，万众创新"如火如荼的内地，如此"资深"的科研处长辞职进行自主创业仍属罕见，况且是在以博彩和旅游业为主要产业的澳门。韩子天说，辞职出去创业确实进行了一番挣扎，但也属自然而然、逐步发展的结果。

韩子天在广州出生和长大，1993 年在广州大学（原广州师范学院）物理系本科毕业后，他来到澳门大学工商管理学院攻读决策科学方向的工商管理硕士，研究生毕业后开始定居澳门，先后在天网资讯科技（澳门）有限公司担任技术总监、澳门青云路科技股份有限公司担任总经理。2002

年，他还短暂回到广州，担任了一年的广州大学华软软件学院院长助理。从 2003 年 9 月开始，到 2015 年 5 月，韩子天一直在澳门科技大学，担任系统工程研究所副教授、博士生导师，以及学校科研处处长。

韩子天在大学期间刻苦学习，勤于钻研，为今后在软件和系统工程方面的研究打下了坚实的数理基础。在之后的工作中，他继续保持勤奋学习的热情，在技术和管理领域继续深造和开展学术研究。在取得澳门大学的工商管理硕士后，1996—2000 年，他又在暨南大学计算机学院进修了计算机软件应用硕士课程；2003—2008 年，他到华南理工大学工商管理学院攻读博士，获得管理科学与工程博士学位；2011—2015 年，他到复旦大学进行管理科学与工程博士后研究；2015 年 6—12 月，到美国新泽西理工学院离散事件系统实验室担任访问研究员。

韩子天在澳门科技大学的研究和科研管理工作也取得了不俗的成绩：发表国内外学术论文 30 余篇，取得了专利等 20 余项知识产权，多次荣获亚太地区和澳门政府的科技奖励。他还组织建立和完善了澳门科大的科研管理制度、科研成果转化制度等，推动澳门科大的科研工作不断取得进步。然而，在进行科学研究和科研管理工作的同时，韩子天仍然不断思考着如何将科研成果更好地进行转化和应用。他说，自己一直从事的是信息系统和系统工程方面应用研究，在科研管理的岗位上也不断强调要将高校的学术研究和产业进行结合，实现"学以致用"。就是这么持续思索和寻找的过程，促使他从学者和科研管理者一步一步迈向创业之路。

不过，尽管现在已经不是一名全职教师，而是一

> 在进行科学研究和科研管理工作的同时，韩子天仍然不断思考着如何将科研成果更好地进行转化和应用。

名创业者和企业管理者,但韩子天表示,自己还是更喜欢韩老师这个称呼,而不是被称为韩总。韩子天说,其实到目前,仍然经常会有人不大理解他自主创业的选择,因为相对于在澳门科技大学当科研处长这样的"安稳"日子,创业意味着要面对许多风险和不确定性。他说,自己原来也是想着一辈子待在澳门科大的,创业算是因缘际会。当然,重要的还是因为自己的创业梦想和行动力。目前,尽管创业路上有许多艰辛,但自己"累并快乐着",他觉得自己是幸运的,能在最好的时代,最好的年华,与最精干的团队共事,做最前沿的科技产品,还有被最好的投资人鞭策着、教育着。这种幸运甚至让他觉得睡觉都是浪费人生。

(二)致力于"懂人"机器人

韩子天的科研团队原来的研究领域并没有跟机器人直接相关,而主要是身份识别和网络安全方面的软件系统。多年的研究让韩子天在该领域取得了丰硕的成果,拥有专利等知识产权 20 多项,其中,"基于 SVM 降维的小型网络入侵侦测器"专利荣获 2012 年澳门特别行政区政府首届科技发明奖三等奖;"Singou 基于二次认证技术的密码管理器"荣获 2014 年度亚太资讯通讯大奖(APICTA)优异奖(资讯安全类第二名);"基于机器人技术的 Singou 会议展览电子签到系统"荣获 2015 年度亚太资讯通讯大奖(APICTA)优异奖(旅游类第一名);"基于 DAA 的逆向二次认证技术"荣获 2016 年度澳门特别行政区政府科技奖科技发明奖三等奖。此外,团队的技术还荣获 2014 年澳门信息通讯大赛第一名、2015 年中国软件交易会最具竞争力软件奖等诸多荣誉。

但是，尽管这些软件技术取得了专利和收获了奖项，却难以直接体现其作用效果，而需要嵌入或整合到相应的设备上。此时，机器人行业的硬件经过前期的发展，已经日趋完善。于是，韩子天的研究团队就思考如何将身份识别的软件运用到机器人身上，将两者有机融合，使机器人设备不再是只会简单的机械性操作，而是能够开始识别人、理解人、解放人。这样，此前与机器人没什么直接关联的韩子天开始进入机器人行业，并且一发不可收，逐步喜欢上了机器人这个行当，甚至将其视为自己的"孩子"，持续优化、赋予灵性。韩子天说，原来自己也只是对机器人好奇而已，但发现通过机器人硬件与软件的结合，机器人作为一个优秀的硬件平台能对好的软件产生催化作用，令他非常惊喜，至此，他跟机器人结下了不解之缘。

韩子天的团队于2015年凭借"基于DAA的逆向二次认证技术"专利产品获得澳门南通信托投资股份有限公司（中银集团下属企业）的天使轮投资，为此创立了安信通科技（澳门）有限公司，希望进一步将研究成果产业化。韩子天的机器人研发以澳门科技大学的信息安全研究团队为主，围绕信息系统的身份识别与安全识别进行产品研发，核心技术包括逆向二次身份识别技术、视频识别技术、复合智慧型机器人等。通过努力，韩子天的团队由信息安全软件逐步结合机器人技术，围绕信息系统的身份识别与安全核证开展产品研发，目前的核心产品是智能服务型机器人。

当前，机器人在工业制造领域已经得到了广泛应用，许多工厂和仓库通过各种机器人实现了零部件装配、货物装卸与搬运等，在一定程度上实现了机器代替人工。但是，在这些领域的机器人只需要

> 韩子天开始进入机器人行业，并且一发不可收，逐步喜欢上了机器人这个行当，甚至将其视为自己的"孩子"，持续优化、赋予灵性。

基本的"机械"能力，不需要"面对"人类，不需要复杂的识别技术。而澳门安信通研发的机器人是应用于服务行业，包括物业安保、会展服务、考勤签到、场馆导览等方面，因此需要更多的身份识别等核心智能技术，才能使机器人更"懂"人"脸"和人"心"。

> 澳门安信通研发的机器人是应用于服务行业，需要更多的身份识别等核心智能技术，才能使机器人更"懂"人"脸"和人"心"。

韩子天将目前研发出来的智能服务型机器人称为"天机1号"，并亲切地称呼其为"天仔"。为了在服务行业里创造价值，天机1号具有这些核心技术：（1）智慧身份识别，包括考勤签到管理、二维码扫码、人脸动态身份识别功能等；（2）自主学习，通过自动学习重复、可预测的行为，形成行为模式数据库，渐进式地增加系统智能；（3）智能语音聊天，通过智能语音、语义识别，实现人机语音聊天；（4）双180°监控摄像头，通过高清双摄像头，全方位无死角实现图像识别，视频信息上传；（5）室内外定位导航，通过GPS+WiFi室内定位，可自主运行在小区及楼宇内，实现自定义路线巡逻侦察；（6）智能传感融合，基于智能传感技术，可对温度、湿度和烟雾等实现信息采集和报警；（7）自动充电技术，采用无线充电技术，智能测算电量，能够自行移动到充电位置；（8）全地形适应，天机1号机器人采用的是履带式驱动结构，能够保证在各种地形平稳行进。

除了上述这些在单个机器人身上的核心技术以外，安信通还具有多个机器人之间的群智能核心技术，通过群智能操作系统SROS（Swarm Robot Operation System），实现多个机器人之间的任务协同，如室内外定位的分工合作、任务接力等；以及信息共享，使机器人学习到的新知识可以在群体中快速扩散，如语言对话训练、人脸识别、手臂动作等。此外,韩子天团队还将区块链运用到群智能中,确保信任链的可靠性。

天机 1 号机器人目前已经应用于物业管理、会展管理等方面。依靠人脸识别技术、二维码和 RFID 等扫描认证,以及人工智能语音对话系统,智能机器人能实现电子签到并及时传送签到资料到后台,方便管理和统计;可以分辨出住户和访客,并决定放行与否;可以对访客或游客进行接待和导览。而且,使用物联网和人工智能技术,机器人能够实现动态视频监控。目前,天机 1 号机器人已经应用于澳门科技大学学生宿舍的考勤签到,并在澳门科学馆进行安防巡逻和会展签到。此外,"天仔"也在第三届广府人大会(江门)、澳门第七届国际汽车博览会、第七届澳门国际游艇进出口博览会、第六届澳门公务航空展等场合大显身手,获得与会嘉宾、参展方和主办方的一致好评,不仅提升了展会的整体效率,提高了展会嘉宾的与会体验,也为展会的主办方提供了实时有效的数据支持,动态监控会展整体情况。[①]

天机 1 号智能机器人还可以应用于政府服务中心,高效准确地回答市民的各种政策咨询,并通过人脸识别来记住前来的市民的面容,从而针对性地回答市民感兴趣的问题。目前,这方面的工作正在试验和推进中。韩子天希望天机 1 号不是只会死记硬背各种政府管理条例,因为这样用处不大,市民们完全可以通过网络查询直接找到相应的内容。因此,他希望机器人不是简单地沦为摆设,而是能够发挥真正的智能作用,用好自己的"眼睛""脑袋"和语言能力,精准地答疑解惑。天机 1 号目前已经进驻广东中山翠亨新区、火炬开发区和山东济南高新区政府服务中心承担政府咨询任务。

此外,韩子天还投资了 Hotelir(机智栈)科技有限公司,该公司专注于酒店的机器人服务。通过天机 1 号机器人,可以进行入住登记和退房、会员注册、早餐出入控制、访客登记等比较常规的工作,解决酒店业目前人工费用越来越高、招工难度大、员工素质良莠不齐、夜班工作辛

[①] 《香港明报》2017 年 11 月 24 日报道。

苦、服务质量不稳定等问题，使服务人员可以专注于客户服务，提升客户服务体验。而且，现有许多酒店的部门架构烦冗，缺乏有效的客户数据分析，客户关系管理水平落后，通过机器人服务，能够利用人工智能和深度学习能力进行数据分析，帮助酒店进一步优化设计流程，促进用户体验的个性化，提升营运水平和服务质量。

由于天机 1 号在服务行业的领先技术和多项成功应用案例，目前受到了许多投资人的青睐，并在 2017 年 11 月获得上海国际服务机器人展颁发的 "2017 最佳商用机器人奖"。对于智能机器人的未来，韩子天有着自己的憧憬，他也时常将这些未来的梦想发到微信朋友圈里。例如，在 2017 年 12 月的一天，他到深圳坪山新区推介天机 1 号机器人，这里是深圳的东部新区，比亚迪汽车的总部。当看到这个区域里的街上众多比亚迪汽车时，他梦想着有一天，在一个 1 平方公里的社区里，全区都是天机机器人，负责小区的治安执勤、巡逻、送件搬运、商店值守、饭店厨师、老人陪护等。他也梦想着，等 20 年后，当自己都老了，走不动了。身边有个天机 21 号，可以陪自己聊聊天，模仿家人的语调语气和自己说话，抱自己去洗个澡，陪自己去散散步，帮自己炒道孩童时妈妈的拿手好菜，播放一首熟悉的老歌。这些都是他及创业团队现在和未来一直在不断努力的目标。

但是，服务机器人不可能完全取代人，只是让人类从事务性的工作中解脱出来，从事更多更富创造性的工作。特别是目前的机器人在视觉、运动、体力和听觉等方面都局部超越了人类，但语言表达能力仍然较差，无法实现 "自由对话"，这制约了其在服务行

韩子天希望机器人不是简单地沦为摆设，而是发挥真正的智能作用。

业的应用和推广。这也是安信通目前努力和优化完善的重点方向。

（三）多地合作，优势互补

"天机 1 号"机器人从创意到产品问世，历时两年多的研发，并由澳门、珠海和中山多地进行合作，产品于 2017 年 8 月在澳门正式发布。天机 1 号的研发采取了产学研合作的模式，前期的基础研发主要以澳门科技大学的科研团队为主，成立安信通公司后，由安信通在澳门的研发团队结合商业需求继续研发，后期开发则由安信通公司设在珠海横琴的技术团队进行。安信通的研发团队共 12 人，其中有一半是韩子天在科大指导过的博士和硕士。澳门的科研团队在原有身份识别核心技术专利的基础上，结合服务型机器人的要求，联合攻关，倾力打造。研发初期，该项目获得科技基金的扶持，形成初步的成果，然后再得到创投资本的投入，对接市场需求引导产业化方向，从而形成具有市场潜力的科技产品。

"天机 1 号"机器人的生产涉及的产业链范围较广，是多地合作，充分发挥协同效应和互补效应的产业化成果。软件和研发部分主要是在澳门进行；机器人的外观设计主要由澳门设计中心的设计师提供，安信通公司内部也有工业设计人才进行改进和调整；摄像头和其他一些零部件主要在珠三角采购；机器人目前采用的履带底盘则是来自山东；天机 1 号的外壳由广东中山的工厂代工生产，在澳门完成组装调试，仍属于小批量生产阶段，生产一批 10 个机器人需要三个星期。未来，机器人将由安信通公司自己在广东中山的工厂自主生产，从而加快产品生产速度。2017 年 7 月，安信通科技向中山翠亨新区申请购地获得评审批准，将在中山翠亨新区智能制造区购地 20 亩工业地，建设机器人透明工厂及产学研基地，总投资 1.25 亿元，打造一个面向服务机器人行业的高科技创新智能制造与研发的示范基地。

对于中山，韩子天有着特殊的缘分。他说，4 年前他跟着博士生导师参与了中山翠亨新区管委会委托的粤澳合作全面合作示范区规划，详细研读相关的产业报告，并多次到中山进行实地考察和参加座谈会，最后形成了高质量的规划。通过这个过程，他深入了解了中山，并喜欢上了这个城市，由此开启了与中山的合作缘分。韩子天离开澳门科大后，于2015年12月到2017年7月，前往中山担任澳中致远投资发展有限公司执行董事兼行政副总裁。澳中致远是澳门特别行政区政府的全资公司，专门负责澳门政府与中山市政府的区域合作、投资发展以及青年创新创业平台的打造。在此工作期间，韩子天把原来自己牵头制订的规划逐步落实，使他更加坚定了今后有机会到中山投资的信心。韩子天非常看好中山的前景，他认为，中山不仅环境优美，而且产业链配套齐全、制造业基础好。特别是我国"十三五"重大工程的深圳—中山通道项目在2024年建成开通后，深中通道将是连通珠三角东西岸、粤港澳大湾区的经济动脉，广州、深圳和中山三城将成为"智能制造2025"铁三角。

目前，安信通科技与澳门设计中心合作共建"澳门机器人工业设计实验室"，希望逐步强化产品设计，共同推进澳门机器人产品的工业和外观设计。与澳门泊车管理股份有限公司签订合作协议共建"无人值守停车场"，通过天机1号的物联网技术实现动态视频监控，可以进行停车场巡逻，也可以为车主寻找停泊的空车位，或者协助在停车场内寻找车辆。此外，为了让更多的青少年关注和参与机器人产业，安信通科技还与澳门培正中学共建"澳门校园服务机器人教研实验室"，将结合培正中学的校园管理系统，推出人脸识别考勤签到、校园巡逻等服务，并在未来共同整合更多校园服务到机器人系统，实现共同合作研究，促进科技创新创业。[1]

---

[1]《科大团队研发机械人面世》，《澳门日报》2017年8月21日第A11版。

为进一步加快市场拓展，夯实研发团队，安信通科技还将在深圳、济南、珠海、德国法兰克福等地设立"工程技术中心"，充分发挥这些地方在机器人制造、履带底盘技术、多机器人协同作业等方面的技术和制造优势，促进天机1号机器人的进一步完善和在更多领域的应用。

韩子天说，希望通过采取全球资源整合的方式，重点立足澳门，面向内地，从而促进服务业机器人的发展。而且，希望通过在澳门进行机器人创业，在一定程度上促进澳门的科技发展，增加非博彩业的比重，逐步优化澳门的产业结构，引领更多的发展机遇，也逐步改变人们对澳门"赌城"的刻板印象。

> 韩子天希望通过在澳门进行机器人创业，逐步优化澳门的产业结构。

二 企业案例分析：科技推动创新创业

（一）基于核心技术的明确定位

韩子天在天机1号机器人方面的创业不是一时的盲目跟风，而是基于他在澳门科技大学的信息安全研究团队的科研成果的产业化，而逐步走向商业化的过程。与目前市场上普遍的工业机器人不同，天机1号机器人主要针对物业安保、会展服务、场馆导览、酒店服务等服务行业。之所以进行这样的定位，主要是基于自主研发的安全身份识别核心技术专利进行拓展，以及室内外定位导航、双180°监控、智能传感系统、仿生机械手臂、自动充电技术、全地形适应、智能语音交互和自动学习系统等一系列核心技术，使机器人具备服务人的能力，从而在服务行业派上用场，而不是一个简单的摆设，或者只是一台会劳作的机器。随着服务行业人工成本的上升、客户个性化体验需求的增加，天机1号越来越受到市场和资本的青睐，这都得益于其不断研发的核心技术和明确的创业定位。

（二）依托粤港澳大湾区，整合多方资源

创业资源的整合是创业过程中非常关键的内容，韩子天充分依托粤港澳大湾区的各方优势，整合资源，使"天机1号"由创意逐步成为实实在在的创业项目，并成为澳门第一个产业化和商业化的机器人。天机1号的核心研发团队在澳门科技大学，然后充分利用珠海横琴在地理上的便利性和人工成本的优势，在横琴进行后期开发。机器人的外观由澳门设计中心的设计师设计，机器人的配件主要在珠三角进行采购，机器人的外壳由广东中山的代工厂生产。这既充分发挥了澳门在研发、设计方面的优势，又整合了珠三角的产业链和制造业资源，使机器人得以在外观、质量和价格等方面逐步进行调整和改进，成功推向市场。机器人成功研发面世后，又在澳门科技大学宿舍、澳门科技馆、澳门泊车管理股份有限公司和中山翠亨新区等单位进行使用和测试，根据反馈持续优化性能。此外，韩子天还充分发挥个人在科技领域的人脉优势，跟香港、深圳、德国等地的相关机构建立合作关系，促进技术的进一步完善和提升。

（三）怀揣创业梦想并勇于行动

韩子天创业之前已经在澳门科技大学工作了十多年，并长期担任科研处长一职，以这样的年龄和资历完全可以在澳门过安稳和舒服的日子，但是，韩子天还是希望自己从事的科学研究能够产业化，能够通过技术进步来把人类从繁重、重复性和危险性的工作中解放出来。正是由于拥有这样的创业梦想，让他依然像一名年轻的创业者一样，充满激情，勇于行动。我们许多人在日复一日的工作中，或囿于生活压力，或习惯于现状，经常容易失去最初的梦想；有不少人一直拥有梦想，却由于害怕失去已有的一切，或者对通往美好梦想路上的困难充满担忧和恐惧，总是不敢踏出行动的第一步，使梦想永远只是梦想。韩子天在澳门这座悠闲的博彩小城中，在体面、舒适的工作中，依然保持着创业梦想和激情，并鼓起勇气"下海"创业，这是非常令人尊敬和钦佩的，也值得澳门年轻人进行反思和学习，当然，也是内地青年努力学习的榜样。

三 启示：抓住粤港澳大湾区发展的重要机遇

（一）通过产学研合作建立优势

当今世界科技迅猛发展，市场竞争日趋激烈，企业依靠自身的单打独斗将难以适应，必须通过产学研合作来开展技术研发，提升创新能力。天机1号机器人就是产学研合作的产物，其研发主要依托澳门科技大学信息安全的研究团队，并通过安信通公司逐步实现商业化。依托产学研这一平台和合作机制，使天机1号机器人在身份识别和人工智能等方面建立了技术壁垒，从而拥有在服务行业应用的竞争优势。香港和澳门的许多高校具有雄厚的科研实力，但在成果应用和转化方面仍显不足。因此，港澳青年在创业过程中，要加强与港澳的高校和科研机构的联系，密切结合市场需求，既实现科研成果的产业化和市场化，又增强创业企业的技术优势，甚至在合作过程中挖掘出更多的创业机会。

（二）抓住技术变革带来的机会窗口

技术变革过程中往往蕴含着许多创业机会。除了新兴技术带来的新兴产业本身，新兴技术和传统产业的结合也经常产生广泛的影响。韩子天在机器人领域的创业，一方面基于其拥有的身份识别核心技术，另一方面得益于机器人和人工智能等新兴技术的发展和新突破，才使软件系统有日趋成熟的硬件配套，并最终实现产品在服务行业的商业化。目前，机器人、人工智能、虚拟现实、电动汽车、无人驾驶等技术都处于巨大的变革中，将对传统技术产生革命性和颠覆性的影响，也打开了新的创业窗口。就像当年比尔·盖茨抓住了电脑技术变革的机遇，马云抓住了互联网技术发展的机遇，从而开拓了自己的一番伟大事业。因此，港澳青年要密切关注各种新兴技术的发展动态，结合个人具体的实际情况，思考如何有效利用新技术革命带来的商业机会，实现成功创业。

（三）充分利用粤港澳大湾区的协同优势

目前，粤港澳大湾区已经上升为国家战略，将充分发挥各地区的优势，推动层次合理的城市产业分工，实现相互协同和整合，为未来发展带来了许多新机遇。韩子天的天机1号机器人创业正是充分利用处于大湾区的区位优势，把研发和设计放在澳门，生产制造放在中山，然后又基于澳门和香港在现代服务业的优势，率先将机器人在港澳的服务行业进行测试和推广，以实现服务机器人的迭代创新，提升服务品质和个性化体验。因此，港澳青年创业时，要充分利用粤港澳大湾区这一国家战略的实施所带来的各种有利条件，从中识别出合适的创业机会，充分发挥自身优势，整合三地资源，促进创业的有效开展。例如，可以考虑发挥港澳在传统服务业领域的领先优势，将新兴科技和现代服务业有机结合，依托内地的广袤市场，积极拓展内地市场，甚至走向海外市场。

四　案例大事记梳理

2003年9月—2015年5月，韩子天担任澳门科技大学科研处处长；

2015年6月，安信通科技（澳门）有限公司成立，并获得澳门南通信托投资发展有限公司天使轮投资；

2015年12月—2017年7月，韩子天担任澳中致远投资发展有限公司执行董事兼行政副总裁；

2017年8月至今，韩子天担任安信通科技（澳门）有限公司行政总裁；

2017年8月，"天机1号"机器人在澳门正式发布；

2017年11月，"天机1号"获得上海国际服务机器人展颁发的"2017最佳商用机器人奖"。

第二部分

创业政策支持·政府管理创新

引　　言

根据创业相关政策出台单位以及覆盖范围的不同，本书从中央、广东省、港澳政府及相关社会组织、广东省三大重要城市和广东三大自贸区五个层面对港澳青年在内地创业的政策进行梳理分析。其中，广东省三大重要城市为广州市、深圳市和珠海市；广东三大自贸区是广州南沙新区片区、深圳前海蛇口片区和珠海横琴新区片区。本部分政策分析对每个层级政府的相关政策进行归纳比较，探究政府在促进港澳青年在内地创业方面立体式、多方位的政策支持。

在分析范式上每一层级政府的政策分析都涵盖三个方面：第一，梳理了由相关政府部门出台的促进港澳青年在内地创业的政策文件；第二，对所有政策进行文本分析，按照政策支持类型进行归纳总结，在政策文本中提取支持港澳青年在内地创业的支持方法和鼓励措施；第三，在政策文本分析梳理的基础上，总结由政府主办或支持的创业平台、创业项目和创业大赛等一系列促进港澳青年在内地创业的特色创业活动，分析各级政府部门在政策文本之外对港澳青年在内地创业的多样化支持形式。

其中，政策根据支持类型特点划分为：物质资本支持、人力资本支持、技术资讯支持、社会资本支持、公共服务支持五大类。

具体而言，物质资本支持又分为财务资源支持和实物资源支持。财务资源支持指的是政府对在内地创业的港澳青年提供直接或间接的资金支持，包括创业资金扶持、人才资金补助、税收财政优惠、科技创新补贴、创业服务奖补、市场融资支持等；实物资源支持则指政府采用各类形式为在内地创业的港澳青年提供的实体空间支持，包括创业场地支持、房屋补贴等。人力资本支持指的是政府为港澳青年提供其在内地创新创业所需的人才支持，包括提供人才招聘服务、促进相关人才如科技金融人才和专业服务人才的集聚发展、建设平台或联盟促进人才交流合作、建设创新人才队伍等。技术资讯支持指的是政府在创业的技术和信息资讯层面为港澳青年提供的帮助，譬如推动高校和研究机构等单位与港澳青年共享包括科研设备在内的产学研资源、推动相关机构为港澳青年提供技术资源对接、科技成果鉴定等科学技术配套服务。社会资本支持指的是政府引导或整合社会资源支持港澳青年在内地创业，包括吸引社会资金参与港澳青年创新创业、鼓励各类机构和专家为港澳青年提供在内地创业的辅导和指导、对接社会资源为港澳青年创业成果进行宣传推介服务等。公共服务支持又分经济性公共服务和社会性公共服务。经济性公共服务指的是为港澳青年来内地创业提供的、便于经济活动的各类专业服务和创业服务，如工商、金融、法律、物流服务；社会性公共服务指的是政府为在内地创业的港澳青年提供的生活方面的服务，包括出入境、医疗、子女教育、住房等方面的便利条件，以及营造创新创业的文化氛围等。

第一章　中央政府：顶层设计、制度优化、关注港澳青年

中央政府出台的相关政策起到顶层设计的作用，具有宏观指导性、方向性，并且呈现出以下三个特点：首先，中央政策尤其是与推进"双创"相关的政策均适用于港澳创业青年。其次，中央政府在涉及粤港澳地区合作与发展的规划和协议中，特别提出要推动港澳青年在内地创业，为其提供创业空间和生活、工作上的便利。最后，中央政策十分注重全国创新创业氛围的营造，除了通过举办创新创业大赛、培育创新和企业家精神等方式打造文化环境之外，还体现在税收、投融资、创业服务等多方面打造更加包容开放的制度环境。

中央关于港澳青年创业的政策可以分为物质资本支持、人力资本支持、技术资讯支持、社会资本支持和公共服务支持五大类（见表1）。

表1　　　　　　　　中央政策类型分析

政策类型	具体内容
一　物质资本支持	
（一）财务资源	创业资金扶持； 税收财政优惠； 市场融资支持； 科技创新补贴； 创业服务奖补
（二）实物资源	创业场地支持
二　人力资本支持	促进人才集聚发展； 促进人才交流合作
三　技术资讯支持	推动科技资源支持创业； 完善创新创业技术配套服务

续表

政策类型	具体内容
四　社会资本支持	吸引社会资金支持创业； 整合社会资源指导创业； 营造创新创业文化环境
五　公共服务支持	经济性公共服务； 社会性公共服务

资料来源：根据相关政策文件整理。

一　物质资本支持：税收优惠、场地服务

（一）财务资源：创投企业、引导基金

1. 创业资金扶持

地方政府设立创业基金：支持有条件的地方政府设立创业基金，扶持创业创新发展。

——国务院（《国务院关于大力推进大众创业　万众创新若干政策措施的意见》）

初创期科技型中小企业创业引导基金风险补助：风险补助是指引导基金对已投资于初创期科技型中小企业的创业投资机构予以一定的补助。创业投资机构在完成投资后，可以申请风险补助。引导基金按照最高不超过创业投资机构实际投资额的5%给予风险补助，补助金额最高不超过500万元人民币。风险补助资金用于弥补创业投资损失。

——财政部、科技部（《科技型中小企业创业投资引导基金管理暂行办法》）

2. 税收财政优惠

减税政策：推动青年投身创业实践。……落实结构性减税和普遍性降费政策。

——中国共产党中央委员会、国务院［《中长期青年发展规划（2016—2025年）》］

完善普惠性税收措施： 落实扶持小微企业发展的各项税收优惠政策。落实科技企业孵化器、大学科技园、研发费用加计扣除、固定资产加速折旧等税收优惠政策。对符合条件的众创空间等新型孵化机构适用科技企业孵化器税收优惠政策。按照税制改革方向和要求，对包括天使投资在内的投向种子期、初创期等创新活动的投资，统筹研究相关税收支持政策。修订完善高新技术企业认定办法，完善创业投资企业享受70%应纳税所得额税收抵免政策。抓紧推广中关村国家自主创新示范区税收试点政策，将企业转增股本分期缴纳个人所得税试点政策、股权奖励分期缴纳个人所得税试点政策推广至全国范围。落实促进高校毕业生、残疾人、退役军人、登记失业人员等创业就业税收政策。

——国务院（《国务院关于大力推进大众创业万众创新若干政策措施的意见》）

科研税收优惠： 众创空间的研发仪器设备符合相关规定条件的，可按照税收有关规定适用加速折旧政策；进口科研仪器设备符合规定条件的，适用进口税收优惠政策。众创空间发生的研发费用，企业和高校院所委托众创空间开展研发活动以及小微企业受委托或自身开展研发活动发生的研发费用，符合规定条件的可适用研发费用税前加计扣除政策。研究完善科技企业孵化器税收政策，符合规定条件的众创空间可适用科技企业孵化器税收政策。

——国务院办公厅（《国务院办公厅关于加快众创空间发展服务实体经济转型升级的指导意见》）

创业投资企业和天使投资个人有关税收试点政策： （1）公司制创业投资企业采取股权投资方式直接投资于种子期、初创期科技型企业（简称初创科技型企业）满2年（24个月，下同）的，可以按照投资额的70%在股权持有满2年的当年抵扣该公司制创业投资企业的应纳税所得额；当年不足抵扣的，可以在以后纳税年度结转抵扣。（2）有限合伙制创业投资企业（简称合伙创投企业）采取股权投资方式直接投资于初创科技型企业满2年的，该合伙创投企业的合伙人分别按以下方式处理：①法人合伙人可以按照对初创科技型企业投资额的70%抵扣法人合伙人从合伙创投企业分得的所得；当年不足抵扣的，可以在以后纳税年度结转抵扣。②个人合伙人可以按照对初创科技型企业投资额的 70% 抵扣个人合伙人从合伙创投企业分得的经营所得；当年不足抵扣的，可以在以后纳税年度结转抵扣。③天使投资个人采取股权投资方式直接投资于初创科技型企业满 2 年的，可以按照投资额的 70% 抵扣转让该初创科技型企业股权取得的应纳税所得额；当期不足抵扣的，可以在以后取得转让该初创科技型企业股权的应纳税所得额时结转抵扣。

——财政部、国家税务总局（《关于创业投资企业和天使投资个人有关税收试点政策的通知》）

3. 市场融资支持

专项资金支持创业：通过中小企业发展专项资金，运用阶段参股、风险补助和投资保障等方式，引导创业投资机构投资于初创期科技型中小企业。发挥国家新兴产业创业投资引导基金对社会资本的带动作用，重点支持战略性新兴产业和高技术产业早中期、初创期创新型企业发展。发挥国家科技成果转化引导基金作用，综合运用设立创业投资子基金、贷款风险补偿、绩效奖励等方式，促进科技成果转移转化。发挥财政资金杠杆作用，通过市场机制引导社会资金和金融资本支持创业活动。

——国务院办公厅（《国务院办公厅关于发展众创空间推进大众创新创业的指导意见》）

设立国家和地方的创业投资引导基金：加快设立国家新兴产业创业投资引导基金和国家中小企业发展基金，逐步建立支持创业创新和新兴产业发展的市场化长效运行机制。……鼓励各地方政府建立和完善创业投资引导基金。……促进国家新兴产业创业投资引导基金、科技型中小企业创业投资引导基金、国家科技成果转化引导基金、国家中小企业发展基金等协同联动。

——国务院（《国务院关于大力推进大众创业万众创新若干政策措施的意见》）

初创期科技型中小企业创业投资引导基金跟进投资：跟进投资是指对创业投资机构选定投资的初创期科技型中小企业，引导基金与创业投资机构共同投资。创业投资机构在选定投资项目后或实际完成投资1年内，可以申请跟进投资。引导基金按创业投资机构实际投资额50%以下的比例跟进投资，每个项目不超过300万元人民币。引导基金跟进投资形成的股权委托共同投资的创业投资机构管理。创新基金管理中心应当与共同投资的创业投资机构签订《股权托管协议》，明确双方的权利、责任、义务、股权退出的条件或时间等。引导基金按照投资收益的50%向共同投资的创业投资机构支付管理费和效益奖励，剩余的投资收益由引导基金收回。引导基金投资形成的股权一般在5年内退出。股权退出由共同投资的创业投资机构负责实施。共同投资的创业投资机构不得先于引导基金退出其在被投资企业的股权。

——财政部、科技部（《科技型中小企业创业投资引导基金管理暂行办法》）

初创期科技型中小企业创业投资引导基金阶段参股：阶段参股是指引导基金向创业投资企业进行股权投资，并在约定的期限内退出。主要支持发起设立新的创业投资企业。符合本办法规定条件的创业投资机构作为发起人发起设立新的创业投资企业时，可以申请阶段参股。引导基金的参股比例最高不超过创业投资企业实收资本（或出资额）的25%，且不能成为第一大股东。引导基金投资形成的股权，其他股东或投资者可以随时购买。自引导基金投入后3年内购买的，转让价格为引导基金原始投资额；超过3年的，转让价格为引导基金原始投资额与按照转让时中国人民银行公布的1年期贷款基准利率计算的收益之和。

——财政部、科技部（《科技型中小企业创业投资引导基金管理暂行办法》）

4. 科技创新补贴

发放创新券、创业券：有条件的地方继续探索通过创业券、创新券等方式对创业者和创新企业提供社会培训、管理咨询、检验检测、软件开发、研发设计等服务，建立和规范相关管理制度和运行机制，逐步形成可复制、可推广的经验。

——国务院（《国务院关于大力推进大众创业万众创新若干政策措施

的意见》）

初创期科技型中小企业创业投资引导基金技术研发保障：……引导基金可以给予"辅导企业"投资前资助，资助金额最高不超过100万元人民币。资助资金主要用于补助"辅导企业"高新技术研发的费用支出。经过创业辅导，创业投资机构实施投资后，创业投资机构与"辅导企业"可以共同申请投资后资助。引导基金可以根据情况，给予"辅导企业"最高不超过200万元人民币的投资后资助。资助资金主要用于补助"辅导企业"高新技术产品产业化的费用支出。

——财政部、科技部（《科技型中小企业创业投资引导基金管理暂行办法》）

5. 创业服务奖补

创业服务平台和机构补贴：……综合运用政府购买服务、无偿资助、业务奖励等方式，支持中小企业公共服务平台和服务机构建设，为中小企业提供全方位专业化优质服务……

——国务院办公厅（《国务院办公厅关于加快众创空间发展服务实体经济转型升级的指导意见》）

（二）实物资源：空间支持、设施服务

1. 创业场地支持

创业平台与空间支持：推进港澳青年创业就业基地建设。支持港深创新及科技园、江门大广海湾经济区、中山粤澳全面合作示范区等合作平台建设。发挥合作平台示范作用，拓展港澳中小微企业发展空间。

——国家发展和改革委员会、广东省人民政府、香港特别行政区政府、澳门特别行政区政府（《深化粤港澳合作　推进大湾区建设框架协议》）

推动青年创业第三方综合服务体系建设，搭建各类青年创业孵化平台，完善政策咨询、融资服务、跟踪扶持、公益场地等孵化功能。……搭建港澳台青年来内地创新创业平台。

——中国共产党中央委员会、国务院［《中长期青年发展规划

(2016—2025年)》]

低成本办公场所和居住条件：鼓励有条件的地方出台各具特色的支持政策，积极盘活闲置的商业用房、工业厂房、企业库房、物流设施和家庭住所、租赁房等资源，为创业者提供低成本办公场所和居住条件。

——国务院（《国务院关于大力推进大众创业万众创新若干政策措施的意见》）

场地服务设施补助：有条件的地方政府可对众创空间等新型孵化机构的房租、宽带接入费用和用于创业服务的公共软件、开发工具给予适当财政补贴，鼓励众创空间为创业者提供免费高带宽互联网接入服务。

——国务院办公厅（《国务院办公厅关于发展众创空间推进大众创新创业的指导意见》）

有条件的地方要综合运用无偿资助、业务奖励等方式，对众创空间的办公用房、用水、用能、网络等软硬件设施给予补助。

——国务院办公厅（《国务院办公厅关于加快众创空间发展服务实体经济转型升级的指导意见》）

在确保公平竞争前提下，鼓励对众创空间等孵化机构的办公用房、用水、用能、网络等软硬件设施给予适当优惠，减轻创业者负担。

——国务院（《国务院关于大力推进大众创业万众创新若干政策措施的意见》）

二　人力资本支持：人才流动、创新创业人才

（一）促进人才集聚发展：人才培养、创新型科技人才

培养和引进创新型科技人才：发挥政府投入引导作用，鼓励企业、高等学校、科研院所、社会组织、个人等有序参与人才资源开发和人才引进，更大力度引进急需紧缺人才，聚天下英才而用之。促进创新型科技人才的科学化分类管理，探索个性化培养路径。促进科教结合，构建创新型科技人才培养模式，强化基础教育兴趣爱好和创造性思维培养，探索研究

生培养科教结合的学术学位新模式。深化高等学校创新创业教育改革，促进专业教育与创新创业教育有机结合，支持高等职业院校加强制造等专业的建设和技能型人才培养，完善产学研用结合的协同育人模式。鼓励科研院所和高等学校联合培养人才。

——国务院（《国务院关于印发"十三五"国家科技创新规划的通知》）

加强服务于创新创业的各类人才培养：以服务科研开发为目标，培养一批具有较高专业技能的科研支撑人员。着眼产业技术发展需求，培养一批了解产业科技前沿和市场需求的信息分析专门人才。围绕提高创业服务水平，培养一批人事代理、人才测评、心理咨询、人才选拔、就业指导等方面专业人才。依托国家知识产权人才培训基地，加快国家（地方）知识产权人才库和专业人才信息网络建设，重点培养社会急需的企业知识产权管理和中介服务人才。实施科普人才队伍建设工程，加强科普人才培养与在职培训，壮大科普人才队伍。

——国务院（《国务院关于印发"十二五"国家自主创新能力建设规划的通知》）

对境外开放人力资源市场：继续推进人力资源市场对外开放，建立和完善境外高端创业创新人才引进机制。

——国务院（《国务院关于大力推进大众创业万众创新若干政策措施的意见》）

（二）促进人才交流合作：人才流动、制度保障

人才自由流动制度保障：优化人力资本配置，按照市场规律让人才自由流动，实现人尽其才、才尽其用、用有所成。……加快社会保障制度改革，完善科研人员在企业与事业单位之间流动时社保关系转移接续政策，为人才跨地区、跨行业、跨体制流动提供便利条件，促进人才双向流动。

——国务院（《国务院关于印发"十三五"国家科技创新规划的通知》）

三 技术资讯支持：发挥优势、资源共享、创新服务平台

（一）推动科技资源支持创业：高效利用、共享体系

集聚高端科技创新资源： 发挥科研设施、专业团队、技术积累等优势，充分利用大学科技园、工程（技术）研究中心、重点实验室、工程实验室等创新载体，建设以科技人员为核心、以成果转移转化为主要内容的众创空间，通过聚集高端创新资源，增加源头技术创新有效供给，为科技型创新创业提供专业化服务。

——国务院办公厅（《国务院办公厅关于加快众创空间发展服务实体经济转型升级的指导意见》）

引导和推动创业孵化与高校、科研院所等技术成果转移相结合，完善技术支撑服务。

——国务院（《国务院关于大力推进大众创业万众创新若干政策措施的意见》）

科技资源共享体系支撑创新创业： 加强平台建设系统布局，形成涵盖科研仪器、科研设施、科学数据、科技文献、实验材料等的科技资源共享服务平台体系，强化对前沿科学研究、企业技术创新、大众创新创业等的支撑，着力解决科技资源缺乏整体布局、重复建设和闲置浪费等问题。整合和完善科技资源共享服务平台，更好满足科技创新需求。

——国务院（《国务院关于印发"十三五"国家科技创新规划的通知》）

（二）完善创新创业技术配套服务：市场化平台、服务平台

为中小微企业提供技术创新服务平台： 推动形成一批专业领域技术创新服务平台，面向科技型中小微企业提供研发设计、检验检测、技术转移、大型共享软件、知识产权、人才培训等服务。探索通过政府购买服务

等方式，引导技术创新服务平台建立有效运行的良好机制，为科技型中小微企业创新的不同环节、不同阶段提供集成化、市场化、专业化、网络化支撑服务。

——国务院（《国务院关于印发"十三五"国家科技创新规划的通知》）

提高技术咨询机构服务水平：加强科技信息机构的信息采集与综合加工能力建设，提升政策咨询与评估机构的决策咨询与技术支撑能力，面向社会提供科技信息和决策咨询服务以及第三方技术评估服务。

——国务院（《国务院关于印发"十二五"国家自主创新能力建设规划的通知》）

提高科技成果市场化服务能力：推动科技成果、专利等无形资产价值市场化，促进知识产权、基金、证券、保险等新型服务模式创新发展，依法发挥资产评估的功能作用，简化资产评估备案程序，实现协议定价和挂牌、拍卖定价。促进科技成果、专利在企业的推广应用。

——国务院（《国务院关于强化实施创新驱动发展战略进一步推进大众创业万众创新深入发展的意见》）

四　社会资本支持：社会资金、创业导师

（一）吸引社会资金支持创业：社会资金、创新投融资服务

引导社会资本支持青年创业：加大青年创业金融服务落地力度，优化银行贷款等间接融资方式，支持创业担保贷款发展，拓宽股权投资等直接融资渠道。支持青年创业基金发展，发挥好国家新兴产业创业投资引导基金和中小企业发展基金等政府引导基金的作用，带动社会资本投入，解决青年创业融资难题。

——中国共产党中央委员会、国务院［《中长期青年发展规划（2016—2025年）》］

创新众创空间的投融资模式：引导和鼓励各类天使投资、创业投资等

与众创空间相结合，完善投融资模式。鼓励天使投资群体、创业投资基金入驻众创空间和双创基地开展业务。鼓励国家自主创新示范区、国家高新技术产业开发区设立天使投资基金，支持众创空间发展。选择符合条件的银行业金融机构，在试点地区探索为众创空间内企业创新活动提供股权和债权相结合的融资服务，与创业投资、股权投资机构试点投贷联动。支持众创空间内科技创业企业通过资本市场进行融资。

——国务院办公厅（《国务院办公厅关于加快众创空间发展服务实体经济转型升级的指导意见》）

拓宽社会资金供给渠道：加快实施新兴产业"双创"三年行动计划，建立一批新兴产业"双创"示范基地，引导社会资金支持大众创业。推动商业银行在依法合规、风险隔离的前提下，与创业投资机构建立市场化长期性合作。进一步降低商业保险资金进入创业投资的门槛。推动发展投贷联动、投保联动、投债联动等新模式，不断加大对创业创新企业的融资支持。

——国务院（《国务院关于大力推进大众创业万众创新若干政策措施的意见》）

（二）整合社会资源指导创业：导师团队、资源对接

建设青年创业导师团队：建立青年创业人才会聚平台，建设青年创业导师团队，开展普及性培训和"一对一"辅导相结合的创业培训活动，帮助青年增强创业意识、增进创业本领。

——中国共产党中央委员会、国务院［《中长期青年发展规划（2016—2025年）》］

建立健全创业辅导制度，培育一批专业创业辅导师，鼓励拥有丰富经验和创业资源的企业家、天使投资人和专家学者担任创业导师或组成辅导团队。

——国务院办公厅（《国务院办公厅关于发展众创空间推进大众创新创业的指导意见》）

搭建资源对接和项目展示平台：建设青年创业项目展示和资源对接平

台，搭建青年创业信息公共服务网络，办好青年创新创业大赛、展交会、博览会等创业品牌活动。

——中国共产党中央委员会、国务院［《中长期青年发展规划（2016—2025年）》］

鼓励社会力量围绕大众创业、万众创新组织开展各类公益活动。继续办好中国创新创业大赛、中国农业科技创新创业大赛等赛事活动，积极支持参与国际创新创业大赛，为投资机构与创新创业者提供对接平台。……鼓励大企业建立服务大众创业的开放创新平台，支持社会力量举办创业沙龙、创业大讲堂、创业训练营等创业培训活动。

——国务院办公厅（《国务院办公厅关于发展众创空间推进大众创新创业的指导意见》）

（三）营造创新创业文化环境：双创文化、企业家精神

倡导社会创业创新文化： 积极倡导敢为人先、宽容失败的创新文化，树立崇尚创新、创业致富的价值导向，大力培育企业家精神和创客文化，将奇思妙想、创新创意转化为实实在在的创业活动。加强各类媒体对大众创新创业的新闻宣传和舆论引导，报道一批创新创业先进事迹，树立一批创新创业典型人物，让大众创业、万众创新在全社会蔚然成风。

——国务院办公厅（《国务院办公厅关于发展众创空间推进大众创新创业的指导意见》）

培育企业家精神与创新文化： 大力培育中国特色创新文化，增强创新自信，积极倡导敢为人先、勇于冒尖、宽容失败的创新文化，形成鼓励创新的科学文化氛围，树立崇尚创新、创业致富的价值导向，大力培育企业家精神和创客文化，形成吸引更多人才从事创新活动和创业行为的社会导向，使谋划创新、推动创新、落实创新成为自觉行动。引导创新创业组织建设开放、平等、合作、民主的组织文化，尊重不同见解，承认差异，促进不同知识、文化背景人才的融合。鼓励创新创业组织建立有效激励机制，为不同知识层次、不同文化背景的创新创业者提供平等的机会，实现创新价值的最大化。鼓励建立组织内部众创空间等非正式交流平台，为创新创业提供适宜的软环境。加强科技创新宣传力度，报道创新创业先进事迹，树立创新创业典型人物，进一步形成尊重劳动、尊重知识、尊重人才、尊重创造的良好风尚。加快完善包容创新的文化环境，形成人人崇尚创新、人人渴望创新、人人皆可创新的社会氛围。

——国务院（《国务院关于印发"十三五"国家科技创新规划的通知》）

五 公共服务支持：专业服务、优质生活圈

（一）经济性公共服务：专业服务、综合金融服务、企业家权益

专业服务支持：加快发展企业管理、财务咨询、市场营销、人力资源、法律顾问、知识产权、检验检测、现代物流等第三方专业化服务，不断丰富和完善创业服务。

——国务院（《国务院关于大力推进大众创业万众创新若干政策措施的意见》）

工商服务支持：深化商事制度改革，针对众创空间等新型孵化机构集中办公等特点，鼓励各地结合实际，简化住所登记手续，采取一站式窗口、网上申报、多证联办等措施为创业企业工商注册提供便利。

——国务院办公厅（《国务院办公厅关于发展众创空间推进大众创新创业的指导意见》）

综合金融服务：发挥多层次资本市场作用，为创新型企业提供综合金融服务。开展互联网股权众筹融资试点，增强众筹对大众创新创业的服务能力。规范和发展服务小微企业的区域性股权市场，促进科技初创企业融资，完善创业投资、天使投资退出和流转机制。

——国务院办公厅（《国务院办公厅关于发展众创空间推进大众创新创业的指导意见》）

落实科技成果使用权、处置权和收益权政策：高校、科研院所要按照《中华人民共和国促进科技成果转化法》有关规定，落实科技成果使用

权、处置权和收益权政策。对本单位科研人员带项目和成果到众创空间创新创业的，经原单位同意，可在 3 年内保留人事关系，与原单位其他在岗人员同等享有参加职称评聘、岗位等级晋升和社会保障等方面的权利。探索完善众创空间中创新成果收益分配制度。对高校、科研院所的创业项目知识产权申请、转化和运用，按照国家有关政策给予支持。进一步改革科研项目和资金管理使用制度，使之更有利于激发广大科研人员的创造性和转化成果的积极性。

——国务院办公厅（《国务院办公厅关于加快众创空间发展服务实体经济转型升级的指导意见》）

依法保护企业家财产权：全面落实党中央、国务院关于完善产权保护制度依法保护产权的意见，认真解决产权保护方面的突出问题，及时甄别纠正社会反映强烈的产权纠纷申诉案件，剖析侵害产权案例，总结宣传依法有效保护产权的好做法、好经验、好案例。在立法、执法、司法、守法等各方面、各环节，加快建立依法平等保护各种所有制经济产权的长效机制。研究建立因政府规划调整、政策变化造成企业合法权益受损的依法依规补偿救济机制。

——中国共产党中央委员会、国务院（《中共中央国务院关于营造企业家健康成长环境弘扬优秀企业家精神更好发挥企业家作用的意见》）

依法保护企业家创新权益：探索在现有法律法规框架下以知识产权的市场价值为参照确定损害赔偿额度，完善诉讼证据规则、证据披露以及证据妨碍排除规则。探索建立非诉行政强制执行绿色通道。研究制定商业模式、文化创意等创新成果的知识产权保护办法。

——中国共产党中央委员会、国务院（《中共中央国务院关于营造企业家健康成长环境弘扬优秀企业家精神更好发挥企业家作用的意见》）

依法保护企业家自主经营权：企业家依法进行自主经营活动，各级政府、部门及其工作人员不得干预。建立完善涉企收费、监督检查等清单制度，清理涉企收费、摊派事项和各类达标评比活动，细化、规范行政执法条件，最大程度减轻企业负担、减少自由裁量权。依法保障企业自主加入和退出行业协会商会的权利。研究设立全国统一的企业维权服务平台。

——中国共产党中央委员会、国务院(《中共中央国务院关于营造企业家健康成长环境弘扬优秀企业家精神更好发挥企业家作用的意见》)

(二) 社会性公共服务：港澳同胞、便利条件、优质生活圈

提供综合性生活服务： 鼓励港澳人员赴粤投资及创业就业，为港澳居民发展提供更多机遇，并为港澳居民在内地生活提供更加便利条件。

——国家发展和改革委员会、广东省人民政府、香港特别行政区政府、澳门特别行政区政府(《深化粤港澳合作　推进大湾区建设框架协议》)

大力吸引和支持港澳台科技人员以及海归人才、外国人才到众创空间创新创业，在居住、工作许可、居留等方面提供便利条件。

——国务院办公厅(《国务院办公厅关于加快众创空间发展服务实体经济转型升级的指导意见》)

支持境外人才来华创业。……进一步放宽外籍高端人才来华创业办理签证、永久居留证等条件……引导和鼓励地方对回国创业高端人才和境外高端人才来华创办高科技企业……在配偶就业、子女入学、医疗、住房、社会保障等方面完善相关措施。

——国务院(《国务院关于大力推进大众创业万众创新若干政策措施的意见》)

推进重大基础设施对接，支持广东省与港澳地区人员往来便利化，优化"144小时便利免签证"。共建优质生活圈。鼓励在教育、医疗、社会保障、文化、应急管理、知识产权保护等方面开展合作，为港澳人员到内地工作和生活提供便利。

——国家发展和改革委员会[《珠三角地区改革发展规划纲要(2008—2020年)》]

当地社会公共服务： 推动来内地创业的港澳同胞、回国(来华)创业的华侨华人享受当地城镇居民同等待遇的社会公共服务。

——国务院(《国务院关于强化实施创新驱动发展战略进一步推进大众创业万众创新深入发展的意见》)

六 特色创业活动：创业大赛、港澳分赛、多元服务

（一）中国创新创业大赛港澳台大赛

中国创新创业大赛由科技部、财政部、教育部、国家网信办、全国工商联指导，由共青团中央、致公党中央、国家外国专家局、招商银行支持，由科技部火炬高技术产业开发中心、科技部科技型中小企业技术创新基金管理中心、科技日报社、陕西省现代科技创业基金会、北京国科中小企业科技创新发展基金会等单位联合承办。自2012年首次举办以来已成功举办五届，大赛分六大行业领域在全国多个省市设立赛区。在第五届大赛中，超过3万个来自全国的创业企业和创业团队报名申请。[1]

大赛为报名团队提供包括主题论坛、行业沙龙、融资路演、展览展示、大企业对接、公益大讲堂等多元化服务。2016年，科技部、财政部专门印发通知支持中国创新创业大赛的优秀企业，在第四届大赛获奖和优秀企业共389家获得总额超过1.2个亿的中央财政支持。另外，科技部创新人才推进计划也辟出专门通道支持大赛，从往届大赛的获奖企业当中推选科技创新创业人才的候选人。[2]

自2014年起，第三届中国创新创业大赛港澳台大赛（暨首届两岸四地大学生创新创业大赛）作为中国创新创业大赛的特色专业赛之一正式落户广东省，由广东省科技厅牵头主办，与地方赛、全国总决赛相互独立，目前已连续举办三届。2014年，该大赛吸引了近100家来自港澳台地区的企业和团队报名，2015年则达到了近300家。大赛采取政府引导、

---

[1]《2017第六届中国创新创业大赛》，中国创新创业大赛（http://www.cxcyds.com/index/about/p_cate_id/1/id/38）。

[2]《2016第五届中国创新创业大赛回顾》，2017年8月4日，中国创新创业大赛（http://www.cxcyds.com/index/pxdetail/id/2543）。

市场运作、社会参与的模式，设立由科技专家、创投专家、创业企业家、金融机构专家组成的专家组进行选拔①，获奖队伍除了获得5万—15万元的奖金之外，还将获得包括项目诊断、行业分析、品牌战略、技术服务等创业辅导，以及广东省各地政府10万—100万元的落地补贴和其他落户政策支持、广东省内高新区和众创空间孵化优惠、银行跟贷、风投跟投、产业对接、媒体推广等资源支持。

（二）中国"互联网+"大学生创新创业大赛

中国"互联网+"大学生创新创业大赛由教育部、中央网信办、国家发改委、工信部、人社部、国家知识产权局、中科院、中国工程院、共青团中央等部门共同主办。首届大赛于2015年在吉林长春举行，吸引了1800余所高校、57000多支团队、20万名大学生参赛，涵盖电子商务、社交网络、智能硬件、媒体门户、工具软件、消费生活、金融、医疗健康等行业。比赛设置了港澳台组，在第三届中国"互联网+"大学生创新创业大赛中，119支内地团队中产生了30项金奖，8支港澳台团队产生了3项金奖，共33个团队大赛金奖。大赛支持高校的人才、技术、项目和市场、资本有效对接，推动项目成果转化，扶持项目孵化落地。②

七 中央政府创业支持政策概览

国务院及其下属的各部委从2007年开始共出台12份适用于港澳青年创业的政策文件（见表2）。

---

① 《第四届中国创新创业大赛（广东赛区）初赛火热进行》，2015年7月22日，《今日头条》（https://www.toutiao.com/i4832043592/）。
② 《第三届中国"互联网+"大学生创新创业大赛总决赛举办》，2017年9月18日，新蓝网（http://n.cztv.com/news/12673853.html）。

表 2　　　　　　　　　　　　　中央政府政策汇总

出台时间	出台部门	文件名称
2007.7	中华人民共和国财政部 中华人民共和国科技部	科技型中小企业创业投资引导基金管理暂行办法
2008.12	国家发展和改革委员会	珠三角地区改革发展规划纲要（2008—2020年）
2013.1	国务院	国务院关于印发"十二五"国家自主创新能力建设规划的通知
2015.3	国务院办公厅	国务院办公厅关于发展众创空间推进大众创新创业的指导意见
2015.6	国务院	国务院关于大力推进大众创业万众创新若干政策措施的意见
2016.2	国务院办公厅	国务院办公厅关于加快众创空间发展服务实体经济转型升级的指导意见
2016.7	国务院	国务院关于印发"十三五"国家科技创新规划的通知
2017.4	中国共产党中央委员会 国务院	中长期青年发展规划（2016—2025年）
2017.4	中华人民共和国财政部 国家税务总局	关于创业投资企业和天使投资个人有关税收试点政策的通知
2017.7	国家发展和改革委员会 广东省人民政府 香港特别行政区政府 澳门特别行政区政府	深化粤港澳合作　推进大湾区建设框架协议
2017.7	国务院	国务院关于强化实施创新驱动发展战略进一步推进大众创业万众创新深入发展的意见
2017.9	中国共产党中央委员会 国务院	中共中央国务院关于营造企业家健康成长环境弘扬优秀企业家精神更好发挥企业家作用的意见

资料来源：根据相关政策文件整理。

第二章 广东省政府：区域政策、港澳创业平台、特色活动

作为港澳青年在内地创业的重要地区，在中央政策的统筹下，广东省相关部门出台了更为具体的、可落地的政策。这些政策面向省内地级市政府部门制订统筹规划，为创新创业者提供物质、人力、技术、公共服务等全方位的支持，且同样适用于来粤创业的港澳青年。一方面，政策明确设立了各类省级项目和人才专项资金、省级创业引导基金等项目、明文规定可全省执行的政策措施和优惠方法；另一方面，则提供具有引导性的实施意见，具体措施由各下级政府自行制定。

广东省政府出台的政策突出了港澳元素，在政策文本中突出和强调要鼓励港澳青年和港澳人才来粤创新创业。此外，广东省还出台了一些特别关注粤港澳重点合作区域的政策，为港澳青年在内地创业提供更具针对性、更详细的政策支持。

除了各类政策文件，广东省同样注重通过其他方式创造全省创新创业环境，虽然由省级单位设立的、针对港澳青年创业的创业平台、创业基地较少，但各类创新创业活动和大赛丰富多样，为港澳青年来粤发展提供了广阔的平台。

广东省政府关于港澳青年创业的政策可以分为物质资本支持、人力资本支持、技术资讯支持、社会资本支持、公共服务支持和其他六大类（见表3）。

表 3　　　　　　　　　　广东省政策类型分析

政策类型	具体内容
一　物质资本支持	
（一）财务资源	项目资金扶持； 人才资金补助； 税收财政优惠； 科技创新补贴； 市场融资支持； 创业服务奖补
（二）实物资源	场地支持； 房屋补贴； 人才公寓
二　人力资本支持	打造人才集聚发展平台； 打造人才交流合作平台； 建设创新人才队伍
三　技术资讯支持	提供产学研等资源共享； 完善科学技术配套服务
四　社会资本支持	吸引社会资金支持创业； 整合社会资源指导创业； 营造创新创业的文化环境
五　公共服务支持	经济性公共服务； 社会性公共服务
六　其他	营造创新创业的文化氛围

资料来源：根据相关政策文件整理。

一　物质资本支持：人才资金、引导基金、场地支持

（一）财务资源：项目资助、个人资助、风险补偿

1. 项目资金扶持

优秀创业项目资助： 对获得省级以上创业大赛（包括全国其他地区省级比赛）前三名并在广东登记注册的创业项目，省按照有关规定给予资助或提供基金对接，鼓励和吸引更多优秀大学生创业项目和创业团队来

粤发展。

——广东省人力资源和社会保障厅〔《广东省大学生创业引领计划（2014—2017年）实施方案》〕

省从各地推荐的优秀创业项目中评选一批省级优秀项目，每个项目给予5万—20万元资助。

——广东省人力资源和社会保障厅〔《广东省大学生创业引领计划（2014—2017年）实施方案》〕

创业创新大赛获奖项目资助：对于在广东省人力资源和社会保障厅牵头举办的创业创新大赛有关单项赛中获得金、银、铜奖的创业项目：企业组（或相应组别）金、银、铜奖（或相当奖级）分别按20万元、15万元、10万元标准给予资助。团队组（或相应组别）实行分段资助，金、银、铜奖（或相当奖级）第一阶段分别按10万元、8万元、5万元标准给予资助；项目2年内在广东省行政区域内登记注册后，可参照本办法第十二条有关规定，分别申请第二阶段10万元、7万元和5万元资助。

——广东省人力资源和社会保障厅（《广东省人力资源和社会保障厅关于省级优秀创业项目资助的管理办法》）

珠江人才计划创新创业团队资金资助：省财政给予每个团队不低于1000万元的资助资金，其中100万元为住房补贴，其余部分为科研工作经费。

——广东省财政厅、中共广东省委组织部（《珠江人才计划专项资金管理办法》）

大力实施"珠江人才计划"，加大企业引才力度，继续引进创新创业团队，给予单个团队最高1亿元资助。

——中共广东省委办公厅（《关于我省深化人才发展体制机制改革的实施意见》）

扬帆计划创新创业团队资金资助：优化提升粤东西北地区人才发展帮扶计划（扬帆计划）。支持粤东西北地区引进创新创业团队，按档次分别给予800万元、500万元、300万元资助；入选"珠江人才计划"的创新创业团队，免于评审、自动入选并享受该项目资助。

——中共广东省委办公厅（《关于我省深化人才发展体制机制改革的

实施意见》）

2. 人才资金补助

引进人才资金资助：大力引进领军人才、企业家、金融人才和青年拔尖人才，对引进高层次人才实施更加优惠的补贴政策，根据当年申报公告规定的准入条件和工资薪金收入及相应个税标准直接认定引进人才资助对象，对符合条件的人才按实际年工资薪金收入的1倍提供生活补贴，每年最高不超过100万元。

——中共广东省委办公厅（《关于我省深化人才发展体制机制改革的实施意见》）

珠江人才计划个人资金资助：领军人才。省财政给予每人不超过600万元的资助资金，其中含不超过500万元的科研工作经费和不超过100万元的住房补贴。"千人计划"入选者。可按中央财政一次性补助额度1∶1.5的标准，获得省财政资助资金。创新长期、创业、溯及既往、外专千人项目资助资金为每人150万元，其中含100万元科研工作经费、50万元住房补贴；创新短期、青年千人项目资助资金为每人75万元，其中含50万元科研工作经费、25万元住房补贴；顶尖人才与创新团队项目采取一事一议的方式确定资助资金额度。

——广东省财政厅、中共广东省委组织部（《珠江人才计划专项资金管理办法》）

3. 税收财政优惠

落实普惠性税收优惠政策：落实高新技术企业和创业投资企业税收优惠、研发费用加计扣除、股权奖励分期缴纳以及科技企业孵化器、大学科技园、固定资产加速折旧等创新激励税收优惠政策。落实促进高校毕业生、残疾人、退役军人、登记失业人员等创业就业税收政策。探索实施科技成果转化股权激励的个人所得税递延纳税政策、天使投资税收支持政策、新型孵化机构适用科技企业孵化器税收优惠政策。将线下实体众创空间的财政扶持政策惠及网络众创空间。切实加强对国家税收扶持政策的解读、宣传，进一步公开和规范税收优惠政策的申请、减免、备案和管理程序，加强对税收扶持政策执行情况的监督检查。

——广东省人民政府（《广东省人民政府关于大力推进大众创业万众创新的实施意见》）

在珠海市横琴新区工作的香港澳门居民个人所得税税负差额补贴：为在横琴工作的香港、澳门居民就取得《中华人民共和国个人所得税法》及其实施条例所规定的十一项应税所得按实际缴纳的个人所得税税款与其个人所得按照香港、澳门地区税法测算的应纳税款的差额。

——广东省财政厅（《广东省财政厅关于在珠海市横琴新区工作的香港澳门居民个人所得税税负差额补贴的暂行管理办法》）

4. 科技创新补贴

中小微企业创新券补助：鼓励各地根据实际情况开展创新券补助政策试点，引导中小微企业加强与高等学校、科研机构、科技中介服务机构及大型科学仪器设施共享服务平台的对接。以各地级以上市科技、财政部门为政策制定和执行主体，面向中小微企业发放创新券和落实后补助。省科技、财政部门根据上一年度各地市的补助额度，给予各地市一定比例的补助额度，并将财政补助资金划拨至各地市财政部门，由各地市统筹用于创新券补助。

——广东省人民政府（《广东省人民政府关于加快科技创新的若干政策意见》）

5. 市场融资支持

省级创业引导基金：设立省级创业引导基金，通过阶段参股、跟进投资、风险补偿等方式，重点支持以初创企业为主要投资对象的创业投资企业发展以及大学生创业创新活动。

——广东省人民政府（《广东省人民政府关于大力推进大众创业万众创新的实施意见》）

专项资金支持投融资：加大对中小微企业投融资的财政资金支持。2015年至2017年，省财政统筹安排专项资金66亿元，主要运用于设立中小微企业发展基金，开展股权投资，安排支持小额贷款、担保、风险补偿等专项资金，并综合运用业务补助、增量业务奖励、贴息、代偿补贴、创新奖励等方式，发挥财政资金的杠杆效应，引导和带动更多的社会资本支持中小微企业投融资。

——广东省人民政府（《广东省人民政府关于创新完善中小微企业投融资机制的若干意见》）

科技企业孵化器风险补偿金：省市共建面向科技企业孵化器的风险补偿金，对天使投资失败项目，由省市财政按损失额的一定比例给予补偿。对在孵企业首贷出现的坏账项目，省市财政按一定比例分担本金损失。省财政对单个项目的本金风险补偿金额不超过 200 万元。

——广东省人民政府（《广东省人民政府关于加快科技创新的若干政策意见》）

对孵化器内创业投资失败项目，省财政创业投资风险补偿资金按项目投资损失额的 30% 给予创业投资机构补偿。当地市财政创业投资风险补偿资金按项目投资损失额的 20% 给予创业投资机构补偿。孵化器内创业投资项目是指创业投资机构投资与科技企业孵化器内的初创期科技型中小微企业项目。……对在孵企业首贷出现的坏账项目，银行按坏账项目贷款本金 10% 分担损失，省财政和当地市财政信贷风险补偿资金分别按坏账项目贷款本金的 50% 和 40% 分担损失。在孵企业首贷项目是指科技企业孵化器内在孵企业首次贷款项目。

——广东省科学技术厅、广东省财政厅（《广东省科学技术厅　广东省财政厅关于科技企业孵化器创业投资及信贷风险补偿资金试行细则》）

6. 创业服务奖补

对达到标准的创业孵化基地给予资金奖补：鼓励社会资本投资兴建创业孵化基地。各地、各高校和社会资本投资建设的创业孵化基地达到国家和省级示范性基地建设标准的，按规定给予资金奖补。

——广东省人力资源和社会保障厅［《广东省大学生创业引领计划（2014—2017 年）实施方案》］

创业孵化补贴：对经认定并按规定为创业者提供创业孵化服务的创业孵化基地，按每户不超过 3000 元标准和实际孵化成功户数给予创业孵化补贴。

——广东省人民政府(《广东省人民政府关于大力推进大众创业万众创新的实施意见》)

(二) 实物资源:场地建设、租金减免

1. 场地支持

"四众"创新服务平台:重点在创新资源集聚区域,依托行业龙头企业、高校、科研院所,大力发展创客空间、创业咖啡、创新工场等成本低、便利化、开放式新型创业孵化平台,建设一批以科技成果转移转化为主要内容、专业服务水平高、创新资源配置优、产业辐射带动作用强的专业化众创空间。吸引更多科技人员、海外归国人员等高端创业人才入驻众创空间,重点支持以核心技术为源头的创新创业。

——广东省人民政府办公厅(《广东省人民政府办公厅关于进一步促进科技成果转移转化的实施意见》)

初创企业租金减免:对入驻政府主办的创业孵化基地(创业园区)的初创企业,按第一年不低于80%、第二年不低于50%、第三年不低于20%的比例减免租金。

——广东省人民政府(《广东省人民政府关于大力推进大众创业万众创新的实施意见》)

大学生创业租金补贴:对租用经营场地创业(含社会资本投资的孵化基地)的大学生给予最长不超过3年的租金补贴。

——广东省人力资源和社会保障厅[《广东省大学生创业引领计划(2014—2017年)实施方案》]

2. 房屋补贴

高层次人才住房补贴:高层次人才安居可以采取货币补贴或实物出租等方式解决。

——广东省人民政府(《广东省人民政府关于加快科技创新的若干政策意见》)

3. 人才公寓

高层次人才公寓:支持各级政府在引进人才相对集中的地区统一建设

人才周转公寓或购买商品房出租给在当地无房的高层次人才居住。支持高等学校、科研机构参照所在地政府有关规定，利用自有存量国有建设用地建设租赁型人才周转公寓。

——广东省人民政府（《广东省人民政府关于加快科技创新的若干政策意见》）

二　人力资本支持：粤港澳人才、创新人才、集聚发展

（一）打造人才集聚发展平台：专业人才、资格认可

支持港澳专业服务机构在广东自贸区集聚发展：支持港澳检验检测计量、会计、律师、建筑设计、医疗、教育培训、育幼等专业服务机构在广东自贸区集聚发展。推动粤港澳检验检测计量三方互认，逐步扩大粤港澳三方计量服务互认范畴，探索推行"一次认证、一次检测、三地通行"，并适度放开港澳认证机构进入广东自贸区开展认证检测业务。

支持港澳专业人士在广东自贸区展开业务：争取国家授权允许港澳律师、会计师、建筑师率先直接在广东自贸区内从事涉外涉港澳业务，并逐步扩展职业资格认可范围。探索通过特殊机制安排，推进粤港澳服务业人员职业资格互认，研究制定支持港澳专业人才便利执业的专项支持措施。

——广东省人民政府［《广东省人民政府关于印发中国（广东）自由贸易试验区建设实施方案的通知》］

（二）打造人才交流合作平台：人才信息、人才服务一体化

推进粤港澳人力资源供求信息平台建设：充分发挥泛珠三角人才网联盟和广东人才网"三联网"优势，加强与香港、澳门人才机构联系和网络合作，将人才网联盟覆盖港澳地区。建立粤港澳人才信息和人才服务交流合作长效机制，推进粤港澳三地人才服务一体化。

——广东省人力资源和社会保障厅（《广东省人力资源和社会保障厅推动广州南沙、深圳前海、珠海横琴"粤港澳人才合作示范区"建设的实施方案》）

（三）建设创新人才队伍：创新人才、技术金融人才

科技金融人才：各地市科技管理部门、省级以上高新区、民营科技园、专业镇、科技孵化器等面向本地区（本单位），高校、金融投资机构等单位面向科技型企业，推荐并派驻科技金融特派员，开展科技金融政策与产品宣传培训、挖掘优质项目和科技成果、策划企业投融资方案、对接金融投资机构等定制化科技金融服务，开展科技金融特派员培训工作，培养和建立一支既熟悉科技型中小微企业发展特点，又通晓金融知识和金融产品的科技金融人才队伍。

——广东省科技厅〔《广东省科技金融支持科技型中小微企业专项行动计划（2013—2015）》〕

技术转移人才：充分发挥各类创新人才培养示范基地作用，依托有条件的地方和机构建设一批技术转移人才培养基地。推动有条件的高校设立科技成果转化相关课程，打造一支高水平的师资队伍。加快培养科技成果转移转化领军人才，纳入各类创新创业人才引进培养计划。加快培育发展技术经纪服务行业，在部分高校和科研院所试点实行技术经理人市场化聘用制，大力培养一批懂技术、懂科技金融的专业化技术经理人。

——广东省人民政府办公厅（《广东省人民政府办公厅关于进一步促进科技成果转移转化的实施意见》）

创新型人才：地级市以上人民政府应当定期制定创新型人才发展规划和紧缺人才开发目录，加强创新型人才的培养和引进工作。县级以上人民政府应当优先保证对创新型人才建设的财政投入，保障人才发展重大项目的实施。

——广东省人民代表大会常务委员会（《广东省自主创新促进条例》）

三　技术资讯支持：资源共享、粤港澳合作、成果转化

（一）提供产学研等资源共享：粤港澳合作、产学研联盟

双创示范基地科技资源共享： 支持示范基地所在地市积极承接重大科技基础设施建设，加大示范基地内科研基础设施、大型科研仪器向社会开放力度。优先支持示范基地所在地市组建工程实验室、工程中心等创新平台，开展"互联网+"创业创新示范市等工作。

——广东省人民政府办公厅（《广东省人民政府办公厅关于印发广东省建设大众创业万众创新示范基地实施方案的通知》）

支持粤港澳合作设立产学研联盟： 深入开展粤港澳科技合作发展研究计划，支持有条件的示范基地联合港澳设立产学研创新联盟，建设面向港澳的科技成果孵化基地和粤港澳青年创业基地。

——广东省人民政府办公厅（《广东省人民政府办公厅关于印发广东省建设大众创业万众创新示范基地实施方案的通知》）

（二）完善科学技术配套服务：成果转化、科技中介机构

支持科学技术中介服务机构发展： 县级以上人民政府及其有关主管部门应当支持知识产权服务机构、技术交易机构、科技咨询与评估机构、科技企业孵化器、创业投资服务机构和生产力促进中心等科学技术中介服务机构的发展。建立和推行政府购买科技公共服务制度，对科技创新计划、先进技术推广、扶持政策落实等专业性、技术性较强的工作，可以委托给符合条件的科学技术中介服务机构办理。

——广东省人民代表大会常务委员会（《广东省自主创新促进条例》）

加快科技成果转化平台建设： 加快建设一批高水平国际联合创新基地或园区，推动粤港澳合作共建科技成果转化和国际技术转让平台。深入推进粤港创新走廊建设，加快引进香港科学园、应用科技研究院、高校等机

构的先进科技成果并实施转化。

——广东省人民政府办公厅（《广东省人民政府办公厅关于进一步促进科技成果转移转化的实施意见》）

四　社会资本支持：民间资本、创业资源整合

（一）吸引社会资金支持创业：引导基金、创业投资引导

引导社会资本组建天使投资基金： 建立省科技企业孵化器天使投资引导基金，参股引导科技企业孵化器、民间投资机构等共同组建天使投资基金。支持投资企业或创业投资管理企业向国家有关部门申请设立"科技成果转化引导基金创业投资子基金"，募集资金总额不低于1亿元人民币，基金经营范围为创业投资业务，组织形式为公司制或有限合伙制。

——广东省人民政府（《广东省人民政府关于加快科技创新的若干政策意见》）

完善创业投资引导基金运作模式： 大力发展创投、风投等基金。参照国家新兴产业创业投资引导基金运作模式，积极用好广东省战略性新兴产业创业投资引导基金，支持创办战略性新兴产业和高技术中小微企业，引导社会资本重点支持智能制造、高端装备、生物医药、新能源、节能环保等新兴产业领域的初创期中小微企业，基金退出时财政出资部分将50%的净收益依法让渡给其他投资方。提升省级创业投资引导基金使用绩效，鼓励各地设立一批产业投资基金和创业投资引导基金。充分发挥粤科金融集团有限公司、粤财投资控股有限公司、恒健投资控股有限公司等省属企业平台作用，壮大创投、风投及天使基金规模。鼓励和引导民间资本进入创业投资、私募股权投资、风险投资领域。依托产业园区、高新区、孵化器集群区引导各类基金集聚发展。

——广东省人民政府（《广东省人民政府关于创新完善中小微企业投融资机制的若干意见》）

（二）整合社会资源指导创业：创新链资源、创业导师

促进各类创新创业资源整合集聚：支持各园（镇）区整合集聚创业者、创业导师、创投机构、民间组织等各类创新创业资源，通过创新工场、创业咖啡屋等形式，提供创业导师辅导、早期投资等围绕种子期科技型企业创新链资源整合的服务。

——广东省科技厅［《广东省科技金融支持科技型中小微企业专项行动计划（2013—2015）》］

创业导师支持创业孵化：支持鼓励成立由企业家、专家组成的火炬创业导师团队，建立创业辅导员制度、联络员制度、创业咨询师制度，率先形成"专业孵化＋创业投资＋创业导师"的创业孵化新路子和新模式。

——广东省人民政府、科学技术部、教育部（《广东自主创新规划纲要》）

（三）营造创新创业的文化氛围：创新文化、宽松环境

营造自主创新的良好环境：在全社会弘扬创新创业文化，鼓励全局创新，全民创业。大力培育创新意识和价值观念，提倡敢为人先、敢冒风险的精神，营造激励成功、宽容失败的宽松环境。

——广东省人民政府、科学技术部、教育部（《广东自主创新规划纲要》）

五　公共服务支持：专业服务、从业资格互认、一站式服务平台

（一）经济性公共服务：创业服务、从业资格互认

创新创业专业服务支持：支持高新区、专业镇、产业园区建设创新创业服务中心，为科技型中小企业、创业团队、创客空间等提供创业导

师、技术转移、检验检测认证、金融投资、法律税务等配套服务。鼓励建设大学生创业中心、大学生创业园、大学生创业基地等创新创业服务机构，为大学生创业提供创业场所、创业咨询、创业辅导、市场开发、人才推荐等服务。

——广东省人民政府办公厅（《广东省人民政府办公厅关于进一步促进科技成果转移转化的实施意见》）

（二）社会性公共服务：便利条件、一站式服务、待遇同等

粤港澳人才"一站式"服务平台：在三地设立"广东省引进高层次人才'一站式'服务专区"分站，指导三地对涉及港澳专业人员税收减免、社会保险、出入境等，实行"一站式受理、一次性告知、一条龙服务"，打造人才服务"绿色通道"。

——广东省人力资源和社会保障厅（《广东省人力资源和社会保障厅推动广州南沙、深圳前海、珠海横琴"粤港澳人才合作示范区"建设的实施方案》）

创新型人才各类公共服务：地级市以上人民政府应当制定和完善培养、引进创新型人才的政策措施，并为创新型人才在企业设立、项目申报、科研条件保障和出入境、户口或者居住证办理、住房、子女入学、配偶安置等方面提供便利条件。

——广东省人民代表大会常务委员会（《广东省自主创新促进条例》）

《广东省居住证》社会保障服务：《居住证》具有下列主要功能：（1）持有人在本省居住、工作、创业的证明；（2）港、澳、台籍和获得外国永久（长期）居留权、持居留国护照的留学人员或者外国籍持有人用于办理社会保险、住房公积金等个人相关事务，查询相关信息；（3）记录持有人基本情况、居住地变动情况等人口管理所需的相关信息。

——广东省人民政府（《广东省引进人才实行〈广东省居住证〉的暂行办法》）

《广东省居住证》子女教育服务：持有《居住证》的人员，其《居住证》有效期在3年及以上的，可以在居住地申请子女入学（托）。幼

儿教育、义务教育、普通高中教育阶段，由居住地所在市、县、区教育行政部门就近安排到具备相应接收条件的学校就读；中等职业教育阶段，由居住地所在市、县、区教育行政部门按照专业对口的原则就近安排。符合前款规定的境内人员的子女，取得本省高中毕业学历的，可以参加广东统一高考，报考本省部委属高校，省、市属高校或者民办高校。持有《居住证》的港、澳、台籍和外国籍人员或者获得外国永久（长期）居留权、持居留国护照的留学人员的子女，在语言文字适应期内，参加本省升学考试的，可以按照"四种考生"的有关规定降低录取分数线。

——广东省人民政府（《广东省引进人才实行〈广东省居住证〉的暂行办法》）

《广东省居住证》养老保险服务：持有《居住证》的境内人员或者未加入外国籍的留学人员，接受行政机关或者依照、参照公务员管理的单位聘用的，参加本省机关养老保险；在企业和其他事业单位工作的，参加企业基本养老保险。

——广东省人民政府（《广东省引进人才实行〈广东省居住证〉的暂行办法》）

《广东省居住证》住房公积金服务：持有《居住证》的境内人员，可以按照规定在本省缴存和使用住房公积金。已在户籍所在地缴存了住房公积金的，可以将在户籍所在地缴存的住房公积金余额转入本省住房公积金账户，原缴存的住房公积金年限和余额，可以与在本省缴存的住房公积金年限和余额累计计算。离开本省时，可按规定办理职工住房公积金账户存储余额转移手续。

——广东省人民政府（《广东省引进人才实行〈广东省居住证〉的暂行办法》）

双创示范基地人才子女入学保障：在示范基地所在地市率先实施外籍高层次人才补贴政策，推进外籍高层次人才永久居留政策与子女入学、社会保障等有效衔接。

——广东省人民政府办公厅（《广东省人民政府办公厅关于印发广东

省建设大众创业万众创新示范基地实施方案的通知》）

出入境和停居留政策支持：落实支持广东自贸区建设及创新驱动发展16项出入境政策措施，开展广东省外籍和港澳台高层次人才认定工作，为海外人才提供便捷、开放的出入境和停居留政策环境。

住房公积金政策待遇：在我省工作的国（境）外人才，符合条件的，在缴存、提取住房公积金方面与工作所在地居民享受同等待遇。

——中共广东省委办公厅（《关于我省深化人才发展体制机制改革的实施意见》）

广东自贸区医疗和子女教育支持：设立港澳独资外籍人员子女学校，将其招生范围扩大至在广东自贸区工作的海外华侨和归国留学人才子女。

——广东省人民政府［《广东省人民政府关于印发中国（广东）自由贸易试验区建设实施方案的通知》］

六 特色创业平台：综合金融服务、孵化基地

（一）省创业平台

在政府政策的支持下，广东省建立了1个促进港澳青年创业的创业平台（见表4）。

表4　　　　　　　　广东省创业平台

时间	名称	所在地
2014.5	中国青创板	/

资料来源：根据相关政策文件整理。

"中国青创板"由团中央、广东省人民政府共同建设，依托广州股权交易中心运营的资本市场平台。"中国青创板"具有完全知识产权的业务规则体系和基于互联网金融的投资交易信息系统，能够为全国青年创新创业项目和企业提供包括孵化培育、规范辅导、登记托管、挂牌展示、投融

资对接、交易和退出等综合金融服务,并通过引入资本市场力量促进创新创业项目的市场化、资本化、产业化发展。截至 2017 年 5 月,已有超过 2000 个上板项目,实现融资对接约 2.22 亿元人民币,在广东省 21 个地市建立了近 30 个线下服务站点。[①]

"中国青创板"在广东省各地以运营服务中心、落地孵化基地(示范区)、服务站等形式建立线下孵化合作。其中,中国青创板珠海(横琴)运营中心于 2016 年 6 月入驻横琴·澳门青年创业谷,是"中国青创板线下服务基地集群"国内首家运营服务中心。该运营中心发挥青创板的基础培育功能,通过融资、孵化、培训创业谷内的企业,同时吸纳港澳台青年以及海外留学回国人员创业项目,帮助珠海创新创业企业转板上市。中心将结合横琴自贸片区商事登记制度改革、金融机构聚集、鼓励金融创新、知识产权保护、允许人力资本入股等特殊政策和机制,在交易、融资等方面进行创新探索。[②]

(二) 省内各市区创业平台

在中央和广东省政府的政策支持下,广东省内各市区共建立了 15 个促进港澳青年创业的平台(见表 5)。

表 5　　广东省内支持港澳青年创业平台汇总

时间	名称	所在城市
1999.8	深港产学研基地	深圳市
2015.4	粤港澳(国际)青年创新工场	广州市
2015.10	"创汇谷"粤港澳青年文创社区	广州市
2016.6	荔港澳青年创新创业孵化基地	广州市
2017.1	广州大学城港澳台青年创新创业基地示范点	广州市
2017.3	天河区港澳青年创业基地	广州市

---

① 《广东"创青春"、"中国青创板"、"粤港澳青年创新创业基地"等品牌项目亮相香港创业日》,2017 年 5 月 19 日,搜狐网(http://www.sohu.com/a/141956011_162757)。
② 《青创板运营中心落户横琴澳门青年创业谷》,2016 年 6 月 29 日,中新网(http://www.chinanews.com/ga/2016/06-29/7922080.shtml)。

续表

时间	名称	所在城市
2013.6	深港青年创新创业基地	深圳市
2014.12	前海青年梦工场	深圳市
2015.6	前海"梦想+"深港创投联盟	深圳市
2015.6	横琴·澳门青年创业谷	珠海市
2016.6	惠州仲恺高新区港澳青年创业基地	惠州市
2001	东莞松山湖（生态园）	东莞市
2017	三山粤港澳青年创业社区	佛山市
2016.2	中山市易创空间孵化基地	中山市
2017.6	广东江门侨梦苑港澳青年创业创新基地	江门市

资料来源：根据相关政策文件整理。

由于广州市、深圳市、珠海市的特色创业平台将分别在第四、第五、第六部分详述，以下仅总结广东省内非广州、深圳、珠海的创业平台。

1. 惠州仲恺高新区港澳青年创业基地

仲恺高新区位处深莞惠一体化的临深前沿，是首批国家级高新区之一。2017年6月，惠州仲恺高新区港澳青年创业基地落户于仲恺传统商业旺地——汇港城。仲恺高新区众多的孵化器和风投基金是港澳青年创业基地建设的重要支撑。仲恺高新区孵化育成体系包括3个国家级孵化器、3个国家级众创空间、5个广东省级众创空间以及北京、深圳、台湾等3个异地孵化器，美国波士顿等4个国际孵化器，共计10多个创业平台，孵化面积达33.7万平方米，9只风投基金共20亿元资金规模。[1]

2017年6月30日，由惠州仲恺高新区管委会与全港各区工商联联合主办的"惠州仲恺高新区创新创业环境（香港）推介会暨港澳青年创业基地落户汇港城签约仪式"中，惠港两地达成多个合作意向和合作协议，此外，对4名港籍资深企业家举行港澳青年创业基地创业导师聘请仪式。在港澳青年创业基地内的企业从注册到上市，仲恺高新区将会提供一站式的创业服务。在物质支持方面，基地为想要创业的优秀青年提供免费的创

---

[1] 《港澳青年创业基地于仲恺汇港城 共10多个平台》，2016年7月2日，《东江时报》(http://www.hznews.com/hznews/201607/t20160702_1094493.shtml)。

业场地,并给予创业基金。[①]

2. 东莞松山湖（生态园）

松山湖（生态园）地处广州、深圳及香港经济带的核心腹地，是首批"粤港澳服务贸易自由化省级示范基地"，园区具备优越的扶持政策及东莞强大的制造业基础。2015年9月，园区成功入围珠三角国家自主创新示范区，当前已建立起完善的融人才、高企、孵化器、加速器为一体的创新生态体系。园区实施大孵化器战略，目前共有国家级孵化器4家、国家级众创空间5家、省级众创空间8家、市级孵化器15家、新型研发机构24家，在孵企业超过550家。[②]

港澳青年赴松山湖（生态园）在创业文化创意、高新科技产业已有成功案例的基础。早在2010年，松山湖（生态园）已经成立广东省首个粤港澳文化创意产业试验园区的开发区，吸引着具有前瞻性眼光的港澳动漫界精英来莞创业，其中就包括由阮勤乐等创立的艾力达动漫文化娱乐有限公司。截至2017年5月，港资及港资背景的文化企业落户松山湖（生态园）的已超过60家。除此之外，东莞拥有庞大的制造业基础，在发展机器人产业上具备优势。2010年，香港科技大学李泽湘教授带着弟子石金博等人经过考察发现，中国制造转型升级需要机器人，于是决定带着团队到松山湖（生态园）发展机器人产业，成立了松山湖机器人产业公司。[③]

随着粤港澳合作深化，为了切实助力更多港澳青年来莞圆创业梦，东莞市松山湖高新技术产业开发区管理委员会于2017年4月出台《东莞松山湖（生态园）港澳青年人才创新创业专项资金管理暂行办法》，专项资金主要用于园区港澳青年人才创新创业项目的创业启动资金资助、办公场地及住房租金补贴、培训及参展补贴、贷款贴息，以及创业投资机构对港澳青年人才创新创业项目投资进行补贴等方面的支出。其中，创业启动资

[①] 《港澳青年创业基地落户仲恺 开启合作新时代》，2016年7月6日，新浪广东（http://gd.sina.com.cn/hz/2016-07-06/city-hz-ifxtsatm1475702.shtml）。

[②] 《松山湖（生态园）概况介绍》（http://www.ssl.gov.cn/dgssl/s41282/index.htm）。

[③] 《东莞松山湖推出港澳青年创业扶持政策 每年最高贴息百万元》，2017年5月15日（http://news.timedg.com/2017-05/15/20607335.shtml）。

金资助最高可达 20 万元，企业的办公场地可享受 2 年内不超过 45 元/平方米的租金补贴，最高补贴面积可达 100 平方米。对单一港澳青年人才创新创业项目投资的补贴金额最高不超过 50 万元，同一家机构年度投资补贴总额最高不超过 100 万元。①

3. 三山粤港澳青年创业社区

三山粤港澳青年创业社区位于三山新城内，而三山新城是首批省级粤港澳服务贸易自由化示范基地之一，以建设"粤港澳合作高端服务示范区"为发展定位，三山粤港澳青年创业社区是示范区重点建设项目之一。②

三山粤港澳青年创业社区自 2016 年由新加坡丰树国际创智园与佛山市政府合作建设。截至 2017 年 3 月，三山粤港澳青年创业社区首期已完成装修，公共科技服务中心即将投入运营。③ 三山粤港澳青年创业社区总规划建筑面积为 3 万平方米，在资金投入、技术支撑、政策扶持、配套服务等方面为粤港澳青年搭建创业者、从业者、投资人、产业链上下游机构的合作交流平台，打造创新创业综合服务平台。

2015 年佛山市相关单位草拟《佛山市南海区关于建设粤港澳合作高端服务示范区工作方案》，在科技、人才、金融、产业等多方面，为粤港澳青年创业支持提供政策保障。2017 年 2 月，以国家"千人计划"专家刘云辉博士带头的香港中文大学团队，在三山的产业配套和便利的区位交通的吸引下落户三山粤港澳青年创业社区。④ 以三山粤港澳青年创业社区为重点，新城还汇聚了东方星火创新加速器等一批创新产业孵化平台，目前已经有多个港澳青年创业团队入驻。

---

① 《东莞松山湖（生态园）港澳青年人才创新创业专项资金管理暂行办法》，2017 年 4 月 1 日（http：//www.ssl.gov.cn/dgssl/ppdgssltzgg/201704/1122010.htm）。
② 《粤港澳青年创业社区规划受关注》，2017 年 4 月 25 日，《珠江时报》（http：//ysq.nanhai.gov.cn/cms/html/11158/2017/20170425094632223865315/20170425094632223865315_1.html）。
③ 《粤港澳湾区未来：超级制造业城市 + 交通枢纽》，2017 年 4 月 18 日，《南方都市报》（http：//house.163.com/17/0418/09/CI9V7KMU000786I8.html）。
④ 《整合优势携手迈入粤港澳大湾区时代》，2017 年 4 月 18 日，《珠江时报》（http：//szb.nanhaitoday.com/zjsb/html/2017 - 04/18/content_370674.htm？div = - 1）。

4. 中山市易创空间创业孵化基地

中山市易创空间创业孵化基地是由市政府投资建设，中山火炬职院管理，中山汇智电子商务投资管理有限公司负责运营的公益性、示范性创业孵化基地。

根据中山市人力资源和社会保障局2016年12月的通知"中山市易创空间孵化基地"正式招募入孵团队。基地有四大定位，其中之一为"港澳青年创新创业示范性基地"，基地"落实澳门特别行政区政府与中山市人民政府关于合作推进青年创新创业的框架协议，在政策集成、资金保障、产业引领、人才服务、创业培训、风投引领等指导各类创业园区和孵化基地促进中（山）港澳三地青年创业，实现优势互补、资源共享"[1]。

易创空间创业孵化基地的显著优势在于免费入驻，入驻团队只需交纳基本的水电费和宽带费。企业入驻的期限为一年至五年。孵化空间面积为8000平方米，最多可同时容纳125个创业团队或个人进驻孵化，分为创业孵化区、创业学院、创客空间。从空间布局上看，易创空间配备互联网功能的大厅、路演大厅、多功能会议室、远程交流中心、展示区、创客咖啡厅、创业导师室和创业培训室、创业沙盘室等。其中，二层为台港澳青年创业孵化区。截至2017年3月，已有近10个澳门青年团队入孵。[2]

5. 广东江门侨梦苑港澳青年创业创新基地

广东江门侨梦苑港澳青年创业创新基地于2017年6月30日上午揭牌，港澳青年创业创新基地是江门"侨梦苑"[3]联合启迪之星（江门）共同打造的项目。该项目将结合本地的优惠政策，为港澳创业青年提供培训、市场、融资、科技、项目合作等系列孵化服务。该基地今后将为香

---

[1] 《"中山市易创空间孵化基地"正式招募入孵团队》，2016年12月13日，中山市人力资源和社会保障局（http://www.gdzs.lss.gov.cn/gov/view/cateid/585/id/35794.html）。

[2] 《"易创"公益示范平台筑建创业孵化空间》，2016年12月21日，中山市人力资源和社会保障局（http://www.zs.gov.cn/main/zwgk/open/view/index.action?id=180569）。

[3] 广东（江门）"侨梦苑"于2015年12月落户江门市。"侨梦苑"是国务院侨办推出的华侨华人创新创业聚集区品牌，是发挥侨务优势服务国家创新发展战略的重大举措和实施"万侨创新行动"的重要平台。广东省侨办将把江门"侨梦苑"建设成为广东省侨务引资引智工作的创新点、万侨创新的合作区，积极凝聚华侨华人资源，尤其是充分发挥华侨华人技术优势，助推区域创新发展、协调发展。

港、澳门两地青年在江门市创业提供支持帮助。①

七 特色创业活动：创业交流、创业省赛

（一）创业交流活动：实习见习、高质岗位

1. 展翅计划

"展翅计划"广东大学生就业创业能力提升行动由共青团广东省委员会、中共广东省直属机关工作委员会、广东省教育厅、广东省人力资源和社会保障厅、广东省科学技术厅、广东省学生联合会等单位联合主办，于2013年首次举办，旨在提升大学生就业创业能力。从覆盖范围来看，"展翅计划"除了鼓励粤籍大学生返乡实习之外，还动员非粤籍大学生，尤其是港澳台学生和海外留学生到粤实习。通过兼职实习、勤工俭学等项目，大学生在"党政机关""事业单位""大型国企"和"500强外企"四种类型用人单位中进入高质量的兼职、实习、实训、正式招聘等各类型岗位。2017年"展翅计划"继续展开并提供5万个以上岗位，其中暑期实（见）习岗位3万个；并在优秀民企、港澳企业、社会组织等类型单位大力开发岗位；新建稳定的实（见）习基地300个以上②，推动优秀港澳青年毕业后入粤就业创业。

2. 青年同心圆计划

"青年同心圆"是由广东省共青团和青联组织主办的粤港澳台青少年交流合作计划。自2015年至2017年对接近150家港澳青年社团，以"亲情""友情""商情"三情模式为核心，累计开展交流活动项目近400个，覆盖粤港澳青少年近8.6万人次。③ 2017年，计划继续围绕创

---

① 《广东江门侨梦苑港澳青年创业创新基地揭牌》，2017年6月30日，江门台（http://jm.house.qq.com/a/20170630/009059.htm）。
② 《广东将组织实施2017年"展翅计划"》，2017年5月8日，《广东科技报》（http://www.gdstc.gov.cn/HTML/kjdt/gdkjdt/1494229644345-1255519736071918118.html）。
③ 《2017年"青年同心圆计划"发布》，2017年5月4日，中青在线（http://news.cyol.com/content/2017-05/04/content_16029033.htm）。

业实践、实习体验等180个交流合作项目，其中支持港澳青年就业创业的项目包括粤港澳青年创新创业项目博览会、港澳台侨青年来粤实习计划、国际青年创新创业节等，计划共覆盖粤港澳台大中学生、青年专业人士、经贸行业青年、政团社团青年代表约5万人次。活动将使港澳青年通过自身所在的社团与平台在内地建立联系和友谊，更多地了解内地就业、创业相关的信息和资源。①

（二）创业大赛：定制孵化、资金支持、融资支持

1. "创青春"广东青年创新创业大赛

"创青春"广东青年创新创业大赛由广东省12家厅局单位共同主办，发动百家创业服务机构和超过200位知名投资人、企业家、学者协同办赛，致力于整合省内资源。自2014年首次举办以来已服务近6000个创新创业项目，涵盖互联网、文化创意、现代服务、新能源、新材料等多个领域②，为广东各个地市以及港澳地区、留学归国创新创业青年搭建一个展示交流、资源对接、项目孵化的平台。其中，由3位香港中文大学和香港理工大学博士组建的"工业视觉智能体系"项目团队于2017年9月的"创青春"广东青年创新创业大赛中摘得二等奖。③ 比赛为参赛者提供丰富奖励，包括逾百万元现金奖励；知名投资人、创业导师提供的跟进辅导；优先获得中国青创板资本市场对接服务；中国青创板项目落地示范区（禅城）一对一的定制孵化服务；优先享受20亿元创业贷款授信额度；优先获得广东省创业引导基金及其子基金资金支持等。④

---

① 《2017年"青年同心圆计划"发布，粤港澳青年将开展180个项目交流》，2017年5月7日，《南方日报》（http://www.southcn.com/nfdaily/nis-soft/wwwroot/site1/nfrb/html/2017-05/07/content_7636630.htm）。

② 《广东"创青春"、"中国青创板"、"粤港澳青年创新创业基地"等品牌项目亮相香港创业日》，2017年5月19日，搜狐网（http://www.sohu.com/a/141956011_162757）。

③ 《胜利收官！第四届"创青春"广东青年创新创业大赛圆满落幕！》，2017年9月2日，云网（http://dy.163.com/v2/article/detail/CTB5449G0518L2JH.html）。

④ 《第四届"创青春"广东青年创新创业大赛强劲来袭》，2017年5月8日，南方网（http://news.southcn.com/gd/content/2017-05/08/content_170346986.htm）。

2. 广东"众创杯"创业创新大赛

自 2016 年启动的广东"众创杯"创业创新大赛由广东省人力资源和社会保障厅、广东省发展和改革委员会、广东省教育厅、广东省科学技术厅、广东省财政厅等单位主办,由广州市人力资源和社会保障局、珠海市人力资源和社会保障局等单位承办,大赛分科技(海归)人员领航赛、大学生启航赛、技能工匠争先赛、残疾人公益赛、大众创业创富赛、农村电商赛六个单项赛事进行。重点鼓励新材料、新能源及节能环保、生物医药、文化创意、电子信息、高端装备制造、互联网和移动互联网、现代农业、生活服务业、社会公益等领域创业项目参赛。参赛对象不限户籍、地域并面向港澳台和海外人员,有意向在广东创业和已经在广东创业的均可报名。参赛团队可分为创业组和企业组,参赛奖励按金奖、银奖、铜奖分别奖励 5 万—20 万元不等的省级优秀创业项目资助。[①] 除奖金资助外,符合条件的大赛获奖项目和优秀项目可相应享受"10 + n"支持措施。其中包括孵化场地保障(申请入驻人力资源社会保障、科技、台办、团委等部门建设认定的创业孵化载体,享受一定年限的减免费场地和孵化服务)、创业融资支持(获得广东省创业引导基金旗下子基金及大赛合作投资机构股权投资。有意愿且符合条件的,可由承办单位推荐到广州股权交易中心"中国青创板"、广东金融高新区股权交易中心"科技板"挂牌展示)等。[②]

八　广东省政府创业支持政策概览

广东省政府相关部门从 2003 年开始共出台 22 份专门促进港澳青年创业的政策文件(见表6)。

[①] 广东"众创杯"创业创新大赛官方网站(http://www.gdhrss.gov.cn/zcb/competition/competitionIntroduce.html)。
[②] 《关于举办 2017 年广东"众创杯"创业创新大赛的通知》,2017 年 5 月 12 日,搜狐网(http://www.sohu.com/a/140008434_726824)。

表6　　　　　　　　　　　　广东省政策汇总

出台时间	出台部门	文件名称
2003	广东省人民政府	广东省引进人才实行《广东省居住证》暂行办法
2008.9	广东省人民政府 科学技术部 教育部	广东自主创新规划纲要
2008.9	中共广东省委 广东省人民政府	中共广东省委 广东省人民政府关于加快吸引培养高层次人才的意见
2009.4	广东省财政厅 广东省科学科技厅	广东省科技型中小企业技术创新专项资金管理暂行办法
2011.11	广东省人民代表大会 常务委员会	广东省自主创新促进条例
2014.2	广东省财政厅	广东省财政厅关于在珠海市横琴新区工作的香港澳门居民个人所得税税负差额补贴的暂行管理办法
2014.6	广东省人力资源和社会保障厅	省人力资源和社会保障厅推进"粤港澳人才合作示范区"建设总体安排的意见及实施方案
2014.6	中共广东省委 广东省人民政府	关于全面深化科技体制改革加快创新驱动发展的决定
2014.6	广东省财政厅 中共广东省委组织部	广东省实施扬帆计划专项资金管理办法
2014.6	广东省科技厅	广东省科技金融支持科技型中小微企业专项行动计划（2013—2015）
2014.9	广东省人力资源和社会保障厅	广东省大学生创业引领计划（2014—2017年）实施方案
2014.10	广东省财政厅 中共广东省委组织部	珠江人才计划专项资金管理办法
2015.2	广东省人民政府	广东省人民政府关于加快科技创新的若干政策意见
2015.2	广东省科学技术厅 广东省财政厅	关于科技企业孵化器创业投资及信贷风险补偿资金试行细则
2015.7	广东省人民政府	广东省人民政府关于创新完善中小微企业投融资机制的若干意见
2015.7	广东省人民政府	广东省人民政府关于印发中国（广东）自由贸易试验区建设实施方案的通知

续表

出台时间	出台部门	文件名称
2016.3	广东省人民政府	广东省人民政府关于大力推进大众创业万众创新的实施意见
2016.8	广东省公安厅	支持广东自贸试验区建设和创新驱动发展出入境政策措施
2016.10	广东省人民政府办公厅	广东省人民政府办公厅关于印发广东省建设大众创业万众创新示范基地实施方案的通知
2016.10	广东省人力资源和社会保障厅	广东省人力资源和社会保障厅关于省级优秀创业项目资助的管理办法
2016.11	广东省人民政府办公厅	广东省人民政府办公厅关于进一步促进科技成果转移转化的实施意见
2017.1	中共广东省委办公厅	关于我省深化人才发展体制机制改革的实施意见

资料来源：根据相关政策文件整理。

政策文件中涉及重要定义：

高层次人才范围和对象：创新和科研团队……掌握核心技术、具有自主知识产权或具有高成长性项目的境内人员和境外留学人员……外籍及港澳台地区高端人才等。(《中共广东省委 广东省人民政府关于加快吸引培养高层次人才的意见》)

创业：指在广东省领取工商营业执照或其他法定注册登记手续。

大学生：包括高校在校生和毕业 5 年内高校毕业生、领取毕业证 5 年内的出国（境）留学回国人员。[《广东省大学生创业引领计划（2014—2017 年）实施方案》]

珠江人才计划：指广东省组织实施的高层次人才引进计划，该计划面向省外，引进创新创业团队（简称"团队"）、领军人才、"千人计划"入选者等高层次人才。(《珠江人才计划专项资金管理办法》)

扬帆计划：指广东省组织实施的粤东西北地区人才发展帮扶计划，包括粤东西北地区竞争性扶持市县重点人才工程、引进创新创业团队和紧缺拔尖人才、培养"两高"（高层次、高技能）人才以及博士后扶持等项目。(《广东省实施"扬帆计划"专项资金管理办法》)

科技企业孵化器内初创期的科技型中小微企业：指企业的注册地和主要研发、办公场所须在科技企业孵化器场地内的以下企业：成立时间不超过 5 年，职工人数不超过 300 人，直接从事研究开发的科技人员占职工总数的 20% 以上，资产总额不超过 3000 万元人民币，年销售额或营业额不超过 3000 万元人民币，拥有自主科技成果（含专利、新技术产品、专有技术等）的企业。（《广东省科学技术厅　广东省财政厅关于科技企业孵化器创业投资及信贷风险补偿资金试行细则》）

《补贴暂行管理办法》下的"香港居民"：根据香港特别行政区政府（简称香港特区政府）现行的相关法律及入境政策，《补贴暂行管理办法》下的"香港居民"是指：

（1）根据香港特区政府《入境条例》（第 115 章）规定取得香港永久性居民身份的个人。

（2）根据《中华人民共和国香港特别行政区基本法》的相关规定和香港特区政府《入境条例》（第 115 章）取得香港居民身份证的个人之中，其中以下在香港工作或居留的人士：

①持《前往港澳通行证》前往香港作永久定居并取消原居住地户籍的内地人士；

②根据一般就业政策获准来港就业的人士；

③根据输入内地人才计划获准来港就业的人士；

④根据优秀人才入境计划获准来港定居的人士。

《补贴暂行管理办法》下的"澳门居民"：根据澳门特别行政区政府（简称澳门特区政府）现行的相关法律、法规及入境政策，《补贴暂行管理办法》下的"澳门居民"是指：

（1）根据澳门特区政府第 8/1999 号法律取得澳门永久性居民身份的个人；

（2）根据澳门特区政府第 4/2003 号法律及第 5/2003 号行政法规取得澳门非永久性居民身份的个人。

第三章　港澳政府：联合内地政府、协同社会组织

港澳特区政府颁布的鼓励港澳青年赴内地创业的政策具有联合内地政府和协同社会组织的特点。一方面，由于港澳青年的创业地在内地，港澳特区政府的大部分政策措施都是联合内地相关政府单位共同推出；另一方面，港澳社会组织相对政府具有更大的灵活性，在支持青年赴内地创业上，港澳社会组织往往起到与政府共同推动的角色。与政府出台政策不同，港澳社会组织通过特色创业活动、创业计划来促进有创业理想的港澳青年与内地合作。

港澳特区政府关于港澳青年创业的政策可以分为人力资本支持、技术资讯支持、社会资本支持三大类（见表7）。

表7　　　　　　　　　　港澳政策类型分析

政策类型	具体内容
人力资本支持	打造人才服务交流平台
技术资讯支持	提供产学研相关资源共享
社会资本支持	提供政府宣传推介服务

资料来源：根据相关政策文件整理。

一　人力资本支持：创业基地、青年交流

深港青年创新创业基地建设：充分发挥香港高校及科研机构密集、源

头创新资源丰富和深圳良好的产业化基础及辐射珠三角的地理优势，积极鼓励深港两地高新科技基础良好、创业氛围明显的企业或机构（单位），透过深港青年创新创业基地加强合作，共同搭建两地青年交流创业的新平台。

——深圳市人民政府科技创新委员会、香港特别行政区政府创新科技署（《共同推进深港青年创新创业基地建设合作协议》）

二 技术资讯支持：深港合作、科研机构搭桥

深港科研机构合作提供技术支持：鼓励香港高校深圳产学研基地及香港科研机构深圳分支机构发挥联系桥梁作用，支持内地及香港青年通过深港合作的平台，特别是深港青年创新创业基地，推动两地科技创新发展。香港科学园的实验室服务设施可提供技术支持。

——深圳市人民政府科技创新委员会、香港特别行政区政府创新科技署（《共同推进深港青年创新创业基地建设合作协议》）

三 社会资本支持：深港合作、科研机构搭桥

深港青年创新创业基地：支持配合基地服务机构在香港开展宣传推介工作，协助有意到内地施展才干的香港青年。

——深圳市人民政府科技创新委员会、香港特别行政区政府创新科技署（《共同推进深港青年创新创业基地建设合作协议》）

四 特色创业活动：青年交流、社会组织、扶持创业

（一）创业交流活动：考察交流、论坛交流

1. 澳门青年创业家广州南沙深圳考察团①

"澳门青年创业家广州南沙深圳考察团"由青年创业孵化中心主办、生产力暨科技转移中心承办，于2016年11月16—17日组织了30多名包括澳门各大青年社团代表及曾进驻青年创业孵化中心免费临时办公地点的企业代表等，到广州南沙深圳考察。该次组织到内地的考察团将协助澳门青年了解内地的孵化中心，支持青年通过区域合作开拓创业平台，协助澳门青年把握在内地创业发展的机遇。②

2. 2017京港澳青年创新创业论坛

"2017京港澳青年创新创业论坛"由北京市青年联合会、香港青年联合会、澳门青年联合会联合主办。7月9日，在京实习的港澳大学生以及港澳青年企业家代表、北京高校学生代表、北京市青联委员和青年创业者代表共800余人参加论坛。论坛邀请业界精英就"创新创业最好的时代""创业是一种态度，是追求梦想的过程"和"港澳青年在京创业与就业"三个话题展开交流与分享，同时解读"一带一路"下的中国资本市场发展与海外投资战略和人工智能的发展方向，有力地推进和加深了港澳青年对国家发展和科技动态的认识。③

（二）社会组织举办的活动：专项基金、创业咨询、现金资助

1. 深港ICT青年创业计划及粤港ICT青年创业计划

"深港ICT青年创业计划"由香港数码港管理有限公司（数码港）、

---

① 《青年创业孵化中心组织青年创业家赴广州南沙深圳考察》，2016年11月17日，澳门新闻局（http://www.gcs.gov.mo/showNews.php? DataUcn=106175&PageLang=C）。
② 《800名京港澳青年交流创新创业》，《北京日报》2017年7月10日第06版。
③ 同上。

香港资讯科技联会、深港科技合作促进会及深港产学研基地合办，旨在透过一系列的商业培训，为深港信息科技（ICT）青年专才提供合作机会，协助他们踏上成功企业家之路。①

粤港ICT青年创业计划（GD – HK ICY YEP）由香港数码港管理有限公司（数码港）及广东软件行业协会联合举办，计划目的是资助具有发展潜力的云计算等信息通信技术领域的商业计划或概念，鼓励粤港信息技术领域青年发挥创意，以创新引领粤港青年合作创业。② 计划由数码港企业发展中心营办的"数码港创意微型基金"（CCMF）支持。CCMF旨在向具备高发展潜力的ICT创意或商业概念项目提供现金资助，以鼓励及发掘创新思维。成功申请者将于6个月内，获发总额100000港元现金资助，以实践其发展构思，印证原创概念，开发原型产品。

2. 上海市大学生科技创业基金会—理大专项基金③

2013年，香港理工大学与上海市大学生科技创业基金会推出"上海市大学生科技创业基金会—理大专项基金"，支持香港理工大学学生及校友在上海、深圳两地创业。"理大专项基金"为人民币600万元。理大与基金会两所机构同意在未来三年内，每年各自投入人民币100万元，作为创业种子基金。该基金将支持香港理工大学（包括境内合办课程）的学生及校友在国内（上海及深圳）创业。每个成功获审批的项目可获得20万元人民币作为启动基金，支持年轻的学生、校友实践创业梦想。

3. 数码港粤港青年创业计划④

由数码港创意微型基金（跨界计划）全力支持，香港资讯科技联会、深港产学研基地、深港科技合作促进会、广东软件行业协会协办的"数码港粤港青年创业计划"旨在支持香港和广东地区的有志创业人士及信息科技与数码科技青年专才携手发展具有创新、创意的数码科技项目，促

---

① 深圳大学研究生院网站（http：//gra. szu. edu. cn/html/2015/20150511171333. html）。
② 《助你完成创业梦 粤港ICT青年创业计划访谈》，2014年12月9日（http：//nctech. yesky. com/102/41760102. shtml）。
③ 《香港理工大学学生在深圳创业可获20万启动基金》（http：//www. gohku. com/article/9803. html）。
④ 数码港网站（http：//www. cyberport. hk/zh_cn/cross-boundary-programme）。

进创业文化的交流,把项目落户于中国内地、香港及海外。

计划提供总值 100 万港元种子基金,让具潜质的信息科技与数码科技项目及商业点子破壳而出,每个成功申请计划的项目可获 10 万港元资助额。项目在 6 个月计划期内,将创新概念付诸实践,建立产品雏形,印证其原创概念。

计划同时提供全方位的创业支持服务,让青年释放潜能,奠定创业基础,迈向国际。青年透过参与粤港两地的创业培训以累积创业经验及寻找合作伙伴,有助于了解各地创业生态及营商环境,激发具有市场发展潜力的构思及落实项目。数码港及粤港两地协办机构亦会为成功申请计划的项目提供创业咨询及投资配对服务。

五 港澳特区政府创业支持政策概览

港澳特区政府和相关社会组织从 2013 年开始共出台 10 份专门促进港澳青年到内地创业的政策文件(见表 8)。

表 8　　　　　　　　　港澳政府政策汇总

出台时间	出台部门	文件名称
2013.1	深圳市人民政府科技创新委员会 香港特别行政区政府创新科技署	共同推进深港青年创新创业基地建设合作协议
2013.8	澳门特区政府	青年创业援助计划
2015	香港特区政府 (民政事务局和青年事务委员会)	青年内地实习资助计划
2016.6	广州市南沙区青年联合会 澳门特区政府(经济局)	关于共同推进广州南沙、澳门青年创业孵化的合作协议
2016.11	深圳市政府 澳门特区政府	关于共同推进深圳、澳门青年创业孵化的战略合作框架协议
2017.1	深圳市政府 香港特区政府	关于港深推进落马洲河套地区共同发展的合作备忘录

续表

出台时间	出台部门	文件名称
2011	香港数码港管理有限公司（数码港）广东软件行业协会	深港 ICT 青年创业计划及粤港 ICT 青年创业计划
2011	香港数码港	数码港粤港青年创业计划
2013	香港理工大学与上海市大学生科技创业基金会	上海市大学生科技创业基金会—理大专项基金
2014	前海管理局 深圳市青年联合会 香港青年协会	前海青年创新创业梦工场

资料来源：根据相关政策文件整理。

政策文件中涉及重要定义：

香港青年内地实习资助计划中的"香港青年"：18—29 岁并持有有效香港永久性居民身份证的青年人。

《共同推进深港青年创新创业基地建设合作协议》中的"深港青年"：20—40 岁香港公民来深创业，成立具有一定研发能力的科技企业或创业服务公司者；20—40 岁内地赴香港留学生来深创业，成立具有一定研发能力的科技企业或创业服务公司者；45 岁以下，目前已经在香港创业，已成立具有一定研发能力的科技企业或创业服务公司者；香港高校在校学生或毕业不超过 5 年，带着高校产学研项目或自有科技项目，有意来深创业者。

第四章 广州市政府：依托创新平台、注重政策落地

广州市相关政府部门在支持港澳青年来穗创业上提供了明晰的政策条文。这些政策覆盖了具体的补贴金额、补贴对象和补贴方法，指明了具体执行计划的责任单位，其政策条款可落实至每一个在穗创业的港澳团队或个人。

广州市支持港澳青年创业的另一特点是以多个创新创业平台或基地为依托，这些创业平台和基地由市、区政府和各类单位主办，具备完善的创业服务和优厚的扶持力度，为港澳青年提供多元的立体发展空间。

广州市政府关于港澳青年创业的政策可以分为物质资本支持、人力资本支持、技术资讯支持、社会资本支持和公共服务支持五大类（见表9）。

表9　　　　　　　　　　广州市政策类型分析

政策类型	具体内容
一　物质资本支持	
（一）财务资源	创业启动资金扶持； 创业活动财务补贴； 市场融资支持； 创业孵化基地运营补贴
（二）实物资源	免费办公场地支持； 房屋补贴
二　人力资本支持	人才招聘服务； 打造人才服务交流平台
三　技术资讯支持	提供产学研相关资源共享
四　社会资本支持	提供政府宣传推介服务
五　公共服务支持	经济性公共服务； 社会性公共服务

资料来源：根据相关政策文件整理。其中广东自贸区的相关政策，将在第七部分详细分析。

一 物质资本支持：项目资金、基地补贴、租金补贴

（一）财务资源：启动资金、创业资助、运营补贴

1. 创业启动资金扶持

广州创业大赛奖励：获得"赢在广州"创业大赛三等奖以上奖次或优胜奖，并于获奖之日起两年内在本市领取工商营业执照或其他法定注册登记手续的优秀创业项目。创业项目按以下标准给予一次性资助：1. 一等奖：20万元；2. 二等奖：15万元；3. 三等奖：10万元；4. 优胜奖：5万元。

——广州市人力资源和社会保障局、广州市财政局（《广州市创业带动就业补贴办法》）

广州优秀项目补贴：面向全社会征集，经专家评审团评估认定后，纳入创业项目资源库的创业项目（连锁加盟类除外），按每个项目2000元标准给予申报者创业项目征集补贴。

——广州市人力资源和社会保障局、广州市财政局（《广州市创业带动就业补贴办法》）

番禺区"青蓝计划"扶持：对港澳台青年创新创业基地内注册（迁入）并实际运营满3个月以上的港澳台青年创业企业项目，按照参加区"青蓝计划"评审的情况，一次性给予5万—20万元创业启动资金扶持。

——广州市番禺区政府（《建设广州大学城港澳台青年创新创业基地实施方案》）

天河区落户奖励：每个创新创业支持项目给予10万元人民币落户奖励。该奖励采取前期资助方式，获得支持的项目在天河区注册成为独立法人企业后可获得落户奖励。

——广州市天河区科技工业和信息化局（《广州市天河区推动港澳青年创新创业发展实施办法》）

2. 创业活动财务补贴

广州创业经营资助：在本市领取工商营业执照或其他法定注册登记手续，本人为法定代表人或主要负责人，正常经营 6 个月以上的，每户给予一次性创业资助 5000 元。

——广州市人力资源和社会保障局、广州市财政局（《广州市创业带动就业补贴办法》）

广州创业培训补贴：到市人力资源社会保障行政部门认定的创业培训定点机构参加 SIYB 创业培训和创业模拟实训，并取得合格证书的，给予 SIYB 创业培训补贴 1000 元和创业模拟实训补贴 800 元。

——广州市人力资源和社会保障局、广州市财政局（《广州市创业带动就业补贴办法》）

番禺区会展补贴：经区"青蓝计划"评审出的在我区注册独立法人资格的港澳台青年创业企业，参加区政府（或经区政府批准）举办或组织参加的各类国内外会展，按展位费的 50% 给予补贴。每家企业最高补贴 3 万元/年，可连续补贴 2 年。

——广州市番禺区政府（《建设广州大学城港澳台青年创新创业基地实施方案》）

3. 市场融资支持

番禺区创业基金支持：在已获得创业启动资金扶持的港澳台青年创新创业项目中，对成长性较好、市场前景明朗并获得市场风投机构投资的项目，由区战略性新兴产业创业投资引导基金进行跟进投资，支持创业团队做大做强。

——广州市番禺区政府（《建设广州大学城港澳台青年创新创业基地实施方案》）

番禺区"青蓝计划"基金支持：创业孵化基地运营补贴对成长性较好、市场前景明朗并已获得市场风投机构投资的项目，按照《番禺区战略性新兴产业创业投资引导基金管理暂行办法》的有关规定进行跟进投资。每年跟进投资的名额不超过 20 个。同时，上述项目将获优先推荐注册在我区的社会专业股权投资机构，为成熟项目提供市场融资支持。

——广州市番禺区科工商信局（《2017年广州市番禺区产业领军人才集聚工程各项目申报及"高层次人才服务卡"申领公告——"青蓝计划"创业项目申报指南》）

4. 创业孵化基地运营补贴

广州创业孵化补贴： 为创业者提供1年以上期限创业孵化服务（不含场租减免），并由市人力资源和社会保障行政部门认定的创业孵化基地，按实际孵化成功（在本市领取工商营业执照或其他法定注册登记手续）户数，按每户3000元标准给予创业孵化补贴。

——广州市人力资源和社会保障局、广州市财政局（《广州市创业带动就业补贴办法》）

广州创业基地补贴： 对新认定的市级示范性创业孵化基地，认定后给予10万元补贴。认定后按规定参加评估并达标的，一次性给予20万元补贴。

——广州市人力资源和社会保障局、广州市财政局（《广州市创业带动就业补贴办法》）

广州创业基地补贴： 各级公共就业创业服务机构向创业者推介"广州市创业项目资源库"项目，并提供包括创业培训、创业补贴申领、营业执照办理等"一站式"创业指导服务，直至开业成功，给予对接及跟踪服务补贴1000元/个。

——广州市人力资源和社会保障局、广州市财政局（《广州市创业带动就业补贴办法》）

番禺区创业基地补贴： 支持港澳台青年创新创业基地示范点（英诺创新空间）建设运营。对英诺创新空间赴港澳台洽谈合作，举办交流会、集训营、投融资对接会以及线上线下宣传推介等，给予支持。第一年给予30万元补贴，英诺创新空间保证引进孵化港澳台青年创业项目5个以上，其中获得风险投资的2个以上。之后每年根据上年度经费使用绩效评估情况给予合理补贴。

——广州市番禺区政府（《建设广州大学城港澳台青年创新创业基地实施方案》）

番禺区创业孵化补贴：支持港澳台青年创新创业基地示范点为港澳台青年创业团队提供免费创业孵化服务，提供1年以上免费创业孵化服务的，按每个团队给予示范点一次性3000元补贴，年度补贴金额最高不超过3万元。

——广州市番禺区政府（《建设广州大学城港澳台青年创新创业基地实施方案》）

（二）实物资源：租金补贴、免费场地

1. 免费办公场地支持

番禺区免费经营场地：经区"青蓝计划"评审出的港澳台青年创新创业项目，且企业注册在港澳台青年创新创业基地示范点的，可获得最长1年、面积不高于50平方米的免费经营场地支持。

——广州市番禺区政府（《建设广州大学城港澳台青年创新创业基地实施方案》）

2. 房屋补贴

广州市场地租金补贴：在本市租用经营场地创办初创企业并担任法定代表人或主要负责人的，可申请租金补贴。租金补贴直接补助到所创办企业，每户每年4000元，累计不超过3年。

——广州市人力资源和社会保障局、广州市财政局（《广州市创业带动就业补贴办法》）

天河区场地租金补贴：企业成立时间满12个月后可申报租金补贴（须提供租赁合同和发票等有关材料）。自签订租赁合同之日起计算，前6个月对项目办公场地给予100%租金补贴，后6个月给予50%租金补贴；单个项目补贴总金额最高不超过10万元人民币。

——广州市天河区科技工业和信息化局（《广州市天河区推动港澳青年创新创业发展实施办法》）

番禺区租房补贴：对入驻港澳台青年创新创业基地示范点的港澳台创业青年，给予最长不超过2年的租房补贴。实际租房满3个月以上的港澳台青年，第一年按照房租的70%给予补贴，第二年按照房租的50%给予

补贴，每人补贴金额最高不超过 1000 元/月。

——广州市番禺区政府（《建设广州大学城港澳台青年创新创业基地实施方案》）

二　人力资本支持：人才招聘、人才交流、人才联盟

（一）人才招聘服务：创业企业、免费招聘

番禺区人才招聘： 政府提供免费人才招聘服务。在番禺区注册独立法人资格的港澳台青年创业企业，2 年内可免费参加区人力资源和社会保障部门组织的大型人才招聘会，免费在区官方人才网上发布招聘信息。

——广州市番禺区政府（《建设广州大学城港澳台青年创新创业基地实施方案》）

大学生创业企业两年内可免费参加区人社部门组织的大型人才招聘会，免费在番禺区官方人才网上发布招聘信息。

——广州市番禺区科工商信局（《2017 年广州市番禺区产业领军人才集聚工程各项目申报及"高层次人才服务卡"申领公告——"青蓝计划"创业项目申报指南》）

（二）打造人才服务交流平台：人才联盟、资源优化配置

番禺区人才联盟： 立足番禺区现有的各产业园区、企业、科研机构和大学城各高校的人才资源，为各类人才搭建人才交流活动平台。以人才联盟为主体定期举办"小谷围人才论坛"，面向全国乃至全球大力招才引才。搭建人才引进、人才资源优化配置及各种市场资源高效对接的综合服务平台。

——广州市番禺区政府（《番禺区关于加强广州大学城创新人才资源合作与开发的制度》）

三 技术资讯支持：项目孵化、资源需求对接

番禺区技术支持服务： 实现高效率的技术、信息、项目等资源需求对接服务。推动各科技企业孵化器、众创空间示范点与广州大学城高校、港澳台高校以及港澳台科技园区、行业协会、风投机构等合作。强化创业项目、人才、技术等资源的定向配对、定向输送。

——广州市番禺区政府（《建设广州大学城港澳台青年创新创业基地实施方案》）

四 社会资本支持：宣传推介、搭线企业

番禺区政府推介服务： 政府有关部门在招商引资、赴港澳台交流、接待国内外考察团等活动中，积极宣传推介港澳台青年创新创业基地及港澳台青年创业企业，为港澳台青年创新创业平台和企业牵线搭桥、创造商机。

——广州市番禺区政府（《建设广州大学城港澳台青年创新创业基地实施方案》）

五 公共服务支持：工商服务、绿色通道

番禺区工商服务支持： 提供工商注册便利服务。区市场监管部门设置港澳台青年创新创业"绿色通道"，为港澳台青年创业提供快捷注册登记服务。

——广州市番禺区政府（《建设广州大学城港澳台青年创新创业基地实施方案》）

六 特色创业平台：创业基地示范点、资源集聚

在政府政策的支持下，广州市建立了5个针对港澳青年创业的创业平台（见表10）。

表10　　　　　　　　　　　广州市创业平台

时间	名称	所在地
2015.4	粤港澳（国际）青年创新工场	广州市南沙区香港科技大学霍英东研究院
2015.10	"创汇谷"粤港澳青年文创社区	广州市南沙区
2016.6	荔港澳青年创新创业孵化基地	广州市荔湾区青年公园
2017.1	广州大学城港澳台青年创新创业基地示范点	广州市番禺区英诺创新空间
2017.3	天河区港澳青年创业基地	广州市天河区珠江新城ATLAS寰图办公空间

资料来源：根据相关政策文件整理。

（一）荔港澳青年创新创业孵化基地

荔港澳青年创新创业孵化基地于2016年7月在青年公园启动，将为荔港澳青年创新创业提供办公场地、政策扶持、项目孵化等支持。随着青创园在该地正式落地，青创园的路演中心、众创空间、展示中心三部分将成为省市区政策服务平台、高端资源聚集平台和"技术＋资本＋×"平台，通过"一站式"创业服务生态体系和品牌服务，将引导荔港澳青年开展创新性强、前瞻性好的创业项目，扶持培育科技含量高、商业模式新的创业团队。[①]

（二）广州大学城港澳台青年创新创业基地示范点

广州大学城港澳台青年创新创业基地示范点坐落于广州英诺创新空

[①]《荔湾青创园落地　未来将助力青年创业》，2017年3月28日，金羊网（http://news.163.com/17/0328/16/CGKKEN3L00014AEE.html）。

间。该基地示范点的建设思路是选取若干条件比较成熟的科技企业孵化器和众创空间作为试点，逐个打造示范点，争取用 5 年时间，建成一批功能完备、特色鲜明、资源共享、互联互通的示范点，支撑广州大学城成为国内一流的港澳台青年创新创业基地。

依托于番禺区扶持港澳台青年创新创业的最新政策，该基地将涵盖资金、融资、场地、租房、实习实训、孵化器服务、会展、招聘、工商注册、宣传推介、港澳台青年创新创业基地示范点（英诺创新空间）建设运营等 11 个方面，全面支持港澳台青年的创新创业。[①]

（三）天河区港澳青年创业基地

2017 年 6 月，天河区港澳青年创业基地正式落户珠江新城 ATLAS 寰图办公空间，将根据《广州市天河区推动港澳青年创新创业发展实施办法》，该基地将通过与政府相关部门对接，支持港澳创新创业项目在天河落地孵化。

天河区的港澳青年将可以享受到空间提供的办公间租金优惠，以及工商商事登记、法律顾问咨询、人事外包等服务，同时包括前期的本地资源的咨询及企业发展的商务咨询服务。[②]

七 特色创业活动：青年交流、项目扶持、大学生创业大赛

（一）创业交流活动：交流学习、探讨环境、探索机遇

1. 穗港澳青年创业季

广州市政府港澳办指导，"千人计划"南方创业服务中心主办，香港

[①] 《广州大学城港澳台青年创新创业基地示范点挂牌》，2017 年 1 月 14 日，南方网（http://kb.southcn.com/content/2017 - 01/14/content_ 163706012.htm）。

[②] 《天河区港澳青年创业基地落户 CBD》，2017 年 6 月 26 日，《南方都市报》（http://epaper.oeeee.com/epaper/G/html/2017 - 06/26/content_ 40679.htm）。

青年创业军及点子创业吧共同协办的穗港澳青年创业季于 2015 年 7 月启动，首场活动"创业中国——穗港澳青年创业吧"在南创中心举行。香港特区政府驻粤办副主任、市港澳办相关负责人以及 130 多名来自香港、澳门和广州的青年创业精英、企业家、创投机构代表以及媒体记者参加了活动，共同探讨、分享和交流了两地创业环境的实际情况，为谋求三地青年创业的新发展助力。①

2. "自贸向心力·青年同心圆"穗港澳青年创新创业交流活动

该活动由广州市青年联合会、广州市人民政府港澳事务办公室、广州海外联谊会主办。来自穗港澳三地的青年专才代表、行业协会、青年团体代表共 60 余人参与。在为期三天的活动中，穗港澳三地青年一行先后参观广汽丰田汽车制造车间、南沙区明珠湾展览中心和"创汇谷"粤港青年文创社区，并前往广州众创 5 号空间、UC 优视公司及 1918 青年创业社区等地进行交流学习。②

活动以创新创业为主题会聚穗港澳三地优秀青年创业者，通过青年人之间充分表达真知灼见，为推动三地合作和发展建言献策，共同探索新领域和新机遇，将在南沙自贸区建设之机，开创穗港澳青年创业创新的新局面。③

（二）创业项目：青蓝计划、选拔扶持、落户奖励

1. 青蓝计划

2017 年，番禺区政府设立的"青蓝计划"创业项目重点对在番禺区创新创业和就业的广州大学城青年人才、港澳台青年及海归人才的约 100 个创业项目进行扶持，计划每年投入 2000 万元。根据《2017 年番禺区"青蓝计划"创业项目申报指南》，凡创业项目参与区"青蓝计划"评审，

---

① 广州市人民政府外事办公室：《穗港澳青年创业季启动仪式在穗顺利举行》，2015 年 7 月 29 日（http://www.gzfao.gov.cn/item/8743.aspx）。
② 《"自贸向心力 青年同心圆"穗港澳青年创新创业交流圆满结束》，2016 年 12 月 15 日，《广州青年报》（http://www.gzyouthnews.com/view/2171）。
③ 广东工贸职业技术学院：《广东工贸学子参加穗港澳青年创新创业交流会》，2017 年 1 月 5 日（http://www.gdzsxx.com/news/dx/201701/109373.html）。

最高可获 20 万元一次性扶持资金。项目可提供免费场地以及租房补贴、会展补贴、免费人才招聘等。此外，将在 100 个扶持项目中选择 20 个以内跟进投资，这些项目将获优先推荐注册在番禺区的社会专业股权投资机构，为成熟项目提供市场融资支持。①

2. "天英汇"港澳青年创新创业项目大赛

广州"天英汇"港澳青年创新创业项目大赛即"天英汇"国际创新创业大赛，是由天河区政府、广州市科技创新委联合各大产业园区、孵化器、众创空间以及各大投资机构、专业服务机构共同打造的创新创业服务平台。大赛始创于 2015 年 9 月，至今已连续举办两届，累计参赛项目和团队达 2800 多个，挖掘培育出大批优秀项目。

该比赛不仅为港澳青年提供创新创业的平台，还是港澳青年申请天河区创业补贴的重要指标之一。根据《广州市天河区推动港澳青年创新创业发展实施办法》，同一项目可同时获得落户奖励和租金补贴两项支持，每个支持项目给予 10 万元人民币落户奖励。而申请上述补贴的最重要途径，就是参与"天英汇"大赛，排名前 10% 的项目将获相应补贴。②

（三）创业大赛：汇聚项目、对接市场、牵线搭桥

粤港澳台大学生创新创业大赛（原海峡两岸暨香港、澳门大学生创新创业大赛）由广州市番禺区人民政府等单位主办，广州大学城管理委员会等单位承办。大赛自落户广州大学城起，在番禺区政府、广州大学城管委会的领导与支持下一直致力于为两岸创业青年搭建沟通桥梁。获奖队伍可获得大赛奖金 + 政策扶持 + 创投基金 + 产业对接 + 创新服务支持。如今，过往三届大赛已打出响亮的赛事品牌、汇聚了 1200 多项优质的两岸创新项目，扶持引导了 600 多项港澳台创客项目对接市场③，成为企业寻

---

① 《2017 年番禺区"青蓝计划"创业项目申报指南》，2017 年 5 月 5 日，广州市番禺区生产力促进中心（http：//www. ppcpy. com/share_ detail/newsId%3D1309. html）。

② 《2017 广州天英汇国际创新创业大赛启动：千万奖金诚邀全球创客》，《南方日报》2017 年 4 月 27 日。

③ 《粤港澳台大学生创新创业大赛启动》，2017 年 5 月 12 日，《广东科技报》（http：//epaper. gdkjb. com/html/2017 - 05/12/content_ 4_ 3. htm）。

找高校创新人才、创业青年对接市场的双向车道。

八 广州市政府创业支持政策概览

广州市政府相关部门从 2009 年开始共出台 10 份专门促进港澳青年创业的政策文件（见表 11）。

表 11　　　　　　　　　广州市政府政策汇总

出台时间	出台部门	文件名称
2009.3	广州市青联 香港青年联会 香港菁英会 国际青年商会香港总会 澳门中华总商会	穗港澳促进青年就业创业合作框架协议
2014.7	广州市第十四届人民代表大会 常务委员会	广州市南沙新区条例
2015.10	广州市南沙区政府	广州南沙新区、中国（广东）自由贸易试验区广州南沙新区片区集聚高端领军人才和重点发展领域急需人才暂行办法
2015.11	广州市人力资源和社会保障局 广州市财政局	广州市创业带动就业补贴办法
2016.6	南沙青年联合会 澳门经济局	关于共同推进广州南沙、澳门青年创业孵化合作协议
2016.12	广州市番禺区政府	番禺区关于加强广州大学城创新人才资源合作与开发的制度
2017.1	广州市番禺区政府	番禺区扶持港澳台青年创新创业政策
2017.2	广州市番禺区政府	建设广州大学城港澳台青年创新创业基地实施方案
2017.3	广州市天河区科技 工业和信息化局	广州市天河区推动港澳青年创新创业发展实施办法
2017.4	广州市番禺区科工商信局	2017 年广州市番禺区产业领军人才集聚工程各项目申报及"高层次人才服务卡"申领公告——"青蓝计划"创业项目申报指南

资料来源：根据相关政策文件整理。其中广东自贸区的相关政策，将在第七部分详细分析。

政策文件中涉及重要定义：

广州天河区港澳青年：是指年龄在18—45岁之间（含18岁、45岁）的港澳籍人士或正在港澳高校学习且学习时间超过3年的非港澳籍人士。（《广州市天河区推动港澳青年创新创业发展实施办法》）

广州番禺区港澳台青年：是指在番禺区内创业就业、年龄在18—45周岁的港澳台居民。**港澳台青年创业企业**：是指以港澳台青年独资、合资或合伙等形式注册（或迁入）并持续有效运营，符合本区产业发展的各类企业。（《建设广州大学城港澳台青年创新创业基地实施方案》）

第五章　深圳市政府：重视人才扶持、鼓励创客服务、对接香港青年

深圳政府出台了众多支持港澳青年来深创业的政策，包括具体可落实的、适用于港澳创业青年的优惠政策和人才计划等文件，同时，依托众多创新创业基地为港澳青年提供发展空间。除此之外，深圳在支持港澳青年创业方面还有以下几个特点：首先，深圳作为创新创业高地，集聚众多高科技和现代服务业人才，市、区政府更加强调创客发展，大力鼓励创客空间的建设和创客服务的提升，着力打造由创新创业氛围引导的外部环境。其次，深圳接连香港，大大方便了香港青年赴深创业，因此深圳的相关政策、创业平台、创业活动部分明显面向香港青年或对香港青年更具吸引力。

深圳市政府关于港澳青年创业的政策可以分为物质资本支持、人力资本支持、技术资讯支持、社会资本支持、公共服务支持五大类（见表12）。

表12　　　　　　　　　　深圳市政策类型分析

政策类型	具体内容
一　物质资本支持	
（一）财务资源	项目资金扶持； 人才资金补助； 市场融资支持； 科技创新补贴； 创业服务奖补
（二）实物资源	场地支持； 房屋补贴； 人才公寓

续表

政策类型	具体内容
二　人力资本支持	打造人才集聚发展平台； 打造人才交流合作平台
三　技术资讯支持	推动科技资源支持创业； 完善科学技术配套服务
四　社会资本支持	吸引社会资金支持创业； 整合社会资源指导创业； 营造创新创业文化环境
五　公共服务支持	经济性公共服务； 社会性公共服务

资料来源：根据相关政策文件整理。

一　物质资本支持：项目资金、融资扶持、创客空间

（一）财务资源：专项资金、创新券、创客空间补贴

1. 项目资金扶持

深圳创业项目资金资助：支持创客、创客团队在深圳发展，建立创客自由探索支持机制。对符合条件的创客个人、创客团队项目，予以最高 50 万元资助。办好中国（深圳）创新创业大赛，广聚国内外创客和创客团队。对竞赛优胜者按深圳市人才引进相关规定办理入户，对其在深圳实施竞赛优胜项目或者创办企业予以最高 100 万元资助，并可优先入驻创新型产业用房。

——深圳市人民政府 [《深圳市关于促进创客发展的若干措施（试行）》]

罗湖区创业资金扶持：对 C 类"菁英人才"经过申报、现场考察和评价的创业项目给予 20 万元人民币的一次性创业补贴。

——深圳市罗湖区人民政府（《深圳市罗湖区人民政府印发关于实施高层次产业人才"菁英计划"的意见及三个配套文件的通知》）

2. 人才资金补助

深圳创新创业人才专项资金： 加大人才创新创业奖励力度。完善市长奖、自然科学奖、技术发明奖、科技进步奖、青年科技奖、专利奖、标准奖等奖励办法。市财政每年安排专项资金不少于 10 亿元，对在产业发展与自主创新方面做出突出贡献的人才给予奖励。

——中共深圳市委、深圳市人民政府（《关于促进人才优先发展的若干措施》）

深圳高层次人才奖励补贴： 对引进的海外高层次人才，给予 80 万—150 万元的奖励补贴。

——中共深圳市委、深圳市人民政府（《中共深圳市委 深圳市人民政府关于实施引进海外高层次人才"孔雀计划"的意见》）

前海创新创业人才发展引导资金： 创新前海人才认定和扶持政策。探索以市场化方式认定前海高端和紧缺人才。每年从前海产业发展资金中安排一定比例的资金作为人才发展引导资金，用于人才开发，支持境内外人才在前海创新创业。

——中共深圳市委、深圳市人民政府（《关于促进人才优先发展的若干措施》）

3. 市场融资支持

深圳推动创新金融服务： 创新金融服务，实现产融互动：优化资本市场；创新银行支持方式；丰富创业融资新模式。扩大创业投资，支持创业起步成长：扩大创业投资，支持创业起步成长；拓宽创业投资资金供给渠道；发展国有资本创业投资；推动创业投资"引进来"与"走出去"。

——深圳市人民政府（《深圳市人民政府关于大力推进大众创业万众创新的实施意见》）

探索设立科技创新银行、科技创业证券公司等新型金融机构，为创新型企业提供专业金融服务。组建金融控股集团，引进固化优质金融资源。鼓励银行业金融机构加强差异化信贷管理，放宽创新型中小微企业不良贷款容忍率至 5%。支持开展知识产权质押贷款、信用贷款等金融创新业务。开展投贷联动试点，支持有条件的银行业金融机构与创业投资、股权投资机构合作，为创新型企业提供股权和债权相结合的融资服务。鼓励企业通过上市、再融资、并购重组等多种方式筹措资金，提高直接融资比重。利用深交所创业板设立的单独层次，支持深圳尚未赢利的互联网和高新技术企业上市融资。深化外商投资企业股权投资（QFLP）试点，鼓励境外资本通过股权投资等方式支持本市创新型企业发展。开展股权众筹融资试点，支持科技型企业向境内外合格投资者募集资金。规范发展网络借贷，拓宽创新型中小微企业融资渠道。

——中共深圳市委、深圳市人民政府（《关于促进科技创新的若干措施》）

罗湖区创业融资扶持：完善人才创业融资扶持体系，充分发挥罗湖互联网产业基金的融资功效，引导创投企业支持人才创业和项目研发；探索设立鼓励人才创新创业的天使基金，引导社会资本投资人才项目和企业，培育、孵化一批具有成长潜力的优质创业项目。鼓励符合条件的人才创办企业利用资本市场，对完成股改、挂牌、上市的人才创办企业给予一定扶持。甄选重点金融机构，建立战略合作体系，鼓励金融机构加大对人才创业企业和项目的信贷融资支持。创业融资扶持由区投资推广局负责。

——深圳市罗湖区人民政府（《深圳市罗湖区人民政府印发关于实施高层次产业人才"菁英计划"的意见及三个配套文件的通知》）

4. 科技创新补贴

深圳发放科技创新券：继续实施科技创新券制度，向符合条件的中小微企业和创客发放创新券，用于向科技服务业、高等院校、科研机构和科技服务机构购买科技服务。

——深圳市人民政府（《深圳市人民政府关于大力推进大众创业万众创新的实施意见》）

支持创客向各类机构购买科技服务。对符合条件的创客空间发放科技创新券，用于创客购买科技服务，单个创客空间年度发放额度最高100万元。

——深圳市人民政府［《深圳市关于促进创客发展的若干措施（试行）》］

5. 创业服务奖补

深圳创客服务组织资助： 支持创客组织、创客服务行业组织等民间非营利组织发展。鼓励其承接政府转移职能，提供公益性培训、咨询、研发和推介等服务。对符合条件的服务项目按实际发生合理费用予以最高100万元事后资助。

——深圳市人民政府［《深圳市关于促进创客发展的若干措施（试行）》］

深圳创客空间补贴： （1）支持各类机构建设低成本、便利化、全要素、开放式的创客空间。对新建、改造提升创客空间，或引进国际创客实验室的，予以最高500万元资助。（2）支持创客空间减免租金为创客提供创新创业场所。对符合条件的单个创客空间予以最高100万元资助。（3）支持创客空间完善软件、硬件设施，提升服务功能和服务能力。对创客空间用于创客服务的公共软件、开发工具和公用设备等，予以不超过购置费用、最高300万元资助。

——深圳市人民政府［《深圳市关于促进创客发展的若干措施（试行）》］

深圳创客公共服务平台资助： 支持各类机构充分应用互联网技术，实现创新、创业、创投、创客联动，线上与线下、孵化与投资相结合，构建开放式的创新创业综合服务平台。对符合条件的服务平台予以最高300万元资助。

——深圳市人民政府［《深圳市关于促进创客发展的若干措施（试行）》］

（二）实物资源：产业用房、房屋补贴、人才公寓

1. 场地支持

深圳创客社区网络： 支持各区和社会机构，利用社区活动中心、社区图书馆等公共活动场所提供小型开发工具和展示空间，营造创客社区网络。

——深圳市人民政府［《深圳市关于促进创客发展的若干措施

（试行）》]

深圳创新型产业用房：按照政府主导、市区联动、企业参与的原则，加大创新型产业用房的建设，按照有关政策以优惠价格出租或出售给创新型企业。鼓励各区在规划许可前提下，盘活库存、闲置的商业用房、工业用房、库房、物流设施等，为创业者提供创业场所，有条件的可改造为创业园区，并配套建设为园区创业者服务的低居住成本宿舍。

——深圳市人民政府（《深圳市人民政府关于大力推进大众创业万众创新的实施意见》）

2. 房屋补贴

深圳创业者租房补贴：鼓励各区通过财政补贴、发放租房券等方式，支持创业者租赁住房。

——深圳市人民政府（《深圳市人民政府关于大力推进大众创业万众创新的实施意见》）

深圳创客租房补贴：创客人才按照《深圳市人才安居办法》的规定享受相关优惠政策。支持各区为创客提供公共租赁住房。

——深圳市人民政府［《深圳市关于促进创客发展的若干措施（试行）》]

罗湖区房屋补贴：按照每月5000元人民币的标准给予每个C类"菁英人才"创业项目工作场所物业补贴，补贴期在企业存续时间内不超过3年。

——深圳市罗湖区人民政府（《深圳市罗湖区人民政府印发关于实施高层次产业人才"菁英计划"的意见及三个配套文件的通知》）

3. 人才公寓

深圳人才公寓房：大力建设人才公寓。未来五年市区两级筹集提供不少于1万套人才公寓房，提供给海外人才、在站博士后和短期来深工作的高层次人才租住，符合条件的给予租金补贴。推广建设青年人才驿站。

——中共深圳市委、深圳市人民政府（《关于促进人才优先发展的若干措施》）

二　人力资本支持：人才集聚、人才合作

深圳深港联合引才育才机制： 每年举办深港行业协会人才合作活动。选聘香港专业人士到前海管理局及所属机构任职。

——中共深圳市委、深圳市人民政府（《关于促进人才优先发展的若干措施》）

三　技术资讯支持：技术平台、深港合作、产业配套

（一）推动科技资源支持创业：深港合作、向创客开放

深圳支持向创客开放技术资源： 政府建设的科技基础设施，以及利用财政资金购置的重大科学仪器设备按照成本价向创客开放。支持企业、高等院校和科研机构向创客开放其自有科研设施。

——深圳市人民政府［《深圳市关于促进创客发展的若干措施（试行）》］

深港加强"深港创新圈"科技合作和创新要素整合： 加强两地创新人才、设备、项目信息资源的交流与共享，双方合作建立统一的深港科技资源信息库；整合创新资源，支持创新合作。在粤港科技合作的框架下，双方政府共同出资支持两地企业和科研机构合作开展创新研发项目，实行共同申报、共同评审，并共同促进其产业化；充分利用双方现有公共技术平台，双方企业和单位可平等共享这些公共技术平台资源；鼓励和支持双方机构建立联合实验室。鼓励和支持双方科技中介服务机构的合作，并赴对方设立分支机构。

——香港特别行政区政府、深圳市人民政府（《香港特别行政区政府与深圳市人民政府关于"深港创新圈"合作协议》）

深港加强高校、企业、机构与创新创业基地的合作交流：充分发挥香港高校及科研机构密集、源头创新资源丰富和深圳良好的产业化基础及辐射珠三角的地理优势，积极鼓励深港两地高新科技基础良好、创业氛围明显的企业或机构（单位）透过深港青年创新创业基地加强合作，共同搭建两地青年交流创业的新平台。鼓励香港高校深圳产学研基地及香港科研机构深圳分支机构发挥联系桥梁作用，支持内地及香港青年通过深港合作的平台，特别是深港青年创新创业基地，推动两地科技创新发展。香港科学园的实验室服务设施可提供技术支持。

——深圳市人民政府科技创新委员会、香港特别行政区政府创新科技署（《关于共同推进深港青年创新创业基地建设合作协议》）

（二）完善科学技术配套服务：产业配套、整合资源

深圳科技创新产业配套服务：产业配套全程化：为创新创业者提供工业设计、检验检测、模型加工、知识产权、专利标准、中试生产、产品推广等研发制造服务，实现产业链资源开放共享和高效配置。产业配套服务个性化：整合专业领域的技术、设备、信息、资本、市场、人力等资源，为创新型企业提供高端化、专业化和定制化的增值服务。

——中共深圳市委、深圳市人民政府（《关于促进科技创新的若干措施》）

四 社会资本支持：创业基金、创客交流、专家团队

（一）吸引社会资金支持创业：投资引导、创新创业基金

深圳吸引社会资本参与创新创业：市、区人民政府可以发挥政府投资引导资金的引导作用，吸引社会资本参与，设立人才创新创业基金，通过阶段性持有股权等多种方式，支持海内外创新创业人才在本市创新创业。

——深圳市人民代表大会常务委员会（《深圳经济特区人才工

作条例》）

（二）整合社会资源指导创业：创业交流活动、创客辅导

深圳鼓励相关机构提供创业交流和辅导： 鼓励协会、企业、创客空间运营机构等社会力量举办创业交流活动。鼓励资深创客、知名创客，青年企业家协会、妇女企业家协会等协会专业人士加入创业指导专家团队，为初创企业提供创业辅导。

——深圳市人民政府（《深圳市人民政府关于大力推进大众创业万众创新的实施意见》）

（三）营造创新创业文化环境：创客文化、创客交流

深圳营造创客文化环境： 营造创新、开放、互联、共享的创客创新文化氛围。支持基于开放源代码许可协议的软件、硬件开发，鼓励软件、硬件供应商向创客开放接口、平台和开发工具，促进创客加入和集聚。……支持各类机构在本市组织创客交流活动，鼓励国际创客、创客团队、创客组织在本市举办创客交流活动。对符合条件的交流活动按实际发生合理费用予以最高 300 万元事后资助。

——深圳市人民政府［《深圳市关于促进创客发展的若干措施（试行）》］

五 公共服务支持：人才优先、本市户籍待遇

（一）经济性公共服务：境外专业人才、创客行政审批

深圳支持港澳专业服务进入前海： 吸引境外专业人士提供专业服务。在前海蛇口自贸片区探索建立境外专业人才职业资格准入负面清单。争取上级支持，允许具有港澳执业资格的金融、规划、设计、建筑、会计、教育、医疗等专业人才，经市政府相关部门或前海管理局备案后，直接为区域内的企业和居民提供专业服务，条件成熟时争取将提供服务的范围扩大至全市。

——中共深圳市委、深圳市人民政府（《关于促进人才优先发展的若干措施》）

深圳创客活动审批服务： 加大涉及创客活动的行政审批清理力度，保留的行政审批应当依法公开，公布目录清单。

——深圳市人民政府［《深圳市关于促进创客发展的若干措施（试行）》］

深港合作提高知识产权服务： 加强双方在知识产权管理、保护和使用方面的交流与合作，为自主创新提供有效保障。

——香港特别行政区政府、深圳市人民政府（《香港特别行政区政府与深圳市人民政府关于"深港创新圈"合作协议》）

（二）社会性公共服务：住房公积金、医疗教育保障

深圳境外人才住房公积金政策： 在深圳市工作的外籍人才、获得境外永久（长期）居留权人才和港澳台人才，符合条件的，在缴存、提取住房公积金方面享受市民同等待遇。

——中共深圳市委、深圳市人民政府（《关于促进人才优先发展的若干措施》）

深圳高层次人才子女入学便利： 深圳市高层次人才的非本市户籍子女在本市就读义务教育阶段和高中阶段学校，享受本市户籍学生待遇。对在深圳市投资并对经济社会发展做出贡献的外籍和港澳台投资者，其子女入学享受深圳市高层次人才子女入学待遇。

——中共深圳市委、深圳市人民政府（《关于促进人才优先发展的若干措施》）

深圳高层次人才医疗保健待遇： 杰出人才可享受一级保健待遇，国家级领军人才、地方级领军人才和除杰出人才外的其他海外 A 类人才、B 类人才可享受二级保健待遇，后备级人才和海外 C 类人才可享受三级保健待遇。对不愿享受保健待遇的高层次人才，可通过支持其购买商业医疗保险等方式提供相应医疗保障。

——中共深圳市委、深圳市人民政府（《关于促进人才优先发展的若

干措施》)

罗湖区菁英人才子女入学服务："菁英人才"的非深圳户籍子女在罗湖区就读义务教育阶段学校,享受深圳市户籍学生同等待遇。

——深圳市罗湖区人民政府(《深圳市罗湖区人民政府印发关于实施高层次产业人才"菁英计划"的意见及三个配套文件的通知》)

罗湖区菁英人才健康管理和养老服务:建立就医绿色通道制度,为区"菁英人才"及其配偶、子女、父母及岳父母的就医提供绿色通道。相关服务由区卫生和计生局及区属医院提供。将"菁英人才"纳入区级健康管理,按照区相关规定给予保健待遇和每年一次的免费高端体检,所需经费纳入区财政预算。根据"菁英人才"实际需要,在其任期内为其在罗湖区居住的65岁以上父母及其配偶父母提供居家养老服务,解决人才的后顾之忧。所需经费及服务由区民政局妥善安排。

——深圳市罗湖区人民政府(《深圳市罗湖区人民政府印发关于实施高层次产业人才"菁英计划"的意见及三个配套文件的通知》)

六 特色创业平台：孵化基地、科技成果转化平台、创业服务

在政府政策的支持下,深圳市建立了4个针对港澳青年创业的创业平台(见表13)。

表13　　　　　　　　　　深圳市创业平台

时间	名称	所在地
1999.8	深港产学研基地	深圳市南山区
2013.6	深港青年创新创业基地	深圳南山云谷创新产业园
2014.12	前海青年梦工场	深圳市前海
2015.6	前海"梦想+"深港创投联盟	深圳市前海

资料来源:根据相关政策文件整理。

(一) 深港产学研基地

深港产学研基地由深圳市政府、北京大学、香港科技大学共同组建，是北京大学和香港科技大学的科技成果转化的孵化基地，是为珠江三角洲产业升级提供技术服务和支持的公共技术平台、公共教育平台、公共研发平台。基地具备完善的创业服务体系，可供优秀科研成果转化项目入驻。除场地和硬件设施之外，基地还提供人才引进、项目推广、政策指导、各类认证、合作研发、会计代理等服务。此外，基地专门成立了深港产业创业投资公司等两家投资公司，鼓励实验室或研究中心成立公司并提供天使投资。此外，基地还从孵化器收入中抽取部分资金成立了200万元的产学研合作专项基金，支持十多个实验室的研发技术走向产业化。截至2015年6月，基地在"孵化+投资"模式下产生了16家上市公司。[①] 在推动"深港创新圈"上，基地自2011年起举办"深港青年创业大赛"，参赛项目须由深港两地青年共同组成，大赛后，基地对有潜质的创业项目进行孵化培育，促进其实现产业化。

(二) 深港青年创新创业基地

深港青年创新创业基地是建立"深港创新圈"的重要内容，于2013年6月在深圳南山云谷创新产业园落户。基地面积2000平方米，服务对象主要包括：20—40岁来深创业的香港公民，并且成立具有一定研发能力的科技企业或创业服务公司者；20—40岁内地赴香港留学生来深创业，成立具有一定研发能力的科技企业或创业服务公司者；45岁以下，目前已经在港创业并已成立具有一定研发能力的科技企业或创业服务公司者；香港高校在校学生或毕业不超过5年、带着高校产学研项目或自有科技项目有意来深创业者。创新创业基地将为入驻企业提供设施良好、配套完善的商务办公场地，组织"创业之星"大赛、"接触"创业沙龙，提供创业导师、理论研究及课题合作、科技金融、资源共享、公共平台、国际交流

[①]《做深港合作创新创业的"桥头堡"——深港产学研基地探索"教育+研发+产业化"发展模式》，《科技日报》2015年6月1日。

合作及展会活动等服务。① 深港青年创新创业基地是落实中央惠港政策、深化粤港深港合作的标志性成果。

七 创业交流活动：创业交流营、交流论坛、资讯互通

（一）深港澳台（海峡两岸暨香港、澳门）青年创新创业交流营

深港澳台（海峡两岸暨香港、澳门）青年创新创业交流营是由深圳市科学技术协会、共青团深圳市委员会、龙岗区委区政府、清华大学深圳研究生院主办，共青团龙岗区委员会、共青团清华大学深圳研究生院委员会承办的大型两岸青年创新交流活动。2012年第一届深港交流营在清华大学深圳研究生院举办，规模与影响力逐年扩大。交流营邀请海峡两岸暨香港、澳门知名高校同学参加，面向数万学生进行宣传和招募。通过创业导师分享会、创新创业论坛、创新创业挑战赛等一系列活动带领青年学子探讨创新创业问题，打造创业青年学习和交流平台。②

（二）深港青年创新创业交流日

"深港青年创新创业交流日"是深圳港澳办基于香港特区政府民政事务局及青年事务委员会每年开展的"粤港暑期实习计划"打造的品牌交流活动，旨在促进香港青年对深圳创业就业环境的了解，吸引香港青年来深创业就业，鼓励和促进香港青年来深成长发展，为香港青年拓展未来发展空间奠定基础。2017年8月5日，深圳港澳办举办"深港青年创新创业交流日"活动，组织超过120名在深实习的香港大学生、香港优秀青年

---

① 深圳市科技创新委员会：《首个深港青年创新创业基地揭牌》，2013年7月1日（http://www.szsti.gov.cn/news/2013/7/1/1）。

② 《深港澳台（两岸四地）青年创新创业交流营》，百度百科（https://baike.baidu.com/item/%E6%B7%B1%E6%B8%AF%E6%BE%B3%E5%8F%B0%EF%BC%88%E4%B8%A4%E5%B2%B8%E5%9B%9B%E5%9C%B0%EF%BC%89%E9%9D%92%E5%B9%B4%E5%88%9B%E6%96%B0%E5%88%9B%E4%B8%9A%E4%BA%A4%E6%B5%81%E8%90%A5/20146661?fr=aladdin）。

代表，共同参观考察腾讯、海能达等深圳知名企业及深港青年创新创业基地，促进香港青年与在深的香港年轻创客进行交流。①

（三）深港青年人才创业交流会

2017年7月，由共青团南山区委员会、高新区党委、高新区党群服务中心联合主办，前海立方、南山国际大学生创新驿站承办，深圳市前海香港商会、唐仁医疗科技有限公司支持举办的"汇谈青年　融创深港"——深港青年人才创业交流会在深圳市南山区科技园软件大厦举行。活动邀请了前海立方首席政策分析师等三位嘉宾围绕扶持政策、创业经历、企业发展等方面展开分享与讨论。活动现场设置了互动提问环节，由嘉宾面对面解答深港青年创业难题。此外，交流会还设置了吧台茶歇，以开放的环境进一步促进深港青年交流。②

（四）深港青年（坪山）创新创业交流活动

2017年7月，坪山区委、区政府举办"东部中心、筑梦未来"深港（坪山）青年创新创业交流活动。来自香港和坪山的300名青年围绕深港两地互融互通、创新合作等主题进行交流。活动中，深港青年（坪山）创新创业交流平台正式启动，意为实现深港两地（坪山）创新创业政策、资讯互通，促进青年交流合作常态化、固定化。③

八　深圳市政府创业支持政策概览

深圳市政府相关部门从2007年开始共出台24份促进港澳青年创业的政策文件（见表14）。

---

① 《深港青年创新创业交流日：百余名香港青年共赴双创之约》，2017年8月6日，《读特》（https://m.dutenews.com/p/62018.html）。
② 《深港青年人才创业交流会在科技园举行》，《蛇口消息报》2017年7月7日第03版。
③ 《深港（坪山）青年交流活动举行》，2017年7月9日，东方网（http://news.eastday.com/eastday/13news/auto/news/society/20170709/u7ai6918428.html）。

表 14　　　　　　　　　　　深圳市政府政策汇总

出台时间	出台部门	文件名称
2007	香港特别行政区政府 深圳市人民政府	"深港创新圈"合作协议
2011.4	中共深圳市委 深圳市人民政府	中共深圳市委　深圳市人民政府关于实施引进海外高层次人才"孔雀计划"的意见
2012.12	中共深圳市委 深圳市人民政府	前海深港人才特区建设行动计划（2012—2015年）
2012.12	深圳市前海管理局 深圳市人力资源保障局	前海深港现代服务业合作区境外高端人才和紧缺人才认定暂行办法
2012.12	深圳市人民政府	深圳前海深港现代服务业合作区境外高端人才和紧缺人才个人所得税财政补贴暂行办法
2013.6	深圳市人民政府科技创新委员会 香港特别行政区政府创新科技署	共同推进深港青年创新创业基地建设合作协议
2013.8	深圳市前海深港现代服务业合作区管理局	前海深港现代服务业合作区境外高端人才和紧缺人才认定暂行办法实施细则（试行）
2014.6	深圳市前海深港现代服务业合作区管理局	深圳前海建设"粤港澳人才合作特别示范区"的行动计划
2015.6	深圳市人民政府	深圳市关于促进创客发展的若干措施（试行）
2015.6	深圳市人民政府	深圳市促进创客发展三年行动计划（2015—2017年）
2015.7	深圳市罗湖区人民政府	深圳市罗湖区人民政府印发关于实施高层次产业人才"菁英计划"的意见及三个配套文件的通知
2015.8	深圳市人民政府	中国（广东）自由贸易试验区深圳前海蛇口片区建设实施方案
2016.3	中共深圳市委 深圳市人民政府	关于促进人才优先发展的若干措施
2016.3	中共深圳市委 深圳市人民政府	关于促进科技创新的若干措施
2016.6	深圳前海蛇口自贸区	前海蛇口自贸区建设国际人才自由港工作方案
2016.7	中共深圳市委 深圳市人民政府	关于完善人才住房制度的若干措施
2016.7	深圳市前海深港现代服务业合作区管理局	深圳前海深港现代服务业合作区产业投资引导基金管理暂行办法
2016.8	深圳市人民政府	深圳市人民政府关于大力推进大众创业万众创新的实施意见

续表

出台时间	出台部门	文件名称
2016.9	深圳市前海深港现代服务业合作区管理局	深圳前海深港现代服务业合作区现代服务业综合试点专项资金管理办法（修订版）
2016.10	中共深圳市龙岗区委 深圳市龙岗区人民政府	关于促进人才优先发展实施"深龙英才计划"的意见
2016.10	深圳市龙岗区人才工作领导小组办公室	深圳市龙岗区深龙创新创业英才计划实施办法
2016.11	深圳市前海深港现代服务业合作区管理局	深圳市前海深港现代服务业合作区人才住房管理暂行办法
2017.6	深圳市前海深港现代服务业合作区管理局	深港（国际）创新创业示范基地建设行动计划
2017.8	深圳市人民代表大会常务委员会	深圳经济特区人才工作条例

资料来源：根据相关政策文件整理。

政策文件中涉及重要定义：

港籍人才：是指与在前海注册的企业建立了劳动关系并符合本办法第十五条要求的香港永久居民。**港资企业**：是指香港特别行政区投资者在前海独资或者合资设立的企业。（《深圳前海深港现代服务业合作区境外高端人才和紧缺人才个人所得税财政补贴暂行办法》）

深圳市海外高层次人才：海外高层次人才分为A类、B类和C类。

A类：……近5年，中组部"海外高层次人才引进计划"（千人计划）顶尖人才与创新团队项目、创新人才长期项目、创业人才长期项目、高层次外国专家项目的入选者。……

B类：……近5年，入选广东省创新科研团队的带头人；近5年，入选深圳市海外高层次人才团队的带头人；……近5年，中组部"海外高层次人才引进计划"（千人计划）创新人才短期项目、青年千人计划项目入选者。

C类：……近5年，入选广东省创新科研团队的核心成员（前5名）；近5年，入选深圳市海外高层次人才团队的核心成员（前5名）。……近5年，入选深圳市留学人员创业前期费用补贴一等、二等资助的项目申请

人。[《深圳市海外高层次人才认定标准（2014年修订）》]

境外高端人才和紧缺人才：须具备以下基本资格条件：（1）具有外国国籍人士，或香港、澳门、台湾地区居民，或取得国外长期居留权的海外华侨和归国留学人才；（2）创办或服务的企业和相关机构（简称所在单位）属于前海重点发展的金融、现代物流、信息服务、科技服务和其他专业服务产业领域；（3）在前海创业或在前海登记注册的企业和相关机构工作；（4）在前海依法缴纳个人所得税。符合基本条件，在所在单位连续工作满1年、申请年度在前海实际工作时间不少于6个月并具备下列条件之一：（1）经国家、省级政府、深圳市认定的海外高层次人才；（2）在前海注册并按照《深圳市鼓励总部企业发展暂行办法》（深府〔2012〕104号）认定的总部企业、世界500强企业及其分支机构的管理或技术类人才；（3）在前海注册的其他企业的中层及以上管理或同等层次技术类人才；（4）拥有国际认可执业资格或国内急需的发明专利的人才。[《前海深港现代服务业合作区境外高端人才和紧缺人才认定暂行办法》《前海深港现代服务业合作区境外高端人才和紧缺人才认定暂行办法实施细则（试行）》]

罗湖区C类"菁英人才"：C类菁英人才为符合一定条件的青年创业项目的创办人或创新团队，同时具备以下几个条件：（1）年龄不超过45周岁；（2）在境外取得全日制硕士以上学位或通过全国统一研究生入学考试并取得硕士研究生以上学历和学位，且有2年以上工作经历；（3）是企业主要创始人；是企业创新团队成员的，其骨干成员个人所占企业股权不低于30%；（4）其企业注册地和纳税地均为罗湖区，并实际经营超过6个月；（5）是企业创始人或创新团队成员并满足以下条件之一：①近5年内，获中国创新创业大赛决赛奖项或各赛区大赛三等奖以上或创客大赛奖项的人员；②近5年内，在《福布斯》"中国移动互联网30强"榜单企业中担任中层管理人员；③曾在美国《财富》杂志世界500强上榜公司的二级公司或地区总部担任中层管理人员；④近5年内，入选深圳市留学人员创业前期费用补贴一等、二等资助的项目申请人。

第六章　珠海市政府：财务支持为主、对接澳门青年

珠海市的相关创业政策具体明确、可操作性强，政策主要依托横琴澳门青年创业谷发挥促进港澳青年在内地创业的作用。此外，由于珠海与澳门接壤，相关扶持政策和创业平台向澳门青年倾斜，对于澳门青年的创新创业更具优势。珠海市政府关于港澳青年创业的政策主要是物质资本支持（见表15）。

表15　　　　　　　　　珠海市政策类型分析

政策类型	具体内容
一　物质资本支持	
（一）财务资源	创业启动资金扶持； 创业活动财务补贴； 市场融资支持； 创业孵化基地运营补贴
（二）实物资源	办公场地支持； 房屋补贴

资料来源：根据相关政策文件整理。其中广东自贸区的相关政策，将在第七部分详细分析。

一　物质资本支持：创业资助、创业基地

（一）财务资源：前期补贴、贷款贴息、孵化补贴

1. 创业启动资金扶持

珠海市创业资助： 在校及毕业5年内的普通高等学校（含港澳台普通

高等学校)、职业学校、技工院校学生或毕业生和领取毕业证 5 年内出国（境）留学回国人员、复员转业退役军人、登记失业人员、就业困难人员（简称"创业者"）在本市成功创业（在本市领取工商营业执照或其他法定注册登记手续，本人为法定代表人或主要负责人），按规定办理税务登记、就业登记和缴纳社会保险费，且正常经营 6 个月以上。补贴标准：个人创业一次性资助 5000 元；团队创业每增加一名合伙人或股东，再资助 2500 元，每户资助最高不超过 10000 元。

——珠海市人力资源和社会保障局、珠海市财政局（《珠海市创业补贴实施办法》）

珠海市优秀创业项目资助：申请人申报优秀创业项目，被遴选确定为市级优秀创业项目的，每个项目给予 5 万元至 10 万元资助。

——珠海市人力资源和社会保障局、珠海市财政局（《珠海市创业补贴实施办法》）

珠海市开发创业项目补贴：社会力量（含机构、团体）开发创业项目，被纳入市级创业项目库；纳入创业项目库的项目被有创业意愿人员使用，并在本市实现成功创业（办理营业执照或其他法定注册登记手续）。被纳入市级创业项目库的，每个项目补贴 2000 元；纳入创业项目库的项目被有创业意愿人员使用并在本市实现成功创业的，再奖补 1000 元。

——珠海市人力资源和社会保障局、珠海市财政局（《珠海市创业补贴实施办法》）

珠海市创新创业补贴：创新创业团队项目通过评审，可享受包括项目启动补贴、项目投资和担保贷款等最高 2000 万元的项目经费扶持；高层次人才的创业项目通过评审，可享受包括创业补贴、创业投资和担保贷款等最高 200 万元的项目经费补贴。创业团队和创业人才所办企业自注册成立起的 3 年内，按企业当年对地方财政的贡献给予相应的研发费用补贴。

——珠海市委、珠海市政府（《蓝色珠海高层次人才计划》）

珠海市创业前期费用补贴：用于扶持港澳青年在高端新型电子信息和软件产业，主要包括软件与集成电路、新型电子元器件、计算机及网络与新一代通信工具等；生物医药产业，主要包括生物制药、化学制药、中药现代化、医疗器械等；新能源新材料产业，主要包括新型功能材料、高效储能材料、先进结构材料、光伏、风电、核电装备、燃料电池、生物质能等；文化创意产业，主要包括广播影视、动漫、音像、传媒、视觉艺术、表演艺术、工艺与设计、环境艺术等；服务外包和金融业服务，主要包括信息技术外包和业务流程外包，银行、保险、信托、证券业的后台服务等；互联网产业、智能电网产业和空间信息产业等；其他港澳特区政府和珠海市鼓励发展的产业，经核准并附支持政策文件的等领域从事的高新技术项目研究开发，按港澳青年出资额的15%给予一次性补贴，最高不超过15万元。补贴范围是港澳青年首次创办或首次入股并具有与申请项目相符的研发人员、设备和场地的企业。

——珠海国家高新技术产业开发区管委会、珠海市港澳事务局、珠海市财政局（《珠海市港澳青年创业基地管理规定》）

2. 创业活动财务补贴

珠海市初创企业社会保险补贴：补贴对象和条件：初创企业招用应届高校毕业生或本市就业困难人员，并与其签订1年以上期限劳动合同；创业者（含合伙人或股东）和招用的应届高校毕业生、本市就业困难人员按规定缴纳社会保险费。补贴标准：按创业者（含合伙人或股东）及其招用的应届高校毕业生和就业困难人员实际缴纳城镇职工基本养老、医疗、失业、工伤和生育保险费之和计算（个人缴费部分仍由个人承担）。补贴期限最长不超过3年。

——珠海市人力资源和社会保障局、珠海市财政局（《珠海市创业补贴实施办法》）

珠海市创业培训补贴：补贴对象和条件：具有创业要求和培训愿望并具备一定创业条件的城乡各类劳动者（含毕业学年普通高等学校、本市职业学校和技工院校学生，复员转业退役失业军人以及登记失业人员，简称"有创业意愿人员"），参加本市创业培训机构组织的创业培训，并取得相应创业培训合格证书。补贴标准：取得创业培训GYB合格证书的，每人补贴400元；取得创业培训SYB或创业培训IYB合格证书的，每人补贴1000元。符合条件的人员每个创业培训等级只能享受一次补贴。

——珠海市人力资源和社会保障局、珠海市财政局（《珠海市创业补贴实施办法》）

3. 市场融资支持

珠海市创业贷款贴息：贷款贴息主要用于对港澳青年实施产业化项目给予贷款贴息。创业贷款贴息的范围，是港澳青年首次创办或首次入股，并拥有项目产业化所需科研成果或专有技术和知识产权，且具有与申请项目相符的场地、设备和人员的企业。创业贷款贴息额度标准：贷款期内贷款利息总额低于 10 万元的，可全部给予贴息，但贴息年限最长不超过 3 年；贷款期内贷款利息总额超过 10 万元（含 10 万元）的，则最多给予 10 万元的贴息，但贴息年限最长不超过 3 年。

——珠海高新技术产业开发区管委会、珠海市港澳事务局、珠海市财政局（《珠海市港澳青年创业基地管理规定》）

4. 创业孵化基地运营补贴

珠海市创业孵化服务补贴：经市、区人力资源和社会保障部门认定的创业孵化基地按规定为创业者提供 1 年以上创业孵化服务（不含场租减免）后，创业者搬离基地并办理注册登记的，按实际孵化成功户数，每户补贴 3000 元。

——珠海市人力资源和社会保障局、珠海市财政局（《珠海市创业补贴实施办法》）

珠海市创业孵化基地建设扶持经费：按照创业孵化基地规模，分别给予 20 万元、35 万元、50 万元的一次性建设扶持经费。

——珠海市人力资源和社会保障局、珠海市财政局（《珠海市创业补贴实施办法》）

（二）实物资源：创业基地、租金补贴

1. 办公场地支持

珠海市创业租金补贴：初创企业创业者在本市租用经营场地（含社会资本投资的孵化基地）创业，按规定办理税务登记、就业登记并缴纳社会保险费，按租赁经营场地面积每月每平方米补贴 30 元（不足 1 个月

不计算；租金标准低于补贴标准的，按实际数计算），每年最高补贴 8000 元，补贴期限不超过 3 年。

——珠海市人力资源和社会保障局、珠海市财政局（《珠海市创业补贴实施办法》）

港澳青年创业基地租金补贴：租金补贴主要用于对进驻港澳青年创业基地的港澳青年企业提供租金补贴。创业租金补贴的范围，应当是港澳青年首次创办或首次入股，在创业基地内租用办公和研发场地，具有与申请项目相符的场地、设备和人员的企业。对通过审核的港澳青年企业，按每月每平方米 20 元给予房租补贴，租金补贴面积最多不超过 200 平方米，补贴期限为 3 年。享受场地租金补贴的港澳青年企业，从各级财政获得的场地租金补贴总额不得高于实际发生的场地租金总额。

——珠海高新技术产业开发区管委会、珠海市港澳事务局、珠海市财政局（《珠海市港澳青年创业基地管理规定》）

2. 房屋补贴

珠海市场地住房补贴：创新创业团队和高层次创业人才可按每月每平方米 30 元标准享受工作场地租金补贴，低于每月每平方米 30 元的按实际租金补贴，补贴面积不超过 500 平方米，期限为 3 年。创新创业人才可优先申请入住人才公寓，或选择自行租住房屋并享受每月 1400—2000 元的租房补贴（期限最长为 5 年）。高层次人才（一级）选择在珠海购房的，可享受 100 万元的购房补助。此外，创新人才可享受每年 3 万—10 万元的工作津贴补助，期限为 5 年。

——珠海市委、珠海市政府（《蓝色珠海高层次人才计划》）

二 特色创业平台：设立创新创业基地

在政府政策的支持下，珠海市建立了 1 个针对港澳青年创业的创业平台（见表 16）。

表 16　　　　　　　　　　珠海市创业平台

时间	名称	所在地
2015.6	横琴·澳门青年创业谷	珠海市横琴新区

资料来源：根据相关政策文件整理。其中广东自贸区的相关政策，将在第七部分详细分析。

三　特色创业活动：交流盛会、举办创业大赛

（一）创业交流活动：海峡两岸暨香港、澳门青年代表合作发展

珠港澳台青年创新创业嘉年华[①]，2016 年 12 月 3 日，由珠海市发展和改革局、共青团珠海市委员会主办，北京理工大学珠海学院及北京大学创业训练营等七家单位承办的珠港澳台创新创业嘉年华系列活动在北京理工大学珠海学院、珠海海湾大酒店等地举办。本次嘉年华以"青春同梦，创业同行"为主题，是珠海"菁创荟"青年就业创业综合服务平台的重要品牌活动，也是珠海首个海峡两岸暨香港、澳门青年齐聚的创新创业交流盛会。活动吸引了 650 余名海峡两岸暨香港、澳门的创业青年代表、金融行业精英和知名投资机构负责人等。主办方围绕"双创"主题和"青年同心圆计划"，为海峡两岸暨香港、澳门青年打造创新创业、合作发展的追梦舞台。

（二）创业大赛：项目帮扶、奖金支持、高科技行业

珠海（国家）高新区创业大赛由珠海（国家）高新技术产业开发区管委会举办，珠海高新技术创业服务中心、创业家传媒承办的大赛等承办，于 2015 年举办首届大赛，2016 年举办了第二届大赛。大赛主要关注智能硬件、人工智能、智慧医疗、先进制造、电子信息等行业，提供奖金支持＋赛后培训支持＋高新区天使投资意向支持的奖励。大赛着力挖掘并

[①] 《珠海举办珠港澳台青年创新创业嘉年华》，2016 年 12 月 4 日，光明网（http://difang.gmw.cn/gd/2016-12/04/content_23177596.htm）。

培育中国内地及港澳台、新加坡等地区的创业项目，在对优秀项目进行帮扶、融资、培训、孵化的同时，还将凝聚珠海青年创业势能，通过大赛形成本地创新创业资源要素集聚，以打造具有全国影响力的创业服务赛事平台。①

四 珠海市政府创业支持政策概览

珠海市政府相关部门从2012年开始共出台3份专门促进港澳青年创业的政策文件（见表17）。

表 17　　　　　　　　珠海市政府政策汇总

出台时间	出台部门	文件名称
2012.7	珠海高新技术产业开发区管委会 珠海市港澳事务局 珠海市财政局	珠海市港澳青年创业基地管理规定
2013	珠海市委 珠海市政府	蓝色珠海高层次人才计划
2016.1	珠海市人力资源和社会保障局 珠海市财政局	关于印发珠海市创业补贴实施办法的通知

资料来源：根据相关政策文件整理。其中广东自贸区的相关政策，将在第七部分详细分析。

政策文件中涉及重要定义：

珠海市港澳青年创业基地管理规定：港澳青年企业，是指港澳青年在珠海注册成立并担任法定代表人（或执行事务合伙人）的企业和港澳青年参股后所占股份不少于51%的珠海市企业。港澳青年的年龄限制范围为18周岁（含18周岁）至45周岁。

---

① 《以梦为马　不负韶华　2016珠海（国家）高新区创新创业大赛正式启动》，2016年9月23日，环球网（http://china.huanqiu.com/hot/2016-09/9479753.html）。

第七章　广东三大自贸区：港澳青年创业基地、完备服务体系

2014年12月，国务院决定设立中国（广东）自由贸易试验区，广东自贸区涵盖三片区：广州南沙新区片区（广州南沙自贸区）、深圳前海蛇口片区（深圳前海自贸区和深圳蛇口自贸区）、珠海横琴新区片区（珠海横琴自贸区），总面积116.2平方公里，广东自贸区立足面向港澳深度融合。

其中，南沙新区片区将面向全球进一步扩大开放，在构建符合国际高标准的投资贸易规则体系上先行先试，重点发展生产性服务业、航运物流、特色金融以及高端制造业，建设具有世界先进水平的综合服务枢纽，打造成国际性高端生产性服务业要素集聚高地。前海蛇口片区将依托深港深度合作，以国际化金融开放和创新为特色，重点发展科技服务、信息服务、现代金融等高端服务业，建设我国金融业对外开放试验示范窗口、世界服务贸易重要基地和国际性枢纽港。横琴新区片区将依托粤澳深度合作，重点发展旅游休闲健康、文化科教和高新技术等产业，建设成为文化教育开放先导区和国际商务服务休闲旅游基地，发挥促进澳门经济适度多元发展新载体、新高地的作用。[①]

广东自贸区致力于推动粤港澳的深度合作，同时要为港澳企业在广东自贸区的投资发展带来更大的便利，进一步放宽投资的准入，对香港、澳门的企业进入这三个片区将进一步放宽准入的限制，使港澳投资者在准入的资质要求、股比限制、经营范围等方面享受更低的门槛。

[①]《中国（广东）自由贸易试验区简介》，2015年3月2日（http://www.china-gd-ftz.gov.cn/zjzmq/zmsyqjj/201604/t20160414_1723.html#zhuyao）。

广东自贸区还将为港澳提供创业就业方面的便利。广东在自贸区设立港澳青年创业园，为港澳青年的创业项目提供孵化器等方面的支持；还将专门制定港澳人才认定办法，给予项目申报、创新创业、评价激励、服务保障等方面更宽松的措施。[①]

广东自贸区在具体的创业支持政策文本中设立了明确的财政税收扶持规定和场地、人才、技术等方面的支持办法。每个自贸区内皆设有至少一个港澳青年创新创业基地，对于港澳青年创业的政策支持绝大部分以各大基地为载体。各个基地各具特色，但都致力于为入驻的港澳青年提供资金、场地支持和"一站式"的创业服务。除此之外，三大自贸区的政策还具有两个特点：首先，由于自贸区特有的资源和优势，该地政府部门得以在粤港澳人才合作、资金管理等方面制定更具突破性的规定和办法，为港澳青年创业敞开大门。其次，三大自贸区更加注重打造完备的经济性公共服务体系和社会性公共服务体系，全力促进片区与港澳经济要素、生活元素的融合，为港澳创业人才提供更舒适便捷的生活圈。

广东自贸区关于港澳青年创业的政策可以分为物质资本支持、人力资本支持、技术资讯支持、社会资本支持和公共服务支持五大类（见表18）。

表18　　　　　　　　三大自贸区政策类型分析

政策类型	具体内容
一　物质资本支持	
（一）财务资源	创业启动资金扶持； 创业活动财务补贴； 市场融资支持； 税收财政优惠
（二）实物资源	办公场地支持； 房屋补贴
二　人力资本支持	打造人才集聚发展平台； 打造人才服务交流平台

---

① 《广东自贸区将建设成粤港澳深度合作示范区》，2015年4月21日，《南方日报》（http://news.xinhuanet.com/fortune/2015 - 04/21/c_127713822.htm）。

续表

政策类型	具体内容
三 技术资讯支持	完善科学技术配套服务
四 社会资本支持	宣传推介服务
五 公共服务支持	经济性公共服务； 社会性公共服务

资料来源：根据相关政策文件整理。

一 物质资本支持：专项资金、税收补贴、房屋配租

（一）财务资源：创业补贴、税收补贴、

1. 创业启动资金扶持

南沙成果转化启动资金： 带高新技术成果（或项目）来南沙创业的海内外人才，经区科技局对该项目认定后，每个项目可获得 20 万元成果转化启动资金，两年内免费提供 100 平方米以内的创业场所。

——广州市南沙区人事局（《广州市南沙区中高级人才引进暂行办法》）

2. 创业活动财务补贴

前海专项资金扶持： 前海管理局应当在专项资金中安排部分资金，专项扶持香港特别行政区（简称香港）投资者在前海独资或合资设立的企业（简称港资企业），以鼓励港资企业在前海创新创业与聚集发展。符合条件的港资企业可以选择按照本章规定或本办法其他章节的规定申请资金扶持。

港资企业注册资本实缴不少于 50%，拥有独立的经营管理团队，申请项目属于本办法扶持范围，且具备下列条件之一的，可以申请专项资金扶持：（1）主要发起股东是在香港依法注册的法人机构，从事经营不少于 3 年并依法缴纳利得税或依法免税。（2）主要发起股东是香港永久性

居民（含永久性居民中的中国公民），在前海设立的企业经营期不少于1年。(3) 以合资形式设立的，香港投资者符合本条第（1）项对股东的资质要求，且持有股权比例不低于51%。

对单个港资项目的扶持最高不超过 200 万元。其中，采用贷款贴息方式扶持的，按照本办法第十二条规定执行；采用财政资助方式扶持的，资助额度按企业申报时实缴注册资本的 50% 予以资助。

——深圳市前海深港现代服务业合作区管理局、深圳市财政委员会[《深圳前海深港现代服务业合作区现代服务业综合试点专项资金管理办法（修订版）》]

3. 市场融资支持

前海投融资支持： 设立产业投资引导基金①，甄选具有产业优势及产业基金管理经验的国内外优秀的基金管理团队，合作设立或增资投资于与前海蛇口自贸片区拟重点扶持的产业相关的子基金。引导基金对子基金的参股比例原则上不超过子基金总额的 30%，且不超过引导基金当期规模的 20%。引导基金参股设立子基金或增资已设立子基金，应符合下列要求：(1) 子基金应在前海蛇口自贸片区注册。(2) 子基金投向在前海蛇口自贸片区注册登记的企业的资金规模，原则上不低于引导基金对子基金出资额的 1.5 倍。(3) 引导基金与其他投资人对子基金的出资应分期到位。

以深圳海外高层次人才创新创业引导基金子基金为引导，鼓励创业投资机构和产业投资基金在前海投资人才和产业项目。设立前海股权投资母基金，支持包括香港在内的外资股权投资基金在前海创新发展。培育和发展各类风险投资机构、信用担保机构、创业服务机构，吸引社会力量参与，设立前海人才发展基金或风险投资基金，为企业发展和人才创新创业提供支撑。

——深圳市前海深港现代服务业合作区管理局（《前海建设"粤港澳

---

① 此处引导基金是指由前海产业发展资金等财政资金出资设立并按市场化方式运作的政策性基金，其宗旨是发挥市场资源配置作用和财政资金引导放大作用，引导社会资本投资前海合作区金融业、现代物流业、信息服务业、科技服务和其他专业服务四大产业，前海深港青年梦工场创新创业项目及中国（广东）自由贸易试验区深圳前海蛇口片区（简称前海蛇口自贸片区）重点扶持战略性新兴产业，以促进产业聚集和发展。

人才合作特别示范区"行动计划》)

4. 税收财政优惠

前海个人所得税补贴：在前海工作、符合前海优惠类产业方向的境外高端人才和紧缺人才，其在前海缴纳的工资薪金所得个人所得税已纳税额超过工资薪金应纳税所得额的15%部分，由深圳市人民政府给予财政补贴。申请人取得的上述财政补贴免征个人所得税。

——深圳市人民政府（《深圳前海深港现代服务业合作区境外高端人才和紧缺人才个人所得税财政补贴暂行办法》）

前海企业所得税减免：在国家税制改革框架下，在前海探索现代服务业税收体制改革。根据国家批准的前海产业准入目录及优惠目录，对符合条件的企业减按15%的税率征收企业所得税。

——深圳市前海深港现代服务业合作区管理局（《前海建设"粤港澳人才合作特别示范区"行动计划》）

横琴个人所得税税负差额补贴：《补贴暂行管理办法》第二条及第三条规定，补贴的金额为在横琴工作的香港、澳门居民就取得《中华人民共和国个人所得税法》及其实施条例所规定的十一项应税所得按实际缴纳的个人所得税税款与其个人所得按照香港、澳门地区税法测算的应纳税款的差额。

——珠海市横琴新区管理委员会（《横琴新区实施〈广东省财政厅关于在珠海市横琴新区工作的香港澳门居民个人所得税税负差额补贴的暂行管理办法〉的暂行规定》）

（二）实物资源：场地支持、住房配租

1. 办公场地支持

横琴创业谷办公场地支持：符合条件的企业或项目入驻创业谷可以享受办公场地1年以内的租金减免。

——珠海市横琴新区管理委员会（《横琴澳门青年创业谷管理暂行办法》）

前海青年创新创业梦工场办公场地支持：办公场地租金减免。

——深圳市前海管理局（《前海青年创新创业梦工场入园企业管理办法（暂行）》）

南沙创业场所支持：带高新技术成果（或项目）来南沙创业的海内外人才，经区科技局对该项目认定后，每个项目可获得 20 万元成果转化启动资金，两年内免费提供 100 平方米以内的创业场所。

——广州市南沙区人事局（《广州市南沙区中高级人才引进暂行办法》）

2. 房屋补贴

南沙购房补贴：给予引进的广东省创新创业领军团队购房补助 150 万元。给予引进的广东省领军人才购房补助 80 万元。给予引进的广州市创新创业领军团队购房补助 120 万元。给予引进的广州市领军人才购房补助 60 万元。

——广州市南沙区政府〔《广州南沙新区、中国（广东）自由贸易试验区广州南沙新区片区集聚高端领军人才和重点发展领域急需人才暂行办法》〕

前海住房配租：前海人才住房分为深港合作住房、产业扶持住房和公共服务住房。其中，深港合作住房，是指配租给在前海注册的港资企业的人才住房。申请配租深港合作住房的企业应当同时符合下列条件：（1）符合前海合作区产业准入目录。（2）无行贿犯罪记录。（3）经前海管理局认定的港资企业。在同等条件下，住房应当优先配租给港籍人才、境外高端人才和紧缺人才。

——深圳市前海深港现代服务业合作区管理局（《深圳市前海深港现代服务业合作区人才住房管理暂行办法》）

二 人力资本支持：人才引进、人才交流

（一）打造人才集聚发展平台：粤港澳人才、机制创新

横琴澳门青年创业谷人才引进服务：提供包括校企合作、猎头服务、

人才招聘、协调落实有关人才政策等人才引进服务。

——珠海市横琴新区管理委员会（《横琴澳门青年创业谷管理暂行办法》）

前海人才引进服务：深圳市政府应当创新现代服务业人才引进机制，在前海合作区推动人才工作体制机制、政策法规、服务保障、人才载体等创新，创造有利于人才集聚、发展的环境。

——深圳市第五届人民代表大会常务委员会（《深圳经济特区前海深港现代服务业合作区条例》）

前海打造现代服务业人才集聚平台：（1）搭建前海高端金融业人才聚集发展平台。（2）搭建前海高端现代物流业人才聚集发展平台。（3）搭建前海高端信息服务业人才聚集发展平台。（4）搭建前海高端科技服务和其他专业服务业人才聚集发展平台。（5）搭建前海境外高端人才和紧缺人才引进平台。（6）搭建前海人才发展的投融资服务平台。

——深圳市前海深港现代服务业合作区管理局（《前海建设"粤港澳人才合作特别示范区"行动计划》）

前海健全人才集聚机制：建立健全有利于现代服务业人才集聚的机制，研究制定各类吸引高层次、高技能服务业人才的配套措施，加强深港两地的信息交流和人才培训，积极探索两地从业人员的资格互认，营造良好、便利的工作和生活环境，加大对教育和培训的投入力度，充分发挥高等学校、职业院校和相关科研机构的作用，加强生产性、生活性服务业相关学科专业建设，加快形成与前海现代服务业集聚发展相适应的技能人才和创新人才培养体系，为前海现代服务业合作区建设提供人才支撑。

——国务院（《前海深港现代服务业合作区总体发展规划》）

（二）打造人才交流合作平台：交流服务、跨境人才合作

横琴新区人才交流服务：建立粤港澳高端人才交流服务中心，完善横琴中介服务产业链，全力打造横琴新区的政府部门、园区企业和高校的

"人才高地"。为境外人才进入横琴提供"一站式"服务，办理签证、专业资格认证、专业技能评审等相关手续。建设具有横琴特色的、具有人才库职能的人才门户网站。争取由省政府主办，联合港澳相关部门举办"粤港澳高端人才论坛"。

——珠海市横琴新区管理委员会（《珠海横琴新区建设"粤港澳人才合作特别示范区"的行动计划》）

横琴创业谷人才交流服务：定期举行创业培训、论坛、沙龙等活动，营造良好的创新创业文化氛围。

——珠海市横琴新区管理委员会（《横琴澳门青年创业谷管理暂行办法》）

前海创新人才合作机制：努力打造前海跨境跨区域国际人才合作示范区。（1）建立前海深港跨境人才合作机制。（2）建立前海深港跨境人才交流机制。（3）建立深港跨境高端人才培养机制。（4）建立深港跨境职业资格准入和互认机制。

——深圳市前海深港现代服务业合作区管理局［《前海建设"粤港澳人才合作特别示范区"行动计划》；中共深圳市委、深圳市人民政府《前海深港人才特区建设行动计划（2012—2015年）》］

三 技术资讯支持：技术配套、科技服务

横琴澳门青年创业谷科技成果鉴定等服务：……提供包括协助申请各类贴息贷款、政策性扶持资金和科技经费；协助申报高校技术企业认定和科技成果鉴定等服务。

——珠海市横琴新区管理委员会（《横琴澳门青年创业谷管理暂行办法》）

四 社会资本支持：市场推广、宣传推介

横琴澳门青年创业谷市场推广服务： 提供包括展览会议、产品对接、信息咨询、活动信息发布等市场推广服务。

——珠海市横琴新区管理委员会（《横琴澳门青年创业谷管理暂行办法》）

五 公共服务支持：专业服务、资格互认

（一）经济性公共服务：投融资服务、创业服务、服务业合作

横琴创业谷投融资服务： 提供包括银企对接、天使投资、风险投资、投融资咨询服务及财务顾问服务等。

——珠海市横琴新区管理委员会（《横琴澳门青年创业谷管理暂行办法》）

南沙专业服务支持： 鼓励港澳地区金融、医疗、保险、律师、会计、物流、咨询管理等服务组织和个人到南沙新区开展相关业务；南沙新区应当提升与港澳口岸合作水平，探索与港澳间口岸查验结果互认，简化通关手续，为人员往来和货物通关提供便利条件。

——广州市第十四届人民代表大会常务委员会（《南沙新区条例》）

横琴创业谷专业服务支持： 共享包括办公场地、通信网络、商务会务、电子阅览室、科技成果展示厅、咖啡厅、餐厅等设施。提供包括创业咨询、政策辅导、手续代理、工商注册、税务登记、银行开户"一站式服务"等创业服务。包括财会税务代理、商标专利代理、法律服务、科技咨询、资产评估等管理咨询服务。

——珠海市横琴新区管理委员会（《横琴澳门青年创业谷管理暂行办法》）

前海梦工场专业服务支持：梦工场事业部提供协助入园企业办理工商注册、税务登记、银行开户等服务；为入园企业申报科技项目提供资料初审、联系上报等全程服务；为入园企业的成果发布、信息沟通、产品检测、软件测评、成果鉴定、合资合作提供代办服务；协助入园企业代理、办理人才引进的有关手续；为入园企业的员工及外聘人员的生活起居、文体活动等提供协助；为入园企业举行的培训、项目洽谈等活动提供服务；有关财务、法律、人力资源、经营管理等方面的咨询服务；办公、科学研究、技术开发等公共场所的设施配套、环境卫生、安全等服务；为入园企业在孵化期间提供融资渠道和信息的服务。

——深圳市前海管理局［《前海青年创新创业梦工场入园企业管理办法（暂行）》］

前海支持港澳专业服务进入：将前海蛇口片区纳入经国家批准的广东省专业资格互认先行试点范围。探索允许取得香港执业资格的专业人士经相关主管部门备案后，直接为前海蛇口片区企业和居民提供专业服务。积极推进深港科技人才资质互认，推动建立深港调解员联合培训和资格互认机制。研究制定支持香港专业人才便利执业的专项支持措施，为香港法律、建筑、会计审计、广告、信用评级、旅行社、人才中介等专业服务机构参与片区开发建设提供便利。

——国务院［《中国（广东）自由贸易试验区深圳前海蛇口片区建设实施方案》］

前海完善知识产权服务：探索在前海蛇口片区建立知识产权运营中心，促进知识产权与科技金融的结合，加强与港澳地区合作，完善自贸区知识产权科技创新和投融资体系。在CEPA框架下进一步完善知识产权保护法律体系，加大知识产权保护执法力度。完善集专利、商标、版权"三合一"的知识产权管理和保护机制。推动成立知识产权快速维权援助中心，打造融知识产权申请、维权援助、纠纷调解、行政执法、司法诉讼为一体的知识产权纠纷快速解决平台。建立深港保护知识产权协调机制，加强深港两地知识产权保护的沟通与交流，开展知识产权保护宣传推介和信息分享，强化前海蛇口片区企业和居民知识产权保护意识。

——国务院〔《中国（广东）自由贸易试验区深圳前海蛇口片区建设实施方案》〕

前海完善法律服务：进一步完善深港法律查明机制，为前海法院商事审判活动提供境外法律查明服务。加强深港两地法律服务业合作，推动前海粤港澳律师事务所联营，研究制定支持前海法律服务业集聚发展的专项政策，吸引境内外知名法律服务机构进驻前海蛇口片区。积极配合行业组织、专业社会团队搭建法律培训平台，培养高端法律服务人才。

——国务院〔《中国（广东）自由贸易试验区深圳前海蛇口片区建设实施方案》〕

组建前海法庭，吸收香港居民中的中国公民担任前海法庭人民陪审员。研究制定管理办法，在前海探索完善深港两地律师事务所联营方式。支持香港仲裁机构在前海设立分支机构，适度提高深圳国际仲裁院香港籍仲裁员的选聘比例。

——深圳市前海深港现代服务业合作区管理局（《前海建设"粤港澳人才合作特别示范区"行动计划》）

（二）社会性公共服务：转诊服务、出入境便利、教育住房

南沙区医疗服务：南沙新区应当推进与港澳地区的健康医疗服务合作，建立与港澳医疗机构的沟通机制，推进互认检验检查结果，使港澳居民享受更加便利的转诊等医疗服务。

——广州市第十四届人民代表大会常务委员会（《南沙新区条例》）

南沙区教育服务：对非南沙户籍，满足积分入学条件的，可在子女入学手续办理方面享受便利。

——广州市南沙区政府〔《广州南沙新区、中国（广东）自由贸易试验区广州南沙新区片区集聚高端领军人才和重点发展领域急需人才暂行办法》〕

南沙区人才管理服务：在南沙新区（自贸区）范围内创新创业发展的港澳及外籍人才可享受出入境证件办理、集体户管理、人事档案代理、职称执业资格评定等方面的便利。

——广州市南沙区政府［《广州南沙新区、中国（广东）自由贸易试验区广州南沙新区片区集聚高端领军人才和重点发展领域急需人才暂行办法》］

横琴新区医疗服务：建立与港澳衔接的医疗保障体系。探索社会保障对接，引进港澳高水平的医疗保健机构和从业人员，在医保政策、医疗保险机构费用结算等方面与港澳衔接。探索健全高层次人才及紧缺人才补充养老、医疗保障制度。

——珠海市横琴新区管理委员会［《横琴人才管理改革试验区中长期人才发展规划（2013—2020年)》］

横琴新区教育服务：建立与港澳互动的教育体系。健全各类涉外教育活动制度、外籍教师引进和本地教师输出机制，打造教育国际化窗口基地。推动幼儿园和中小学教育资源与港澳地区相互开放，共同研究跨境学生通关、交通便利等措施。积极推动横琴新区高层次人才及紧缺人才的外籍子女在横琴新区就学的，享受国民待遇。争取国家支持横琴新区国际学校的招生对象扩大到在横琴新区工作的高层次人才及紧缺人才的子女。争取国家相关部委同意将中外合作办学机构审批权下放给横琴新区，允许举办义务教育的中外合作办学机构，经审核允许使用境外教材。

——珠海市横琴新区管理委员会［《横琴人才管理改革试验区中长期人才发展规划（2013—2020年)》］

前海探索完善社会性公共服务：深圳市政府应当在教育、医疗、社会保障等方面与香港开展合作，为境外人员在前海合作区工作和生活提供便利。前海合作区引进的高层次专业人才，在住房、配偶就业和子女入学等方面享受深圳市有关优惠政策。深圳市政府应当探索在前海合作区工作的境外高层次专业人才出入境管理的便利途径。

——深圳市第五届人民代表大会常务委员会（《深圳经济特区前海深港现代服务业合作区条例》）

推进全国人才管理改革试验区、粤港澳人才合作示范区建设，在人才引进、创新创业、安居保障等方面对创新人才给予政策扶持，创建国际高标准的医疗、教育环境，提高城市管理水平，构筑生态宜居高地。推动出台前海创新保护条例，加快科技成果使用处置和收益管理改革，扩大股权和分红激励政策实施范围，完善科技成果转化、职务发明法律制度，使创新人才分享成果收益。建立深港人才合作年会制度，开展深港澳青年人才交流活动。落实前海外籍高层次人才居留管理暂行办法，为高层次人才出入境、在华居留提供便利。

——国务院〔《中国（广东）自由贸易试验区深圳前海蛇口片区建设实施方案》〕

前海港澳人才出入境服务：在前海 e 站通设立商务签证服务窗口，为区内人员办理赴港商务签注提供便利；降低自贸区企业人员赴港商务签注门槛。为符合条件的人员申办 APEC 商务旅行卡，享受出入境通关便利服务。争取放宽香港小汽车入出前海蛇口片区审批条件，开通省公安厅前海蛇口片区"直通港澳车辆审批登记""港澳台地区临时入境机动车登记"绿色通道。

——国务院〔《中国（广东）自由贸易试验区深圳前海蛇口片区建设实施方案》〕

为外国籍人才、港澳台人才、海外华侨和留学归国人才在前海的出境通关、居住就业等提供尽可能的便利。

——深圳市前海深港现代服务业合作区管理局（《前海建设"粤港澳人才合作特别示范区"行动计划》）

前海港澳人才住房服务：推进实施人才安居工程，加大人才保障性住房建设力度，将前海地铁上盖物业整体改造升级为前海人才公寓，在前海都市综合体配备一定比例的高端公寓和商务公寓。建立前海人才服务中心，积极打造一站式人才服务体系，为人才提供优质高效的服务。

——深圳市前海深港现代服务业合作区管理局（《前海建设"粤港澳人才合作特别示范区"行动计划》）

前海港澳人才子女教育服务：支持和引进香港服务提供者在前海设立独资国际学校，其招生范围可扩大至在前海工作的取得国外长期居留权的海外华侨和归国留学人才的子女。

——深圳市前海深港现代服务业合作区管理局（《前海建设"粤港澳人才合作特别示范区"行动计划》）

前海港澳人才医疗服务：支持和引进香港服务提供者在前海设立独资医院。

——深圳市前海深港现代服务业合作区管理局（《前海建设"粤港澳人才合作特别示范区"行动计划》）

允许港澳服务提供者发展高端医疗服务，率先开展粤港澳医疗机构转诊合作试点。

——国务院［《中国（广东）自由贸易试验区深圳前海蛇口片区建设实施方案》］

六　特色创业平台：青年梦工场、创新工场、创业谷

在政府政策的支持下，三大自贸区建立了5个针对港澳青年创业的创业平台（见表19）。

表19　　　　　　　　　　三大自贸区创业平台

时间	名称	所在地
2014.12	前海深港青年梦工场	深圳前海
2015.4	粤港澳（国际）青年创新工场	广州南沙
2015.6	前海"梦想+"深港创投联盟	深圳前海
2015.6	横琴澳门青年创业谷	珠海横琴
2015.10	"创汇谷"粤港澳青年文创社区	广州南沙

资料来源：根据相关政策文件整理。

(一) 前海深港青年梦工场[①]

前海深港青年梦工场于 2014 年 12 月 7 日由前海管理局、深圳青联和香港青协三方发起成立，是服务深港及世界青年创新创业，帮助广大青年实现创业梦想的国际化服务平台。梦工场以现代物流业、信息服务业、科技服务业、文化创意产业及专业服务为重点，培养具创新创业意念的 18—45 岁青年，以及具高潜质的初创企业共 200 家，于"梦工场"实践创业计划，同时探索创新创业孵化器产业化发展的新模式。未来梦工场将凝聚国际一流的创业资源，为创业者们提供优质的资源和服务，打造具有国际影响力的创新创业中心。

梦工场位于前海合作区前湾片区，未来将成为前海合作区的综合发展片区，紧邻前海管理局办公楼和万科企业公馆，既有高效的政府资源支持，又有一流名企的商圈聚集。前海 17000 多家优质企业将作为优秀的榜样给梦工场的创业者带来强大的动力。梦工场专线光缆将为每栋楼提供百兆光纤的高速网络，满足各团队在互联网时代的信息交互与需求。整个园区将会高速免费 Wi-Fi 全覆盖，香港通信信号全面覆盖，在前海工作生活的香港人士可以享受香港市内电话资费计算。成功申请入驻梦工场的团队与企业都能够得到租金减免，让团队省去创业初期的租金烦恼。在梦工场的入驻团队可享受现代化的服务，配备舒适的办公设施，人才驿站以酒店式管理模式运营，为创业者们提供优质的住宿保障，园区内还设有港式餐饮及便利商店，为入驻的企业与团队带来舒适的创业环境。从公司的注册到上市，梦工场的服务平台机构将会提供一站式的咨询服务，包括投融资、会计、法律等咨询服务，协助企业与团队解决在创业过程中遇到的各种困难与问题。入驻前海的所有企业都将按 15% 的税率征收企业所得税。境外高端和紧缺人才可享 15% 个人工资薪金所得税优惠，由深圳市政府以财政补贴形式，归还个人于前海缴纳超过薪金总额 15% 的个人所得税。此外，入驻梦工场的所有企业均可

[①] 《前海深港青年梦工场介绍》(http://ehub.szqh.gov.cn/mgcjs/201412/t20141222_40972.shtml)。

享受前海深港合作区内的所有优惠政策。

（二）前海"梦想+"深港创投联盟

前海"梦想+"联盟以助力打造"深港创新创业圈"为使命，于2015年6月由前海深港青年梦工场牵头，联合180多家创投机构共同发起，松禾资本、同创伟业、英诺基金等知名创投机构均在其中，共同支持深港青年创新创业。联盟计划以非政府组织的形式运作，以梦工场合作平台机构为基础，整合新型孵化器、创投、产学研等创业要素资源，扶持深港青年创新创业。

该联盟重点打造创业孵化、创业培训、投融资、专业活动、专业服务、线上路演、创业传媒、国际交流等8个专业委员会，根据联盟成员特点建立双轮值主席机制和专业委员会机制。同时，联盟具有导师顾问团，聘请相关专家为前海梦工场发展战略、规划、政策制定和重大工作提供咨询意见，为入园创业团队定期提供创业咨询、指导和相关资讯服务。

此外，联盟首只由深港两地发起的创业发展基金——深港青年梦工场创业发展基金也于2015年6月宣布成立，基金首期规模初步拟定为1亿元人民币。[1]

（三）粤港澳（国际）青年创新工场

粤港澳（国际）青年创新工场于2015年4月在香港科技大学霍英东研究院成立，是广州市南沙区建设港澳青年创新创业服务平台的标志性项目。以"高校—粤港澳（国际）青年创新工场—产业园—产业界"为创新创业产业链，以超级计算为基础的"互联网+"和新材料研发为引领科研方向，是南沙自贸区建设具有国际特色的创新创业平台及国际化产学研创新实践基地。[2]

园区内总建筑面积3.15万平方米，可容纳100家创业团队，目前已

---

[1] 《打造首个深港青年创新创业生态圈》，《深圳特区报》2015年6月24日第C01版。
[2] 《粤港澳台青年的"双创"工场》，2017年1月10日，烟台经济技术开发区人力资源和社会保障局（http://rsj.yeda.gov.cn/rsjweb/view.aspx? id = 9203）。

建成 DIY 原型加工场、创意角等功能区,为创业团队提供完善的硬件基础设施。创新工场为入驻孵化的创业团队在南沙发展提供商事登记、财税、人事、法律、知识产权等代办服务。此外,该项目融合 30 余名香港科大教授、国家"千人计划"专家、知名企业家等在内的科研及商业顾问导师团,为港澳青年开展特色的 7×24 小时国际化创业辅导服务模式[1]。

粤港澳(国际)青年创新工场的主要模块之一——红鸟创业苗圃每期只孵化 8—10 支队伍,项目门槛高,主要是高端制造业、电子信息技术领域,例如新能源材料、制冷技术、物联网等。苗圃提供科研学术资源,创业导师面对面指导、交流。在技术的市场转化上,研究院协助引荐投资人;利用校友资源为创业者寻找平台进行嫁接[2]。

(四)横琴·澳门青年创业谷

横琴·澳门青年创业谷是响应国家"大众创业,万众创新"号召,为港澳、内地以及海外留学青年干事创业、交流合作、实现梦想打造的孵化平台,已经成为横琴自贸片区深化对澳合作的重要载体[3]。

横琴·澳门青年创业谷是由横琴新区管委会发起,政府、企业、高校、社团联合打造的青年服务平台。主要面向年龄在 18—45 周岁之间,在澳门学习、工作、生活的青年(涵盖澳门户籍、持有澳门单程证的内地、外国青年),采取政府推动、市场运作的方式,计划经过 1 年基础期、2—3 年发展期、4 年走向成熟期,希望到 2020 年培育十家上市公司、造就百个创业新星、打磨千家创意企业、掀起万人创业热潮,最终打造珠三角最具"互联网+"思维的创业新高地[4]。

---

[1] 《创业来南沙 听我院创新工场里两位公司负责人谈体会!》,2017 年 5 月 11 日,香港科技大学霍英东研究院(http://fyt.hkust.edu.cn/index.php/Home/Article/show/id/9404?l=zh)。

[2] 《开耕国际范"创业苗圃"》,2015 年 7 月 1 日,《南方日报》(http://news.163.com/15/0701/07/ATDVP3S600014AED.html)。

[3] 《横琴·澳门青年创业谷认定为珠海市市级创业孵化基地》,2017 年 3 月 13 日,南方 Plus 客户端(http://mini.eastday.com/a/170313184006501.html)。

[4] 《青年创业谷:打造创业新高地》,2015 年 6 月 15 日,横琴资讯(http://www.hengqin.gov.cn/hengqin/hengqinweekends/201506/d5e4ae7126084fa79adbf7a7bab00ebb.shtml)。

创业谷于 2015 年 6 月 29 日投入运营，按照"创业载体 + 创投资本 + 创新资源 +"立体孵化模式，全力打造"众创空间 + 孵化器 + 加速器"的可持续发展良好创新创业环境。截至 2017 年 3 月，累计入驻团队 175 家，澳门团队占近八成；目前已毕业 61 家，在孵 114 家，行业主要分布在电子信息、生物医药、现代农业以及环境保护等领域；已有 3 家企业成功申报高新技术企业，另有 5 家被纳入高新技术企业培育对象；15 家企业获得风险投资资金，融资额突破 1 亿元；引进 5 名"千人计划专家"，43 名欧美、澳洲、亚洲、港台等地留学人员；举办公益讲座、项目路演、专题论坛等创新创业活动 72 场，累计参与达 7500 余人次；重点打造的专业性投融资对接平台"横琴金谷汇"于 2017 年 2 月 21 日举办第三期，现已得到各路资本和项目的认可，有效汇聚了 79 家融资企业，650 家投资机构[①]；谷内一站式服务平台，引进了 18 家公共服务机构，全面提供政策支持、融资服务、共享设施、人才引进、管理咨询、交流培训、市场推广、科技中介八类服务；创业导师、企业辅导员、企业联络员等孵化体系不断完善，取得较好孵化成效。

(五)"创汇谷"粤港澳青年文创社区

"创汇谷"粤港澳青年文创社区是南沙区除粤港澳（国际）青年创新工场外的另一大港澳青年创业基地，于 2015 年 10 月正式落户南沙，重点面向粤港澳本土文化创意类青年人才，可为 100 支创业团队提供场地和基础设施配套。[②] 社区设有青年创业学院、青年创意工坊等功能区，以"文化创意 + 全媒体运营 + 创意设计"，打造精细化创意创业聚集孵化平台。是一条融工作空间、社交空间、资源共享空间为一体的完整"服务链"。[③]

---

① 《珠澳生物医药产业投融资对接会在横琴举行 IDG 资本等 7 家投资机构参与》，2017 年 6 月 30 日，横琴资讯（http://www.hengqin.gov.cn/hengqin/xxgk/201706/d4fcb7b9297f4283b9352ee2d45fba47.shtml）。

② 《南沙两大创新平台撑起国际青年创业舞台》，2017 年 5 月 10 日，广州市人民政府网站（http://www.gz.gov.cn/gzgov/s5816/201705/54fd2faf5f804b9d8e21208f5058f2dc.shtml）。

③ 《南沙开四基地迎港青创业》，2016 年 1 月 18 日，大公网（http://news.takungpao.com/paper/q/2016/0118/3269368.html）。

七 特色创业活动：创业交流、创业大赛、项目帮扶

（一）创业交流活动："百企千人"、创客营、世界论坛

1. 港澳青年学生实习"百企千人"活动

在 2016 年成功试点的基础上，2017 年南沙团区委等单位继续推出"百企千人"活动，由南沙区内各企业、单位结合工作实际提供实习岗位给港澳大学生实习。根据《关于推进实施港澳青年学生实习"百企千人"工作项目的通知》（团穗南联发〔2017〕5 号），实习时间是 6—8 月，实习项目以不增加企业成本负担为原则，由企业提出用人需求（实习岗位及数量可报团区委汇总），实习补贴费用由团区委通过财政补贴的方式对各实习单位予以全额补贴。[①] 该活动有助于吸引和服务港澳青年到南沙实习，拓展港澳青年的发展空间。

2. 世界青年创业论坛前海站

世界青年创业论坛前海站由深圳市青年联合会及香港青年协会主办，前海深港青年梦工场等联合主办，自 2016 年起已举办两场。2017 年，来自 20 多个国家和地区千余名青年创业家、天使投资人、行业专家及商界精英出席活动。论坛共设置 4 个会场，举行 10 多场次主题演讲、圆桌论坛、精品项目路演活动，近百位行业菁英围绕"洞见未来的创新发展""区块链重塑经济与世界""如何打造科技创新产业生态园区""黄金时代的创业之道""影视文化金融"等主题分享经验、探讨见解[②]，为包括港澳青年在内的创业青年提供交流和学习平台。

[①] 《团穗南联发〔2017〕5 号——关于推进实施港澳青年学生实习"百企千人"工作项目的通知》，2017 年 4 月 24 日，南沙区政府（http://www.gzns.gov.cn/tzns/tzdt/tzgg/201704/t20170424_344420.html）。

[②] 《2017 世界青年创业论坛在深圳前海举办》，2017 年 6 月 15 日，《中国基金报》（http://news.ifeng.com/a/20170615/51248676_0.shtml）。

3. 深港青年创客营活动

2015年6月，深圳市人民政府于《深圳市促进创客发展三年行动计划（2015—2017年）》中提出每年举办"深圳国际创客周"，其中，深港（国际）青年创客营作为创客活动之一，由团市委、前海管理局共同打造。深港（国际）青年创客营依托深港青年梦工场设立青年众创空间，通过举办深港（国际）创客项目路演暨融资对接会、深港飞手训练营等系列活动，强化深港两地青年创客的交流合作。①

4. 全国大众创业万众创新活动周前海站

由深圳市人民政府主办，前海管理局、深圳市青年联合会及香港青年协会联合承办的2016全国大众创业万众创新活动周前海站暨第二届前海深港青年创客营活动在前海深港青年梦工场举行。活动集中展示深港两地"互联网+"、智慧硬件、文化创意及专业服务等领域的新技术、新产品、新业态与新模式，展现深圳、香港两地青年创客的创新成果。②

（二）创业大赛：面向港澳、配套政策、项目扶持

1. 前海深港澳青年创新创业大赛③

5月4日，2017前海深港澳青年创新创业大赛启动会在青年梦工场举行。前海深港澳青年创新创业大赛由前海深港合作区管理局、深圳市科技创新委员会、深圳市港澳办、澳门经济局、香港中联办青年部、澳门中联办青年部、深港科技合作促进会、深港产学研基地等主要合作单位共同举办，由全球领先空间、社区及服务提供商WeWork特别支持。活动旨在激发深港澳地区青年人才创业热情，为打造"优势叠加、协同发展、合作共赢"的深港澳创新圈蓄力。大赛分设3个区域赛区（前海赛区、香港赛区、澳门赛区）以及多个合作赛事，参赛项目团队可在官方网站报名

---

① 《深圳市人民政府关于印发促进创客发展三年行动计划（2015—2017年）的通知》，2015年7月1日，深圳市人民政府（http://www.sz.gov.cn/zfgb/2015/gb927/201507/t20150701_2940489.htm）。

② 《2016全国大众创业万众创新活动周前海站开启》，2016年10月13日，人民网（http://leaders.people.com.cn/n1/2016/1013/c404026-28775162.html）。

③ 《2017前海深港澳青年创新创业大赛今天深圳启动》，2017年5月4日，央广网（http://news.eastday.com/eastday/13news/auto/news/china/20170504/u7ai6745758.html）。

系统自由选择参赛赛区。该大赛也是中国深圳创新创业大赛重要分赛区之一，晋级决赛且符合条件的项目将被推送参加第九届中国深圳创新创业大赛和第六届中国创新创业大赛。

主办方还专门为此次大赛配套一系列优惠政策：（1）大赛招募30家投资机构为参赛项目提供融资服务，参赛项目可通过大赛投资对接服务平台获得社会资本的投资机会，获奖项目将优先获得大赛合作创投机构的天使投资；（2）获奖项目或优秀参赛项目优先入驻前海深港青年梦工场，享受免租期一年，如获奖团队已入驻前海梦工场，可免租续期一年，并享受水电、物业管理费等费用优惠政策；（3）金、银、铜奖获奖团队在全国范围内优先入驻中国青年创业社区（其中深圳社区2家），享受免租期半年等优惠；（4）香港青年协会赛马会社会创新中心将为优胜队伍提供免租共享空间一年；（5）大赛签约一批专业化孵化基地，吸纳、依托社会资源、输出前海品牌和服务为创业者提供全方位的创业服务；（6）获奖项目或优秀参赛项目落地前海的，享受前海相关税收优惠政策。

大赛对推动港澳青年共同参与前海开发建设、共建深港澳大湾区具有重要意义。一是打通香港、澳门青年来内地创新创业的渠道，积极为三地青年搭建共同成长进步阶梯。二是对接深港澳的创新资源，进一步引导三地创新创业生态聚集前海。三是以点带面，利用前海创赛平台，推动深港澳三地在各领域合作的不断深化。

2. 南沙新区青年创新创业大赛

2017年1月"创汇谷杯"南沙新区第二届青年创新创业大赛暨第四届广州青年创新创业大赛自贸区（港澳特邀）分赛场依托"创汇谷"粤港澳青年文创社区启动。该大赛旨在营造创新创业氛围，打造粤港澳青年创新创业人才高地，同时逐步培养港澳青年人才在南沙创新创业的正向意愿。[①]

大赛重点面向港澳地区青年人才，文化创意、工业设计、跨境电商、互联网科技等项目类别优先入选。区总决赛前三名直接晋级第四届广州青年创业大赛总决赛，获奖的个人或团体则获得启动资金、政策扶持、场地

---

① 《广州南沙新区第二届青年创新创业大赛启动》，2017年1月21日，金羊网（http://news.ycwb.com/2017-01/21/content_24074285.htm）。

免租以及风投对接等优惠措施,获奖项目入驻"创汇谷"粤港澳青年文创社区,享受一年免租期和孵化基地系列扶持服务。

3. 广州南沙香港科大百万奖金(国际)创业大赛[①]

由香港科技大学、广州市科技创新委员会、广州南沙开发区管委会主办的广州南沙香港科大百万奖金(国际)创业大赛于2017年2月28日在南沙区的香港科大霍英东研究院正式启动。

迄今已连办六届的百万奖金创业大赛,前五届在香港举办[②],2016年第六届首次引入内地,其总决赛也首次在南沙举行,成为南沙新区首个国际性创业大赛。2017年,该赛事分设广州、澳门、香港、深圳、北京五大赛区,吸引包括港澳台在内的全球创业团队同台竞争。而霍英东研究院将继续举办广州地区赛及总决赛,为南沙引进更多优秀的创业团队及项目。2017年澳门赛区有50支团队参赛,涉及金融科技、新材料、生物医疗等领域。

大赛参赛团队可以是成立三年内的公司,或有创业想法、产品,计划半年内成立公司的初创团队。参赛主题可涉及但不限于纳米科技、信息科技、可再生能源、环境、医疗保健、金融服务、物流及社会企业等。2017年6月16日举行了地区总结赛,公布地区3强,其中,广州赛区设置总奖金132万元。8月11—12日全国总决赛在南沙进行,评选出一、二、三等奖及优胜奖等奖项,总决赛奖金合计264万元。

八 广东三大自贸区创业支持政策概览

三大自贸区相关政府部门从2012年开始共出台15份专门促进港澳青年创业的政策文件(见表20)。

[①] 《香港科大百万奖金创业大赛南沙启动》,2017年2月28日,《新快报》(http://www.myzaker.com/article/58b577081bc8e03b5c001642/)。

[②] 《智造大咖今日南沙对话IAB》,2017年7月6日,《南方都市报》(http://epaper.oeeee.com/epaper/G/html/2017-07/06/content_45233.htm)。

表 20　　　　　　　　　　　三大自贸区政策汇总

出台时间	出台部门	文件名称
2010.8	国务院	前海深港现代服务业合作区总体发展规划
2012.12	深圳市人民政府	深圳前海深港现代服务业合作区境外高端人才和紧缺人才个人所得税财政补贴暂行办法
2012.12	中共深圳市委 深圳市人民政府	前海深港人才特区建设行动计划（2012—2015 年）
2012.12	深圳市前海管理局 深圳市人力资源保障局	前海深港现代服务业合作区境外高端人才和紧缺人才认定暂行办法
2013.8	深圳市前海深港现代服务业合作区管理局	前海深港现代服务业合作区境外高端人才和紧缺人才认定暂行办法实施细则（试行）
2013.9	珠海市横琴新区管理委员会	横琴人才管理改革试验区中长期人才发展规划（2013—2020 年）
2013.12	广州市南沙区人事局	广州市南沙区中高级人才引进暂行办法
2014.2	深圳市第五届人民代表大会常务委员会	深圳经济特区前海深港现代服务业合作区条例
2014.2	珠海市横琴新区管理委员会	横琴新区实施《广东省财政厅关于在珠海市横琴新区工作的香港澳门居民个人所得税税负差额补贴的暂行管理办法》的暂行规定
2014.6	深圳市前海深港现代服务业合作区管理局	深圳前海建设"粤港澳人才合作特别示范区"的行动计划
2014.6	珠海市横琴新区管理委员会	珠海横琴新区建设"粤港澳人才合作特别示范区"的行动计划
2014.7	广州市第十四届人民代表大会常务委员会	广州市南沙新区条例
2014.12	深圳市前海管理局	前海青年创新创业梦工场入园企业管理办法（暂行）
2014.12	国务院	中国（广东）自由贸易试验区深圳前海蛇口片区建设实施方案
2015	珠海市横琴新区管理委员会	横琴澳门青年创业谷管理暂行办法
2015.2	广东省自贸区工作办公室	珠海经济特区横琴新区条例
2015.10	广州市南沙区政府	广州南沙新区、中国（广东）自由贸易试验区广州南沙新区片区集聚高端领军人才和重点发展领域急需人才暂行办法
2016.6	广州市南沙青年联合会 澳门经济局	关于共同推进广州南沙、澳门青年创业孵化合作协议

续表

出台时间	出台部门	文件名称
2016.6	深圳前海蛇口自贸区	前海蛇口自贸区建设国际人才自由港工作方案
2016.7	深圳市前海深港现代服务业合作区管理局	深圳前海深港现代服务业合作区产业投资引导基金管理暂行办法
2016.9	深圳市前海深港现代服务业合作区管理局 深圳市财政委员会	深圳前海深港现代服务业合作区现代服务业综合试点专项资金管理办法（修订版）
2016.11	深圳市前海深港现代服务业合作区管理局	深圳市前海深港现代服务业合作区人才住房管理暂行办法

资料来源：根据相关政策文件整理。

政策文件中涉及重要定义：

横琴澳门青年创业谷：澳门青年是指年龄在 18—45 周岁之间，在澳门学习、工作、生活的青年，包括澳门居民、澳门高校在读的内地和外国学生等。（《横琴澳门青年创业谷管理暂行办法》）

港籍人才，是指与在前海注册的企业建立了劳动关系并符合本办法第十五条要求的香港永久居民。港资企业，是指香港特别行政区投资者在前海独资或者合资设立的企业。（《深圳前海深港现代服务业合作区境外高端人才和紧缺人才个人所得税财政补贴暂行办法》）

境外高端人才和紧缺人才须具备以下基本资格条件：（1）具有外国国籍人士，或香港、澳门、台湾地区居民，或取得国外长期居留权的海外华侨和归国留学人才；（2）创办或服务的企业和相关机构（简称所在单位）属于前海重点发展的金融、现代物流、信息服务、科技服务和其他专业服务产业领域；（3）在前海创业或在前海登记注册的企业和相关机构工作；（4）在前海依法缴纳个人所得税。符合基本条件，在所在单位连续工作满 1 年、申请年度在前海实际工作时间不少于 6 个月并具备下列条件之一：（1）经国家、省级政府、深圳市认定的海外高层次人才；（2）在前海注册并按照《深圳市鼓励总部企业发展暂行办法》（深府〔2012〕104 号）认定的总部企业、世界 500 强企业及其分支机构的管理或技术类人才；（3）在前海注册的其他企业的中层及以上管理或同等层次技术类人才；(4) 拥有国际认可执业资格或国内急需的发明专利的人才。[《前海深港现代服务业合作区境外高端人才和紧缺人才认定暂行办法》《前海深港现代服务业合作区境外高端人才和紧缺人才认定暂行办法实施细则（试行）》]

附 录

附录一 港澳青年内地创业政府部门一览表

序号	机构名称	地址	网址	联系电话	邮箱
\multicolumn{6}{中央政府}
1	中华人民共和国财政部	北京市西城区三里河南三巷3号	http://www.mof.gov.cn/index.htm	010-68551114	
2	中华人民共和国科技部	北京市复兴路乙15号	http://www.most.gov.cn/		
3	国家发展和改革委员会	北京市西城区月坛南街38号	http://www.ndrc.gov.cn/		
4	国务院	北京市	http://www.gov.cn/	010-88050801	content@mail.gov.cn
			广东省政府		
5	中共广东省委省政府		http://www.gd.gov.cn/	020-83135078	service@gov.south-cn.com
6	广东省财政厅	广州市北京路376号	http://www.gdczt.gov.cn/	020-83176502	
7	广东省科学科技厅	广州市连新路171号科技信息大楼	http://www.gdstc.gov.cn/	020-83163352	
8	中共广东省委组织部		http://www.gdzz.cn/javaoa/home/index.jsp		
9	广东省人力资源和社会保障厅	广州市教育路88号	http://www.gdhrss.gov.cn/	020-12333	
10	广东省自贸区工作办公室	中国广州天河路351号广东外经贸大厦	http://www.china-gdftz.gov.cn/		
			港澳特区政府		
11	香港特别行政区政府		https://www.gov.hk/sc/residents/		
12	澳门特别行政区政府		http://portal.gov.mo/web/guest/welcomepage		

续表

序号	机构名称	地址	网址	联系电话	邮箱
13	香港特别行政区政府创新科技署	香港添马添美道2号政府总部西翼21楼	http://www.itc.gov.hk/	852-3655 5856	enquiry@itc.gov.hk
14	香港特区政府民政事务局	香港添马添美道2号政府总部西翼12楼	http://www.hab.gov.hk/chs/contact_us/suggestion.htm	852-3509 8095	hab@hab.gov.hk
15	澳门特区政府经济局	澳门南湾罗保博士街1—3号国际银行大厦6楼行政暨财政处	https://www.economia.gov.mo/zh/web/public/pg_icf?_refresh=true	853-2856 2622	info@economia.gov.mo
广州市政府					
16	广州市人力资源和社会保障局	小北路266号北秀大厦12楼	http://www.hrssgz.gov.cn/		
17	广州市财政局	广州市天河区华利路61号	http://www.gzfinance.gov.cn/	020-38923892	gzsczjyjxx@gz.gov.cn
18	广州市南沙区政府	广州市南沙开发区凤凰大道1号	http://www.gzns.gov.cn/	020-84986646	
19	广州市番禺区政府	广州市番禺区清河东路319号行政办公大楼西副楼五楼	http://www.panyu.gov.cn/	020-84636189	
20	广州市天河区科技工业和信息化局	广州市天河区中山大道荷光路123号1—3楼	http://www.thst.gov.cn/	020-85574463	
21	广州市南沙区人事局		http://www.nsrs.gov.cn/		
22	广州市番禺区科工商信局	广东省广州市番禺区口岸大街11号			
深圳市政府					
23	深圳市财政委员会	深圳市景田东路9号	http://www.szfb.gov.cn/	0755-83948199	czjc@sz.gov.cn

续表

序号	机构名称	地址	网址	联系电话	邮箱
24	深圳市人力资源保障局	深圳市福田区深南大道8005号深圳人才园	http://www.szhrss.gov.cn/	0755-12333	
25	深圳市人民政府科技创新委员会	深圳市福山区福中三路市民中心C区五楼	http://www.szsti.gov.cn/	0755-88102191	complain@szsti.gov.cn
26	深圳市罗湖区人民政府	深圳市罗湖区湖贝路1030号旧区委办公大楼1楼	http://www.szlh.gov.cn/main/index.shtml#home	0755-82201625	
27	深圳市前海管理局	深圳市南山区东滨路与月亮大道交会处南侧前海深港合作区综合办公楼			
28	深圳市前海深港现代服务业合作区管理局	深圳市	http://www.szqh.gov.cn/		
29	中共深圳市龙岗区委	深圳市龙岗中心城政府大楼		0755-28909824	
30	深圳市龙岗区人民政府	广东省深圳市龙岗区龙翔大道8033号	http://www.lg.gov.cn/	0755-518172	
31	深圳市龙岗区人才工作领导小组办公室				
珠海市政府					
32	珠海市政府	珠海市人民东路市政府大院	http://www.zhuhai.gov.cn/		webmaster@zhuhai.gov.cn
33	珠海市财政局	珠海市香洲区兴华路152号	http://www.zhcz.gov.cn/	0756-2121260	
34	珠海市人力资源和社会保障局	珠海市香洲区康宁路66号	http://www.zhrsj.gov.cn/	0756-12345	
35	珠海市港澳事务局	珠海市香洲区市府大院2号楼	http://www.zhfao.gov.cn/	0756-2125209	
36	珠海市横琴新区管委会				
37	珠海高新技术产业开发区管委会	珠海高新区南方软件园A3楼	https://www.zhuhai-hitech.gov.cn/	0756-3629800	

附录二 特色创业平台一览表

序号	机构名称	地址	网址	联系电话	邮箱
1	中国青创板	广州市	http://www.chinayouthgem.com/index	020-66885236	chinayouthgem@163.com
2	粤港澳（国际）青年创新工场	广州市南沙自贸区	http://ftz.gzns.gov.cn/		
3	荔港澳青年创新创业孵化基地	广州市荔湾区			
4	"创汇谷"粤港澳青年文创社区	广州市南沙区			
5	广州大学城港澳台青年创新创业基地示范点	广州市			
6	天河区港澳青年创业基地	广州市天河区珠江新城 ATLAS 寰图办公空间			
7	深港产学研基地	深圳市高新技术产业园南区深港产学研基地大楼	http://www.ier.org.cn/	0755-26737441	admin@ier.org.cn
8	前海深港青年梦工场	深圳市前海自贸区	http://ehub.szqh.gov.cn/		
9	前海"梦想+"深港创投联盟	深圳市			
10	深港青年创新创业基地	深圳市			

续表

序号	机构名称	地址	网址	联系电话	邮箱
11	横琴·澳门青年创业谷	珠海市横琴自贸区	http://www.hengqin.gov.cn/hengqin/cyg/information_list.shtml		
12	三山粤港澳青年创业社区	佛山市南海区桂城街道港口路6号国际创智园			
13	中山市易创空间孵化基地	中山市富湾南路中山美居产业园8—9栋	http://www.ieepark.cn/platform/detail/id/115.shtml		203444690@qq.com
14	东莞松山湖（生态园）	东莞市松山湖科技产业园区	http://www.ssl.gov.cn/		ssl@ssl.gov.cn
15	广东江门侨梦苑港澳青年创业创新基地	江门市			
16	惠州仲恺高新区港澳青年创业基地	惠州市仲恺高新区			

附录三　港澳青年内地创业服务机构一览表

序号	机构名称	地址	网址	联系电话	邮箱
香港					
1	国际青年商会香港总会	香港干诺道西21号海景商业大厦	http://www.jcihk.org/en/index.php?langcode=en	852-25438913	info@jci-hk.org
2	香港青年协会	香港北角百福道21号香港青年协会大厦21楼	https://hkfyg.org.hk/zh/%E4%B8%BB%E9%A0%81/	852-25272448	hq@hkfyg.org.hk
3	香港菁英会	香港柴湾柴湾道238号青年广场8楼815室	http://www.yelites.org/	852-28213388	info@yelites.org
4	香港理工大学与上海市大学生科技创业基金会成立的上海市大学生科技创业基金会—理大专项基金	上海市杨浦区国定东路200号5号楼3楼	http://www.stefg.org/	021-55231818	
澳门					
5	澳门中华总商会	澳门新口岸上海街175号中华总商会大厦5楼	http://www.acm.org.mo/	853-28576833	
广东省					
6	广东软件行业协会	广东省广州市天河区员村一横路7号大院广东软件大厦5楼	http://www.gdsia.org.cn/	020-38263100	rpb@gdsia.org.cn
广州市					
7	广州市南沙区青年联合会	广州市南沙区金岭北路95号	http://www.nsyouth.net/		
8	广州市青年联合会	广州市越秀区寺贝通津1号大院	http://www.gdqinglian.org/		llb@gd-cyl.org
深圳市					
9	深圳市青年联合会	深圳市红荔路1001号银盛大厦12楼	http://www.szyouth.cn/	0755-82104716	youth@szyouth.cn

附录四　中央政府支持港澳青年内地创业政策文件一览表

序号	机构名称	文件时间	文件全称	网址
1	中华人民共和国财政部 中华人民共和国科技部	2007.7	科技型中小企业创业投资引导基金管理暂行办法	http://www.gov.cn/ztzl/kjfzgh/content_883848.htm
2	国家发展和改革委员会	2008.12	珠三角地区改革发展规划纲要（2008—2020年）	http://www.scio.gov.cn/xwfbh/xwbfbh/wqfbh/2014/20140610/xgzc31037/Document/1372733/1372733_3.htm
3	国务院	2010.8	前海深港现代服务业合作区总体发展规划	http://www.szqh.gov.cn/ljqh/ghjs/ghgl/ghjs_zhgh/
4	国务院	2013.1	国务院关于印发"十二五"国家自主创新能力建设规划的通知	http://www.gov.cn/zwgk/2013—05/29/content_2414100.htm
5	国务院办公厅	2015.3	国务院办公厅关于发展众创空间推进大众创新创业的指导意见	http://www.gov.cn/zhengce/content/2015—03/11/content_9519.htm
6	国务院	2015.6	国务院关于大力推进大众创业万众创新若干政策措施的意见	http://www.gov.cn/zhengce/content/2015—06/16/content_9855.htm
7	国务院办公厅	2016.2	国务院办公厅关于加快众创空间发展服务实体经济转型升级的指导意见	http://www.gov.cn/zhengce/content/2016—02/18/content_5043305.htm
8	国务院	2016.7	国务院关于印发"十三五"国家科技创新规划的通知	http://www.scio.gov.cn/32344/32345/33969/34872/xgzc34878/Document/1486317/1486317.htm
9	中国共产党中央委员会 国务院	2017.4	中长期青年发展规划（2016—2025年）	http://www.gov.cn/xinwen/2017—04/13/content_5185555.htm#allContent

续表

序号	机构名称	文件时间	文件全称	网址
10	中华人民共和国财政部 国家税务总局	2017.4	关于创业投资企业和天使投资个人有关税收试点政策的通知	http://szs.mof.gov.cn/zhengwuxinxi/zhengcefabu/201705/t20170502_2591730.html
11	国家发展和改革委员会 广东省人民政府 香港特别行政区政府 澳门特别行政区政府	2017.7	深化粤港澳合作 推进大湾区建设框架协议	http://www.pprd.org.cn/fzgk/hzgh/201707/t20170704_460601.htm
12	国务院	2017.7	国务院关于强化实施创新驱动发展战略进一步推进大众创业万众创新深入发展的意见	http://www.gov.cn/zhengce/content/2017-07/27/content_5213735.htm
13	中国共产党中央委员会 国务院	2017.9	中共中央国务院关于营造企业家健康成长环境弘扬优秀企业家精神更好发挥企业家作用的意见	http://cpc.people.com.cn/n1/2017/0926/c64387-29558638.html

附录五 广东省政府支持港澳青年内地创业政策文件一览表

序号	机构名称	文件时间	文件全称	网址
1	广东省人民政府	2003	广东省引进人才实行《广东省居住证》暂行办法	http://www.hrssgz.gov.cn/rcyj/tzgg/200506/t20050624_17209.htm
2	广东省人民政府 科学技术部 教育部	2008.9	广东自主创新规划纲要	http://www.szsti.gov.cn/info/policy/gd/28
3	中共广东省委 广东省人民政府	2008.9	中共广东省委广东省人民政府关于加快吸引培养高层次人才的意见	http://cxtd.gdstc.gov.cn/HTML/rcpt/zcfg/14083526293954925929853468960608.html
4	广东省财政厅 广东省科学科技厅	2009.4	广东省科技型中小企业技术创新专项资金管理暂行办法	http://www.gdstc.gov.cn/HTML/zwgk/zcfg/zxzcfg/1243741448434—7008314206545433134.html
5	广东省人民代表大会常务委员会	2011.11	广东省自主创新促进条例	http://www.szsti.gov.cn/f/info/policy/gd/1.pdf
6	广东省财政厅	2014.2	广东省财政厅关于在珠海市横琴新区工作的香港澳门居民个人所得税税负差额补贴的暂行管理办法	http://www.hengqin.gov.cn/Wap/zcfg/201501/9635d5d1c11246f9a7e74772dd115b92.shtml
7	广东省人力资源和社会保障厅	2014.6	省人力资源和社会保障厅推进"粤港澳人才合作示范区"建设总体安排的意见及实施方案	http://www.gdhrss.gov.cn/publicfiles/business/htmlfiles/ygarc/s2066/201406/47645.html
8	中共广东省委 广东省人民政府	2014.6	关于全面深化科技体制改革加快创新驱动发展的决定	http://www.gdstc.gov.cn/msg-image/zwxw/2014/07/0717_FGC_FJ.pdf
9	广东省财政厅 中共广东省委组织部	2014.6	广东省实施扬帆计划专项资金管理办法	http://zwgk.gd.gov.cn/006939991/201410/t20141014_550617.html
10	广东省科技厅	2014.6	广东省科技金融支持科技型中小微企业专项行动计划（2013—2015）	http://www.gdstc.gov.cn/HTML/zwgk/fzgh/1416283127795498061484270519008.html

续表

序号	机构名称	文件时间	文件全称	网址
11	广东省人力资源和社会保障厅	2014.9	广东省大学生创业引领计划（2014—2017年）实施方案	http://www.gdhrss.gov.cn/public-files/business/htmlfiles/gdhrss/s60/201409/48593.html
12	广东省财政厅 中共广东省委组织部	2014.10	珠江人才计划专项资金管理办法	http://zwgk.gd.gov.cn/006939991/201503/t20150324_573549.html
13	广东省人民政府	2015.2	广东省人民政府关于加快科技创新的若干政策意见	http://cxtd.gdstc.gov.cn/HTML/rcpt/zcfg/14884261833546193905026849625616.html
14	广东省科学技术厅 广东省财政厅	2015.2	广东省科学技术厅 广东省财政厅关于科技企业孵化器创业投资及信贷风险补偿资金试行细则	http://www.szsti.gov.cn/info/policy/gd/50
15	广东省人民政府	2015.7	广东省人民政府关于创新完善中小微企业投融资机制的若干意见	http://www.szsti.gov.cn/info/policy/gd/58
16	广东省人民政府	2015.7	广东省人民政府关于印发中国（广东）自由贸易试验区建设实施方案的通知	http://zwgk.gd.gov.cn/006939748/201507/t20150721_593534.html
17	广东省人民政府	2016.3	广东省人民政府关于大力推进大众创业万众创新的实施意见	http://zwgk.gd.gov.cn/006939748/201603/t20160329_649604.html#
18	广东省公安厅	2016.8	支持广东自贸试验区建设和创新驱动发展出入境政策措施	http://www.gzszfw.gov.cn/Item/5337.aspx
19	广东省人民政府办公厅	2016.10	广东省人民政府办公厅关于印发广东省建设大众创业万众创新示范基地实施方案的通知	http://zwgk.gd.gov.cn/006939748/201610/t20161012_675201.html
20	广东省人力资源和社会保障厅	2016.10	广东省人力资源和社会保障厅关于省级优秀创业项目资助的管理办法	http://www.gdhrss.gov.cn/public-files/business/htmlfiles/gdhrss/s60/201610/59080.html
21	广东省人民政府办公厅	2016.11	广东省人民政府办公厅关于进一步促进科技成果转移转化的实施意见	http://zwgk.gd.gov.cn/006939748/201611/t20161117_680838.html
22	中共广东省委办公厅	2017.1	关于我省深化人才发展体制机制改革的实施意见	http://www.rencai.gov.cn/Index/detail/10148

附录六 港澳特区政府支持港澳青年内地创业政策文件一览表

序号	机构名称	文件时间	文件全称	网址
1	澳门特区政府	2013.8	青年创业援助计划	https：//www.economia.gov.mo/zh_CN/web/public/pg_ead_lsye_intro?_refresh=true
2	香港特区政府（民政事务局和青年事务委员会）	2015	青年内地实习资助计划	http：//www.coy.gov.hk/tc/mainland_exchange/funding_scheme_17_18.html
3	深圳市人民政府科技创新委员会 香港特别行政区政府创新科技署	2013.1	共同推进深港青年创新创业基地建设合作协议	http：//www.doc88.com/p-7485941979929.html
4	广州市南沙区青年联合会 澳门特区政府（经济局）	2016.6	关于共同推进广州南沙、澳门青年创业孵化的合作协议	
5	深圳市政府 澳门特区政府	2016.11	关于共同推进深圳、澳门青年创业孵化的战略合作框架协议	
6	深圳市政府 香港特区政府	2017.1	关于港深推进落马洲河套地区共同发展的合作备忘录	
7	香港数码港管理有限公司（数码港） 广东软件行业协会	2011	深港ICT青年创业计划及粤港ICT青年创业计划	
8	香港数码港	2011	数码港粤港青年创业计划	
9	香港理工大学 上海市大学生科技创业基金会	2013	上海市大学生科技创业基金会—理大专项基金	

续表

序号	机构名称	文件时间	文件全称	网址
10	前海管理局 深圳市青年联合会 香港青年协会	2014	前海青年创新创业梦工场	
11	广州市青联 香港青年联会 香港菁英会 国际青年商会香港总会 澳门中华总商会	2009.3	穗港澳促进青年就业创业合作框架协议	

附录七　广州市政府支持港澳青年内地创业政策文件一览表

序号	机构名称	文件时间	文件全称	网址
1	广州市第十四届人民代表大会常务委员会	2014.7	广州市南沙新区条例	http://www.gzns.gov.cn/rd/flfg/gzsdfxfg/201601/t20160131_306596.html
2	广州市南沙区政府	2015.10	广州南沙新区、中国（广东）自由贸易试验区广州南沙新区片区集聚高端领军人才和重点发展领域急需人才暂行办法	http://www.gzns.gov.cn/xxgk/ns01/201510/t20151010_294183.html
3	广州市人力资源和社会保障局　广州市财政局	2015.11	广州市创业带动就业补贴办法	http://www.hrssgz.gov.cn/ydmh/zhpdtzgg/201511/t20151117_238285.html
4	广州市南沙青年联合会与澳门经济局	2016.6	关于共同推进广州南沙、澳门青年创业孵化合作协议	
5	广州市南沙区人事局	2013.12	广州市南沙区中高级人才引进暂行办法	http://www.gzns.gov.cn/tzns/tzzc/bdzc/201609/t20160922_327213.html
6	广州市番禺区政府	2016.12	番禺区关于加强广州大学城创新人才资源合作与开发的制度	
7	广州市番禺区政府	2017.1	番禺区扶持港澳台青年创新创业政策	
8	广州市番禺区政府	2017.2	建设广州大学城港澳台青年创新创业基地实施方案	http://www.gz.gov.cn/GZ632.2/201702/82f65b6d505b4b1bb91a760e9b1128f1.shtml

续表

序号	机构名称	文件时间	文件全称	网址
9	广州市天河区科技工业和信息化局	2017.3	广州市天河区推动港澳青年创新创业发展实施办法	http://www.tyhsai.com/nd.jsp?id=74
10	广州市番禺区科工商信局	2017.4	2017年广州市番禺区产业领军人才集聚工程各项目申报及"高层次人才服务卡"申领公告——"青蓝计划"创业项目申报指南	http://www.panyu.gov.cn/gzpy/tgl/2017—04/28/content_6dd86952250c4e40abc0bbe41077a6c4.shtml

附录八　深圳市政府支持港澳青年内地创业政策文件一览表

序号	机构名称	文件时间	文件全称	网址
1	香港特别行政区政府 深圳市人民政府	2007	"深港创新圈"合作协议	http://www.itc.gov.hk/ch/doc/CA_Shenzhen&HK_InnovationCircle_（Chi）.pdf
2	中共深圳市委 深圳市人民政府	2011.4	中共深圳市委　深圳市人民政府关于实施引进海外高层次人才"孔雀计划"的意见	http://www.szhrss.gov.cn/ztfw/gccrc/zcfg/kqjh/201104/t20110413_1650116.htm
3	中共深圳市委 深圳市人民政府	2012.12	前海深港人才特区建设行动计划（2012—2015年）	http://www.sz.gov.cn/zfgb/2012_1/gb816/201212/t20121217_2087252.htm
4	深圳市前海管理局 深圳市人力资源保障局	2012.12	前海深港现代服务业合作区境外高端人才和紧缺人才认定暂行办法	http://www.szqh.gov.cn/fzgj/wzall/wza_zcfg/201301/t20130117_29054.shtml
5	深圳市人民政府	2012.12	深圳前海深港现代服务业合作区境外高端人才和紧缺人才个人所得税财政补贴暂行办法	http://www.sz.gov.cn/zfgb/2013/gb819/201301/t20130122_2102811.htm
6	深圳市人民政府科技创新委员会 香港特别行政区政府创新科技署	2013.6	共同推进深港青年创新创业基地建设合作协议	http://gia.info.gov.hk/general/201301/11/P201301110461_0461_105427.pdf
7	深圳市前海深港现代服务业合作区管理局	2013.8	前海深港现代服务业合作区境外高端人才和紧缺人才认定暂行办法实施细则（试行）	http://www.sz.gov.cn/zfgb/2013/gb847/201308/t20130821_2185669.htm

续表

序号	机构名称	文件时间	文件全称	网址
8	深圳市第五届人民代表大会常务委员会	2014.2	深圳经济特区前海深港现代服务业合作区条例	http://www.szqh.gov.cn/ljqh/fzqh/flfg/qhfg/201402/t20140223_32859.shtml
9	深圳市前海深港现代服务业合作区管理局	2014.6	深圳前海建设"粤港澳人才合作特别示范区"的行动计划	http://www.gdhrss.gov.cn/publicfiles/business/htmlfiles/ygarc/s2066/201406/47647.html
10	深圳市人民政府	2015.7	中国（广东）自由贸易试验区深圳前海蛇口片区建设实施方案	http://www.szqh.gov.cn/sygnan/xxgk/xxgkml/zcfg/szsfg/201507/t20150724_18141566.shtml
11	深圳前海管委会	2014.12	前海青年创新创业梦工场入园企业管理办法（暂行）	http://ehub.szqh.gov.cn/cyzc/201412/t20141222_40973.shtml
12	深圳市人民政府	2015.6	深圳市关于促进创客发展的若干措施（试行）	http://www.szsti.gov.cn/info/policy/sz/106
13	深圳市人民政府	2015.6	深圳市促进创客发展三年行动计划（2015—2017年）	http://www.szsti.gov.cn/info/policy/sz/105
14	深圳市罗湖区人民政府	2015.7	深圳市罗湖区人民政府印发关于实施高层次产业人才"菁英计划"的意见及三个配套文件的通知	http://www.szlh.gov.cn/main/a/2015/h10/a306128_1250974.shtml
15	深圳市人民政府	2015.8	中国（广东）自由贸易试验区深圳前海蛇口片区建设实施方案	http://www.sz.gov.cn/zfgb/2015/gb933/201508/t20150819_3170357.htm
16	深圳特区政府	2016	深圳经济特区国家自主创新示范区条例	
17	中共深圳市委 深圳市人民政府	2016.3	关于促进人才优先发展的若干措施	http://www.szsti.gov.cn/info/policy/sz/119
18	中共深圳市委 深圳市人民政府	2016.3	关于促进科技创新的若干措施	http://www.szsti.gov.cn/info/policy/sz/118
19	深圳前海蛇口自贸区	2016.6	前海蛇口自贸区建设国际人才自由港工作方案	
20	中共深圳市委 深圳市人民政府	2016.7	关于完善人才住房制度的若干措施	http://www.szsti.gov.cn/info/policy/sz/131

续表

序号	机构名称	文件时间	文件全称	网址
21	深圳市前海深港现代服务业合作区管理局	2016.7	深圳前海深港现代服务业合作区产业投资引导基金管理暂行办法	http://www.szqh.gov.cn/sygnan/xxgk/xxgkml/zcfg/gfxwj/201608/t20160804_36081114.shtml
22	深圳市人民政府	2016.8	深圳市人民政府关于大力推进大众创业万众创新的实施意见	http://www.sz.gov.cn/zfgb/2016/gb970/201609/t20160906_4457354.htm
23	深圳市前海深港现代服务业合作区管理局 深圳市财政委员会	2016.9	深圳前海深港现代服务业合作区现代服务业综合试点专项资金管理办法（修订版）	http://www.szqh.gov.cn/tzqh/tzzn/xdfwyzhsd/xdfwy_zcfg/201609/t20160923_39554095.shtml
24	中共深圳市龙岗区委 深圳市龙岗区人民政府	2016.11	关于促进人才优先发展实施"深龙英才计划"的意见	http://www.lg.gov.cn/lgzx/qzcwj/201611/ccbd4c6bf2064c7784cf270acef47b46.shtml
25	深圳市龙岗区人才工作领导小组办公室	2016.11	深圳市龙岗区深龙创新创业英才计划实施办法	http://www.lg.gov.cn/lgzx/qzcwj/201611/aa38bac12b8244439efb0ebe7e1706ab.shtml
26	深圳市前海深港现代服务业合作区管理局	2016.11	深圳市前海深港现代服务业合作区人才住房管理暂行办法	http://www.sz.gov.cn/zfgb/2016/gb981/201611/t20161129_5462722.htm
27	深圳市前海深港现代服务业合作区管理局	2017.6	深港（国际）创新创业示范基地建设行动计划	
28	深圳市人民代表大会常务委员会	2017.8	深圳经济特区人才工作条例	http://www.szfao.gov.cn/xxgkml/zcfa/qy/201708/t20170824_8232899.htm

附录九　珠海市政府支持港澳青年内地创业政策文件一览表

序号	机构名称	文件时间	文件全称	网址
1	珠海高新技术产业开发区管委会 珠海市港澳事务局 珠海市财政局	2012.7	珠海市港澳青年创业基地管理规定	http://www.zhuhai.gov.cn/xw/xwzx_44483/gqdt/201607/t20160707_13676997.html
2	珠海市委 珠海市政府	2013	蓝色珠海高层次人才计划	http://www.zhrsj.gov.cn/xinxi/zhdt/201309/t20130912_6754104.html
3	珠海市横琴新区管理委员会	2013.9	横琴人才管理改革试验区中长期人才发展规划（2013—2020年）	http://www.hengqin.gov.cn/hengqin/xxgk/201501/99fde2fa6dfc48b68c6c14be7400cb12.shtml#；http://www.doc88.com/p—9019460374753.html
4	珠海市横琴新区管理委员会	2014.2	横琴新区实施《广东省财政厅关于在珠海市横琴新区工作的香港澳门居民个人所得税税负差额补贴的暂行管理办法》的暂行规定	http://www.hengqin.gov.cn/Wap/zcfg/201501/9635d5d1c11246_f9a7e74772dd115b92.shtml
5	珠海市横琴新区管理委员会	2014.6	珠海横琴新区建设"粤港澳人才合作特别示范区"的行动计划	http://www.gdhrss.gov.cn/publicfiles/business/htmlfiles/ygarc/s2066/201406/47648.html
6	珠海市横琴新区管理委员会	2015	横琴澳门青年创业谷管理暂行办法	
7	珠海市人民代表大会	2011.11	珠海经济特区横琴新区条例	http://www.china-gdftz.gov.cn/zcfg/zhl/201604/t20160421_2272.html#zhuyao
8	珠海市人力资源和社会保障局 珠海市财政局	2016.1	关于印发珠海市创业补贴实施办法的通知	http://www.zhrsj.gov.cn/xinxi/zcfg/zxwj/201601/t20160105_9102680.html